# 秋去春來

Leading Case Study Series—
Corporations & Financial Services

## 經典財經案例選粹

歲月荏苒，作者學成，

落腳南北西東，各領法商風騷。

當年選案，或有發展，

仍受矚目，值得著墨。

杜易宏 主編

易宏／李國榮／李敬之／林依蓉／陳惠茹／曾智群／黃青鋒／廖郁晴／羅惠雯
昱仁／高啟瑄／林慈雁／許慧珍／謝秉奇／陳佩吟／王品惠／陳瑜 合著

# 秋去春來

多年前的深秋，與出類拔萃的研究生相約，記錄課堂討論內容，輯結報告成冊，保留共同走過的青春記憶，也萌發探討經典財經案例的動機。回首那年，純粹的理性真誠，彌補了經驗缺口，更突顯了案件應然的爭點，清新展卷時的思考角度。

歲月荏苒，作者學成，落腳南北西東，各領法商風騷。當年選案，或有發展，仍受矚目，值得著墨。為能穿越世代，乃有新版發想。於是，尚未失聯作者的不吝協助，五南編輯的創意巧思，舊作上了新粧，史料又賦生機，促成了前緣賡續，出版之際，一併申謝。

謝揚恭

誌於2012年初春

# 目錄

# 第一章　《大者恆大》？——台灣「金融控股公司」競爭規範之探討

謝易宏

是個自以為略懂法律、金融的傢伙，
個性隨和、喜歡嘗鮮、注重隱私、
崇尚古典、迷戀旅遊、還愛開快車，
除了偶而埋怨交通不順、公廁不潔、
稅制不公、銀兩不夠、好人不多、
天空不藍......之外，基本上還算快樂啦！

## 摘要

　　金融控股公司與所屬子公司在對外結合時，究應如何計算整體的「經濟力」與「市場力」？誠為困擾監理金融產業競爭管制的難題。在「大型複合式金融財團」中居於資源分配整合地位且具上市公司「籌資」功能的金融控股公司，與所屬子公司間的法律切割固然各有所據，但透過「共同業務推廣」（金控法第 43 條）與「共同行銷」（金控法第 48 條）所形成的交織客層（Client Base），金控產能與獲利自不能忽略所屬個別子公司的貢獻。本文建議應以金控結合對於所涉「特定業務別」之影響，作為判斷是否構成限制競爭的管制門檻；復以渠等結合後之「業務別」或「產品別」之「銷售額」決定結合之「市場力」，即以金融「業務或產品」決定金融版塊整併對於市場競爭公平性之影響而為准駁依據。

關鍵詞：大型複合式金融財團、金融控股公司、結合、併購、競爭規範、
　　　　金融產業、金融商品、公平競爭、產品別、業務別、法定業務

## 壹、前言

　　經濟法所強調的產業管制，旨於建構秩序，促進競爭，市場價格因減少人為操縱而合理，消費者權益乃獲反射性保障。金融管制，動見觀瞻，寬鬆之間，皆涉利害，惟揆諸規範原旨，當在強調健全「金流」協助完成「物流」交易給付的過程。倘「金流」之過程未能效率化充分競爭，則不惟悖於建立市場機制之公益初衷，更可能造成「物流」交易成本的不當增加，合理的懷疑總落在終端的消費者於焉成為轉嫁如是被扭曲市場價格的最無辜受害者，難免讓人心情失溫，徒呼負負。

　　金融全球化潮流下，臺灣的金融服務業，正面臨了前所未有的競爭危機。以目前政府仍能置喙渠等經營方向的公股金融業者而言，近五年內處理約新臺幣 7,400 億元壞帳，換算以臺灣總人口數，每人平均分擔的壞帳

額度竟高達3萬多元之譜。雖然經由政府先前「二、五、八」專案[1]之「一次金改」與「三、六、七」專案之「二次金改」[2]等階段性政策推動，壞帳的問題稍有改善，但台灣的金融業卻仍列居亞洲國家金融業「資產報酬率」（ROA）最不理想之林。依據我國官方最新統計顯示，2007年台灣金融業者資產報酬率僅達6.8%[3]，國際性財務顧問公司對於台灣金融業今年表現的預估亦僅達0.7%，遠低於亞洲國家平均的1.2~1.3%。位居亞洲的世界級公司也漸漸將併購（M&A）視為在區域、甚至全球進行擴張的另一種策略性工具。世界經濟論壇（WEF）公布2007年全球競爭力評比報告（GCI），台灣名次落至第14名；更首度落後主要競爭對手南韓。最不理想的項目就是金融服務業競爭力，台灣在「銀行健全度」項目評比亦從去年的第100名再度重摔，落至第114名，相當於全部受評國家的倒數第17名[4]；實有再予檢討的進步空間。

---

[1] 我國政府於2002年組成「金融改革專案小組」，分別就銀行、保險、資本市場、基層金融查緝金融犯罪等方面，推動各項興革措施；其中最大的目標是「降低逾期放款比率」，稱為「二五八金改目標」，即兩年（二）內將逾放比降至5%（五）以下、資本適足率提高至8%（八）以上，亦稱之為以「除弊」為主軸之「第一次金改」。第一次金融改革結果為：逾放比由2002年3月最高的8.04%，下降至2003年底的4.33%、2004年3月更下降至3.31%；資本適足率於2003年提高為10.07%，高於國際標準8%；順利達成「二五八」第一次金改目標。

[2] 2004年10月20日，陳水扁總統在主持經濟顧問小組會議後，宣布第二次金改四大目標，這四大目標分別是：一、明年底前至少三家金控市占率超過10％；二、公股金融機構的家數今年底以前由十二家減六家；三、金控家數明年底前減半成為七家；四、至少一家金控到海外掛牌或引進外資，外界遂以「三、六、七」二次金改稱之。

[3] 請參見金管會銀行局金融統計資料，網址：http://www.banking.gov.tw/public/data/boma/stat/abs/ 9612/11-2.xls，查訪日期：2008年3月20日。

[4] 瑞士國際管理學院（IMD）2008年5月15日正式發布的2008年世界競爭力排名

【主要國家競爭力排名】

| 排名 | 2008年 | 2007年 | 排名變動 |
|---|---|---|---|
| 1 | 美 國 | 美 國 | 0 |
| 2 | 新加坡 | 新加坡 | 0 |
| 3 | 香 港 | 香 港 | 0 |

事實上，以坐擁許多世界性一流企業的南韓與台灣為例，近年來併購由本國公司所發起，或合併雙方皆為本國公司的情況正在質變，外資企業與外商銀似乎比本國金融業者更具優惠的針對區域和全球性併購交易提供諮詢意見[5]。至於市占率的問題，目前台灣前 5 大金融業者的市占率只達39.10%[6]，相較於鄰近國家新加坡而言，該國前 3 大金融業者的市占率卻相當集中達到 100%（係依法於半年內整併結果）、若以香港為例，該地區前 5 家銀行亦達 89% 的市占率（以恆生銀行居首）；以金融業「大者恆大、強者恆強」的競爭迷思推知，台灣金融業恐尚有進一步整併的市場空間，始能達到相當經濟規模，以因應全球化的競爭。

金融業專業分工（Specialized Banking）的監管理念，自美國 1999 年11 月 12 日「金融服務業現代化法案」（U.S. Financial Services Modernization Act of 1999──實務上多以 Graham-Leach-Bliley Act 稱之）通過後，多年來美國傳統金融分業藩籬被一舉突破，以金融控股公司為主的「大型複合

| 排名 | 2008年 | 2007年 | 排名變動 |
|------|--------|--------|----------|
| 4 | 瑞 士 | 盧森堡 | 2 |
| 5 | 盧森堡 | 丹 麥 | -1 |
| 6 | 丹 麥 | 瑞 士 | -1 |
| 7 | 澳 洲 | 冰 島 | 5 |
| 8 | 加拿大 | 荷 蘭 | 2 |
| 9 | 瑞 典 | 瑞 典 | 0 |
| 10 | 荷 蘭 | 加拿大 | -2 |
| 11 | 挪 威 | 奧地利 | 2 |
| 12 | 愛爾蘭 | 澳 洲 | 2 |
| 13 | 台 灣 | 挪 威 | 5 |
| 14 | 奧地利 | 愛爾蘭 | -3 |
| 15 | 芬 蘭 | 中 國 | 2 |

[5] 請參見喬治、奈斯特（George Nast），「亞洲批發銀行的本土化政策」，麥肯錫顧問公司研究報告，2008 年 2 月 7 日，該公司網站資料：http://www.mckinsey.com/locations/chinatraditional/ mckonchina/industries/financial/Asian_wholesale.aspx，查訪日期：2008 年 5 月 18 日。

[6] 請參考金管會銀行局金融統計資料，網址：http://www.banking.gov.tw/public/data/boma/stat/abs/ 9703/2-2.xls，查訪日期：2008 年 6 月 10 日。

式金融機構」（LCFI—Large and Complex Financial Institutions）[7]隨之趨勢興起，透過整合轄下金融機構之間資源，形成渠等經營上存有高度「相依性」（Interdependency）的共生關係，內部金融機構間的經營風險在高度利害與共之下，亦因此具有高度「傳染效應」（Contagion Effect）；繼之英國、日本金融監理亦相繼效之，蔚為主流。若因金融控股公司居於資源整合之優勢地位，所造成整體金融市場的不正競爭，恐將惡化經營風險，最終造成「納稅人曝險」（Taxpayer's Exposure）之不正義[8]。國內雖然目前尚無具體金融控股公司間結合之個案可資例示，惟衡諸台灣金融市場因應全球化競爭風潮，大型複合式金融機構進行整併所引發之產業競爭失序恐仍勢所難免；基於金融安定首當側重「預防」之旨，如何維護金融市場公平競爭，因此成為本文關切並擬整體檢視的核心問題。

# 貳、問題

## 一、國內實務

金融控股公司與所屬子公司在對外結合時，究應如何計算整體的「經

---

[7] 有關「大型複合式金融機構」之最新探討，請參見Cynthia C. Lichtenstein, "The FED's New Model of Supervision for 'Large Complex Banking Organizations': Coordinated Risk-Based Supervision of Financial Multinationals for International Financial Stability," *Transnational Lawyer*, 18(2), 283-299 (2005). Available at SSRN: http://ssrn.com/abstract=882474, visited May 18, 2008.

[8] 為避免金融控股公司風險集中可能造成國庫與納稅人的負擔，依據1999年12月巴塞爾委員會發布之「金融集團大額曝險之監理指導原則」，對於金融集團的重大集中風險應定期向主管機關申報，主管機關亦應推動重大集中風險的揭露。為遵循上該立法意旨及國際監理規範重視集中風險管理之精神，並執行金融控股公司法第46條規定，我國金融主管機關業已於2002年3月12日發布金融控股公司所有子公司對同一人、同一關係人或同一關係企業為授信、背書或其他交易行為之總額達金融控股公司淨值百分之5或新台幣30億元二者孰低者，應於每營業年度第2季及第4季終了一個月內，向主管機關申報，並於金融控股公司網站揭露。

濟力」與「市場力」？誠為困擾監理金融產業競爭管制的難題。在「大型
複合式金融財團」中居於資源分配整合地位且具上市公司「籌資」功能的
金融控股公司，與所屬子公司間的法律切割固然各有所據，但透過「共同
業務推廣」（金控法第 43 條）與「共同行銷」（金控法第 48 條）所形成的
交織客層（Client Base），金控產能與獲利當不能忽略所屬個別子公司的
貢獻。揆諸目前審查實務，或因行政權分配之考量，我國金融主管機構於
金融控股公司申報結合個案中尚不見對於渠等子公司之「經濟力」或「市
場力」有所著墨；有鑒於人民對於目前以金融控股公司為首所形成之金融
財團「經濟力集中」（Economic Concentration）所產生社會資源排擠效應
之疑懼日增，建構金融產業競爭秩序因而具有監理優先性，競爭政策主管
機關自然責無旁貸。

　　觀察我國金融服務業的競爭實況，台灣目前以「國營」（金融控股公
司與大型銀行）、「外資」（外銀或私募基金）、「民營金控業者」與「民營
非金控金融業者」所組成的金融版圖，呼應「二次金改」所倡金融機構大
型化以增進競爭力之假設，恐怕即將因為「外資」逐漸主導性的併購台灣
本土金融業者，而形成「外資」與「本土金控業者」寡占市場的局面[9]，惟

[9]

**【2008 年 1-2 月我國全體金融機構獲利率排名】**

（單位：新台幣百萬元）

| | | 總收益 | 稅前損益 | 獲利率（％） |
|---|---|---|---|---|
| 美國運通銀行 | ◎ | 133 | 212 | 159.40 |
| 法國東方匯理銀行 | ◎ | 2,009 | 1,004 | 49.98 |
| 比利時商富通銀行 | ◎ | 272 | 114 | 41.91 |
| 英商渣打銀行 | ◎ | 5 | 2 | 40.00 |
| 日商瑞穗實業銀行 | ◎ | 662 | 263 | 39.73 |
| 瑞士商瑞士銀行 | ◎ | 2,332 | 914 | 39.19 |
| 美商花旗銀行 | ◎ | 8,575 | 3,053 | 35.60 |
| 法國興業銀行 | ◎ | 334 | 118 | 35.33 |
| 香港上海匯豐銀行 | ◎ | 3,256 | 1,134 | 34.83 |
| 加拿大商豐業銀行 | ◎ | 181 | 63 | 34.81 |

◎代表外商金融機構
　資料來源：金管會網站 http://www.banking.gov.tw/public/data/boma/stat/abs/9703/10-2.xls.
　　查訪日期：2008 年 3 月 10 日。

如此整併過程是否存在不利整體金融市場公平與秩序的「限制競爭」情形[10]？如何經由「金融」主管機關與「競爭」主管機關的相互合作，進一步提供金融產業健全發展的法制環境，使我國金融產業與國際競爭秩序接軌，促進國際競爭力，實為訂定當前金融與競爭監理政策當務之急。

揆諸我國現行競爭法制對於金融業之衡平監理，公平交易法第 9 條第 2 項（基於「行政一體」，規範如何執行之事項）與第 46 條（實體規範之選擇）之適用，復以目前實務所據行政院公平交易委員會會銜財政部於 2002 年 2 月 7 日公壹字第 0910001244 號函所頒「行政院公平交易委員會與財政部之協調結論」第 (三) 點觀之，似仍欠缺與金融主管機關（2004 年 7 月起已由「財政部」改為「金管會」）間「行政管理權分配」之明確程序；為利我國金融業整合以祈促進整體產業的國際競爭力，並降低業者行政作業成本，實有進一步再加釐清法制作業之必要。

再者，金融控股公司法第 9 條第 2 項授權命令──「金融控股公司結合案件審查辦法」第 3 條第 1 項規定，亦需以金控公司之「設立」該當公平交易法第 6 條第 1 項與第 11 條第 1 項各款規定情形之一者，為「結合」申報之前提要件；惟關於渠等「設立後」之「結合」行為，則需另依

---

[10] 實證研究以金融風險相關性衡量金融穩定，並觀察合併機構風險與競爭力變化，結論認為金控成立後金控股累積異常報酬上升，股票報酬的風險波動下降，合併機構競爭力下降，似亦暗示存有限制競爭之可能，請參見蔡永順、吳榮振，「金融合併與金融不穩定：以台灣金融控股公司為例」，金融風險管理季刊，第 3 卷第 1 期，1-26，2007。

表1　金控成立前後的股票報酬波動

| | 金控成立前<br>(1998-2001) | 金控成立後<br>(2002-2005) |
|---|---|---|
| 金控股票報酬平均數 | 0.0052 | 0.0265 |
| 金控股票報酬中位數 | 0.0071 | 0.0324 |
| 金控股票報酬平均數變異係數 | 118.3625 | 28.2345 |
| 金控股票報酬中位數變異係數 | 186.2675 | 40.7356 |

金控成立後，金控股票累積異常報酬上升，股票報酬的風險波動下降。顯示台灣金控成立後，風險分散效果可能大於道德危機效果，使合併機構風險下降。

2002 年 2 月 25 日公平會公企字第 0910001699 號函所頒「事業結合應向行政院公平交易委員會提出申報之銷售金額標準」第 1、2 點規定辦理，並為公平交易法第 40 條處罰規定相繩，法制設計上呈現「階段式」管理。易言之，有關金融財團間就所轄金融機構之結合，目前法制設計迨皆以「金控公司」作為基準作業平台加以評量規範，適用門檻拉高至非營業性籌資主體的金控公司，則審查結果當然總以台灣金融業尚屬高度競爭之立論而多行禮如儀予以核准，從產業「市場力」之檢視監督以促進「競爭力」的觀點，現狀的規範模式是否妥適？本文以為容或有進一步再予檢討的空間。

## 二、國外法例

### (一)美國法制

以金融實務最為多元且靈活的美國法制為例，金融產業結合案件申請

表2　金控對外相關性變化

|  | 金控成立前<br>(1998-2001) | 金控成立後<br>(2002-2005) |
|---|---|---|
| 金控對市場相關係數平均數 | 0.5987 | 0.5265 |
| 金控對市場相關係數中位數 | 0.6193 | 0.5320 |
| 金控對非金控相關係數平均數 | 0.5221 | 0.4432 |
| 金控對非金控相關係數中位數 | 0.5324 | 0.4565 |

表3　金控成立前後相關報酬指標變化

|  | 金控成立前<br>(1998-2001) | 金控成立後<br>(2002-2005) |
|---|---|---|
| ROA（總資產報酬率）平均數 | 4.22% | 4.56% |
| ROE（股東權益報酬率）平均數 | 6.25% | 9.82% |
| EPS（每股盈餘）平均數 | 3.5 | 4.8 |

ROE上升比率，明顯高於ROA上升比率，此代表金控成立後，合併機構的負債比率有明顯上升趨勢。

之審查法制，依「克萊頓法」（Clayton Act）第 7 條 [11] 及聯邦存款保險法第 18 條 [12]（論者或有以「銀行合併法」——Bank Merger Act 稱之）規定，授權由司法部（DOJ）、聯邦儲備理事會（FRB）與財政部金融局（OCC）於 1994 年 7 月所會銜訂定的「銀行合併審查原則」（The Bank Merger Screening Guidelines）[13]，大致仍依循「1992 年水平結合指導準則」（1992 Horizontal

表4　金控成立前後合併機構 Tobin's q 變化

| Tobin's q | 金控成立前 (1998-2001) | 金控成立後 (2002-2005) |
|---|---|---|
| Tobin's q 平均數 | 1.48 | 1.10 |
| Tobin's q 中位數 | 1.50 | 1.14 |

【獨占力指標 Tobin's q ＝市場價值 / 帳面價值】。Keeley（1990）的研究指出，以 Tobin's q 大小變動觀察金控成立後競爭能力上升或下降，若市場接近完全競爭，則企業利潤愈低，Tobin's q 愈小。反之，若企業獨占力愈高，則利潤愈高，Tobin's q 愈大。

[11] 該條條文清楚說明美國競爭法對於結合案件的審查原則與程序，為利讀者瞭解，茲將該條文主要內容摘要如下：「No person engaged in commerce or in any activity affecting commerce shall acquire, directly or indirectly, the whole or any part of the stock or other share capital and no person subject to the jurisdiction of the Federal Trade Commission shall acquire the whole or any part of the assets of another person engaged also in commerce or in any activity affecting commerce, where in any line of commerce or in any activity affecting commerce in any section of the country, the effect of such acquisition may be substantially to lessen competition, or to tend to create a monopoly. No person shall acquire, directly or indirectly, the whole or any part of the stock or other share capital and no person subject to the jurisdiction of the Federal Trade Commission shall acquire the whole or any part of the assets of one or more persons engaged in commerce or in any activity affecting commerce, where in any line of commerce or in any activity affecting commerce in any section of the country, the effect of such acquisition, of such stocks or assets, or of the use of such stock by the voting or granting of proxies or otherwise, may be substantially to lessen competition, or to tend to create a monopoly.」 See Section 7, the Clayton Antitrust Act of 1914, (October 15, 1914), codified at 15 U.S.C. § 18.

[12] See Section 18(c) of the Federal Deposit Insurance Act.

[13] 在實務上，銀行合併審查準則（The Bank Merger Screening Guideline）對於主管機關在獲取對審查及進行評估結合案之競爭效果的必要資訊甚有助益，而該準則亦使主管機關與申請者之間有一良好的互動關係，得以迅速釐清爭點，使司

Merger Guidelines)[14] 之判準（雙赫指數——市場集中度衡量指標—HHI[15]），但規範較為嚴謹。程序上金融主管機關對於個別金融結合案件是否符合地區性公共利益先為審酌後，均須知會「司法部」同步為市場競爭分析之決定（Competitive Factors Letter）[16]。司法部轄下「反托拉斯署」（Antitrust Division）於考量業務集中度、參進情形、結合案對金融業務需求之潛在影響等因素後，若認有限制競爭之虞，並得依「反托拉斯法」規定，訴請法院阻止該金融結合案件之進行。至於美國聯邦交易委員會（Federal Trade

---

法部以及銀行主管機關得以儘早提出競爭議題的分析並提出可能的協調解決之道。參見顏雅倫，「我國結合管制之檢討與前瞻——以金融產業之結合為例」，公平交易季刊，第 11 卷第 3 期，107，2003。

[14] 該「準則」嗣後復經美國聯邦交易委員會與司法部反托拉斯署於 1999 年 4 月 8 日聯合發佈修正，詳情請參見美國聯邦交易委員會網站 http://www.ftc.gov/bc/docs/horizmer.shtm，查訪日期：2008 年 6 月 1 日。

[15] 雙赫指數（Horfindahl-Hirschman Index），係指對於特定市場所有參與者個別市場占有率平方之總和：計算公式係以 $HHI = \sum_{i=1} CR_i^2$ 表達市場集中程度。美國係自 1992 年起改用雙赫指數取代以特定市場中四個最大產業個別市場占有率之總和（CR4）作為市場集中度指標，並以該指標計算出結合後指數在 1000 點以下定為「低度」集中市場（Unconcentrated Market），1000-1800 點間定為「中度」集中市場（Moderately Concentrated Market），1800 點以上定為「高度」集中市場（Highly Concentrated Market），併參酌指數在不同區間之增加幅度作為個別金融結合案件准駁之依據。

[16] 關於渠等機制的實際運作，請參見美國聯邦存款保險公司（FDIC）於 1999 年 6 月 24 日發佈予全體要保金融機構之函令內容：「The new processing procedure allows applicants to benefit from a "prospective competitive- factors report" recently issued by the Department of Justice (DOJ). The prospective report applies to those merger transactions, such as corporate reorganizations, that are inherently competitively neutral. For such mergers, the prospective report serves as the DOJ's competitive-factors report required under the Bank Merger Act. Essentially, the new procedure allows the normally required 15-day post-approval waiting period to run concurrently with the statutory 30-day competitive-factors report period, shortening the merger application process for these transactions by up to 15 days.」 available at http://www.fdic.gov/news/news/financial/1999/fil9963.html, visited May 18, 2008.

Commission）依法雖無權「直接」對「銀行」結合案為置喙[17]，但銀行以外之其他金融服務業，則仍有權進行審查[18]。易言之，美國金融產業結合管制及申報法制，基本上係採「事前」強制性的「申報異議制」；具體言之，結合後之金融業者交易總額達一定規模或參與結合之金融業資產總值達一定規模者，均須申報，主管機關在 30 日內未針對該個案另函駁回時，該結合案即可依法生效准予進行[19]。

## （二）英國法制

　　成熟的金融制度，讓英國的海外殖民政策獲得豐沛的金援供應，一直是曾經自許為「日不落帝國」皇冠上的驕傲。細究該國金融法制的發展，本質上是一種較少受到外力操縱、屬於一種逐漸演化的進程，從皇室早於 1694 年授權制定專屬皇室的英格蘭銀行法（Bank of England Act of 1694）以來，數百年間都係經由道德勸說方式達成業務監控的政策使命，直至 1979 年英國通過「銀行法」，才首見以法律位階賦予英格蘭銀行對銀行業務的明文監理權限[20]。如此監理建構可使金融業務監理權能集中，金融法規系統化，銀行業者知所遵循。行政高權有效運作，促進了貨幣政策和銀

---

[17] 關於金控公司的結合案件，主要仍依據美國聯邦統一法典（U.S.C.）§1850 規定辦理。爲利後續援引說明，茲轉錄該條文如下供參：「With respect to any proceeding before the Federal Reserve Board wherein an applicant seeks authority to acquire a subsidiary which is a bank under section 1842 of this title or to engage in an activity otherwise prohibited under chapter 22 of this title, a party who would become a competitor of the applicant or subsidiary thereof by virtue of the applicant's or its subsidiary's acquisition, entry into the business involved, or activity, shall have the right to be a party in interest in the proceeding and, in the event of an adverse order of the Board, shall have the right as an aggrieved party to obtain judicial review thereof as provided in section 1848 of this title or as otherwise provided by law.」*See* 12USC§1850.

[18] 12USC§1467a(e)、12USC§1828(c)

[19] 同註 17。

[20] 關於「英格蘭銀行」的制度沿革請參該行網站 http://www.bankofengland.co.uk/about/index. htm，查訪日期：2008 年 5 月 18 日。

行監理的效率；改善職司不同監理功能之機構間相互推諉責任的惡質現象。令人擔心的是將更突顯監理機構「衙門化」，地盤傾軋與爭權，無助於金融專業的經驗傳承與交流。

　　此種發軔於英國的集權式「單軌制」監理模式，或指「高權型」的監督管理建構，由「集權式」機構如同一般國家「中央銀行」位階或專門性業務監理機構設置以對銀行業務進行監控。如此調整演進了數百年，逐漸形成了對商業銀行的監理權限集中於財政部轄下的中央銀行——「英格蘭銀行」的典章制度[21]。回歸現實，其後英格蘭銀行對銀行的監理乃設置由轄下「銀行監理委員會」（Board of Banking Supervision）與「銀行業務監理局」（Banking Supervision Division）統合負責。銀行業監理委員會現為銀行業監管的最高機構，每年按時依法發佈實施銀行法的執法報告，並依銀行法規定公佈對銀行監理的業務彙總結果。銀行業務監理局則依法負責商業銀行之管理，並由英格蘭銀行董事或常務副董一名負責監督。為了適應金融全球化和歐元誕生的挑戰，英國政府更於 1997 年提出改革金融監理制度的新建構，由英格蘭銀行、證券期貨管理局、投資監理組織、私人投資管理局等機構的金融監理權限統一移交給新成立的「金融局」（Financial Service Authority，簡稱 FSA），統合對於商業銀行、投資銀行、證券、期貨、保險等九大金融業務的監控[22]。

　　鑒於英國金融業務除「保險業務」另有特別規定外，傳統上仍以「綜合銀行」（Universal Bank）[23] 經營型態為主，其商業性控股公司在實務上之呈現仍集中以「銀行控股公司」（Bank Holding Company）足堪為箇中代表；惟渠等銀行控股公司間之結合，除需遵循英國金融服務業法（Financial Service and Market Act, FSMA）第 159 條第 3 項所揭「不得有造成或促使市場優勢地位之不當利用」（...the effect of requiring or encouraging exploitation of

---

[21] *Id.*

[22] 有關該局之業務職掌請詳參網站資料 http://www.fsa.gov.uk，查訪日期：2008 年 5 月 18 日。

[23] 綜合銀行，簡言之，主要係針對若干歐系銀行所提供金融服務內容，除了傳統專營存、放款等業務外，尚且包括投資業務在內之營業型態謂之。

the strength of a market position they are to be taken...）[24]外，亦須為英國2002年所頒之「企業法」（UK Enterprise Act of 2002）第4章（Part 4）第134、141條（Section 134、141）[25]所強調之「公共利益」（Public Interest）判斷要件相繩。尤值注意者，英國競爭委員會（UK Competition Commission）對於金融機構之結合審查實務，更在經英國「公平競爭管理局」（OFT., Office of Fair Trading）初審後所轉呈具代表性個案中，以「終端消費者是否得因渠等結合而享有市場更具競爭效率之利益」[26]作為案件核駁之重要判準[27]；質言之，

---

[24] 爲利説明 茲轉錄該條規定全文供參如次 "If regulating provisions or practices have, or are intended or likely to have, the effect of requiring or encouraging exploitation of the strength of a market position they are to be taken, for the purposes of this Chapter, to have an adverse effect on competition." 資料出處，請參照英國金融服務市場法U.K. Financial Services and Market Act(c.8)官方版本http://www.opsi.gov.uk/ACTS/acts2000/ukpga_20000008_en_13#pt10-ch3-l1g159, visited June 10, 2008.

[25] Available at http://www.opsi.gov.uk/Acts/acts2002/ukpga_20020040_en_12, visited June 10, 2008. 茲轉錄該條第六項所規範有關公益要件之文義供參：(6) In deciding the questions mentioned in subsection (4), the Commission shall, in particular, have regard to the need to achieve as comprehensive a solution as is reasonable and practicable to the adverse effect on competition and any detrimental effects on customers so far as resulting from the adverse effect on competition.

[26] See Decision on merger between Lloyds TSB and Abbey National, U.K. Competition Commission 2001. 茲轉錄該決定之部分內容如次 "…This merger was blocked as the competition authority stated, amongst other reasons, that these efficiency gains would not be passed on to customers…" Reprinted in John Ashton, Efficiency and Price Effects of Horizontal Bank Mergers, Norwich Business School and the ESRC Centre for Competition Policy, University of East Anglia; Khac Pham, ESRC Centre for Competition Policy, University of East Anglia, CCP Working Paper 07-9, June 2007.

[27] See Schedule 11, Section 185, subparagraph (2), the Competition Act of 1998. Available at http://www.legislation.gov.uk/acts/acts2002/ukpga_20020040_en_36_content.htm, visited May 18, 2008. 惟需強調者，迨爲渠等競爭法主管機關與金融主管機關間行政管理權之分際，亦即依FSMA第164(1)規定所示，若經金融主管機關公佈之特定業務行爲，則競爭法主管機關基本上予以尊重，而得豁免於競爭法主管機關之審查。See Michael Blair and George Walker, "Financial Services Law", Oxford University Press, 1st ed., 22 (2006).

我國發展方向上逐漸呈現以銀行為首的法制格局，作為金融集團金流處理中樞的「綜合銀行」模式，是否亦得考量對於金融控股公司間之結合行為，援引英國金融業競爭法審查法律要件，而以金融終端消費者立場判斷結合的競爭效率；亦即側重金融集團間涉及部分法定業務因結合所將導致對於消費者公共利益之影響，列為准駁之判準？迨皆足為他山之石或可為我國未來實務參考。

## (三)歐盟法制

　　歐洲議會（European Council）早於 2002 年 12 月 16 日即已立法通過總計33條的金融集團規範指令[28]，除首度針對「金融集團」訂有定義性條文[29]外，就金融集團之競爭行為於競爭法上並無異於其他事業而為例外規定[30]。反觀歐洲執委會（Executive Committee）依歐盟合併規則（ECMR）有權審查跨國的併購與合資企業[31]，渠等法規所顯示的結合管制門檻主要基於計算所有參與結合之企業全球營業額（Turnover）是否超過 50 億歐元，或兩個以上參與結合之企業在歐盟會員國體系（Community Dimension）內營業額超過 2 億 5,000 萬歐元者乃有管制之適用[32]；若不符

---

[28] 2002/87/EC.

[29] 析該指令第2條第4項之要件，所稱「金融集團」應包含 (1) 總機構須符合指令第1條所稱從事信用、保險、投資等業務之機構 (2) 集團中金融業務至少有一屬於保險業務，其餘尚有一屬於信用或投資業務性質 (3) 保險信用與投資等業務之營業活動產值需占本身機構總資產百分之十以上或資產負債表總值達600萬歐元者之法律要件，併此述明。

[30] 王泰銓等，公平交易法對於金融控股公司之規範，行政院公平交易委員會92年合作研究報告，115，2003。

[31] Council Regulation (EC) No. 1310/97. 轉引自前註研究報告，135，註306.

[32] 為利說明，茲轉錄該條規定文義供參："Article 1(2) of the new Merger Regulation still determines that a concentration has a community dimension and thus needs to be filed at EU level where: (a) The combined aggregate worldwide turnover of all the undertakings concerned is more than €5000 million, and (b) The aggregate Community-wide turnover of each of at least two of the undertakings concerned is more than €250

合前揭規定之結合行為，將視其所有參與結合之企業的全球總營業額超過 25 億歐元，且個案中參與結合之企業跨及三個以上會員國之總營業額超過 1 億歐元，其中兩個以上的結合事業個別營業額超過 2,500 萬歐元，而在歐盟體系內的營業額超過 1 億歐元者以決定是否仍需受到合併管制 [33]。渠等管制門檻嗣經歐洲議會 2004 年 1 月 24 日修正通過新的管制規定 [34]，於同年 5 月 1 日起正式施行，以取代當時尚有效施行的合併管制（Regulation 4064/89）規定；揆諸修正後之新制，最重要之變革，首推加強所謂「一次購足」原則（One-stop Shop Principle），或有稱為「3 ＋」原則 [35]。此外，有關市場集中度之檢視亦改以「對有效競爭形成顯著障礙」（Significant Impediment to Effective Competition, SIEC）[36] 作為評定判

---

million, unless each of the undertakings concerned achieves more than two-thirds of its aggregate Community-wide turnover within one and the same Member State."

[33] "Article 1(3) of the new Merger Regulation, be considered to have a Community dimension where

(a) The combined aggregate worldwide turnover of all the undertakings concerned is more than € 2500 million；

(b) In each of at least three Member States, the combined aggregate turnover of all the undertakings concerned is more than € 100 million；

(c) In each of at least three Member States included for the purpose of point (b), the aggregate turnover of each of at least two of the undertakings concerned is more than € 25 million；and

(d) The aggregate Community-wide turnover of each of at least two of the undertakings concerned is more than € 100 million;
Unless each of the undertakings concerned achieves more than two-thirds of its aggregate Community-wide turnover within one and the same Member State."

[34] Council Regulation (EC) No. 139/2004. Published in the Official Journal of 5 January, 2004, C 31/5.

[35] *See* the new article 4(5) of the Merger Regulation, provides that parties to a transaction that does not meet either of the thresholds for a Community notification may request the European Commission to take the case if and when the transaction must be notified to three or more Member States.

[36] 為利述明，茲轉引有關新判準 test SIEC 的文義如次供參 "A concentration which

準，亦適用於前揭有關金融集團之併購審查，頗值我國競爭法實務參考。

## 三、小結

　　鑒於我國結合審查機關的權責劃分，係由行政院公平交易委員會職司產業競爭秩序之功能性監督，自應擔負如同美國司法部反托拉斯署於金融業結合案件之競爭分析決定；為更積極維護我國金融產業之公平競爭環境，應享有金融結合案件是否具限制競爭裁量之「介入權」。惟衡諸我國目前實務上有關金融控股公司結合案件，申報門檻仍係以「金控公司」設為適用基準，併計其全部具控制性持股子公司之上一會計年度銷售金額核認[37]，所有金控公司之結合案，雖得將結合後所產生「單方效果」與「共同效果」、或具有「顯著限制競爭疑慮」等作為「水平結合」限制競爭效果之考量因素列入審酌[38]，另對於「垂直結合」限制競爭效果也設有相關

---

would not significantly impede effective competition in the common market or in a substantial part of it, in particular as s result of the creation or strengthening of a dominant position shall be declared compatible with the common market" 請參考歐盟網站資料 available at http://europa.eu.int/rapid/start/cgi/squesten. ksh?paction.sqettxt+gt&doc=MEMO/04/9/0/RAPID&lg=en , visited June 10, 2008.

[37] 請參見行政院公平交易委員會2002年2月25日公企字第0910001699號函所頒「事業結合應向行政院公平交易委員會提出申報之銷售金額標準」第2點規定。

[38] 請參見行政院公平交易委員會2006年7月6日公壹字第0950005804號函所頒「行政院公平交易委員會對於結合申報案件之處理原則」第9點、第10點規定。為利說明，茲摘錄現行實務上評估結合之限制競爭效果的考量因素供作對照參考：
(一) 單方效果：係指結合後，參與結合事業得以不受市場競爭之拘束，提高商品價格或服務報酬之能力。
(二) 共同效果：則係指結合後，結合事業與其競爭者相互約束事業活動，或雖未相互約束，但採取一致性之行為，使市場實際上不存在競爭之情形。
(三) 參進程度：包含潛在競爭者參進之可能性與及時性，及是否能對於市場內既有業者形成競爭壓力。
(四) 抗衡力量：交易相對人或潛在交易相對人箝制結合事業提高商品價格或服務報酬之能力。
(五) 其他影響限制競爭效果之因素。

審酌明文[39]，甚至對於「多角化結合」亦載有「重要潛在競爭可能性」等之審查考量因素[40]，惟金控公司結合申報之審查實務多行禮如儀，並不見在個案中精緻的法律經濟分析，或因囿於行政管理權分配是否允許介入權存在尚不明確，或者因為金融控股公司結合案所涉業務或產品之「市場界定」仍有疑慮乃有以致，惟從前揭外國立法例與實務觀點，併就我國競爭主管機關優質法制人力資源立論，實有進一步針對金融控股公司之結合案件所涉競爭政策之研析，再予檢討改善之餘地。

## 參、芻議

承前所述，以金融控股公司為主的「大型複合式金融機構」已然成為我國金融服務業的主導力量[41]。倘依我國目前金融實務所涉有關大型複合

---

[39] 同前註，第11點。

[40] 同前註38，第12點。

[41] 有關我國金控公司間的最新獲利消長情形，請參見後附統計表。統計顯示我國目前14家金控公司今年前5個月以來的獲利表現相差越來越大，其中仍以保險為主的金控公司獲利表現最為強勁。

### 14家金控2008年1-5月獲利統計

| | 2008年5月稅後純益(億元) | 2008年前五月稅後純益(億元) | 每股稅後純益(元) |
|---|---|---|---|
| 第一金 | 10.93 | 60.08 | 0.99 |
| 中信金 | 4.64 | 81.04 | 0.91 |
| 華南金 | 8.7 | 53.86 | 0.89 |
| 富邦金 | 13.1 | 60.7 | 0.79 |
| 元大金 | 5.78 | 36.28 | 0.43 |
| 玉山金 | 2.38 | 13.12 | 0.4 |
| 兆豐金 | 12.27 | 46.67 | 0.39 |
| 國票金 | 1.08 | 5.66 | 0.26 |
| 開發金 | 4.95 | 19.16 | 0.11 |
| 台新金 | 3 | 12 | 0.11 |
| 永豐金 | 4 | −7.24 | −0.1 |

式金融機構結合之申報規定，經濟憲法之執行機關──公平交易委員會，似尚難發揮競爭法應有之監督角色。鑒於金融控股公司法第 36 條第 1 項規定我國金融控股公司之經營態樣，僅限於「投資型」而非「事業型」經營型態，我國金融控股公司於整體結構上僅居於資源整合的「管理者」、「分配者」地位，與轄下實際從事金融服務之金融業者所應轉嫁分擔之管制成本自應迥異。

　　揆諸競爭法對於金融服務業結合的管制意旨，復以金融控股公司與金融機構間之結合行為所產生之「綜效」（Synergy）與對於市場競爭公平性影響之裁量，爰應以大型複合式金融財團轄下「專門性分業」（如銀行業務、證券業務、保險業務…等專門性業務設為基準）來界定渠等「市場」之定位 [42]，而不宜以未實際參與營業行為之金融控股公司本身為判斷基準；易言之，依金融控股公司法第 4 條第 3 款、第 6 條第 2 項規定，以「銀行」、「票券」、「綜合證券商」、「證金公司」或「保險業」等「跨業」經營，轉換（股份或營業）形成金融控股公司之「適格子公司」業務，作為判斷

| | 2008年5月稅後純益<br>（億元） | 2008年前五月稅後純益(<br>億元） | 每股稅後純益<br>（元） |
|---|---|---|---|
| 國泰金 | 20.69 | − 14.33 | − 0.16 |
| 日盛金 | − 0.97 | − 15.9 | − 0.61 |
| 新光金 | − 10.96 | − 83.65 | − 1.63 |

資料來源：經濟日報，D1 版，2008 年 6 月 11 日。

[42] 茲就現行金融相關法規中關於「業務別」之法律依據，列表擇要整理如下：

| 銀行業務 | 銀行法第3條、第21條、第22條、第29條、第71條（商業銀行）、第89條（專業銀行）、第101條（信託投資公司）第47-1條、第47-2條（貨幣經紀商、信用卡業務）、第47-3條（金融資訊、金融徵信機構） |
|---|---|
| 證券業務 | 證券交易法第15條、第18條、證券金融事業管理規則第5條 |
| 保險業務 | 保險法第13條、第136條第2項、第138條第3項 |
| 信託業務 | 信託業法第16條、第17條、第18條 |
| 期貨業務 | 期貨交易法第56條第1項、第57條第1項、2項、期貨商設置標準第30條、第31條 |
| 證券投資信託及顧問業務 | 證券投資信託及顧問法第3條、第4條、第6條 |
| 票券金融 | 票券金融管理法第6條、第17條、第21條、票券商管理規則第7條、信託業法第3條 |

金融控股公司整併其他外部金融機構的「基準市場」，再依業務別所據法規群組，評估渠等「市場力」對於結合案所展現之影響，俾使競爭政策執法機關得憑以參酌並決定大型金融機構結合行為之准駁。

　　進一步言，即以金控結合對於所涉「特定業務別」之影響，作為判斷是否構成限制競爭的管制門檻；復以渠等結合後之「業務別」或「產品別」[43] 之「銷售額」（倘仍沿用目前實務所採之「市占率」觀點，則應以「業務、產品」界定「市場」與「市占率」）決定結合之「市場力」，基於「行政一體」原則，協調取得完整金融監理資訊，採用美國金融併購實務上計算市場集中度影響並據以准駁之「雙赫指數」；建議我國亦應以金融「業務或產品」決定金融版塊整併對於市場競爭公平性之影響而為准駁依據，以祈對於目前我國大型複合式金融機構間「業務同質化」（Homogeneous Competition）惡性競爭，或有不當利用「金融」與「競爭」法規間之監理密度不一，而遂行「法規套利」（Regulatory Arbitrage）[44] 之「經濟不正義」（Economic Injustice）現象有所因應。鑒此，

| 財富管理 | 銀行法第3條、信託業法第28條第2項（信託資金集合管理運用管理辦法）、第29條第3項（信託業辦理不指定營運範圍方法信託運用準則）、第32條第2項（共同信託基金管理辦法）、證券投資信託及顧問法第11條第4項、第14條第1項、第17條第3項、第18條第1項、第19條第2項、第22條第4項、第25條第2項、第46條（證券投資信託基金管理辦法）、保險法第146條 |
|---|---|

[43] 所謂「金融產品」之界定，本文主張仍應以所涉之金融相關法規依據，憑以決定商品銷售金融機構於金控公司結合時界定「市場力」之基準範圍。基此，本文所稱「產品別」與實務上審查事業結合個案時判準中所指「產品或服務市場」之界定仍有差別；易言之，於界定結合事業對於競爭市場之影響範圍，應以事業所提供產品或服務之「需求（或供給）替代性」而定，惟此處所指之「產品別」則側重於事業因結合行為所涉「法定業務」下產品或服務，經綜合評價後所呈現之整體「市場力」而言，旨於融合法律與經濟分析雙重檢視標準寓於審查要件，竊以為更能反應市場機制之實際。

[44] 「監理套利」（Regulatory Arbitrage），係指法規範之主體為免於接受較嚴格之管制轉而遁往管制較為寬鬆法域的現象。茲轉錄作者原文如下供參 "Regulatory arbitrage traditionally indicates a phenomenon whereby regulated entities migrate to jurisdictions imposing lower burdens." 更進一步的詳細說明，請參閱 Amir N. Licht, "Regulatory Arbitrage for Real: International Securities Regulation in a World of

實有必要就如何衡平金融產業與競爭秩序間之法制政策再予檢討。

綜前所陳，本文建議 (1) 修正依公平交易法第 11 條第 1 項第 3 款所頒「事業結合應向行政院公平交易委員會提出申報之銷售金額標準」第二點規定，明文改以金融控股公司申報結合時，應針對轄下特定「業務」或「產品」之「實際銷售金額」取代欠缺「明確量化基礎」的「市場占有率」以為金融控股公司「市場集中度」之判準；或 (2) 檢討現行公平交易法第 46 條規定，逕於公平交易法第 11 條第 3 項增訂「金融機構事業間之結合，由中央主管機關洽商公平交易委員會後，另以辦法定之」，完備金融「業務別」作為金控公司結合案考量「市場力」因素以定准駁之法制 (3) 經由行政指導方式，責成申報結合之金融控股公司，應針對結合案所涉業務或商品，加強對於公平交易法第 12 條「該結合案對於整體經濟利益，大於限制競爭之不利益」之舉證與論述。以為競爭主管機關之准駁參考。是否可行？饒有進一步研究之餘地，似值實務再酌。

# 肆、結論

依據報載，政府高層曾一再宣示「二次金改」仍繼續推動的政策 [45]。姑不論二次金改的相關法律整備是否成熟，市場情勢能否允當讓政策軟著陸；「金融產業發展」與「維護競爭秩序」間隱然的政策優先性衝突似將浮上抬面。合理的預期，以金融控股公司為首的大型複合式金融機構，即將在官方倡議與外資主導的推波助瀾之下，進行更大規模的「金融服務業」整合。無獨有偶，經濟「集中化」與「財團化」的疑慮也勢將再啟話題，「金融」與「競爭」主管機關間，就如何健全我國金融產業的市場機

---

Interacting Securities Markets," *Virginia Journal of International Law*, 38, 563 (1998).

[45]「陳總統：二次金改，繼續推動」，經濟日報，頭版，2007 年 5 月 24 日。與會學者甚至提出將台銀、土銀、中信局及輸出入銀行合併為一家公營銀行，並推動 6 家金融機構市占率達 10% 以上，以及將金控家數減為八家之「一、六、八」方案。邱金蘭，「金改智囊再獻策」，經濟日報，3 版，2007 年 5 月 24 日。

制攜手合作，此其時也。祈使主管法規能針對「金控結合」案中，根據所屬金融「業務」或「產品」別總合量化之不同「市場力」更合理地分配管制成本，讓「大者恆大」的我國金融服務業，能在遵循與國際接軌的競爭秩序中體現「國際化」，真正「走出去」，達成立足台灣，佈局全球的最終理想。

（本文已發表於公平交易季刊第 16 卷第 3 期，2008 年 7 月）

# 參考文獻

## 一、中文部分

「台灣金融市場年度研究報告」，麥肯錫顧問公司，2007 年。

王泰銓等 (2003)，公平交易法對於金融控股公司之規範，行政院公平交易委員會 92 年合作研究報告。

邱金蘭 (2007)，「金改智囊再獻策」，經濟日報 2007 年 5 月 24 日 3 版。

蔡永順、吳榮振 (2007)，「金融合併與金融不穩定：以台灣金融控股公司為例」，金融風險管理季刊，第 3 卷第 1 期。

顏雅倫 (2003)，「我國結合管制之檢討與前瞻——以金融產業之結合為例」，公平交易季刊，第 11 卷第 3 期。

經濟日報 2008 年 6 月 11 日 D1 版統計圖表。

## 二、外文部分

Ashton, John and Khac Pham (2007), "Efficiency and Price Effects of Horizontal Bank Mergers," CCP Working Paper.

Licht, Amir N. (1998), "Regulatory Arbitrage for Real: International Securities Regulation in a World of Interacting Securities Markets," *Virginia Journal of International Law,* 38, 563.

Lichtenstein, Cynthia C. (2005), "The Fed's New Model of Supervision for 'Large Complex Banking Organizations': Coordinated Risk-Based Supervision of

Financial Multinationals for International Financial Stability," *Transnational Lawyer,* 18(2), 283-299.

Michael Blair and George Walker (2006), *Financial Services Law*, Oxford University Press, 1st Ed..

European Union Global Website.

U.K. Bank of England Website.

U.K. Department of Treasury Website.

U.K. Financial Service Authority Website.

U.S. Department of Justice, Antitrust Division, Website.

U.S. Department of Treasury Website.

U.S. Federal Deposit Insurance Corporation Website.

U.S. Federal Reserve Board Website.

U.S. Federal Trade Commission Website.

# 第二章　以最低成本掌握最大資源
## ——新纖案

李國榮

**李國榮**

名字任重道遠，個性腳踏實地。

標準乖寶寶好學生好職員之人格特質。

顧家魔羯座，謹慎的B型。

一杯咖啡和一本好書，或是長假的自助

旅行，就可以充電再上。

現為理律法律事務所律師。

## 摘要

以一般投資人而言，其對上市櫃公司之投資，應該不會佔有該公司已發行股份多高的比例，因此，一般投資人所關心的重點恐非企業經營權之歸屬，而是關心其投資能獲得多少的利益分配，因此，在保護一般投資人的前提下，現行法是否已做到充分的資訊揭露？是否已盡量避免經營者的道德危險？本文即從投資人的角度出發，探討因新光合纖經營權爭奪所浮現之交叉持股、關係人交易、假處分與公司經營權等問題。

依本案之事實背景，應可發現新光集團各事業體相互之間有綿密的交叉持股網絡，因此應可以其為案例，探究實務上交叉持股的運作是否符合現行公司法之規定，惟現行公司法於第 167 條第 3 項及第 4 項雖定有垂直式交叉持股之限制，但該規定似未真正構成實務進行交叉持股的阻礙。另外，在台証證券與新光合纖所進行的關係人交易中，可發現金控法第 45 條之限制以及相關的罰則，該規定可對進行關係人交易之法人及其負責人施加制裁，具有警示之效。最後，有關公司經營權之議題，實務常見以假處分作為爭奪經營權之手段，然假處分之裁定未有嚴格之程序，卻具有巨大的後遺症，值得實務深思。

關鍵詞：交叉持股、關係人交易、假處分

# 壹、前言

## 一、源起

資本主義思想創造獨特的股份有限公司，公司資本得切割為小單位，使一般人容易參與投資及轉讓其投資，更使投資人僅就其投入金額負責，誠為現代經濟體系的重要支柱，然股權分散下大股東間的合縱連橫，除使得少數人取得公司資源的支配實力，進而以公司資源捍衛自身經營地位

外，監督體系因股權串聯而消減其功能，亦使其他出資者之利益難以獲得保護，則股份有限公司制度廣納投資人並尋求全體投資人利益之目的應如何達成，恐非同樣源於資本主義之自由競爭價值即足以解惑。

法人股東間合縱連橫的現象，得以交叉持股作為其主要表徵，且交叉持股之利弊互見，簡言之，倘投資人為追求投資利益所投入的資金最後淪為經營者進行金錢遊戲、利益交換或鞏固權位的籌碼，則股份有限公司所衍生的交叉持股即有檢討空間，倘轉投資有利於擴大企業經營規模、相互投資得促進企業合作、融通資金或維持企業穩定經營，則交叉持股即非必然戕傷公司治理之凶器。以本案而言，新光集團為國內有數之企業集團，於競逐新光合成纖維股份有限公司（以下簡稱「新光合纖」）經營權時，包括新光金融控股股份有限公司（以下簡稱「新光金控」）、台新金融控股股份有限公司（以下簡稱「台新金控」）、新光合纖等上市公司均為其成員，集團資源以千億計，該等公司雖泛稱新光集團，媒體甚至冠以新光吳家、台新吳家之別名，但公司資本的形成並非全由大股東投入，相反的，大多數資本係由沒沒無聞的投資人所積攢及投入，因此，於新光集團內部普遍存在交叉持股現象，且新光合纖因經營者競相收購股票使股價飆升竄低時，投資人利益所遭受之直接牽動，足以作為交叉持股利弊得失之印證，尤其本件事實發生前，公司法甫增訂 167 條第 3 項及第 4 項之規定，並於 2005 年修訂第 179 條之規定，因此，以交叉持股手段鞏固經營權將產生如何之法律效果，實務上又以何種模式進行操作，亦足以作為類似案件之借鏡。至於交叉持股所伴隨之關係人交易，以及爭奪經營權時所採用之假處分手段，益增本案之複雜性，其法制架構及實務操作亦值法律從業人員深思並熟習之。

## 二、本文架構

全文共分四部分，除前言和結論外，首先進行案例事實之整理，其後則就交叉持股、關係人交易、假處分與公司經營、以及其他爭議問題進行分析及討論。

# 貳、事實整理

　　為解決董事長改選及法人董事、監察人代表改派之爭議，新光合纖（1409）之監察人依公司法第 220 條召集股東臨時會，定於 2004 年 12 月 20 日召開，惟因出席股東代表權數不足導致流會。雖然爭執的一方（吳東亮，原新光合纖董事長）於股東會開會前夕聲明辭去董事長職位，但股東臨時會流會，未能選出新任董事，使得新光合纖董事長職位之爭仍留下些許想像空間。本文目的係為就法律爭點進行分析，而非就案件事實進行獨立查證，故以下係依新聞媒體之報導以及其他合法公開之資訊為基礎，整理事實背景之緣由及發展[1]。

## 一、台証證券經營權之爭奪

　　2003 年 7 月 1 日，台証綜合證券股份有限公司（以下簡稱「台証證券」）總裁吳東昇[2]，邀請原本任職於哈佛管理顧問公司的詹炳發至台証證券出任專職執行董事，詹炳發進入台証證券後大力整頓，不但將台証證券劃分為五大事業部，並廣設事業部總經理，但台新金控內部認為自己喪失對台証證券的控制能力[3]；此外，台証證券加入台新金控後，台証證券原有的經紀與承銷業務分別併入台新金控的三大事業群，全部由金控董事長吳

---

[1]　本文撰於2005年初，故本文所指之各項事實狀態，包括新光集團之經營階層、關係企業間之持股狀況等，均係指撰文時之事實背景。

[2]　台証證券於1988年在吳東昇主導之下成立，於1996年1月31日上櫃、2002年12月31日下櫃，並於2002年12月31日加入台新金控，由李新一擔任董事長，吳東昇掛名為總裁。參台灣證券交易所公開資訊觀測站，台証證券基本資科，網址：http://newmops.tse.com.tw/（於公司代號內輸入「台証證券」後查詢），最後瀏覽日期：2005年3月5日；參台灣證券交易所公開資訊觀測站，2002/12/31台新金控重大訊息，網址：hap://mops.tse.com.tw/server-java/t05st01?step=AI &colorchg=1&off=1&TYPEK=sii&year=91&month=12&b_date=31&e_date=31&co_id=2887&，最後瀏覽日期：2005年3月5日。

[3]　商業週刊，吳東亮談家變：很見笑，第872期，頁63,2004年8月9日。

東亮掌控，吳東昇則對此深表不滿[4]。

## 二、吳東昇進入家族控股公司

2004年7月22日，吳東亮接到進賢投資股份有限公司（以下簡稱「進賢投資」）所發出的通知函，內容是進賢投資改派吳東昇作為法人代表以出任瑞新興業股份有限公司（以下簡稱「瑞新興業」）的董事長[5]。瑞新興業是掌控台新金控的最大股東[6]，如吳東昇得透過瑞新興業掌控台新金控多數股權，將使得台新金控有可能無法實質控制台証證券之經營，吳東亮本人甚至有喪失台新金控經營權的危險。

## 三、吳東亮撤換台証證券的董事

2004年7月26日，台新金控以台証證券唯一董事的身分，將李新一（原台証證券董事長）、詹炳發（原台証證券董事）、何幸樺（原台証證券董事、吳東昇配偶）、楊志明（原台証證券董事）一舉撤換，由吳光雄（原台新資產管理股份有限公司（下稱「台新資產管理」）董事長）擔任董事長，王文猷（原台新金控、台新商業銀行股份有限公司（下稱「台新銀行」）董事）、洪禎騰（原台新金控監察人）、林維俊（原台新金控投資長）擔任董事[7]。四上四下的結果，使得吳東昇原先用來掌控台証證券的人事佈局全遭吳東亮直接指揮的台新金控人員所替換，台証證券的主導權

---

[4] 今週刊，吳東昇閃電出招、吳東亮用力反擊，第397期，頁37，2004年8月2日。

[5] 今週刊，泛新光集團權位保衛戰愈演愈烈，第398期，頁120, 2004年8月9日。

[6] 瑞新興業於2004年7月持有新光金控92,280,499股之股份，為台新金控的最大股東。參台灣證券交易所公開資訊觀測站，2004年7月台新金控董監事持股餘額明細資料，網址: http://mops.tse.com.tw/server-java/stapap1?TYPEK=sii&colorchg=1&isnew=false&id=2887&yearmonth=9307&step=1&，最後瀏覽日期，2005年1月16日。

[7] 商業週刊，吳家兄弟上演真實版台灣龍捲風，第871期，頁36，2004年8月2目。

由吳東亮所掌握。

## 四、吳東亮失去在家族控股公司的職位

　　2004 年 7 月 27 日（商業週刊八七二期指為 7 月 23 日），作為新活實業股份有限公司（以下簡稱「新活實業」）法人董事的金格食品股份有限公司（以下簡稱「金格食品」）通知吳東亮，表示將由吳東賢取代吳東亮作為金格食品的法人代表以出任新活實業的董事長[8]；同年月 28 日，吳東昇取代吳東亮成為家族控股公司中新勝股份有限公司（以下簡稱「新勝公司」）的總經理[9]。

## 五、新光合纖經營權之爭奪

### (一) 新活實業及進賢投資改派法人代表

　　吳東亮原係以金格食品法人代表之身分出任新活實業的董事長，並以新活實業法人代表之身分出任新光合纖之董事長，於金格食品將法人代表變更為吳東賢時，不但吳東亮喪失新活實業董事長之職位，新活實業亦可能以更換法人代表之方式使吳東亮喪失新光合纖董事長之職位，但若有新光合纖之其他法人股東指派吳東亮為其法人代表，新光合纖並進行董事長改選，吳東亮即有機會繼續擔任新光合纖董事長。

　　據悉，吳東亮方面擬於 2004 年 8 月 6 日召開新光合纖董事會，改以新隆化學股份有限公司（以下簡稱「新隆化學」）法人代表之身分當選董事長；吳東昇方面則擬由新活實業發出通知改由吳東賢取代吳東亮擔任新活實業在新光合纖的法人代表，以取得新光合纖的經營權。

　　董事會當日開會前，新光合纖在股市觀測站上發布同時更換三名法人董事代表的訊息，其中新活實業由吳東亮改為吳東賢，新隆化學由吳東進改為吳東亮，綿豪實業股份有限公司（以下簡稱「綿豪實業」）則由吳東

---

[8] 今週刊，泛新光集團權位保衛戰愈演愈烈，第398期，頁122，2004年8月9日。
[9] 今週刊，泛新光集團權位保衛戰愈演愈烈，第398期，頁121，2004年8月9日。

明改為林明男[10]，十時董事會召開。董事會進行中，吳東進宣達撤換立場上較支持吳東亮的林楊龍（代表新活實業）、柯耀宗（代表進賢投資）的法人指派書，改派新任董事吳東進及吳東明，因此產生法人改派之通知是否準時送達之爭議。

就新活實業及進賢投資改派法人代表乙節，吳東亮方面主張，雖董事吳東進於董事會中宣讀新活實業和進賢投資改派法人代表之聲明，惟該項通知並未在董事會開會（2004 年 8 月 6 日上午十時整）前送達公司，故不生效力，並在包含林楊龍和柯耀宗在內之董事推舉下，以新隆化學法人代表之身分擔任董事長；吳東昇方面則主張，法人代表改派之通知於董事會開會前已送達公司，新活實業和進賢投資已改由吳東進和吳東明擔任，且選任吳東亮擔任董事長之程序因董事會出席人數未達公司法規定的三分之二而無效。

另外，吳東昇方面由吳桂蘭於原董事會散會後另行召集董事會，吳東昇並在該次董事會中當選為董事長[11]。吳東亮方面則主張董事長補選完全符合法律程序與要件，並已完成交易所重大訊息公告，若董事對選舉結果有其他意見，應循司法途徑認定[12]，並否定吳東昇擔任董事長之合法性。因此產生新光合纖董事長職位由何人擔任之爭議。

---

[10] 參台灣證券交易所公開資訊觀測站，2004/8/6新光合纖重大訊息，網址：http://mops.tse.com.tw/server-java/t05st01?step=A1&colorchg=1&off=1&TYPEK=sii&year=93&month=8&b_date=1&e_date=31&co_id=1409&，最後瀏覽日期：2005年1月18日。

[11] 參自由新聞網，吳東亮單挑家族、新纖董座鬧雙胞，網址：http://www.libertytimes.com.tw/2004/new/aug/7/today-e1.htm，最後瀏覽日期：2005年1月17日。

[12] 參台灣證券交易所公開資訊觀測站，2004/8/9新光合纖重大訊息，網址：http://mops.tse.com.tw/server-java/t05st01?step=A1&colorch=l&o=1&TYPEK=sii&year=93&month=8&b_date=1&e_date=31&co_id=1409&，最後瀏覽日期：2005年1月18日。

## (二) 行政機關與司法機關之認定

　　經濟部商業司於 2004 年 10 月 6 日進行審查，認為吳東昇方面所提出由監視錄影帶轉印的照片可證明，新活實業及進賢投資之法人代表改派書已在新光合纖董事會開會前送達，從而認定吳東昇擔任董事長之董事會決議具有合法性[13]；惟新光合纖之監察人亦代表公司向法院對吳東昇聲請假處分，並於同年 10 月 7 日收受台北地院 93 年度裁全字第 4803 號裁定之送達，該裁定禁止吳東昇在民國 94 年新光合纖董事任期屆滿而改選董事及董事長之前，以新光合纖董事長之名義行使董事長職權[14]。此外，同年 11 月 4 日，法院亦裁定駁回吳東昇所提起聲請凍結吳東亮行使董事長職務之假處分案[15]。

## (三) 吳東亮鞏固台新金控和新光合纖之股權

　　在股權方面，自 2004 年 8 月 2 日起至 2004 年 10 月 7 日止，吳東亮陸續將新光合纖所持有台新金控九千九百六十三萬股，以每股單價約新台幣二十八點七二元出售給由新光合纖百分之百持股之泛隆、美加與群惠三家投資公司及親友名下持有[16]，此舉應有利於使由他個人以及其可掌握之投資公司控制台新金控；吳東亮另外並將台新租賃所持有約一億二千萬股

---

[13] 參東森新聞網，董事長之爭吳東昇獲勝　新纖：感到意外，網址：hop://www.ettoday.conl/2004/10/07/320-1695892.htm，最後瀏覽日期：2005年1月18日。

[14] 參台灣證券交易所公開資訊觀測站，2004/10/8新光合纖重大訊息，網址：http://mops.tse.com.tw/server-java/t05st01?step=A1&colorchg=1&off=1&TYPEK=sii&year=93&month=10&b_date=1&e_date=31&co_id=1409&，最後瀏覽日期：2005年1月18日。

[15] 商業週刊，兩個弟弟吵翻天、大哥吳東進在哪哩，第886期，頁58，2004年11月15日。

[16] 參台灣證券交易所公開資訊觀測站，2004/10/8新光合纖重大訊息，網址：http://mops.tse.com.tw/server-java/t05st01?step=A1&colorchg=1&off=1&TYPEK=sii&year=93&month=10&b_date=1&e_date=31&co_id=1409&，最後瀏覽日期：2005年1月18日。

之新光合纖股票，以盤後交易之方式轉由台証證券自營部持有，此舉應有利於台新金控掌握新光合纖[17]。在委託書方面，台新金控和新光合纖的股務代理機構皆是台証證券，而台証證券又屬於台新金控，故吳東亮掌握所有股東名冊，且吳東亮與民間委託書徵求業者亦有協議，故吳東亮個人對於兩家公司所掌握的股權應不會低於家族所持有的[18]。

## (四) 監察人召集股東臨時會

新光合纖之董事及監察人任期雖於 2005 年 6 月 17 日始告屆滿，但為弭平上述董事長改選及法人代表改派之爭議，監察人林明正遂依公司法第 220 條之規定召集股東臨時會，會議定於 2004 年 12 月 20 日上午九時召開，會中將討論是否全面改選董事及監察人，如決議通過全面改選董事及監察人者，則進行董事及監察人的全面改選[19]。此外，依公司法第 165 條第 3 項之規定，公開發行公司在股東臨時會開會前三十日內為股票過戶的閉鎖期間，今股東臨時會訂於 2004 年 12 月 20 日召開，則股票最後過戶時間為 2004 年 11 月 20 日，又因當日為休假日，故實際最後過戶時間為 2004 年 11 月 19 日，吳東亮或吳東昇如欲取得新光合纖之多數股權，須於該日前取得股份並辦理股東名簿變更登記。

## (五) 新光家族內部和解

2004 年 11 月 22 日，吳桂蘭在媒體上刊登公開說明，表示吳家四兄弟未來事業的分工狀況，包括吳東進經營新光金控、新光人壽保險股份有限公司、大台北瓦斯與新光醫院；吳東賢經營新光紡織股份有限公司、新光產物保險股份有限公司與新光證券投資信託股份有限公司；吳東亮經營

---

[17] 今週刊，新光吳家兄弟決戰十二月，第412期，頁47，2004年11月15日。

[18] 今週刊，新光吳家兄弟決戰十二月，第412期，頁47，2004年11月15日。

[19] 參台灣證券交易所公開資訊觀測站，2004/11/4新光合纖重大訊息，網w：http://mops.tse.com.tw/sewer-java/t05st01?step=A1&colorchg=l&off=1&TYPEK=sii&yeap93&month=ll&b_date=l&e date=31&co id=1409&，最後瀏覽日期：2005年1月18日。

台新金控、台証證券與台新票券金融股份有限公司；吳東昇經營新光合
纖。此似表示吳東亮與吳東昇已接受母親的居中協調，由吳東亮繼續保有
台新金控的經營權，但吳東昇取得新光合纖的經營權[20]。

## (六) 股東臨時會流會

吳東亮在新光合纖股東臨時會開會前一日以個人名義聲明辭去新光合
纖董事之職[21]，此舉一併喪失董事長之職位，但原定 2004 年 12 月 20 日召
開之股東臨時會仍因出席股數未達法定開會門檻而流會[22]。按股東會流會
的原因可能為吳家四兄弟雖有 2004 年 11 月 12 日之協議，但吳東亮並未
交出手中掌握之新光合纖股權，吳東昇方面則擔心吳東亮仍會以手中股權
強勢主導董監改選，最後導致股東臨時會流會果[23]。吳東昇隨即於 2004 年
12 月 21 日舉行的董事會中，由董事推舉，以新光實業股份有限公司（以
下簡稱「台灣新光實業」）法人代表之身分當選為新光合纖之董事長[24]。

## 六、相關公司法人代表變動一覽表

為了解本案爭議產生之緣由，將各相關公司法人代表變動之情形整理

---

[20] 新新聞，筷子合在一起力量大，第925期，頁80，2004年11月25日。

[21] 參台灣證券交易所公開資訊觀測站，2004/12/19新光合纖重大訊息，網址：
http://mops.tse.com.tw/server-java/t05st01?step=A1&colorchg=l&off=l&TYPEK=si
i&year=93&month=12&b_date=1&e_date=31&co_id=1409&，最後瀏覽日期：
2005年1月18日。

[22] 參台灣證券交易所公開資訊觀測站，2004/12/20新光合纖重大訊息，網址：
http://mops.tse.com.tw/server-java/t05st01?step=A1&colorchg=l&off=l&TYPEK=si
i&year=93&month=12&b_date=1&e_date=31&co_id=1409&，最後瀏覽日期：
2005年1月18日。

[23] 商案週刊，吳家老大是協議破局關鍵，第892期，頁70, 2004年12月27日。

[24] 參台灣證券交易所公開資訊觀測站，2004/12/21新光合纖重大訊息，網址：
http://mops.tse.com.tw/server-java/t05st01?step=A1&colorchg=l&off=l&TYPEK=si
i&year=93&month=12&b_date=1&e_date=31&co_id=1409&，最後瀏覽日期：
2005年1月18日。

如下表[25]：

| 公司 | 現任董監事 | | 法人代表 | 附註 |
|---|---|---|---|---|
| 新活實業 | 董事長 | 金格食品 | 吳桂蘭 | |
| | 董事 | 金格食品 | 吳東昇 | 2004/7法人代表爲吳東亮 |
| | 董事 | 金格食品 | 吳東賢 | |
| | 監察人 | 金格食品 | 謝榮富 | |
| 瑞新興業 | 董事長 | 進賢投資 | 吳東昇 | 2004/7法人代表爲吳東亮 |
| | 董事 | 進賢投資 | 吳桂蘭 | |
| | 董事 | 進賢投資 | 孫若男 | |
| | 監察人 | 進賢投資 | 謝榮富 | |
| 新光合成纖維 | 董事長 | 台灣新光實業 | 吳東昇 | 2004/7董事長爲吳東亮（新活實業），2004/8董事長爲吳東亮（新隆化學） |
| | 副董事長 | 進賢投資 | 吳桂蘭 | |
| | 董事 | 新活實業 | 吳東進 | 2004/7法人代表爲林楊龍 |
| | 董事 | 新活實業 | 吳東賢 | 2004/7法人代表爲吳東亮 |
| | 董事 | 新隆化學 | 林楊龍 | 2004/7法人代表爲吳東進，2004/8法人代表爲吳東亮 |
| | 董事 | 進賢投資 | 吳東明 | 2004/7法人代沃表爲柯耀宗 |
| | 董事 | 綿豪實業 | 陳玉璞 | 2004/7法人代表爲吳東明，2004/8法人代表爲林明男 |
| | 董事 | 新勝公司 | 倪舜模 | 2004/8法人代表爲林登山， |
| | 監察人 | 新隆化學 | 吳東勝 | |
| | 監察人 | 新勝公司 | 金玉瑩 | |
| | 監察人 | 新活實業 | 鄭詩議 | |

---

[25] 參台灣證券交易所公開資訊觀測站，2004年7月台新金控董監事持股餘額明細資料，網址：http://mops.tse.com.tw/server-java/stapap1?TYPEK=sii&colorchg=1&isnew=false&id=2887&yearmonth=9307&step=l，最後瀏覽日期，2005年1月16日；經濟部商業司公司登記資料及申請案件查詢系統→公司基本資料查詢→董監事資料，網址: http://210.69.121.50/~doc/ce/ce sc1110.html，最後瀏覽日期：2005年1月16日。

# 參、法律問題分析

## 一、交叉持股爭議

　　新光集團是台灣第四大集團，集團內有兩家金控、三家投信，還有紡織業、天然氣、醫院、文化事業等，集團內部不但有控股公司負責持股，各事業體相互之間亦有綿密的交叉持股；不但如此，新光家族和堂兄弟、林登山家族、洪文棟家族之間，也經由控股公司的持股掌握經營權。

### (一) 交叉持股概述[26]

#### 1. 意義

　　所謂交叉持股，顧名思義，係指兩個以上的公司，基於特定目的之考量，互相持有對方所發行的股份，而形成企業法人間相互持股的現象。

　　公司法對於交叉持股並無明文定義，但關係企業有關相互投資公司之規定應可作為交叉持股概念的參考。依公司法第 369 條之 9 之規定，「公司與他公司相互投資各達對方有表決權之股份總數或資本總額三分之一以上者，為相互投資公司。相互投資公司各持有對方已發行有表決權之股份總數或資本總額超過半數者，或互可直接或間接控制對方之人事、財務或業務經營者，互為控制公司與從屬公司。」公司法就相互投資公司設有一定之規範，例如投資狀況之公開以及表決權行使之限制，但有交叉持股現象之公司間，其相互間之持股比例未必已達公司法就相互投資公司所定之標準，故公司法就相互投資公司所涉之規範並不當然適用於交叉持股公司，而主要應適用有關股份收回之相關規定。

#### 2. 種類

　　依觀察角度之不同，交拆持股至少應有下列數種分類：

---

[26] 廖大穎，論交叉持股制度——另類的財務操作與企業結合，月旦法學雜誌第45期，頁89，1999年2月

(1)從交叉持股公司間是否具有控制從屬關係為觀察：

　A. 垂直式交叉持股：指從屬公司持有控制公司之股份。

　B. 水平式交叉持股：指不具有控制從屬關係之公司間相互持有股份。

(2)從交叉持股之方式脈絡觀察：

　A. 單純型交叉持股：指A和B兩公司單純互相持有對方公司之股份。

　B. 直線型交叉持股：指A、B兩公司相互持股外，A另外和C公司、或B另外和D公司間同時持有對方之股份。

　C. 環狀形交叉持股：直線型交叉持股時，C和D公司也同時持有對方公司之股份，形成一環狀封閉式的交叉持股現象。

　D. 行列式交叉持股：環狀交叉持股時，A和D公司、B和C公司聞又相互持有對方公司之股份，形成行列矩陣式的交叉持股。

### 3. 交叉持股所生之弊端

　　交叉持股固有其正面意義，例如穩定公司經營權、建立策略聯盟等，但從1998年來我國陸續發生的國產汽車、國揚實業、東隆五金等掏空案，到本案因交叉持股錯綜複雜導致上市公司之經營權長期遭家族壟斷的情形看來，交叉持股的負面影響更不容小覷，學者並曾以關係企業為出發點就交叉持股進行分析，認為交叉持股容易造成資本虛漲、不實美化財務報表、容易造成內線交易、公司經營權遭少數人長期把持、惡意拉抬股票價位、股票質押損及金融秩序之安全、以及蓄意掏空公司資產等弊端[27]。

## (二) 公司法下交叉持股之適法性

### 1. 公司法第167條第3項及第4項之立法背景

　　公司法於2001年之修正前，於第167條第1項規定公司不得將自己股份收回、收買或收為質物，但並未明文限制公司透過轉投資之子公司買回自己之股份，因此上開條文所指禁止公司買回自己股份，是否亦將子公司買回母公司股份納入禁止之列，即有疑義，換言之，交叉持股之公司

---

[27] 林宜男，關係企業交叉持股之弊端研討，台大法學論叢第32卷第2期，頁141-154，2003年3月。

間，一方公司持有他方公司之股份，是否視為他方公司買回自己之股份，即影響交叉持股之適法性；如視為買回自己股份，即為違法；如不視為買回自己股份，即應無違法問題。

　　法務部[28]及經濟部[29]於1987年就上述情形表示應有違法，其認為「股份有限公司轉投資其他股份有限公司而具有實質控制關係時，居於控制地位之公司透過轉投資之公司買回控制公司之股份，與公司買回自己股份無異，有違前開立法意旨，似應為我公司法所不許」。惟，因同條第3項就違反第1項規定之行為設有刑事處罰之規定，經檢察機關偵辦後，認為公司及其轉投資之子公司各有其獨立人格，是否可將子公司購買母公司股份之行為擴張解釋為「公司自將股份收回」則不無疑義，故本於罪刑法定主義之精神，對母公司之負責人為不起訴處分。在此情形下，經濟部乃於1992年變更見解，認為「公司透過轉投資之公司買回本公司之股份，並不違反公司法第167條第1項之規定」[30]，自此，股份有限公司透過轉投資之子公司買回本公司之股份，遂成為適法行為，而成為企業經營常用的手段。

　　多年來，我國母子公司交叉持股的現象極為普遍，多數上市上櫃公司都有轉投資子公司以買回自己的股份，或用來護盤套利，或用來鞏固經營權，但一操作不慎即爆發財務危機。以護盤套利而言，其流程大致如下：

　　(1) 母公司經營者自資本市場取得本公司股票；

　　(2) 業者將手中持股以質借的方式自貨幣市場取得資金；

　　(3) 將取得之資金以可轉讓定存單之方式[31]融通給子公司使用；及

---

[28] 法務部(10)法參字第6934號函。

[29] 經濟部(76)商31726號函。

[30] 經濟部(81)商226656號函。

[31] 全名為「銀行可轉讓定存單」(Negotiable Certificate of Deposit，簡稱NCD)，係指銀行簽發在特定期間按約定利率支付利息的存款憑證，此項憑證與一般銀行收受定期存款所產生之定期存單不同，其最主要的差別在於前者之持有人可以在貨幣市場於存單未到期前貼現賣出，較具流動性，又因為可不具名賣出，故具隱密性，且因為利息可以分離課稅，亦具有節稅的效果；後者則不得轉讓。

(4) 子公司取得可轉讓定存單後，利用信用交易的方式放大資金規模買進母公司之股票，以支撐母公司的股價，大股東即可趁機出脫持股。

但若股票市場改為空頭走勢時，股價一旦低於擔保維持率[32]，而出質人未於期限內增提擔保品者，質權人即可依照「證券商辦理有價證券買賣融資融券業務操作辦法」第24條之規定處分擔保品，如此一來，應可想像市場上賣單會大幅增加，股票價格則繼續下跌，進而導致公司無力支付巨額的股票價金而造成違約交割。

有鑑於此，2001年公司法修正時，為明文禁止透過轉投資之子公司買回本公司之股份，乃於公司法第167條第3項增訂「被持有已發行有表決權之股份總數或資本總額超過半數之從屬公司，不得將控制公司之股份收買或收為質物」，目的在於避免控制公司利用其從屬公司，將控制公司股份收買或收為質物，可能滋生弊端[33]；並於第4項增訂「前項控制公司及其從屬公司直接或間接持有他公司已發行有表決權之股份總數或資本總額合計超過半數者，他公司亦不得將控制公司及其從屬公司之股份收買或收為質物」，目的在於為求周延，使控制公司及其從屬公司再轉投資之其

---

[32] 授信機構為保障自身利益，規定在授信期間內，若融資買進股票或融券賣出股票之「整戶擔保維持率」下降至不足140%，則融資融券戶必須在授信機構通知後三日內一次補足所應補繳之擔保差額。

所謂「整戶擔保維持率」就是以每筆融資融券擔保價金的總和，除以投資人信用帳戶中每筆融資融券交易金額之總和，目前規定之最低標準為140%，其計算公式如下：

整戶擔保維持率＝（融資擔保股票市價＋原融券擔保品及保證金）／（原融資金額＋融券標的股票市價）*100%

原融券擔保品＝賣出股票的金額－0.08%融券手續費－0.1425%證券商佣金－0.3%證券交易稅

融券保證金＝賣出股票金額*融券保證金成數

原融資金額＝買入股票金額*融資比率

目前的融資比率定為五成，融券保證金成數定為七成。

[33] 參照公司法於2001年修正時第167條第3項之增打理由。

他公司，亦受規範 [34]。

## 2. 垂直式交叉持股之適法性[35]

如前所述，交叉持股之利弊互見，若以交叉持股之弊端進行觀察，有控制從屬關係之「垂直式交叉持股」較之於無控制從屬關係之「水平式交叉持股」，其弊端可能更為嚴重，因此，若以防止弊端之角度出發，公司法第 167 條第 3 項及第 4 項之禁止範圍，應不僅限於其文義所述之「收買或收為質物」等「動的行為」，而應從目的性解釋之法理，將其禁止範圍擴大至禁止子公司「持有」母公司股份之「靜的狀態」。惟公司法第 167 條第 3 項及第 4 項之立法目的是否確實係為禁止交叉持股現象存在，抑或該等規定所同時產生抑制垂直式交叉持股「狀態」之形成，僅係該等規定的衍生性效果，並非直接目的，應進一步釐清，以確定公司法第 167 條第 3 項及第 4 項之適用範圍。

學者曾列舉數項理由認為公司法第 167 條第 3 項及第 4 項之立法目的係為禁止子公司買進母公司股份之「行為」，以遏阻公司經營者利用此一模式將公司資金用以買進自己公司之股份，至於同時產生抑制垂直式交叉持股「狀態」之形成，僅係該規定之衍生性效果，並非直接目的：

第一，金融控股公司法第 38 條「金融控股公司之子公司或子公司持有已發行有表決權股份總數百分之二十以上或控制性持股之投資事業，不得持有金融控股公司之股份」。該規定以「不得持有」之文字，應係禁止金融控股公司與其子公司間垂直式交叉持股之「靜的狀態」；但相較之下，公司法第 167 條第 3 項及第 4 項所用之文字為「不得收買或收為質物」，依文義解釋方式而言，應可確認其所禁止者為「動的行為」。

第二，若現行公司法有意禁止垂直式交叉持股狀態之存在，則公司法第 369 條之 9 第 2 項所定「相互投資公司各持有對方已發行有表決權之股份總數或資本總額超過半數」之「互為控制與從屬公司」之型態將無由存

---

[34] 參照公司法於2001年修正時第167條第4項之增訂理由。

[35] 林國全，現行公司法是否禁止垂直式交叉持股，台灣本土法學雜誌第59期，頁181-185，2004年6月。

在，但該條項之規定並未隨公司法第167條第3項及第4項之增訂而修正。

第三，現行公司法於增訂第167條第3項及第4項時，並未同時明定消除既存垂直式交叉持股狀態之配套規定。

### 3. 現行規定之疑義[36]

#### (1)規範對象行為主體

依公司法第369條之規定，從屬公司有二，其一為被持有公司已發行有表決權之股份總數或資本總額超過半數者，其二為被直接或間接控制公司之人事、財務或業務經營者。但從同法第167條第3項之文義觀之，僅限於因出資關係所形成的從屬公司。

若本此見解，則上述護盤套利的運作模式中，子公司只要非因出資關係而受母公司控制，即可繼續操作該模式。

#### (2)規範對象行為客體

現行規定限制者為不得收買或收質控制公司之股份，至於控制公司所發行具有「潛在性股份」性質之有價證券，是否亦在限制之列則不無疑問。

若控制公司發行者係可轉換公司債，因可轉換公司債在債權人進行轉換之前，係屬債券之性質，應無違反公司法第167條第3項第4項之虞，然而如行使轉換權，自屬違反上開規定[37]。經濟部於2001年的函釋[38]持相反見解，認為從屬公司不得持有控制公司所發行之海外可轉換公司債及海外存託憑證，但2002年之函釋則變更見解，改採上述意旨[39]。

若控制公司發行者係海外存託憑證，因存託憑證所表徵者為企業存託於發行地存託機構之該企業所發行股份，存託憑證之權利人得透過存託機構間接行使包括表決權在內之股份上權利，故海外存託憑證具有間接但實

---

[36] 林國全，現行公司法是否禁止垂直式交叉持股，台灣本土法學雜誌第59期，頁184-185，2004年6月。

[37] 劉連煜，「新證券交易法實例研習」，頁115-117，元照出版公司，2004年9月增訂3版。

[38] 經濟部(90)商字第09002258870號函。

[39] 經濟部(91)商字第09102071760號函。

質股份性質，從而若從屬公司買進控制公司所發行之海外存託憑證，應維持前段經濟部民國90年之函釋，認為違反公司法現行規定[40]。

(3)規範對象行為

公司法第167條第3項及第4項所限制者係「收買或收為質物」，故若因新法施行前已取得之股份在新法施行後獲得無償配股，自不屬之[41]；而從屬公司行使控制公司所發行可轉換公司債之轉換權，同屬以取得控制公司股份為目的而支付對價之行為，應在限制之列。

## (三) 金控法下交叉持股之適法性

金控法第38條規定「金融控股公司之子公司或子公司持有已發行有表決權股份總數百分之二十以上或控制性持股之投資事業，不得持有金融控股公司之股份」，可見現行法明文禁止子公司持有金控公司股份。

惟鑑於金融機構轉換組成金控公司時可能產生交叉持股的結果，金控法特別在第31條第2項允許因金融機構轉換為金控公司時所導致之交叉持股，但須於三年內轉讓所持有股份予金融控股公司或其子公司之員工，或準用證券交易法第28條之2第1項第2款作為股權轉換之用，或於證券集中市場或證券商營業處所賣出，若屆期未轉讓或未賣出者，視為金融控股公司未發行股份，並應辦理變更登記。

## (四) 本案交叉持股於公司法及金控法下之適法性

新光集團關係企業眾多，以下即以具代表性之新光金控、台新金控、及新光合纖等上市公司為對象，分析其交叉持股於公司法及金控法下之適法性。

### 1. 新光合纖

新光合纖已發行股份總數為1,325,340,925股，最大法人股東為台灣

---

[40] 林國全，現行公司法是否禁止垂直式交叉持股，台灣本土法學雜誌第59期，頁184-185，2004年6月。

[41] 經濟部(91)經商字第09102371220號函。

新光實業，持股 76,462,856 股，持股比例約百分之五點七。台灣新光實業十五席董事中有四席為新勝公司，兩席監察人也均為新勝公司[42]，新勝公司持有台灣新光實業之股份數為 22,146,495 股。假設新勝公司為台灣新光實業的控制公司，依公司法第 369 條之 11[43] 計算該等公司對新光合纖之投資額時，合併新光實業和新勝公司對新光合纖的持股總共為 98,609,351 股，持股比例約為新光合纖已發行股份總數百分之七點四。因此，若從出資關係來看，應可認為並無任何法人為新光合纖的控制公司[44]，合先敘明。

新光合纖在財務報表中揭露其具有控制能力之被投資公司「泛亞聚酯工業股份有限公司」（以下簡稱「泛亞聚酯工業」）持有新光合纖 119,721 股之股份，帳列科目為長期投資，但是新光合纖僅持有該公司 12,139,00 股，持股比例約佔其已發行股份總數百分之二十七[45]，因此，泛亞聚酯工業應非新光合纖公司法第 167 條第 3 項以出資關係界定之從屬公司，泛亞聚酯工業若係於 2001 年公司法修正後取得新光合纖之股份並不違反公司法。

再者，若台新金控確係利用其從屬公司台証證券於民國 93 年 10 月間

---

[42] 經濟部商業司公司登記資料及申請案件查詢系統→公司基本資料查詢→董監事資料，網址：同註http://210.69.121.50/~doc/ce/cescⅢ0.html，最後瀏覽日期：2005年1月19日。

[43] 因浙勝公司掌握多席新光實業之董事席位，似有直接控制新光實業之人事、財務及業務經營之機會，文中遂以新勝公司為新光實業之控制公司為假設而進行討論。依公司法第369條之11規定，公司之從屬公司所持有他公司之股份或出資額，要一併計入公司所持有他公司之股份或出資額，故在計算新勝公司持有新光合纖之股份或出資額時，新光實業作為新勝公司之從屬公司，其所持有之新光合纖股份數要列入新勝公司所持有而計算之。

[44] 參台灣證券交易所公開資訊觀測站，2004年10月新光合纖董監事持股餘額明細資料，網址：http://mops.tse.com.tw/server-java/stapap1?TYPEK=sii&colorchg=1&isnew=false&id=1409&yearmonth=9310&step=1&，最後瀏覽日期，2005年1月19日。

[45] 參台灣證券交易所公開資訊觀測站，2004年新光合纖第三季季報，網址：http://doc.tse.com.tw/server-java/t57sb01?step=1&colorchg=1&co_id=1409&year=&seamon=&mtype=A&，最後瀏覽日期，2005年1月19日。

買進大量新光合纖股票（參前述事實整理），亦不違反公司法第 167 條第
4 項之規定。依公司法第 164 條第 4 項規定，孫公司不得收回或收買子公
司或母公司之股份，惟 2004 年 10 月間，台新金控與新光合纖之董事無一
相同[46]，無法依公司法第 369 條之 3 第 1 款[47]之規定推定具有控制與從屬關
係，且公司法第 167 條第 4 項之控制從屬關係亦應與同條第 3 項相同，以
出資關係為認定標準，因此，縱使新光合纖為台新金控實質意義下之從屬
公司，且新光合纖亦持有台証證券股份者，台証證券取得新光合纖股份之
行為亦不違反公司法。

## 2. 台新金控

　　台新金控已發行股份總數為 4,298,768,756 股，最大法人股東為瑞新
興業，持股 86,280,499 股，持股比率約百分之二[48]，因此，若從出資關係
來看，並無任何法人為台新金控的控制公司，合先敘明。

　　台新金控在財務報表中揭露其被投資公司「台新建築經理股份有限公
司」持有台新金控 1,391,490 股之股份，帳列科目為長期投資，而該公司
為台新金控子公司台新銀行（佔 60%）及台新資產管理（佔 40%）綜合

---

[46] 比較台新金控和新光合纖於2004年10月的董事名單，台新金控：參台灣證券交
易所公開資訊觀測站，2004年10月台新金控董監事持股餘額明細資科，網址：
http://mops.tse. com.tw/server-java/stapap1?TYPEK=sii&colorchg=1&isnew=false
&id=2887&yearmonth=9310&step=1&，最後瀏覽日期，2005年1月19日；新光
合纖：參台灣證券交易所公開資訊觀測站，2004年10月新光合纖董監事持股餘
額明細資料，網址：http://mops.tse. com.tw/server-java/stapap1?TYPEK=sii&colo
rchg=1&isnew=false&id=1409&yearmonth=9310&step=1&，最後瀏覽日期，
2005年1月19日。

[47] 公司法第369條之3規定：「有左列情形之一者，推定為有控制與從屬關係：
一、公司與他公司之執行業務股東或董事有半數以上相同者；二、公司與他公
司之已發行有表決權之股份總數或資本總額有半數以上為相同之股東持有或出
資者。」

[48] 參台灣證券交易所公開資訊觀測站，2004年10月台新金控董監事持股餘額明細
資料，網址：：http://mops.tse.com.tw/server-java/stapapl?TYPEK=sii& colorchg=l
&isnew=false&id=2887&yearmonth=9310&step=1&，最後瀏覽日期，2005年1月
19日。

持股之公司[49]，由此觀之似乎有違金控法第38條之規定。但觀察台新金控在成立後的第一季季報，可發現「台新建築經理股份有限公司」在當時即已持有台新金控1,309,567股之股份[50]，與現今相差不遠，因此該公司對台新金控之持股似為其原本對於台新銀行之持股，經由金控之成立而轉換成對於台新金控之持股，屬於金控法第31條所訂之例外。

### 3. 新光金控

新光金控已發行股份總數為2,948,016,342股，最大法人股東為新勝公司，持股371,342,619股，持股比率約12%[51]，因此，若從出資關係來看，並無任何法人為台新金控的控制公司，自無違反公司法第167條第3項第4項之情形。

## 二、關係人交易爭議

我國對於金融機構關係人交易之規範主要有公司法、證券交易法、銀行法及金控法，各法規對於利害關係人之範圍以及關係人交易之類型，依其規範目的而有不同規定。依前述之事實背景，台証證券似曾於公開市場上大量收購新光合纖之股票，則此時主要應適用之法規應為金控法，特別是該收購行為是否違反金控法第45條之規定。

## (一) 關係人交易之規範目的

一般而言，防止關係人交易之目的，主要係因利害關係人彼此間之交

---

[49] 參台灣證券交易所公開資訊觀測站，2004年台新金控第三季季報，網址：http://doc.tse.com.tw/server-java/t57sb01?step=1&colorchg=1&co_id=2887&year=&seamon=&mtype=A&，最後瀏覽日期：2005年1月19日。

[50] 參台灣證券交易所公開資訊觀測站，2002年台新金控第一季季報，網址：http://doc.tse.com.tw/server-java/t57sb01?step=1&colorchg=1&co_id=2887&year=&seamon=&mtype=A&，最後瀏覽日期：2005年1月19日。

[51] 參台灣證券交易所公開資訊觀測站，2004年10月新光金控董監事持股餘額明細資料，網址：http://mops.tse.com.tw/server-java/stapap1?TYPEK=sii&colorchg=1&isnew=true&id=2888&yearmonth=9310&step=1&，最後瀏覽日期：2005年1月19日。

易，可能藉由價格安排而圖利某一關係人，亦可能以非常規交易方式貸與資金，使關係人獲得不正當利益，或利用控制關係獲取利益，為避免該等弊端，故有必要加以規範。

公司法第 202 條規定，公司業務之執行，除公司法或章程規定應由股東會決議之事項外，均應由董事會決議行之，故董事會為實際控制公司之機關，而董事不論在決策權、資訊取得及執行業務之經常性上，都具有優勢地位以利用公司資源遂行個人利益，故公司法上關於關係人交易之規範，係以董事之自我交易行為為中心，而兼及監察人、公司大股東及其他利害關係人 [52]，此應為關係人交易之基礎規範。

就金融機構而言，防止關係人交易之主要目的之一係為堅守銀行授信與安全之原則，例如銀行法第 32 條、第 33 條及第 33 條之 1 之規定，即是因為該等授信將使銀行承受較大風險，故加以禁止或限制。至於金融控股公司之關係人交易，雖其金融機構子公司均有獨立之法人格，但因各金融機構組合成金融集團，各金融機構透過金控母公司而有緊密之關聯，同一金融集團下之證券或保險子公司亦隨之與銀行子公司有實質上之利害關係，導致金融集團關係人交易之類型及範圍均較一般公司或銀行為廣，故金控法有關關係人交易之規範目的，應為處理整個金融集團全部利害關係人之交易。

## (二) 金控法對於關係人交易之限制

金控法下之關係人交易區分為授信業務之關係人交易，以及授信以外之關係人交易，其中授信以外之關係人交易係規定於第 45 條。

### 1. 授信以外交易之利害關係人範圍

依金控法第 45 條第 1 項規定，所謂之利害關係人為：

(1) 該金融控股公司與其負責人及大股東；

(2) 該金融控股公司之負責人及大股東為獨資、合夥經營之事業，或

---

[52] 王文宇，金融控股公司法制之研究，台大法學論叢第30卷第3期，頁109，2001年5月。

　　擔任負責人之事業，或為代表人之團體；

(3) 該金融控股公司之關係企業與其負責人及大股東；及

(4) 該金融控股公司之銀行子公司、保險子公司、證券子公司及該等
　　子公司之負責人。

　　就此，應可進一步討論金控法就授信交易之利害關係人與授信以外交易之利害關係人，其規範之範圍並不相同，其差異主要為金控法第45條第1項第3款及第4款（即上述第(3)點及第(4)點）。

　　相對於金控法第45條第1項第3款之規定，金控法第44條第3款所規定之利害關係人為「有半數以上董事與金融控股公司或其子公司相同之公司」，因其係以董事人數比例作為利害關係人之劃分標準，而非以持股比例作為劃分標準，故邏輯上可能存在該公司並非金控公司關係企業之情形。惟第45條第1項第3款除金控公司之關係企業外，亦將該等關係企業之負責人及大股東列為利害關係人，故其規範範圍應較第44條第3款為廣。

　　相對於金控法第45條第1項第4款之規定，金控法第44條第4款所規定之利害關係人為「該金融控股公司之子公司與該子公司負責人及大股東」，其範圍較第45條第1項第4款之規定多了「子公司之大股東」，就此，因金控公司未必百分之百持有其子公司之股份，而可能存在其他大股東，故有關子公司之大股東之關係人交易規範，僅能依各金融機構所屬業別應適用之法律為之。

## 2. 授信以外之交易

　　依金控法第45條第2項規定，所謂之授信以外之交易為：

(1) 投資或購買前項各款對象為發行人之有價證券；

(2) 購買前項各款對象之不動產或其他資產；

(3) 出售有價證券、不動產或其他資產予前項各款對象；

(4) 與前項各款對象簽訂給付金錢或提供勞務之契約；

(5) 前項各款對象擔任金融控股公司或其子公司之代理人、經紀人或
　　提供其他收取佣金或費用之服務行為；及

(6) 與前項各款對象有利害關係之第三人進行交易或與第三人進行有

前項各款對象參與之交易。

此外，同條第 3 項規定，第 2 項第 1 款及第 3 款之有價證券，不包括銀行子公司發行之可轉讓定期存單在內；第 4 項則規定，金融控股公司之銀行子公司與第 1 項各款對象為第 2 項之交易時，其與單一關係人交易金額不得超過銀行子公司淨值之百分之十，與所有利害關係人之交易總額不得超過銀行子公司淨值之百分之二十。

以上所定之事項均需經過董事會重度特別決議，故於實務執行上可能產生不便。

## （三）主管機關對於金控法第45條之緩和

實務上，部分交易具有即時性、例行性，或是小額交易風險性較低，若一律適用金控法第 45 條之規定，將對實務運作造成不小困擾，故主管機關於 2003 年[53]、2004 年[54]、2005 年[55]、2007 年[56] 及 2010 年[57] 分別發布解釋函令，允許金控公司及其子公司得採取概括授權之方式為之，並視同符合金控法第 45 條第 1 項之規定，以之作為金控法第 45 條之補充。

依主管機關之最新函釋，就主管機關所規定之特定授信以外關係人交易，得以概括授權方式進行，惟尚需同時符合以下條件：(1) 金控公司或其子公司已研擬內部作業規範；(2) 概括授權業經董事會三分之二以上董事出席及出席董事四分之三以上之決議通過；及 (3) 關係人交易之交易條件未優於其他同類對象。

## （四）台証證券收購新光合纖股票於金控法下之適法性

2004 年 10 月，吳東亮仍身兼台新金控和新光合纖的董事長，故新光

---

[53] 財政部(92)台財融(一)字第0921000196號令。

[54] 財政部(93)台財融(一)字第0938010391號令。

[55] 金融監督管理委員會金管銀（一）字0946000571號函。

[56] 金融監督管理委員會金管銀（一）字09610000350號函。

[57] 金融監督管理委員會金管銀法字第09910007590號函。

合纖屬於金控法第 45 條第 1 項第 2 款之「利害關係人」；台証證券為台新金控之子公司，其收購新光合纖股票之行為亦屬金控法第 45 條第 2 項第 1 款之「授信以外交易」，如本項交易未經台証證券董事會之重度特別決議通過，該行為即違反金控法第 45 條之規定。再者，依金控法第 60 條第 14 款之規定，違反同法第 45 條第 1 項交易條件之限制或董事會之決議方法者，或違反同條第 4 項規定所定之金額比率者，得依同條本文處新臺幣 200 萬元以上 1,000 萬元以下罰鍰[58]，併予敘明。

　　此外，台証證券買進新光合纖之股票如未注意市場供需狀況，及可能違反證券商管理規則第 30 條「證券商經營自行買賣有價證券業務或出售承銷所取得之有價證券，應視市場情況有效調節市場之供求關係，並注意勿損及公正價格之形成及其營運之健全性」之規定。因證券商管理規則係依證券交易法第 44 條第 4 項之規定所訂定，違反者可依證交法第 66 條之規定處罰[59]。

## 三、假處分與公司經營權之爭奪

　　依前述背景事實。吳東亮與吳東昇皆向法院對他方聲請假處分，禁止其以董事長身分行使職權，此種假處分，性質上屬於民事訴訟法第 538 條之「定暫時狀態假處分」。此種手段為公司經營權紛爭中常見的手段，當一方聲請假處分時，法院除須決定是否准許，尚須決定擔保數額，以作為

[58] 金管會因此對台証證券處以新台幣250萬之罰鍰，參YAHOO!奇摩股市即時財經新聞，旗下台証證遭罰、台新金表示接受，網址：http://tw.stock.yaboo.com/xp/20041209/49/82053491583.html，最後瀏覽日期：2005年3月5日。

[59] 證交法第66條規定：「證券商違反本法或依本法所發布之命令者，除依本法處罰外，主管機關並得視情節之輕重，為左列處分：一、警告；二、命令該證券商解除其董事、監察人或經理人職務；三、對公司或分支機構就其所營業務之全部或一部為六個月以內之停業；四、對公司或分支機構營業許可之撤銷。」金管會因此對台証證券提出警告，並停止總經理林克孝執行業務半年。參YAHOO!奇摩股市即時財經新聞，旗下台証證遭罰、台新表示接受，網址：http://tw.stock.yahoo.com/xp/20041209/49/82053491583.htm l，最後瀏覽日期：2005年3月5日。

相對人可能遭受損害之預備。

## (一) 禁止董事行使職權之假處分對經營權之影響

依公司法第 202 條規定，董事會係股份有限公司之業務執行機關，因此，對公司經營權之爭奪，邏輯上可透過爭執董事任職之合法性而達成，故禁止董事行使職權之假處分，係爭奪公司經營權時，實務上最常運用的定暫時狀態假處分。

以聲請者的角度觀之，其可能與掌握公司經營權之他方就公司之經營發生爭執，故而有需要在雙方進入訴訟程序前或於程序進行時，請求法院以假處分暫時禁止他方行使董事職務，以免公司發生難以回復之損害。以被請求之他方觀之，若法院裁定以假處分禁止其行使董事職權，即喪失公司經營權，即便聲請假處分之一方嗣後被認定為無理由，被請求者失去公司經營權之既成事實亦無法挽回。

假處分所造成的損害可能無法以金錢衡量已如前述，故以金錢擔保作為被請求者損失之預備，意義並不大；但聲請假處分之案件本身具有急迫性，不能等待法院嚴密但曠日費時的審理，從而法官下裁定時尤須審慎為之。有鑑於此，民事訴訟法於 2003 年修正時對於定暫時狀態之假處分亦有所增修，第 538 條第 4 項規定：「法院為第一項及前項裁定前，應使兩造當事人有陳述之機會。但法院認為不適當者，不在此限。」此種兩造對辯的程序，無論對於假處分之准許與否或擔保金額之決定，對於法官裁定之正確性將有正面助益 [60]。

---

[60] 民事訴訟法第538條於2003年修正時的修正理由第5項表示：「定暫時狀態之處分，往往係預為實現本案請求之內容，對當事人之權益影響甚鉅，為期法院能正確判斷有無處分之必要，爰明定法院為裁定前，應使兩造當事人有陳述意見之機會。惟法院如認先使當事人陳述意見，有難達定暫時狀態之目的而不適當者，即得逕為裁定，爰增訂但書規定。至法院如認有行言詞辯論之必要時，依第234條規定，自得行任意之言詞辯論，乃屬當然。」

## (二) 本案假處分裁定

　　台北地方法院就新光合纖對吳東昇所提起之假處分聲請，做成 2004 年度裁全字第 4803 號裁定，裁定債權人（新光合纖）提供擔保金新台幣 360 萬元或等值之台新銀行城東分行無記名可轉讓定存單後，禁止債務人（吳東昇）在 2005 年新光合纖因董事任期屆滿而改選董事及董事長前，以新光合纖董事長之名義行使董事長職權；如本案判決在 2005 年新光合纖因董事任期屆滿而改選董事及董事長之前確定，上開期間縮短至判決確定日。就台北地院之該項裁定，應可特別注意以下事項：

### 1. 有爭執之法律關係及定暫時狀態之必要

　　依新光合纖所提出之說明及證據，吳東昇與新光合纖公司就雙方是否有董事長委任關係，顯然有爭執，及吳東昇所稱推舉其為董事長之董事會，未經合法召集，應屬無效等情事已提出充分說明，故台北地院認為足以釋明就爭執之法律關係有定暫時狀態之必要性存在。

　　此外，台北地院就定暫時狀態假處分之必要性亦再提出說明，其認為若容許吳東昇以董事長名義行使職權，恐有干擾新光合纖之公司營運，損害既有股東權益，且影響投資大眾對新光合纖營運之信心，準此，台北地院爰依利益衡量原則，認為本件有定暫時狀態假處分之必要。

　　就上開裁定，有學者提出評論，認為應有以下幾點值得討論之處：第一，定暫時狀態假處分具有本案化之特性，且假處分有時兼具非訟事件與訴訟事件雙重性質，則本案繫屬法院以涉及本案訴訟實體審理為理由，拒絕吳東昇聲請傳喚證人以證明本案實體爭點，恐有不宜。第二，假處分之選擇並不止於禁止董事行使全部職權一項，法院應考量相對人違法情節之輕重、其對公司繼續造成損害之可能性、公司內部治理缺陷之嚴重程度，審酌以何種方式限制或禁止董事行使一定職權 [61]。

### 2. 擔保金額之決定

　　關於擔保金額，法院係以吳東昇遭本件定暫時狀態假處分所可能受之

---

[61] 劉連煜，禁止董事行使職權之假處分（上），司法周刊第1327期，2007年3月1日。

損害為依據，並以吳東昇若任職為董事長之剩餘任期內，可得之薪資、獎金及酬勞為認定標準。

## 四、其他法律爭點

### （一）董事會之召集程序

　　依公司法第 203 條第 1 項前段之規定，董事會由董事長召集，另依公司法第 208 條第 3 項前段之規定，董事長對內為董事會主席，但是否僅有董事長始為董事會適格之召集權人，則不無疑義。經濟部對此於 2004 年 11 月 5 日發布函釋 [62]，認為董事長如不召開董事會，尚不得由其他董監事召集，亦不發生書面會議紀錄情事。以下即分別討論吳東亮陣營及吳東昇陣營所召集之董事會是否符合公司法之規定。

#### 1. 吳東亮於民國93年8月6日召開之董事會召集程序是否合法

##### (1)林楊龍、柯耀宗遭撤換之法人代表改派書未準時送達

　　新光合纖於 2004 年 8 月 6 日召開董事會之前，發生法人代表遭撤換（非指林楊龍、柯耀宗遭撤換）之情事，原任董事長之新活實業以吳東賢取代吳東亮出任法人代表，而吳東亮同時轉以新隆化學法人代表之身分擔任董事，但已非新光合纖之董事長，故不得擔任董事會主席，但董事會開會前夕始發生董事長更換之情形，則董事會之會議主席究竟應由何人擔任，則不無疑問。

　　依公司法第 208 條第 3 項後段規定，董事長請假或因故不能行使職權時，由副董事長代理之；無副董事長或副董事長亦請假或因故不能行使職權時，由董事長指定常務董事一人代理之；其未設常務董事者，指定董事一人代理之；董事長未指定代理人者，由常務董事或董事互推一人代理之。上述規定係針對董事長因故不能行使職權時之代理規定，惟依 (a) 經濟部民國 96 年 11 月 2 日經商字第 09602146040 號函意旨：「董事長職權消滅而造成缺位時，得類推適用公司法第 208 條第 3 項規定，由副董事長

---

62 經濟部(93)經商字第09302182030號函。

代行董事長職務，若無設副董事長，則由常務董事或董事互推一人代行董事長職務，召開董事會選舉董事長」；(b) 經濟部 1991 年 6 月 12 日商字第 214490 號函意旨：「董事長辭職後，應迅依公司法第 208 條第 1 項、第 2 項規定補選董事長，在董事長未及補選前，得類推適用公司法第 208 條第 3 項規定由副董事長，無副董事長者由常務董事或董事互推一人暫時執行董事長職務，以利改選董事長會議之召開。至於互推之方式，公司法並無規定，如由常務董事或董事以集會方式推選自屬可行，其出席及決議方法，可準照同條第 4 項或第 206 條第 1 項規定以半數以上常務董事或董事出席，及出席過半數之決議行之」；及 (c) 經濟部 1986 年 2 月 13 日商字第 04192 號函意旨：「如董事長死亡應即依法補選董事長，惟在董事長未及選出之前，得由常務董事互推一人暫時執行董事長職務，以利改選董事長會議之召開及公司業務之執行」。故於本件情形，新光合纖原任董事長因法人代表之改派致發生董事長缺位之情形時，依上開公司法函釋意旨，應得類推適用公司法第 208 條第 3 項規定，以副董事長代行董事職務，故此時新光合纖由副董事長代理擔任董事會主席 [63] 可謂適當。

又董事會之召集，應載明事由，於七日前通知各董事及監察人，此為公司法第 204 條第 1 項之明文，今吳東亮於董事會前夕喪失董事長身分，並不使已發出的召集通知成為無效。故吳東亮召集董事會之程序合法，由副董事長擔任該次董事會之主席亦無不當。

(2)林楊龍、柯耀宗遭撤換之法人代表改派書準時送達

依前所述，此時董事會之召集程序應為合法，惟因林楊龍已不具有董事身分，不得擔任董事會主席，其主持之董事會所通過之決議應不具效力。

---

[63] 參台灣證券交易所公開資訊觀測站，2004/08/09 新光合纖重大訊息，網址：http://mops.tse.com.tw/server-java/t05st01?step=A1&colorchg=1&off=1&TYPEK=sii&year=93&month=8&b_date=1&e_date=31&co_id=1409&，最後瀏覽日期：2005 年 1 月 18 日。

## 2. 吳桂蘭於2004年8月6日召開之董事會召集程序是否合法

### (1)林楊龍、柯耀宗遭撤換之法人代表改派書未準時送達

如前所述，新光合纖此時應有董事長缺位的情形，惟因副董事長為代表新活實業之林楊龍，且因林楊龍可代行董事長職權而擔任董事會主席，故吳桂蘭不得召開董事會，亦不具主席身分，由其召開之董事會所通過之決議不具效力。

### (2)林楊龍、柯耀宗遭撤換之法人代表改派書準時送達

新光合纖此時之董事長及副董事長均有缺位的情形，新光合纖之董事應得類推適用公司法第 208 條第 3 項規定，互推一人代行董事長職務，以召集董事會改選董事長並執行公司業務。再者，參酌前述經濟部函釋意旨，由於互推之方式公司法並無規定，由過半數之董事自行集會並經出席董事過半數之決議進行互推應屬可行。故新光合纖由過半數之董事自行集會，並經出席董事過半數之決議推舉吳桂蘭擔任主席代行董事長職權，主持董事會，應為適法。

## (二)法人代表改派書之送達

新光合纖經營權之爭議，開始於新活實業以吳東進取代林楊龍、進賢投資以吳東明取代柯耀宗之兩份法人代表改派書，是否於董事會開會前送達。

若改派書未準時送達，在董事會召集程序合法的情況下，推舉代表新隆化學之吳東亮擔任董事長之決議即為合法；若改派書準時送達，則林楊龍、柯耀宗兩人已不具有董事身分，在另一董事吳東賢遲到的情況下，吳東亮所主持的董事會只有四人出席，因公司法第 208 條第 1 項規定須有三分之二以上董事之出席始可進行選舉董事長之議案，則吳東亮即未合法被選任為董事長。

法人代表改派書係一意思表示，且為非對話之意思表示，依民法第 95 條第 1 項前段之規定，於到達相對人時，意思表示始生效，此為法人代表改派書是否到達成為本案爭議之原因。所謂到達，係指意思表示已進入相對人之支配範圍，置於相對人可得了解之狀態而言，若相對人無正當

理由而拒絕接收，則該通知仍屬於達到相對人之支配範圍[64]。至於收發單位之簽收僅是證明通知到達的手段之一，並非通知到達之條件。

經濟部商業司以董事會當日之監視錄影帶和送達人之書面聲明認定改派書已準時送達，此為事實認定之問題，但應非毫無疑問，例如如何證明送達人手持之文件為兩份改派書？如何證明送達人將文件送交給有權代表新光合纖收受之人？如何證明被送達之人拒收？如上開問題均交由一紙聲明書釐清，恐賦予該等聲明書過高的期望，且本案涉及上市公司之經營權歸屬，主管機關似應以更嚴謹之程序進行裁量。

## 肆、結論

因爭奪新光合纖之經營權所浮現之交叉持股爭議，反映出上市櫃公司大股東彼此間合縱連橫所產生的槓桿效果，可以較低成本掌握公司的經營，就此而言，交叉持股似破壞股東平等原則。再者，若經營者利用交叉持股，得有效操縱股東會，排除股東會對董事的監督，使公司選任董監事之機制及監督功能喪失，亦有違反股份有限公司股東會、董事會、監察人三權分立相互制衡之立法意旨。因此，公司法對交叉持股所施加之限制應值得肯定。惟限制交叉持股之方式應不僅限於限制股份買回，亦可配合其他規範以避免交叉持股之弊端，例如限制相互投資公司表決權之行使、財務資訊之強制揭露、或公司內外監控機制等方式，均可作為立法上之參考，併作為保護一般投資人之手段。

另外，爭奪公司經營權所涉及之假處分議題，除現行法所規定假處分之法律要件外，另外要注意的關鍵應該是法院是否給予兩造當事人辯論的機會，以及法院對擔保金之裁定，該兩者之間通常亦具有關聯性。如果法院審理時不通知他方當事人而僅進行一造聽證，通常會以裁定供擔保之方式以避免造成他方當事人之損害，但假處分所造成之損失未必可以金錢客

---

[64] 最高法院86年台抗字第628號判決。

觀衡量，而且既然未進行兩造辯論，法院所裁定之擔保金額亦容易偏低。

　　有關金控公司之關係人交易，主管機關已就概括授權發布多項函釋，某程度可緩和現行法律規定下，應經董事會重度特別決議對實務運作所造成的不便。至於董事會之召集，於董事長缺位的情況下，應得類推適用公司法第 208 條第 3 項之規定，由副董事長或由董事互推一人暫時執行董事長職權。

# 參考文獻（依作者姓氏筆劃遞增排序）

## 一、專書論述

1. 劉連煜，「新證券交易法實例研習」，元照出版公司，2004 年 9 月增訂 3 版，台北市。

## 二、期刊論文

1. 王文宇，金融控股公司法制之研究，台大法學論叢第 30 卷第 3 期 2001 年。
2. 林宜男，關係企業交叉持股之弊端研討，台大法學論叢第 32 卷第 2 期，2003 年。
3. 林國全，現行公司法是否禁止垂直式交叉持股，台灣本土法學雜誌第 59 期，2004 年。
4. 林國全，法人代表人董監事，月旦法學雜誌第 49 期，1999 年。
5. 陳怡君，公司之經營一股東會、董事會及董監事責任，萬國法律第 132 期，2003 年。
6. 曾宛如，金融控股公司法立法簡介，台灣本土法學雜誌第 27 期，2001 年。
7. 廖大穎，論交叉持股制度一另類的財務操作與企業結合，月旦法學雜誌第 45 期，1999 年。
8. 戴銘昇，金融控股公司法之評析一論交叉持股之禁止，軍法專刊第 49 卷第 5 期，2003 年。
9. 戴銘昇，金融控股公司法的光與影（上），法令月刊第 55 卷第 5 期，2004 年。
10. 戴銘昇，金融控股公司法的光與影（下），法令月刊第 855 卷第 6 期，2004 年。

## 三、雜誌（依刊名之筆劃遞增排序）

1. 今週刊，吳東昇閃電出招、吳東亮用力反擊，第 397 期，頁 37，2004 年 8 月 2 日。
2. 今週刊，泛新光集團權位保衛戰愈演愈烈，第 398 期，頁 120，2004 年 8 月 9 日。

3. 今週刊，新光吳家兄弟決戰十二月，第412期，頁47，2004年11月15日。

4. 商業週刊，吳家兄弟上演真實版台灣龍捲風，第871期，頁36，2004年8月2日。

5. 商業週刊，吳東亮談家變：很見笑，第872期，頁63，2004年8月9日。

6. 商業週刊，兩個弟弟吵翻天、大哥吳東進在哪哩，第886期，頁58，2004年11月15日。

7. 商業週刊，吳家老大是協議破局關鍵，第892期，頁70，2004年12月27日。

8. 新新聞，筷子合在一起力量大，第925期，頁80，2004年11月25日。

四、網路資料

1. YAHOO! 奇摩股市即時財經新聞，旗下台証證遭罰、台新金表示接受，〈http://tw.stock.yahoo.com/xp/20041209/49/82053491583.html〉。

2. 自由新聞網，吳東亮單挑家族、新纖董座鬧雙胞，〈hap://www.libertytimes.com.tw/2004/new/aug/7/today-el.htm〉。

3. 東森新聞網，董事長之爭吳東昇獲勝　新纖：感到意外，〈hap://www.ettoday.com/2004/10/07/320-1695892.htm〉。

4. 台灣證券交易所公開資訊觀測站，〈hnp://newmops.tse.com.tw/〉。

5. 經濟部商業司公司登記資料及申請案件查詢系統，〈http://210.69.121.50/~doc/ce/〉。

# 第三章　印股票換鈔票的大騙局
## ——華象科技案

李敬之

李敬之

國立臺灣大學法學士、

私立東吳大學法律學系民商法組碩士，

現爲執業律師。

## 摘要

　　華象科技公司成立三年，明目張膽「印股票換鈔票」，成立未滿一年即提出現金增資申請，連續兩年辦理鉅額現金增資，光是現金增資即高達八億五千萬元，卻未生產任何產品，而令投資者難以理解的是為何一家由證期會兩度同意增資、由著名會計師事務所為財務報表簽證、大型證券商輔導上櫃，並經媒體大肆報導的高科技公司，最後會人去樓空？甚至，東窗事發後，會計師、承銷商撇得乾乾淨淨，證券主管機關也說無法可管，大家都說「不干我事」！

　　本文即借本案探討關於未上市上櫃公開發行公司容易出現的地雷情況，包括根本為空殼公司，易買難賣，操縱股價、財報不實等，以瞭解未上市股票之買賣過程有無不法情事？以及證期會是否監督不週？輔導證券商於輔導過程有無違法？以究明到底是哪個環節出了問題。

關鍵詞：華象、華象科技、李逸士、未上市上櫃、公開發行公司、虛設公
　　　　司、地下盤商、財報不實

# 壹、案例事實

　　1998 年 7 月 20 日，李逸士和劉凱齊、陳秉燕以虛設人頭戶、向他人

---

1　以下事實部分，參閱聯合晚報，「立委揭華象掏空資產逾30億，兩千投資人血本無歸」，7版，2002年9月12日；工商時報，「華象科技疑吸金40億，逾兩千人受害」，4版，2002年9月13日；中央日報，「立委：華象科技淘空40億，董事長李逸士潛逃加拿大，二千投資人血本無歸」，7版，2002年9月13日；聯合報，「沒有生產、兩度增資，華象吸金40億，負責人潛逃」、「安侯：不可能配合作假帳」、「建華證：不曾出面承辦增資」，4版，2002年9月13日；聯合報，「李逸士早溜了，華象案調查失先機」，8版，2002年9月14日；經濟日報，「華象吸金案調查出爐，安侯未製作不實財報」，15版，2002年9月26日；謝春滿，「華象科技吸金十信後人去樓空」，今週刊第299期，2002年9月

借款暫充股款之方式，成立華象科技股份有限公司，宣稱將生產 STN 液晶面板等電子產品，設立時股本為新台幣一千萬元，由號稱台灣液晶之父的李逸士任公司董事長。其後並夥同三興建設股份有限公司之負責人潘國聲，提供三興建設位於內湖之土地及房屋，交換成為華象股東，其後四人並有計畫的分數次多階段的辦理公司現金增資以吸收資金。

　　總計華象公司共增資四次，羅列如下：

| | 時間 | 金額 | 附註 |
|---|---|---|---|
| 第一次增資 | 1995.10.28 | 現金增資四千萬元，資本額變更為五千萬元。 | 於1998.8.28即以業務需要由，決議增資四千萬元，該次認購除保留10%由員工認購外，均是以人頭股東名義認購，股款全數約4600餘萬是向金主借款驗資，待不知情A會計師出具查核報告書並向建設局申請變更公司登記後，隨即將款項返還金主。 |
| 第二次增資 | 1999.5.28 | 現金增資一億元，資本額變更為一億五千萬元。 | 於1999.3.30再以業務需要由，決議增資一億萬元，該次認購除270萬元由真正股東認購外，其餘9700萬是向金主借款驗資，待不知情B會計師出具查核報告書並向經濟部商業司申請變更公司登記後，隨即將款項返還金主。 |
| 第三次增資 | 2000.5.11 | 現金增資二億五千萬元，資本額變更為五億元。 | 1. 於1999.11.10經董事會決議增資八億五千萬元，並經臨時股東會通過，擬分次發行，發行細節授權董事會決定。嗣後決定第一次發行三億五千萬元，另次發行五億元，並於2000.1.19辦理公開發行。<br>2. 於1999.12.9以購置廠房機器設備為由，決議增資三億五千萬元，該次認購除七千萬餘元由真正股東及員工認購外，其餘二億餘元亦是向金主借款驗資，待不知情C會計師出具查核報告書，嗣於2000.5.1經濟部核發資本總額變更十億元，實收 |

　　16日；傅瑋瓊，「雖然多次起疑終究未能阻止—華象科技簽證會計師游瑞琳、李宗霖親身告白」，商業週刊第775期，頁36、38、40，2002年9月30日。台灣高等法院95年5月16日，95年度上重訴字第3號判決。

| | 時間 | 金額 | 附註 |
|---|---|---|---|
| 第三次增資 | 2000.5.11 | 現金增資二億五千萬元，資本額變更爲五億元。 | 資本總額五億元之公司執照；前述驗資款項，匯至三興公司，虛以作爲購買廠辦大樓之價金。 |
| 第四次增資 | 2001.3.27 | 現金增資五億五仟萬元，資本額變更爲十億元。 | 1. 續以因應後續之建廠計畫爲由於，辦理增資五億元，該次認購除一億餘元由眞正股東及員工認購外，其餘二億餘元亦是向金主借款驗資，待不知情C會計師出具查核報告書，並向經濟部商業司申請變更公司登記後，隨即將款項返還金主。<br>2. 總計四次增資，僅實際募得約一億二千萬元，其餘約八億八千萬之股款皆係以向金主借款之方式，以不實之存款證明作爲募足資金證明，向經濟部商業司申請變更登記，致經濟部商業司陷於錯誤而審核通過其增資案。 |

（本表爲作者整理）

　　而劉凱齊與林淵光、許金盛等多人自 1998 年 11 月間起至 2001 年 5 月間陸續設立多家投資顧問公司，聘雇大量業務員推售華象股票；其宣傳手法包括藉李逸士顯赫學經歷背景，編製包裝精美的上市、營運計畫書，對外招辦投資說明會，謊稱華象將在短期上市，前景看好等；甚至有計畫的拉抬股價，如劉凱齊以 59 元之高價轉讓其持股予林淵光並申報證券交易稅，維持華象公司股票在未上市盤市場上之交易價格穩定、活絡之假象，藉以矇騙投資大眾，因此華象公司股票在未上市市場中還引起搶購熱潮，股價最高曾到 70、80 元，許多投資人都以 50、60 元高價買進。

　　於 2000 年後，李逸士與潘國聲等又陸續製造多起不實之交易紀錄，包括潘國聲因三興建設資金周轉之需要，向李逸士借調款項，欲借用華象公司之支票向金融機構票貼借款，然為規避「公開發行公司內部控制制度實施要點」之拘束且為求符合會計帳上之名目出帳，故與萬利營造公司（實質負責人為潘國聲）虛偽訂立工程承攬契約，並由華象公司以預付工程款之方式簽發華象公司之支票予潘國聲，由潘國聲持萬利公司之支票、

華象公司支票及工程合約向銀行票貼借得與支票面額等額之現金周轉，嗣後又解除工程合約，以萬利公司簽發之支票交付華象公司以入帳。

又 2000 年中潘國聲欲販售手中持有之股票換得現金使用，李逸士、劉凱齊擔心大量股票脫手將造成股票價格下跌，遂阻止潘國聲售股，潘國聲與李逸士間之投資合作案因而終止，李逸士應允退還潘國聲之投資額 2 億 1,518 萬元，但因欲將華象公司之現金移轉到潘國聲或三興建設公司名下，並無出帳名目，竟虛偽簽立土地買賣契約書，華象公司並支付潘國聲第一期及第二期款總計 2 億 118 萬元，嗣後亦無條件解約，而由潘國聲、三興建設公司等簽發票據與華象公司退回預付款，但華象公司均未託收提示，亦未提列備抵呆帳。亦即總計二筆金額達 2 億 3 千多萬元之應收票據與帳款未收回，占公司總資產之 12%，卻未提列備抵呆帳。

此等情事，引起受託查核簽證華象公司 89 年度財務報表之會計師游瑞琳、李宗霖之懷疑，而曾向華象公司提出質疑，關於查核年度財務報表之過程，整理如下：

| 87年度財務報表<br>88年度財務報表 | 均由安侯建業會計師游瑞琳、李宗霖簽發無保留意見，而華象公司於88年度稅後虧損1797萬元。 | | |
|---|---|---|---|
| 89年度財務報表 | 90.4.26 | 出具保留意見 | |
| | 90.6.4. | 證期會要求重新查核 | 1. 未揭露上述關係人之非常規交易。<br>2. 該部分應收帳款及票款未提列備抵呆帳，已足以影響財務報表之允當表達。 |
| | 90.6.26 | 華象召開股東會，承認保留意見之財務報告 | |
| | 90.7.20 | 重新出具修正式無保留意見 | 由李逸士提供電子書閱覽器專利權承諾書以及華象公司股票作為該筆應收帳款日後回收之擔保。 |
| 90年度財務報表 | 未於規定期限內（91年4月底前）申報，證期會於5月去函要求該公司補申報，並處以罰鍰12萬元，惟該公司在6月時回函申請延期申報。證期會於7月發文核准其延至8月底申報，該公司卻已人去樓空。 | | |

（本表為作者整理）

　　華象公司除涉及委託安侯建業會計師事務所人員為公司辦理不實之會計簽證外，又委託知名建華證券股份有限公司擔任輔導上市之券商（2000年3月31日至2001年7月），以隱匿、掩飾華象公司並未購置全套機器設備且未有實際營運之真相，並提供不實訊息予多家報紙記者，以配合公司多次增資計畫之時程，得連續多次在工商時報等報紙媒體，渲染誇大華象公司之實力，甚至於2001年1月，公司薪水已發不出來之後，媒體竟還可以專訪李逸士大談華象將擴建二廠消息等等[2]。

　　華象弊案之爆發雖是由立委陳景峻於民國2002年9月12日召開記者會揭露，然而於2001年12月證期局即因要求華象公司針對土地交易及負責人提供擔保品部分提出說明，但因公司遲未回應，故將該案移送檢調單位，而其負責人李逸士於2001年10月7日已於出脫股票後，就悄悄離境，另一公司董事劉凱齊也潛赴大陸，仍對外宣稱是前往和大陸公司商談合作事宜，使得少數投資人還誤認公司仍繼續營運，其股票於2002年9月2日仍在未上市股中交易，仍有幾十張的交易量，價格為九點七元或以議價方式成交，使人懷疑有故意做假，掩蓋不法事實，欺騙投資大眾之情事。

　　最後，華象科技股份有限公司於2003年2月17日經經濟部命令解散，復於2003年5月8日由經濟部函告廢止登記在案，並於2004年2月9日經檢察官起訴十四人[3]，目前尚在審理中。

## 貳、法律爭點

　　關於未上市（櫃）公司非法吸金掏空案件，歸納這些公司慣用的詐騙手法，不外乎是標榜科技產業前景佳，公司即將上市上櫃，而後虛報財

2　參閱聯合報，「華象科技掏空40億2千人受害」，4版，2002年9月13日。

3　參閱自由時報，「華象吸金案起訴14人，負責人李逸士等虛設公司、非法增資、掏空一億元，依8罪嫌起訴」，21版，2004年2月10日；聯合報，「華象詐財五億案13人被訴」，B4版，2004年2月10日。

測、找名人背書等，甚至召開記者會，不斷釋放利多，取得社會的信任後，訛詐投資大眾的金錢；而之所以投資未上市（櫃）之公開發行公司風險極大，主要原因即在於未上市（櫃）公司之資訊揭露不完全，投資人僅能審視年度財報，根本無法及時反映公司之營運、財務等狀況，待發現公司出問題時，手中持股往往已成廢紙；又未上市（櫃）股票之交易過程並不透明，多係採議價方式買賣，容易出現未上市（櫃）盤商任意喊價，致使投資人容易以過高的價格購買未上市股票。

因此，本文主要分兩部分探討此案，第一部分，分從虛設公司、地下盤商、財報不實等角度分析可能涉及之法律問題；第二部分，則借本案探討未上市（櫃）之公開發行公司之監督機制，試從本案涉及之主管機關證期會以及輔導上市（櫃）之證券商角度觀察。

## ※表一：本案之關係圖

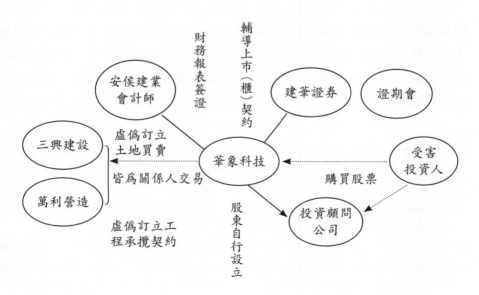

（圖為作者整理）

# 參、法律問題分析

## 一、未上市（櫃）股票之買賣陷阱——天衣無縫的騙局

### (一)虛設公司

　　李逸士、劉凱齊等人於設立華象科技公司時，即已明知其無資金亦無能力生產 STN 液晶面板顯示器，其之所以成立公司，僅係有計畫的吸收資金而已，且其吸收資金之方法，係出售華象公司之未上市股票，不但已足以構成刑法第 340 條之常業詐欺罪，且違犯證交法第 20 條[4]之一般反詐欺條款，並依同法第 171 條第 1 款之規定負刑事責任，且得依同法第 20 條第 3 項規定，對善意之相對人負民事上之賠償責任。

　　除此之外，因其明知公司應收之股款，股東應確實繳納，不得以申請文件表明收足，但卻未收足股款，而向第三人暫調資金[5]，將設立公司所需驗資款項，存入公司籌備處存款帳戶內，表示已收足股款，俟設立登記完成後，將該款項悉數提出返還，已違反公司法第 9 條第 1 項之虛偽表示股款收足罪[6]，不但依同條第 3 項規定將撤銷或廢止公司設立登記，並依法予以補繳綜所稅及罰鍰外，負責人尚須負公司法第 9 條第 1 項以及刑法上偽

---

[4] 證交法第20條規定：「有價證券之募集、發行、私募或買賣，不得有虛偽、詐欺或其他足致他人誤信之行為。發行人申報或公告之財務報告及其他有關業務文件，其內容不得有虛偽或隱匿之情事。違反前二項規定者，對於該有價證券之善意取得人或出賣人因而所受之損害，應負賠償之責。委託證券經紀商以行紀名義買入或賣出之人，視為前項之取得人或出賣人。」

[5] 實務上常見之手法為向第三人或金融機構暫時調借資金，或向地下會計師代辦存款證明以充作設立時所須資金，俟於主管機關驗證程序完成或核准設立登記後，便如數予以返還。並參閱聯合報，「會計師事務所扯入華象吸金案，曾代墊四億增資款，十天內收款四百萬手續費和利息，疑扮地下金主角色」，A13版，2003年5月15日。

[6] 參閱經商字第09302080890號函：公司不得以借貸之週轉金，墊壞公司增資股款，供會計師簽證後即以歸還。

造、變造文書等刑事責任。

## （二）地下盤商[7]

　　劉凱齊與林淵光、許金盛等多人陸續設立多家投資顧問公司，聘雇大量業務員推銷華象股票，就其買賣未上市股票部分，涉及違犯證券交易法第44條第1項[8]以及同法第175條[9]之刑責。實際上尚因其交易型態而有所不同，包括：

1. 未經許可經營證券業務，則依證券交易法第15條[10]規定證券業務可分為有價證券之承銷、有價證券之自行買賣及有價證券買賣之行紀、居間、代理。而依證券交易法第44條第1項規定：「非證券商不得經營證券業務。」可知證券業務為證券交易法規定之特許行業，非經核准不得從事，故若所從事者為經紀與自營未上市上櫃股票之買賣，違反證券交易法第44條第1項後段以及同法第175條之規定。

2. 未經核准或申報及對非特定人公開招募，則因證券交易法第22條[11]規定，出售所持有之公司股票，而對非特定人公開招募者，須

<hr/>

[7] 參閱王文宇，未上市（櫃）股票買賣衍生之法制問題，月旦法學雜誌第59期，頁135-137，2000年4月。

[8] 證券交易法第44條第1項：「證券商須經主管機關之許可及發給許可證照，方得營業；非證券商不得經營證券業務。」

[9] 證券交易法第175條：「違反第十八條第一項、第二十二條、第二十八條之二第一項、第四十三條第一項、第四十三條之一第二項、第三項、第四十三條之五第二項、第三項、第四十三條之六第一項、第四十四條第一項至第三項…，處二年以下有期徒刑、拘役或科或併科新臺幣一百八十萬元以下罰金。」

[10] 證券交易法第15條：「依本法經營之證券業務，其種類如左：一　有價證券之承銷及其他經主管機關核准之相關業務。二　有價證券之自行買賣及其他經主管機關核准之相關業務。三　有價證券買賣之行紀、居間、代理及其他經主管機關核准之相關業務。」

[11] 證券交易法第22條：「有價證券之募集與發行，除政府債券或經財政部核定之其他有價證券外，非經主管機關核准或向主管機關申報生效後，不得為之；其

先經證期會核准或向其申報生效後，始得為之。故若係藉由媒體、記者會等向不特定人公開招募時，則係違反證券交易法第 22 條規定，並應受證券交易法第 175 條之處罰。

3. 未經核准經營證券投顧業務，因依證券交易法第 18 條第 1 項規定：「經營證券投顧業務，應經主管機關核准」，故若盤商係在推介股票，不論是以個人行為或組織方式從事，其行為均已違反證券交易法第 18 條之規定，並依同法第 175 條之規定論處。

而就其提供不實的華象公司資訊，包括虛偽之財務報告及其他有關業務文件，使投資人因誤信而買進該公司之股票，致遭受損害時，除可構成刑法第 339 條之普通詐欺罪或同法第 340 條之常業詐欺罪外，並涉及違反證交法第 20 條第 1 項之規定，有價證券之募集、發行、私募或買賣，不得有虛偽、詐欺或其他足致他人誤信之行為，並依同法第 171 條負刑事責任；且民事責任部分，除依民法上侵權行為規定外，得依證交法第 20 條第 3 項規定負責。

## （三）財報不實

關於虛偽訂立工程承攬契約以及土地買賣契約，前者由華象公司以預付工程款之方式，將公司之資金予大股東潘國聲以萬利公司之名義運用，事後再解除契約，雙方互負返還原狀之義務，而由萬利公司與潘國聲簽發同額票據予華象公司，其目的在規避「公開發行公司內部控制制度實施要點」之拘束，並且於編制 2000 年度財務報表時，不以借貸名義而以解除工程款入帳；後者，亦如法炮製，均不但未於關係人交易項下揭露此借貸關係或買賣關係，且違反一般會計準則之規定，蓄意隱匿，未據實予以記載，並於其後向外籌資時，製作之公開發行說明書文件，亦為此等虛偽不

處理準則，由主管機關定之。已依本法發行股票之公司，於依公司法之規定發行新股時，除依第四十三條之六第一項及第二項規定辦理者外，仍應依前項之規定辦理。第一項規定於出售所持有之公司股票、公司債券或其價款繳納憑證、表明其權利之證書或新股認購權利證書、新股權利證書，而對非特定人公開招募者，準用之。」

實之表達，故李逸士、潘國聲等相關人涉及違犯刑法第 342 條第 1 項背信罪、商業曾計法第 71 條 [12] 之不正當方法使財務報表發生不實結果罪及證券交易法第 174 條第 1 項第 5 款 [13] 股票發行人就帳簿及財務報表為虛偽記載罪。

　　而關於安侯建業會計師之部分，依其專業能力對於審計準則、財務會計準則之相關規定，應甚為熟稔，於華象公司 2000 年度財務報表，應有能力判斷華象公司與被告潘國聲、潘國聲經營之三興建設公司、萬利營造公司間解約，而列帳之 2 億 3 千萬元應收票款及應收帳款，其相關之交易程序、條件均有違一般交易常態，極可能構成非常規交易，且該筆應收帳款之查核詢證回函取得方式，亦不符合正規之會計師財報查核程序，自應另為其他方式之查核，卻故意違反前開審計準則之規定，於多次與華象公司之人員接觸後明，即使知該筆帳款回收可能性極微，本應逕行認定該筆金額足以影響整個報表之允當性，而應列入備抵呆帳，以實際顯現股東權益之數字，卻仍濫用其專業判斷，於簽證上記明除該筆帳款部分外，其餘部分就財務報表整體仍屬允當並為保留意見，該年度財務報表經簽證後，依證券交易法第 36 條規定送證期會申報時，證期會核認該部分金額已影響該年度報表之允當性，函命華象公司提供有利證據供會計師查核，再行製作允當之財務報表送核，會計師收到該函副本，本應就該部分依華象公

---

12 商業會計法第71條規定：「商業負責人、主辦及經辦會計人員或依法受託代他人處理會計事務之人員有左列情事之一者，處五年以下有期徒刑、拘役或科或併科新台幣十五萬元以下罰金：一　以明知為不實之事項，而填製會計憑證或記入帳冊者。二　故意使應保存之會計憑證、帳簿報表滅失毀損者。三　意圖不法之利益而偽造、變造會計憑證、帳簿報表內容或撕毀其頁數者。四　故意遺漏會計事項不為記錄，致使財務報表發生不實之結果者。五　其他利用不正當方法，致使會計事項或財務報表發生不實之結果者。」

13 證券交易法第174條：「有下列情事之一者，處一年以上七年以下有期徒刑，得併科新臺幣二千萬元以下罰金：…五、發行人、公開收購人、證券商、證券商同業公會、證券交易所或第十八條所定之事業，於依法或主管機關基於法律所發布之命令規定之帳簿、表冊、傳票、財務報告或其他有關業務文件之內容有虛偽之記載者。…」

司提出之有利證據重為查核並據實簽證，會計師經李逸士要求去除保留意見時，應拒絕簽證或為否定意見之簽證，竟仍在未有任何有利證據提出供查核之情形下，並於關於專利權交易價額未有完整之鑑價報告完成供參考前，同意大股東李逸士提出自己擁有 2 萬 9 千張之華象公司股票，供作擔保，改為「修正式無保留意見書」之簽證，再度送證期會申報。

按公司資產淨值之計算，應以符合公認會計準則製作，業已允當表達公司財務狀況之年度財務報表為據，然華象公司於 2000 年 12 月 31 日基準日時，公司資產淨值每股顯未達 8 元，於抵銷壞帳之後淨值甚至每股只剩 3.2 元，會計師仍堅持華象公司之淨值應以 2001 年度 3 月業已完成 10 億元增資後之淨值計算大股東提供之華象公司股票價值，其顯係業已以願為無保留意見之簽證為前提下，憑以計算相關資產淨值及供擔保之股票價值，其為不實簽證之犯嫌甚為明確，故違反證券交易法第 174 條第 1 項第 7 款之不實簽證罪。

## 二、未上市（櫃）公開發行公司之監督機制 —— 大家都說不關我的事？

### （一）證期會對未上市（櫃）股票之管理

原本對於未上市上櫃之公開發行公司，因未涉及對不特定大眾募集資金，其股票買賣一般是由特定人私下進行，出資者對於公司應有充分之瞭解，投資人有一定之範圍，並不需要特別設計一個制度來保護這些特定投資人，故證期會採取低度管理，僅要求一定之資訊公開，亦即公開發行公司之股票根本是不准許透過盤商仲介公開交易的；而對上市上櫃公司之為較嚴格審查、資訊要求揭露較為充分，原因即在於是向不特定之大眾募集。

但反而因監督不足，為有心人士利用法律漏洞，於未上市上櫃市場買賣股票時，發生諸多假股票、惡意違約、價格不公平、空殼公司詐騙等情事，如華象公司之掏空案，證期會即被質疑資訊揭露不足以及不當允許增資。

就增資允許之部分，證期會乃表示若要對公開發行公司每個增資案進行調查或者管制其未來之資金用途，將產生兩個效果，一是公司募資不靈活，甚至產生政府打擊投資意願、資本累積之負面印象，另外基於證期會之人力限制，亦僅能做到例外管理。如本案之華象公司，提出增資時處於草創階段，公司剛開始運作，即管控其資金是非常困難也不合理的，而當其運作至一定程度時，運作上出現問題或是會計師查帳產生疑義時，證期會當然會特別注意，但在公司開始建設期間，不曾作一些特別的懷疑，也不可能每件事都去調查[14]。

然於華象案後，證期會採取強化資訊揭露之手段以因應，具體言之，包括：

## 1. 主管機關將按月將券商終止或暫停輔導上市上櫃之公開發行公司相關資料公布於公開資訊觀測站

原本櫃檯買賣中心僅採正面表列的方式，按月公布現仍在輔導中的廠商名單，供投資人參閱，因券商與證券商簽定輔導契約係私人之契約關係，擔心若冒然公布終止輔導契約廠商名單可能會對部分公司造成不必要的傷害，但於華象案後，因華象公司於暫停與建華證券的上市輔導委任關係後，當時公開資訊觀測站並未將券商終止或暫停輔導上市櫃公司委任關係的相關資料公告，導致投資人難以查知，持續在未上市市場進行交易，而使得遭受損失的投資人無端增加。

## 2. 公開發行公司亦應比照上市（櫃）公司公告每月營運情形、半年度財務報告及年度財務報告等

依台財證六字第 0910006432 號函所示：為強化公開發行公司財務資訊之透明度，各公開發行公司自 2003 年度起應依規定公告申報營運情形及財務報告，其中股票已公開發行公司應依證券交易法第 36 條第 1 項第1 款及第 3 款[15]規定公告申報每月營運情形、半年度財務報告及年度財務

---

[14] 鍾惠珍，會計師管理與會計陷阱——從連串的弊案談起，會計研究月刊第203期，頁24，2002年。

[15] 證券交易法第36條第1項：「已依本法發行有價證券之公司，應於每營業年度終了後四個月內公告並向主管機關申報，經會計師查核簽證、董事會通過及監

報告。

### 3. 落實公開發行公司之管理

公司法於2001年修正公司法第156條第4項，修正後改為自願公開，既然企業自願公開即表示其有意願朝上市上櫃之路邁進[16]。故自2003年1月起，輔導契約年滿兩年，且仍未透過券商提出於興櫃、上櫃、上市掛牌的申請者，櫃檯買賣中心將不再接受券商申報輔導進度；券商也得以此為由，與委託輔導廠商中止輔導契約。

## (二) 輔導上市 (櫃) 證券商之責任

### 1. 證券商輔導上市上櫃之義務

證券承銷商輔導發行公司股票初次上市，發行公司與證券承銷商應訂定輔導上市契約，證券承銷商之主給付義務為規劃輔導及顧問諮詢，提供協助資本形成、股權結構及股利政策之規劃、內部控制制度、訂立股票輔導上市計畫及其他與股票上市有關財務、業務及股務之規劃與諮詢服務等[17]，其性質屬於民法上之委任契約。除依契約須負之義務外，尚有法律上之義務。

證券承銷商對股票初次申請上市案之評估，依證券交易所公告之「輔導上市作業應注意事項」規定，應依照「應行記載事項要點」[18]逐項評估並針對每一項目內容詳細記錄評估過程及結論，而「應行記載事項要點」

---

察人承認之年度財務報告。其除經主管機關核准者外，並依左列規定辦理：一　於每半營裝年度終了後二個月內，公告並申報經會計師查核簽證、董事會通過及監察人承認之財務報告。二　於每營業年度第一季及第三季終了後一個月內，公告並申報經會計師核閱之財務報告。三　於每月十日以前，公告並申報上月份營運情形。」

[16] 鐘惠珍，會計師管理與會計陷阱——從連串的弊案談起，會計研究月刊第203期，頁24，2002年。

[17] 朱峻賢，證券承銷商業務之法律責任，國立政治大學法律研究所碩士論文，頁61，2000年

[18] 「應行記載事項要點」規定包括之事項繁多，其中可能和本案有關者為：業務狀況、財務狀況等。

中各個項目的評估查核程序則應依照「評估查核程序」查核，俾使公開說明書中的承銷商評估報告有客觀依據[19]。

## 2. 證券商評估報告之法律責任

主管機關根據證券管理商規則第 23 條之 1 之授權，對於證券承銷商受託辦理有價證券之募集與發行、上市及上櫃相關業務，所出具之評估報告及相關資料不得具備之情事，訂有監督證券承銷商之辦法。包括：(1)「台灣證券交易所股份有限公司就承銷商所提出輔導進度及成效資料、評估報告或其他相關資料缺失處理辦法」及 (2)「證券承銷商提出之評估報告或相關資料缺失處理要點」。

其中依「處理辦法」第 3 條規定，證券承銷商於輔導公開發行公司股票申請上市期間，提出之輔導進度及成效資料及相關資料，經發現有缺失之情事者，證券交易所得視情節輕重，依規定處記缺點；依同辦法第 4 條規定證券承銷商提出之上市評估報告或相關資料，發現有缺失之情事者，不論是否自行撤回，證券交易所得視情節輕重，依規定處記缺點。至於違規記點之效果則依同辦法第 7 條規定。

又依「處理要點」第 9 條規定，證券承銷商因辦理股票初次於集中交易市場買賣之申請案件，所提出之評估報告或相關資料，有該要點第三點所列各款重大缺失情節者，除經證券交易所處記缺點外，證期會得視情節輕重依證券交易法第 66 條規定另為適當之處分。亦即得依其缺失情節予以警告、命令該證券承銷商解除其董事、監察人或經理人職務、對公司或分支機構就其所營業務之全部或一部為六個月以內之停業、對公司或分支機構營業許可之撤銷等處分[20]。

亦即主要是以記點及行政處分之行政責任為主，並依其情形構成證券交易法第 174 條第 1 項第 4 款之刑事責任，處一年以上七年以下有期徒刑，得併科新臺幣二千萬元以下罰金。

---

[19] 朱峻賢，證券承銷商業務之法律責任，國立政治大學法律研究所碩士論文，頁64-66，2000年。

[20] 朱峻賢，證券承銷商業務之法律責任，國立政治大學法律研究所碩士論文，頁67-68，2000年。

　　至於和投資人權益關係最大之民事責任，亦即投資人因信賴證券商提供之虛偽不實評估報告等相關資料，而購買股票，發生投資上之損失時，是否可對證券承銷商請求損害賠償？則視購買股票之方式而異其責任，若係上市前透過公開承銷而取得股票之投資人，應可依證券交易法第20條第3項規定，向證券承銷商請求損害賠償。若係上市後於集中交易市場購買或私下買賣之投資人，由於證券交易法上並無證券承銷商損害賠償責任之規定，則應依民法上侵權行為規定判斷，而因對於因果關係、損害、證券商之主觀難以舉證，故求償不易。

　　由於華象公司於停止與建華證券之上市輔導關係後，卻持續於未上市市場進行交易，然而因當時公開資訊現測站並未將券商終止或暫停輔導上市櫃公司委任關係的相關資料公告，投資人根本無從查閱，一般投資人並不知情，仍繼續投資，使得受損害之人不斷增加，故受害人質疑建華證券有疏失，應負責任。

　　然而建華證券抗辯謂該公司於2000年3月31日起開始輔導華象科技，輔導期間發覺華象科技的營運未能如預期時程進行，無法達到上市（櫃）的標準，而於2001年7月10日函報櫃檯買賣中心停止對華象科技上櫃輔導，並經櫃檯買賣中心(90)證櫃上字第26397號函核准在案。並且該公司在輔導期間，一切依據相關法令作業規定辦理，有關華象科技增資募股及售股行為，均非輔導業務範圍，建華證券並不知悉，亦與此事無涉。

　　而於案發後，主管機關對於建華證券為行政處分予以記點[21]，並且規範未來將會按月將券商終止、或暫停輔導上市（櫃）之公開發行公司相關資料，於公開資訊網站上彙整公告，以保障投資人權益。

---

21 其謂：輔導期間，建華證券於編製工作底稿、評估華象科技之業務狀況及內部控制等相關事項時，有未依「股票初次上市之證券承銷商評估報告應行記載事項要點」逐項評估並針對每一項目內容詳細紀錄評估過程及結論，將有關單據資料編成工作底稿等多項缺失，爰依本公司「就承銷商所提出輔導進度及成效資料、評估報告或其他相關資料缺失處理辦法」第3條第1項第4款之規定，處記缺點2點。

　　實則，觀之輔導證券商之義務內容，於輔導過程中，證券商「應該」相當清楚公司之狀況，不論是業務或是財務狀況，尤其華象公司根本未有生產營運，如此明顯事實難以推諉不知，則其所為之不實評估報告，除行政責任外，應可構成證券交易法第 174 條第 1 項第 4 款之刑事責任，而民事責任則須依侵權行為法則個別判斷，惟舉證不易，甚難成立。

　　並且因目前我國對於股票初次上市之申請，是以實質審查為主，故證券承銷商之評估多僅著重於符合要求標準，然而為求發行市場之健全及加強審查之效率，應鼓勵專業機構之證券承銷商負起更大的責任，似應由其承擔實際審查之任務，而由證券交易所或券商公會負責監督管理證券承銷商之輔導與審查品質，而主管機關之證期會則基於覆核與督導之立場，協助證券交易所與券商公會發揮其能力，則更有必要增設民事責任之規定 22。

# 肆、結論

　　未上市上櫃股票，基於公開發行公司籌資之需要，若放任不管，只會造成一波又一波的地雷股事件，對投資人保護並不周全；未上市股票除有同於一般之已上市上櫃公司之掏空疑慮、利益輸送、財報不實等外，尚須面對未上市上櫃交易市場之資訊極度落差、財務資訊不透明、地下盤商操縱等風險，華象科技弊案之發生，足以凸顯主管機關之監督機制不備、相關參與交易者之權利義務關係尚不確定，若欲建立完整而健全之證券市場，未上市上櫃市場實應加強整頓。

---

22 朱峻賢，證券承銷商業務之法律責任，國立政治大學法律研究所碩士論文，頁154-155，2000年。

# 參考文獻（依作者姓氏筆劃遞增排序）

## 一、期刊論文

1. 王文宇，未上市（櫃）股票買賣衍生之法制問題，月旦法學雜誌第 59 期 .2000 年 4 月。

2. 傅瑋瓊，雖然多次起疑終究未能阻止─華象科技簽證會計師游瑞琳、李宗霖親身告白，商業週刊第 775 期，2002 年 9 月 30 日。

3. 謝春滿，華象科技吸金十億後人去樓空，今週刊第 299 期，2002 年 9 月 16 日。

4. 鍾惠珍，會計師管理與會計陷阱─從連串的弊案談起，會計研究月刊第 203 期，2002 年。

5. 朱峻賢，證券承銷商業務之法律責任，國立政治大學法律研究所碩士論文，2000 年。

## 二、報紙（依刊名之筆劃遞增排序）

1. 中央日報，「立委：華象科技淘空 40 億，董事長李逸士潛逃加拿大，二千投資人血本無歸」，7 版，2002 年 9 月 13 日。

2. 工商時報，「華象科技疑吸金 40 億，逾兩千人受害」，4 版，2002 年 9 月 13 日。

3. 自由時報，「華象吸金案起訴 14 人，負責人李逸士等虛設公司、非法增資、掏空一億元，依 8 罪嫌起訴」，21 版，2004 年 2 月 10 日。

4. 經濟日報，「華象吸金案調查出爐，安侯未製作不實財報」，15 版 2002 年 9 月 26 日。

5. 聯合報，「沒有生產、兩度增資，華象吸金 40 億，負責人潛逃」，4 版，2002 年 9 月 13 日。

6. 聯合報，「安侯：不可能配合作假帳」，4 版，2002 年 9 月 13 日。

7. 聯合報，「建華證：不曾出面承辦增資」，4 版，2002 年 9 月 13 日。

8. 聯合報，「華象科技掏空 40 億 2 千人受害」，4 版，2002 年 9 月 13 日。

9. 聯合報，「李逸士早溜了，華象案調查失先機」，8 版，2002 年 9 月 14 日。

10.聯合報,「華象詐財五億案 13 人被訴」,B4 版,2004 年 2 月 10 日。

11.聯合晚報,「立委揭華象掏空資產逾 30 億,兩千投資人血本無歸」,7 版,
　　2002 年 9 月 12 日。

# 第四章　胡洪九之五鬼搬運——
## 太電、茂矽案

林依蓉

**林依蓉**

私立東吳大學學士，
私立東吳大學法律研究所民商法組碩士。
現為南投地方法院法官。

## 摘要

　　前太電財務執行長胡洪九，涉嫌掏空太電新台幣 171 億元，其掏空手法精細複雜，有如層層迷宮，先是在香港設立中俊公司、太豐行做為資金操作的兩大跳板，再將太電背書保證、出售不動產等方式所得的資金，透過這兩家公司，匯往其在香港、美國、英屬維京群島（BVI）、萬那杜等地，虛設的一百四十六家海外紙上公司，再將這些資金，用以投資茂矽、茂德，鞏固其經營權，最後為掩飾太電的資金缺口，指示財務人員製作假的定期存單沖銷帳款。太電高層知悉胡洪九的犯行，為規避責任，竟繼續隱匿財務狀況，甚至接手掏空。另外，胡洪九於擔任茂矽董事長時，亦涉及內線交易，於公司發出利空消息前，指示茂矽子公司，大舉出脫茂矽股票，資金皆流入同一帳戶。

　　太電掏空案，在檢察官朱應翔一年半抽絲剝繭的偵辦中，逐漸現出原形，其掏空手法之複雜及不法所得之金額均超越歷年的經濟犯罪，被犧牲的股市投資人更是達到三十萬人，胡洪九以其專業經理人的身分，為股東託付重任，竟擅用身分職位之便，牟取不法利益，其不法掠奪市場罪責惡性之重大，實不亞於生命身體法益的犯罪，若法律不加以重刑重罰，實難以撫平其所造成的社會經濟的創傷，亦難以達到警惕的效果。本文期望以一個法律人的角色，讓所有涉及掏空的經濟犯罪者，在法律條文的解擇適用裡，獲得應有的制裁。

關鍵詞：太電、胡洪九、紙上公司、中俊公司、太豐行、操縱市場、財報　　　　不實、洗錢犯罪、內線交易、忠實義務、侵權責任、揭穿公司面　　　　紗原則

# 壹、前言

　　胡洪九，擅長財務操作，人稱九命怪貓，於 1993 年至 1999 年擔任太

電財務執行長期間，由於仝玉潔、孫道存之信任，給了胡洪九主導公司財務的機會，加上兼任茂矽董事長，胡洪九更是明目張膽的以直接或間接手段，將太電挪用於投資茂矽、茂德，掏空太電資產共新台幣 171 億元，換算現值加計利息，超過新幣 400 億元，導致太電於 2003 年 9 月 1 日停止買賣，更於 2004 年 4 月 28 日終止上市，原本是投資人心中績優股的太電，股價跌落谷底，造成三十萬投資人傾家蕩產；此外，茂矽亦傳出財務吃緊，茂矽高層涉嫌掏空，導致 2005 年 1 月 7 日改列全額交割股，這都不是天災，而是人禍。以下分就太電掏空與茂矽掏空二大部分說明。

# 貳、太電掏空

## 一、案例事實（附圖一）

### （一）私設海外幽靈公司，為掏空佈局

1994 年，胡洪九先在香港以太電名義成立 Moon View 公司（太電百分百持股）調度海外資金，接著再冒用孫道存、仝玉潔的名義成立中俊公司（太電百分百持股）、太豐行（太電百分百持股）作為資金操作的兩大跳板，另在香港、美國、英屬維京群島（BVI）、萬那杜等地成立共一百四十六家海外紙上公司，這些從未在太電財報上揭露，也不需對外揭露任何資金流向，而實質上由胡洪九個人掌控的公司，是胡洪九從事洗錢的最佳管道[1]。

在這些海外紙上公司中，有以太電香港子公司相同名稱而設立，如 Binco（BVI）等公司，便於胡洪九在太電集團內指示將太電資金匯入，或使太電會計人員在不知情的情況下，誤將資金匯入相同名稱，但實質上由胡洪九所控制的海外紙上公司[2]。

[1] 聯合報，「胡洪九紙上公司，疑掏空太電200億」，B1版，2004年12月17日。
[2] 工商時報，「胡洪九乾坤大挪移二百億元」，4版，2004年12月17日。

## (二)資金操作跳板一：中俊公司

1994 年，胡洪九以孫道存、仝玉潔以及自己的名義設立中俊公司，並由此三人擔任董事，惟孫道存、仝玉潔並不知情，實質上胡洪九以「一人董事會」之方式控制中俊公司[3]。

首先，由泰鼎公司（香港）操作 Moon View 公司，以及由 Blinco（HK）、Grand mak（BVI）、Foto（BVI）、PEWC Treasury（BVI）、Gallatin International（BVI）等公司向銀行借款[4]，太電再予背書保證，舉債獲得二億多美元，貸款給中俊；或由太電以轉投資名義將一億六千多萬美元匯入中俊公司帳戶，共得款三億六千多萬美元，再從中俊提出二億九千多萬美元，分別轉匯至海外紙上公司[5]。

1997 年 1 月 31 日，胡洪九再以 1 億 3,000 多萬美金賣掉太電所有的香港港麗酒店，僅將一半所得匯回太電，另一半所得則透過中俊公司匯入胡洪九掌控的 Trident Bank（萬那杜），再用以投資茂矽、茂德。

此外，胡洪九將中俊公司對香港上市公司榮榮國際集團的債權移轉給自己掌控的 Texan（BVI），再由茂矽以債作股入主榮榮國際集團（之後改名弘茂科技控股公司，也是茂矽、茂德海外控股公司）[6]。

最後，2000 年 9 月 8 日，胡洪九主導中俊公司自動清算。先將中俊公司所有負債、虧損共 2 億 6,999 萬美元，以及所有資產共 1 億 8,930 萬美元，全數移轉給 Mac Sai Enterprises Ltd（英屬處女群島），其中太電對中俊公司之債權未經太電同意，此後，Mac Sai Enterprises Ltd 成為中俊公司唯一債權人，共有債權 8,016 萬美元。同年 10 月 12 日，胡洪九辭去中俊公司董事一職，並由香港兩名職員呂佩穎和高勤任職中俊董事。同年 10 月 28 日，呂佩穎和高勤董事決議通過進行中俊自動清算，同時胡洪九在台北代表 Mac Sai Enterprises Ltd 簽署豁免中俊公司債務，使中俊公司

---

3　聯合報，「胡洪九紙上公司，疑掏空太電200億」，B1版，2004年12月17日。

4　商業週刊第892期，頁88（圖表）。

5　商業週刊第892期，頁92。

6　商業週刊第892期，頁88（圖表）。

可申請自動清算。同年10月29日，呂佩穎和高勤向香港公司註冊處宣示中俊公司有償還能力。同年11月8日，以孫道存之名義代表中俊公司股東（太電）簽署股東決議，通過公司自動清算。2001年8月16日，清算人劉迪炮於公司最後會議通過銷毀公司帳冊資料，中俊公司清算程序完成[7]。

## （三）資金操作跳板二：太豐行

1993年，胡洪九以孫道存、全玉潔以及自己的名義設立太豐行，並由此三人擔任董事，惟孫道存、全玉潔仍不知情，實質上仍由胡洪九控制太豐行。胡洪九再由太豐行轉投資成立 Vision 2000 等數家公司，將這些公司股權以信託方式隱藏登記在美籍會計師名下[8]。

1993年至1995年間，胡洪九將太電集團匯入及太電背書保證向銀行借貸的雙重資金，以12億港幣購買香港海怡廣場商業大樓，再將海怡廣場信託給恆龍投資（香港），隱藏登記在胡洪九掌控的 Harmutty（BVI）、Afterville（BVI）、Casparson（BVI）、Haddowe（BW）等公司名下，隨後透過 Blinco（BVI）、Patagonia（BVJ）等公司將資金套走，用以投資茂矽、茂德[9]。

1999年4月26日，太豐行的董事孫道存、全玉潔被胡洪九解任，由胡洪九妻子胡瑪琍取代，自任職至被解任孫道存、全玉潔完全不知情[10]。

## （四）製作假定期存單，掩飾資金缺口

自1995年至2000年，每逢季底（3、6、9、12月）太電公司財務報表的海外墊付款全部歸零，而這些用以沖銷太電帳款的海外定期存單，金

---

7　商時報，「九命貓中箭，茂矽家族嚴酷考驗」，4版，2004年12月17日（圖表）。

8　聯合報，「胡洪九紙上公司，疑掏空太電200億」，B1版，2004年12月17日。

9　工商時報，「胡洪九乾坤大挪移二百億元」，4版，2004年12月17日。

10　商業週刊第892期，頁94。

額自一億五千萬美元到三億美元不等，所使用的海外定存會計科目代號都是「一五○二＊＊」，所匯銀行包括 Trident Bank（萬那杜）、MM Bank（萬那杜）、Central Pacific Bank（萬那杜）、Inter Bank（萬那杜），這四家銀行竟是用同一地址，而且只是一個郵政信箱「box 212」，這些定期存單是由泰鼎公司（香港）職員馬金福、Meggie 製作，且最後都經胡洪九簽名確認[11]。

## （五）太電高層接手掏空

全清筠擔任太電公司董事長時，於 2000 年間，利用太電與湯臣上海浦東高爾夫球場公司簽訂股權讓售契約之機會，趁機追討先前對太電的借款，總計取得股權售款和遺款共 186 萬美元，未匯入太電公司帳戶，反將這筆資金轉匯至其私設且實際掌控的公司及太電總經理室秘書黃靜琳名下，再仿胡洪九沖銷帳款之手法，自萬那杜紙上銀行購買偽造的定期存單作帳。

另外，於 2003 年間，全清筠還利用太電清償 Swiss Re 公司背書保證債務之機會，以太合投資（太電子公司）所持有的觀天下有線電視公司股票和卜樂視科技公司大股東練台生進行股權交換，並刻意低估太合的持股價值，還與練台生設立的公司進行非常規交易，藉此直接或間接取得太電資產共 7 億 60 多萬元[12]。

繆竹怡擔任太電關係企業太平洋光電副董事長兼總經理時，於 2000年至 2001 年間，利用其實際掌控的琮詠實業、柏鉅、新力美科技、嘉博、格瑞、金庫、超隆、Tarran Assets Limited（BVI）、Multiflying Forces等私人公司，與光電公司進行行虛偽交易美化財報[13]，以光電公司名義購買五艘外國幽靈船船舶，但檢方調閱國際海事船舶資料發現，在光電交易

---

[11] 商業週刊第892期，頁91；中國時報，「胡洪九左右手，香港削得凶」，A3版，2004年12月17日。

[12] 自由時報，「有樣學樣，全清筠涉A走7.6億」，第18版，2004年12月17日。

[13] 自由時報，「偷天換日，借貸15.5億，債留太電」，第18版，2004年12月17日。

之前，這五艘船舶早已拆除，甚至登記大陸東北海港，亦已封港多年；另購買幽靈螢幕顯示器，指稱在香港倉庫有大批存貨，但檢方赴港勘查，發現該址僅是一般民宅[14]。

　　另外，自 2002 年 1 月起，繆竹怡還以光電公司名義向銀行借款 15 億 5,000 多萬元，再由太電背書保證，事後又將光電股份售予太電大股東全清筠、孫道存[15]。

　　太電前後任董事長全玉潔、孫道存、全清筠，在胡洪九於擔任太電財務長退休前，已察覺資金流向不明，四人曾秘密談判，但胡洪九僅歸還新加坡一處資產，全玉潔、孫道存、全清筠為了規避責任，故意隱匿財務狀況，至 2003 年第一季財報才揭露並認列新台幣 83 億元損失，當年共認列新台幣 293 億損失[16]。

## 二、法律重點分析

### (一) 可能涉及之刑事責任

| 被告 | 案發前職務 | 犯罪事實 | 可能罪名 | 檢方求刑 |
|---|---|---|---|---|
| 胡洪九 | 太電前董事、副總經理、財務長 | 掏空太電共一七一億元 | 刑法第二〇一條偽造有價證券罪、第二一〇條偽造文書罪、第二一五條業務登載不實罪、第二一七條盜用印文罪、第三四二條背信罪；第三三六條第二項業務侵占罪；證券交易法（民國89年修正前）第一七一條、第一七四條第三款；商業會計法第七一條；洗錢防制法第九條第一項 | 有期徒刑二十年、併科罰金新台幣十億元 |

---

[14] 中國時報，「太電高層交相賊，掏空百億元」，A3版，2004年12月17日；自由時報，「偷天換日，借貸15.5億，債留太電」，第18版，2004年12月17日。

[15] 中國時報，「太電高層交相賊，掏空百億元」，A3版，2004年12月17日。

[16] 中國時報，「太電高層交相賊，掏空百億元」，A3版，2004年12月17日。

| 被告 | 案發前職務 | 犯罪事實 | 可能罪名 | 檢方求刑 |
|---|---|---|---|---|
| 仝清筠 | 太電前總經理、董事長 | 掏空太電共七億六千萬元 | 刑法第二○一條偽造有價證券罪、第二一○條偽造文書罪、第二一五條業務登載不實罪、第三四二條背信罪;第三三六條第二項業務侵占罪;證券交易法(民國93年修正前)第一七一條第一、第二款、第一七四條第三款商業會計法第七一條;洗錢防制法第九條第一項; | 有期徒刑七年、併科罰金新台幣一億元 |
| 繆竹怡 | 光電前副總經理、總經理 | 掏空太電共十五億五千萬元 | 刑法第二○一條偽造有價證券罪、第二一○條偽造文書罪、第三四二條背信罪;第三三六條第二項業務侵占罪;證券交易法(民國93年修正前)第一七一條第一、第二款、第一七四條第三款;商業會計法第七一條 | 有期徒刑十年、併科罰金新台幣五億元 |
| 黃靜琳 | 太電前總經理室秘書 | 協助仝清筠掏空資產 | 刑法第二○一條偽造有價證券罪、第二一○條偽造文書罪、第二一五條業務登載不實罪、第三四二條背信罪;第三三六條第二項業務侵占罪;證券交易法(民國93年修正前)第一七一條第二款、第一七四條第三款 | 有期徒刑四年 |
| 孫道存 | 太電前總經理、董事長、現任副董事長 | 協助隱匿掏空太電犯行 | 第三四二條背信罪;證券交易法(民國89年修正前)第一七一條、第一七四條第三款;商業會計法第七一條 | 適度之刑 |
| 仝玉潔 | 太電前董事長 | 協助隱匿掏空太電犯行 | 第三四二條背信罪;證券交易法(民國89年修正前)第一七一條、第一七四條第三款、第五款[17];商業會計法第七一條 | 適度之刑 |
| 周齊平李嘉惠 | 太電簽證會計師 | 簽證太電財報不實 | 證券交易法(民國89年修正前)第一七四條第七款;商業會計法第七一條、第七二條 | 經檢察官同意轉任污點證轉任污點證人,獲不起訴處分 |

資料來源:作者整理

---

[17] 參經濟日報,「仝清筠:全家受害最大」,A3版,2004年12月17日,「仝清筠

（以下僅就證券交易法、商業會計法及洗錢防制法做說明）

## 1. 胡洪九部分所涉法律適用

### (1) 證券交易法第171條（2000年修正前）

證券交易法於2000年7月19日修正公布，其中第171條於修正前「違反第二十條第一項或第一百五十五條第一項、第二項之規定者，處七年以下有期徒刑拘役或併科新台幣二十五萬元以下罰金。」修正後，更改為兩款，原條文保留於第1款，增加第2款「已依本法發行有價證券公司之董事、監察人、經理人或受僱人，以直接或間接方式，使公司為不利益之交易且不合營業常規致公司遭受損害。」

胡洪九於1993至1999年擔任太電財務長，其於2000年以前之犯行，適用2000年7月19日修正公布前之舊法，故無第2款之適用；胡洪九亦非第20條第2項之主體「發行人」，惟其製作假定期存單，沖銷太電帳款，藉以美化財報之行為，影響股票交易價格和投資人購買太電股票意願，似乎可以該當第155條第1項第6款「直接或間接從事其他影響集中交易市場某種有價證券交易價格之操縱行為者。」[18] 故似有舊法第171條之適用。

證券交易法於2004年4月28日又修正公布，第171條增加第三款事由「已依本法發行有價證券公司之董事、監察人、經理人或受僱人，意圖為自己或第三人之利益，而為違背其職務之行為或侵占公司資產。」胡洪九擔任太電董事及副總經理，意圖掏空，而逾越權限將太電資金匯入其私設之紙上公司，自該當本款，惟新法並不適用於胡洪九。

### (2) 證券交易法第174條第3款（2000年修正前）

證券交易法於2000年7月19日修正公布，第174條除了罰金自新台幣20萬元增加為240萬元之外，各款事由並未更動。

---

解釋：全家為太電之創始股東且為最大股東」，若全玉潔為太電之發起人，則符合證券交易法第5條發行人之定義，而有證券交易法第174條第5款之適用。

[18] 詳見，本文，「貳、太電掏空，二、法律重點分析，（二）可能涉及之民事責任」中第5點——證券交易法第155條第1項第6款、第3項操縱股價之賠償責任之說明。

　　胡洪九擔任太電財務長,以太電資金虛設海外紙上公司而未於財報上揭露,且製作假定期存單,沖銷太電帳款,其並非第 4 至第 6 款之主體「發行人」,似乎僅該當第 3 款「發行人、其負責人或職員有第 32 條第 1 項之情事,而無同條第二項免責事由者。」第 32 條為「公開說明書,其應記載事項之主要內容有虛偽或隱匿之情事」,故似有第 171 條第 3 款之適用,但這又須以太電有發行新股或公司債為前提。

　　證券交易法於 2004 年 4 月 28 日又修正公布,第 174 條增加第 6 款事由「於前款之財務報告上簽章之經理人或主辦會計人員,為財務報告內容虛偽之記載者。」才能真正明確規範胡洪九犯行,無論就其擔任副總經理或財務長,其製作不實財報之行為,皆該當本款;又增加第 8 款「發行人之董事、經理人或受僱人違反法令、章程或逾越董事會授權之範圍,將公司資金貸與他人、或為他人以公司資產提供擔保、保證或票據之背書,致公司遭受重大損害者。」胡洪九擔任董事、副總經理,以太電背書保證海外紙上公司之借款,最後由太電承擔債務,亦該當本款,惟新法並不適用於胡洪九。

### (3) 商業會計法第71條

　　「商業負責人、主辦及經辦會計人員或依法受託代他人處理事務之人員有下列情事之一者,處五年以下有期徒刑、拘役或科或併科新台幣十五萬元以下罰金:

一　以明知為不實之事項,而填製會計憑證或記入帳冊者。

二　故意使應保存之會計憑證帳簿報表滅失毀損者。

三　意圖不法之利益而偽造、變造會計憑證、帳簿報表內容或撕毀其頁數者。

四　故意遺漏會計事項不為記錄,致使財務報表發生不實之結果者。

五　其他利用不正當方法,致使會計事項或財務報表發生不實之結果者。」

　　胡洪九擔任太電董事、副總經理及財務長,不僅是公司負責人更是主辦會計之人員,其製作假定期存單,該當第 1 款一明知為不實的定期存單,而仍用以美化財報;擔任中俊公司之董事,指示清算人劉迪炮銷毀中

俊公司帳冊，該當第 2 款故意使應保存之帳冊毀損；以太電資金虛設海外紙上公司而未於太電財報上揭露（設立於 BVI 之基金，毋須對外揭露，惟設立於香港的中俊公司、太豐行，則無此不揭露之優惠），該當第 4 款一故意遺漏該紙上公司之設立及資金流向；故意設置與太電子公司名稱相同，使會計人員誤以為其係同一公司而將太電資金匯入，該當第 5 款一利用不正之方法使財報發生不實。

### (4) 洗錢防制法第9條第1項（2003年修正前）

「犯第 2 條第 1 款之罪者，處五年以下有期徒刑，得併科新新台幣三百萬元以下罰金。」第二條第一款洗錢之定義「掩飾或隱匿因自己重大犯罪所得財物或財產上利益者。」胡洪九該當刑法第 201 條偽造有價證券罪，為洗錢防制法第 3 條第 1 項第 2 款所稱之重大犯罪，而其虛設紙上公司、製作假定期存單和信託登記太電資產予紙上公司係為掩飾或隱匿上述犯罪之所得，亦該當洗錢定義，適用洗錢防制法第 9 條第 1 項。

洗錢防制法第 8 條之 1 第 1 項（民國 92 年修正後）[19]「檢察官於偵察中，有事實足認被告利用帳戶、匯款、通貨或其他支付工具從事洗錢者，得申請該管法院指定六個月以內之期間，對該筆洗錢交易之財產為禁止提款、轉帳、付款、交付、轉讓或其他相關處分之命令。其情況急迫有相當理由足認非立即為上開命令，不能保全得沒收之財產或證據者，檢察官得逕命執行之，但應於執行後三日內報請法院補發命令。法院如不於三日內補發時，應停止執行。」第 2 項「前項禁止提款、轉帳、付款、交付、轉讓或其他相關處分之命令，法官於審判中得依職權為之。」採取相對法官保留原則；第 12 條第 2 項「為保全前項財物或財產上利益追繳或財產之抵償，必要時，得酌量扣押其財產。」法條未明文行使主體，惟為了有效防止被害人損害擴大及利於追繳或抵償，宜與第 8 條之 1 做相同解釋，便檢察官於偵察中亦有緊急扣押權，採取相對法官保留原則。

檢察官或法院得以禁止處分命令，防止胡洪九繼續進行洗錢；另得以

---

[19] 洗錢防制法第8條之1第1項，屬於程序之規定，依程序從新原則，適用修正後之條文。

扣押方式防止胡洪九處分資產，以免胡洪九有罪確定，卻已脫產完畢，不僅被害人求償無門，國家亦無從追繳或抵償。

　　實際上，遭禁止處分及扣押之資產初步估計價值約新台幣四十多億元，其中包括：

A. 以太電公司資金取得的香港上市公司榮榮集團全部股權（現改名香港弘茂科技控股公司）。

B. 以太電公司直接或間接資金，但由他人名義所登記持有的茂矽、茂德公司股權。

C. 太豐行直接或間接所控制的海外子公司名下，有關海怡廣場、匯中飯店等企業資產。

D. 茂矽公司所持有香港弘茂科技控股公司股權[20]。

**2. 其他人部分所涉法律適用**

　　其他人僅因身份之不同而適用不同款項、或犯行時間之不同而適用新舊法，於表格已臚列，其基本爭議已於胡洪九部分論及，不再贅述。

## （二）可能涉及之民事責任

| 被告 | 原告－法條依據 |
| --- | --- |
| 胡洪九<br>仝清筠<br>仝玉潔<br>孫道存 | 太電公司－公司法第二三條第一項公司負責人違反忠實義務、注意義務之賠償責任<br>太電公司－公司法第三四條公司經理人之賠償責任<br>太電公司－公司法第一九三條第二項公司董事之賠償責任<br>太電公司－民法第一八四條第一項、第二項之侵權行為責任<br>太電公司－民法第五四四條受任人之債務不履行責任<br>太電股東－公司法第二三條第二項公司負責人之連帶侵權賈返<br>太電債權人－同上<br>太電股東－證券交易法第三二條第一項第一款公開說明書不實之賠償責任<br>太電股東－證券交易法第一五五條第一項第六款、第三項操縱股價之賠償責任 |

---

[20] 工商時報，「檢方查扣茂矽所持茂德股權」，1版，2004年12月17日。

| 被告 | 原告─法條依據 |
|---|---|
| 繆竹怡 | 太電公司─公司法第二三條第一項公司負責人違反忠實義務、注意義務之賠償責任<br>太電公司─公司法第三四條公司經理人之賠償責任<br>太電公司─民法第一八四條第一項、第二項之侵權行為責任<br>太電公司─民法第五四四條受任人之債務不履行責任<br>太電股東─公司法第二三條第二項公司負責人之連帶侵權責<br>太電債權人─同上<br>太電股東─證券交易法第三二條第一項第一款公開說明書不實之賠償責任<br>太電股東─證券交易法第一五五條第一項第六款、第三項操縱股價之賠償責任 |
| 黃靜琳 | 太電公司─民法第一八四條第一項、第二項之侵權行為責任 |
| 周齊平<br>李嘉惠 | 太電公司─民法第五四四條受任人之債務不履行責任<br>太電股東─證券交易法第三二條第一項第四款公開說明書不實之賠償責任<br>太電公司─會計師法第一八條會計師違反忠實義務之賠償責任<br>太電股東─同上 |

資料來源：作者整理

（以下僅就公司法、證券交易法做說明）

## 1. 公司法第23條第1項公司負責人違反忠實義務、注意義務之賠償責任

公司法於 2001 年 11 月 12 日修正公布，於公司法第 23 條增加第 1 項忠實義務、善良管理人注意義務之規定，英美公司法判例上早有忠實義務（Duty of Loyalty）之存在，並與注意義務（Duty of Care）構成受任人義務（Fiduciary Duties）之主要內容。所謂忠實義務，應指公司負責人於處理公司事務時，必須出於自為公司之最佳利益之目的而為，不得圖謀自己或第三人之利益。所謂善良管理人注意義務，係指社會一般的誠實勤勉而有相當經驗之人所應具備之注意，公司負責人不論與公司間是否為委任，

---

21 符合會計師法第18條「委託人」。

22 符合會計師法第18條「利害關係人」。

是否受有報酬，於執行業務時，均應盡其善良管理人之注意[23]。

　　本次修法是否已真正引進了英美法制之忠實義務？答案是否定的。

　　依英美法制，若董事違反忠實義務造成公司損害，公司固然可請求賠償；然若董事違反忠實義務未造成公司損害，但卻使董事得利，公司則可行使歸入權，請求董事返還利益。惟新法規定「一如有違反致公司受有損害者，負擔損害賠償責任」僅將違反忠實義務之效果限於損害賠償，未及於歸入權，使忠實義務之效果無法發揮，失去修法的意義。[24]

　　胡洪九、仝清筠、仝玉潔、孫道存為太電公司之董事，屬於公司法第8條第1項當然負責人；繆竹怡則為光電公司之經理，屬於公司法第8條第2項執行職務範圍內之負責人，公司皆可主張公司法第23條第1項公司負責人損害賠償責任，惟須注意本項規定僅適用於2001年11月14日生效以後之行為。

## 2. 公司法第23條第2項公司負責人之連帶侵權責任

　　「公司負責人對於公司業務之執行，如有違反法令致他人受有損害時，對他人應與公司負連帶賠償之責。」

　　該侵權責任之性質如何，有不同見解：

(1) 學說採特別侵權行為說一本條文應與民法第28條作相同解釋，公司負責人應具備民法第184條一般侵權行為之要件。[25]

(2) 實務採法定特別責任說——最高法院73年台上第4345號判決「公司法第二十三條所定董事對於第三人之責任，乃基於法律之特別規定，異於一般侵權行為，就其侵害第三人之權利，原不以該董事有故意或過失為成立之條件。」

　　無論採何一見解，首先要問的是什麼有被侵害了，因公司股價下跌，公司資產減少，公司債權人之債權無法獲得滿足，其債權受到侵害，固無

---

[23] 劉連煜，公司負責人之忠實及注意義務，月旦法學教室第7期，頁24- 25，2003年5月。

[24] 曾宛如，董事忠實義務之內涵及適用疑義——評析新修正公司法第23條第1項，台灣本土法學雜誌第38期，頁64，2002年9月。

[25] 柯芳枝，「公司法論（上）」，頁34，三民書局，2003年增訂5版。

疑問；至於公司股東所持有的股份，則因投資人購買了公司的股份而成為股東，亦可隨時轉讓股份變現，似可解釋為對公司有一類似債權之利益，因公司股價下跌，其可變現的價值減損。再者，債權是否該當於「權利」，學說見解認為債權為純粹經濟上損失，並非權利，僅屬「法律上之利益」[26]。

　　若採特別侵權行為說，由於債權非權利，另須符合民法第184條第1項後段故意以背於善良風俗之方法或第2項違反保護他人之法律之要件，惟第1項之故意難以證明，第2項推定過失，舉證責任較輕，主張較為有利，上述公司負責人違反證券交易法、商業會計法保護投資人之相關規定，製作不實財報或隱匿掏空事實，致公司債權人與股東受有損害，與公司負連帶賠償責任；若採法定特別責任說，則因本條文並未限定於權利受侵害，上述公司負責人自須與公司負連帶賠償責任。

### 3. 公司法第193條第2項公司董事之賠償責任

　　「董事會之決議，違反前項規定，致公司受損害時，參與決議之董事，對於公司負賠償之責；但經表示異議之董事，有紀錄或書面聲明可證者，免其責任。」

　　胡洪九、仝清筠、仝玉潔、孫道存為太電公司之董事，其參與違反上述法令之董事會決議，致公司受有損害，對於公司負賠償之責。

### 4. 證券交易法第32條第1項公開說明書不實之賠償責任

　　「前條之公開說明書，其應記載之主要內容有虛偽或隱匿之情事者，左列各款之人，對於善意之相對人，因而所受之損害，應就其所應負責部分與公司負連帶賠償責任：

一　發行人及其負責人。

二　發行人之職員，曾在公開說明書上簽章，以證實其所載內容之全部或一部者。

三　該有價證券之證券承銷商。

---

[26] 王澤鑑，「民法學說與判例研究」，第7冊，台大法學叢書（74），頁101，2002年3月。

四　會計師、律師、工程師或其他專門職業或技術人員，曾在公開說明書上簽章，以證實其所載內容之全部或一部，或陳述意見者。」

　　胡洪九、仝清筠、仝玉潔、孫道存為太電公司之董事，屬於公司法第8條第1項當然負責人，繆竹怡則為光電公司之經理，屬於公司法第8條第2項執行職務範圍內之負責人，周齊平、李嘉惠為太電簽證會計師，其於公開說明書依「公司募集發行有價證券公開說明書應行記載事項準則」第六條第一項第四款財務狀況之部分，有虛偽或隱匿公司已被掏空之事實，自分別該當證券交易法第32條第1項第1款、第4款之規定。

### 5. 證券交易法第155條第1項第6款、第3項操縱股債之賠償責任

　　「對於在證券交易所上市之有價證券，不得有左列各款之行為：

一　在集中交易市場報價，業經有人承諾接受而不實際成交或不履行交割，足以影響市場秩序者。

二　（刪除）

三　意圖抬高或壓低集中交易市場某種有價證券之交易價格，與他人通謀，以約定價格於自己出售，或購具有價證券時，使約定人同時為購買或出售之相對行為者。

四　意圖抬高或壓低集中交易市場某種有價證券之交易價格，自行或以他人名義，對該有價證券，連續以高價買入或以低價賣出者。

五　意圖影響集中交易市場有價證券交易價格，而散布流言或不實資料者。

六　直接或間接從事其他影響集中交易市場某種有價證券交易價格之操縱行為者。

前項之規定，於證券商營業處所買賣有價證券準用之。

違反前二項規定者，對於善意買入或賣出有價證券之人所受之損害，應負賠償之責。

第二十條第四項之規定，於前項準用之。」

　　證券交易法第155條第1項第6款，係反操縱條款之概括規定，源自於美國1934年證券交易法第9條第1項第6款「單獨或者與一個或更多的其他個人，為了限定、固定或者穩定在全國證券交易所登記註冊的任何

證券的價格，影響購買和出售此種證券的一系列交易，違反委員會為了公共利益或者保護投資而必須適當地的規則和規章。」惟我國證期局並無為此制訂任何規章，故仍應綜合各種因素判斷[27]。

胡洪九、仝清筠製作假定期存單，沖銷太電帳款，藉以美化財報的行為；仝玉潔、孫道存協助隱匿財報不實的行為；繆竹怡以其私人公司與光電公司進行虛偽交易美化財報的行為，皆影響股票交易價格和投資人購買太電股票之意願，自該當第6款之操縱行為，對於分別太電光電股東，因股價下跌之損害，負賠償責任。

## 6. 請求方式

(1) 公司對董事請求之方式——可依公司法第212條股東會決議對董事提起訴訟，再依第213條由監察人或股東會另選代表人代表公司；或依第214條第1項由繼續一年以上持有已發行股份總數百分之三以上股東以書面請求監察人為公司對董事提起訴訟；或依第214條第2項監察人於請求時起三十日內不提起，由前述少數股東為公司提起訴訟。

(2) 股東對公司或董事之請求方式——可依「證券投資人及期貨交易人保護法」第28條，由二十人以上證券投資人授與「財團法人證券投資人及期貨交易人保護中心」訴訟實施權，使其以自己名義，為投資人提起訴訟。

(3) 依證券交易法第21條「本法規定之損害賠償請求權，自有請求權人知有得受賠償之原因時起二年間不行使而消滅；自募集、發行或買賣之日起逾五年者亦同。」之規定，投資人所得請求賠償，僅能回溯自募集、發行、買賣股票之日五年。

---

[27] 陳峰富，關係企業證券交易違法行為之研究——以股票流通市場為中心，國立政治大學法律學研究所博士論文，頁127，2004年。

## 參、茂矽掏空

### 一、案例事實

#### (一)內線交易

2004 年 4 月，茂矽有新台幣 47 億元公司債到期無法清償，引發外界疑慮造成股價重挫，消息曝光前，環龍、威力、茂福、鴻瑞等投資公司和茂矽的一些海外子公司，在 3 月開始即透過昇豐證券大量出脫茂矽股票，其中部分子公司，疑在胡洪九指示下，幾乎將母公司股票拋售一空，使得茂矽一度被打入全額交割股，而拋售之資金最後都流向同一戶頭；茂矽集團數名高階主管也在這項利空消息發佈前出售持股，且同時間茂矽融券張數暴增，疑有特定人士放空。同年 4 月和 5 月，茂矽兩度宣布大幅減資前，即有人大舉購入茂矽股票，炒作意圖明顯。檢調估算，這三次內線交易總金額，國內投資公司和海外子公司各約新台幣 2 億元[28]。

#### (二)數十億資金忽出忽進

2004 年間，茂矽集團陸續有數十億資金透過香港子公司匯往英屬維京群島某家紙上公司，購買大批海外債券基金。檢調單位 11 月搜索某金融行庫、券商、茂矽子公司，查出這家券商疑協助茂矽集團購買海外債券從中賺取佣金，但搜索後數日，茂矽集團突然將這些海外債券提前解約回贖，數十億資金又匯回茂矽集團。檢調查出這家海外紙上公司是由該券商的離職員工所開設，每月佣金高達十萬美元，茂矽高層疑利用三億美元以下投資案無須經過董事會同意之方式，將資金化整為零購買海外債券，掏空茂矽資產[29]。

---

[28] 聯合報，「檢調密集傳喚投資公司人員」，B2版，2004年11月10日；中國時報，「茂矽內線交易疑案，偵辦胡洪九」，A4版，2004年9月7日；經濟日報，「胡洪九涉掏空太電，遭羈押」，A3版，2004年11月10日。

[29] 經濟日報，「數十億元，海內外走一回」，A5版，2004年12月18日；聯合報，

## （三）資產移轉

2003 年 12 月 23 日，茂矽董事曾決議出售茂矽美國子公司 UMI（United Memories Inc）100% 股權、MVC（Mosel Vitelic Corporation）50% 股權、茂矽之全球專利權、DRAM 產品權利以及茂矽在美國中央實驗室（Central Lab）所開發之 Flash 製程技術暨相關智慧財產權予茂德，轉讓金額約為 1 億 2 千萬美金 [30]。

# 二、法律重點分析

由於涉及之特定人與詳細事實，尚未明朗，故僅能就目前報導所及作分析，合先敘明。

## （一）內線交易部分

證券交易法第 157 條之 1 第 1 項「左列各款之人，獲悉發行股票公司有重大影響其股票價格之消息時，在該消息未公開前，不得對該公司之上市或在證券商營業處所買賣之股票或其他具有股權性質之有價證券，買入或賣出：

一　該公司之董事、監察人及經理人。
二　持有該公司股份超過百分之十之股東。
三　基於職業或控制關係獲悉消息之人。
四　從前三款所列之人獲悉消息者。」

違反前項規定者，應就消息未公開前其買入或賣出該證券之價格，與消息公開後十個營業日收盤平均價格之差額限度內，對善意從事相反買賣之人負損害賠償責任；其情節重大者，法院得依善意從事相反買賣之人之請求，將責任限額穎提高至三倍。

第 1 項第 4 款之人，對於前項損害賠償，應與第 1 項第 1 款至第 3 款

---

「茂矽數十億資金，忽出忽進」，A8版，2004年12月18日。

[30] 台灣證券交易所公開資訊觀測站，網址http://newmops.tse.cmo.tw；最後瀏覽日期2005年1月20日。

提供消息之人，負連帶賠償責任。但第 1 項第 1 款至第 3 款提供消息之人有正當理由相信消息已公開者，不負賠償責任。

　　第 1 項所稱有重大影響其股票價格之消息，指涉及公司之財務、業務或該證券之市場供求、公開收購，對其股票價格有重大影響，或對正當投資人之投資決定有重要影響之消息。

　　第 22 條之 2 第 3 項之規定，於第 1 項第 1 款、第 2 款準用之；第 20 條第 4 項之規定，於第 2 項從事相反買賣之人準用之。

　　本條即為規範公司內部人或關係人內線交易之明文。而本條所謂「獲悉發行股票公司有重大影響其股票價格之消息」，依本條第 4 項係指「涉及公司之財務、業務或該證券之市場供求、公開收購，對其股票價格有重大影響，或對正當投資人之投資決定有重要影響之消息。」惟其規定過於概括，可參考證券交易法第 36 條第 2 項第 2 款與證券交易法施行細則第七條列舉共九款之規定。茂矽新台幣 47 億元公司債到期無法清償，即屬證券交易法施行細則第 7 條第 1 款「其他喪失債信之情事」而該當有重大影響其股票價格之消息。

　　茂矽子公司疑經胡洪九之指示，於茂矽公司債到期無法清償消息宣佈前，大量出脫茂矽持股。本條規範之主體為持有股票而買入賣出之人，茂矽子公司自茂矽董事長胡洪九，即第 1 項第 1 款之人獲悉消息，而可能該當第 1 項第 4 款，惟法人是否該當本條之主體？答案是肯定的。雖內線交易依證券交易法第 171 條有自由刑之處罰，然依證券交易法第 178 條「法人違反本法之規定者，依本章各條之規定處罰其為行為之負責人。」對於該法人之負責人，則可處以自由刑 [31]。故除茂矽子公司適用本條第 2 項對於善意從事相反買賣之人負損害賠償責任外，其負責人胡洪九（胡洪九多兼任茂矽子公司之董事），依證券交易法第 178 條，亦適用本條第 2 項對於善意從事相反買賣之人負損害賠償責任，另依第 3 項與茂矽子公司負連帶賠償責任（茂矽子公司自茂矽董事長胡洪九獲悉消息），及證券交易法

---

[31] 陳峰富，關係企業證券交易違法行為之研究──以股票流通市場為中心，國立政治大學法律學研究所博士論文，頁249，2004年。

第 171 條第 1 款「處三年以上十年以下有期徒刑，得併科新臺幣一千萬元以上二億元以下罰金。」

至於茂矽高層，則該當本條第 1 項第 1 款該公司之董事、監察人及經理人，適用本條第 2 項對於善意從事相反買賣之人負損害賠償責任，及證券交易法第 171 條第 1 款之刑責。

## (二)數十億資金忽出忽進部分

數十億資金又回到茂矽，似乎茂矽並未受有損害，惟若有掏空之事實，則可能涉及公司法第 23 條第 1 項公司負責人違反忠實義務、注意義務之賠償責任；公司法第 34 條公司經理人之賠償責任；民法第 544 條受任人之債務不履行責任；刑法第 336 條第 2 項業務侵占罪。

## (三)資產移轉部分

### 1. 公司法第369條之4

「控制公司直接或間接使從屬公司為不合營業常規或其他不利益之經營，而未於會計年度終了時為適當補償，致從屬公司受有損害者，應負賠償責任。

控制公司負責人使從屬公司為前項之經營者，應與控制公司就前項損害負連帶賠償責任。

控制公司未為第一項之賠償，從屬公司之債權人或繼續一年以上持有從屬公司已發行有表決權股份總數或資本總額百分之一以上之股東，得以自己名義行使前二項從屬公司之權利，請求對從屬公司為給付。

前項權利之行使，不因從屬公司就該請求賠償權利所為之和解或拋棄而受影響。」

本次修法是否已真正引進了英美法制之揭穿公司面紗原則（Piercing the Corporate Veil）？答案是否定的。

英美法制下的揭穿公司面紗原則，係否認從屬公司之法人格，求償之利益歸屬於債權人；而本條文規定，債權人或股東代位控制公司求償，係以控制公司之法人格存在為前提，且求償利益歸屬於控制公司，這樣的立

法模式，使得債權人和股東欠缺求償之誘因。

依公司法第369條之2第2項「公司直接或間接控制他公司之人事、財務或業務經營者亦為控制公司，該他公司為從屬公司。」茂矽、茂德之董事長皆為胡洪九，茂德可直接或間接控制茂矽人事、財務、業務，茂德為茂矽之實質控制公司。

由於茂矽以7,250萬美元出售與茂德之相關智慧財產權技術，係茂矽高獲利之無形資產，屬於茂德使茂矽為不利益之經營，若未於會計年度終了時為適當補償，茂德與董事長胡洪九應負連帶賠償責任。若茂矽未為請求，茂矽債權人或股東得代位求償。

### 2. 其他

其參與決議之董事可能另涉及公司法第23條第1項公司負責人違反忠實義務、注意義務之賠償責任；公司法第193條第2項公司董事之賠償責任；民法第184條第1項、第2項之侵權行為責任；刑法第342條背信罪。

# 肆、結論

太電掏空案於2004年12月16日已經檢察官朱應翔偵結起訴，早在2004年11月9日胡洪九經法院裁定羈押，之後多次聲請交保，皆被法院駁回，仝清筠、仝玉潔和孫道存，則經檢察官分別以2千萬元及各5百萬元交保候傳並限制出境[32]，此外，財團法人證券投資人及期貨交易人保護中心受理太電股票投資人求償登記於2005年2月28日截止，粗估求償人數超過二萬人，茂矽掏空案則還在偵查中，胡洪九等經濟犯罪者，必然無法逍遙法外，真相終究曾還原，現階段本文僅能自報章雜誌上所載的片段事實，構築其可能的法律責任，若有缺漏、不詳盡之處，尚祈不吝賜教。

---

[32] 中央日報，「太電案，胡洪九聲押，孫道存500萬重保」，第5版，2004年11月9日。

# ※附圖一：太電掏空圖

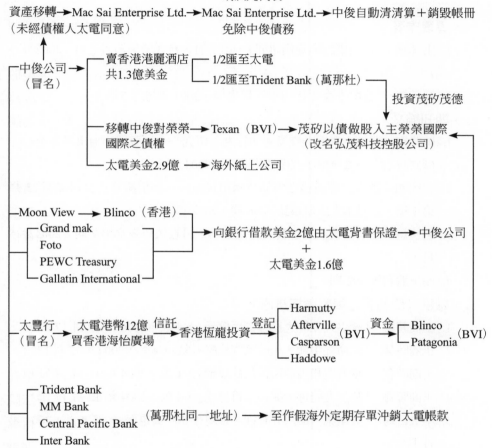

資料來源：作者整理

# 參考文獻（依作者姓氏筆劃遞增排序）

## 一、專書論著

1. 王澤鑑，「民法學說與判例研究」，第 7 冊，台大法學叢書 (74)，2002 年 3 月。

2. 柯芳枝，「公司法論（上）」，三民書局，2003 年增訂 5 版。

## 二、期刊論文

1. 陳峰富，關係企業證券交易違法行為之研究──以股票流通市場為中心，國立政治大學法律學研究所博士論文，2004 年。

2. 曾宛如，董事忠實義務之內涵及適用疑義──評析新修正公司法第 23 條第 1 項，台灣本土法學雜誌第 38 期，2002 年 9 月。

3. 劉連煜，公司負責人之忠實及注意義務，月旦法學教室第 7 期，2003 年 5 月。

4. 商業週刊第 892 期。

## 三、報紙（依刊名之筆劃遞增排序）

1. 工商時報，「胡洪九乾坤大挪移二百億元」，4 版，2004 年 12 月 17 日。

2. 工商時報，「九命貓中箭，茂矽家族嚴酷考驗」，4 版，2004 年 12 月 17 日。

3. 工商時報，「檢方查扣茂矽所持茂德股權」，1 版，2004 年 12 月 17 日。

4. 工商時報，「胡洪九乾坤大挪移二百億元」，4 版，2004 年 12 月 17 日。

5. 中央日報，「太電案，胡洪九聲押，孫道存 500 萬重保」，第 5 頁，2004 年 11 月 9 日。

6. 中國時報，「茂矽內線交易疑案，偵辦胡洪九」，A4 版，2004 年 9 月 7 日。

7. 中國時報，「太電高層交相賊，掏空百億元」，A3 版，2004 年 12 月 17 日。

8. 中國時報，「太電高層交相賊，掏空百億元」，A3 版，2004 年 12 月 17 日。

9. 中國時報，「太電高層交相賊，掏空百億元」，A3 版，2004 年 12 月 17 日。

10. 中國時報，「胡洪九左右手，香港削得凶」，A3 版，2004 年 12 月 17 日。

11. 自由時報，「有樣學樣，全清筠涉 A 走 7.6 億」，第 18 頁，2004 年 12 月 17 日。

12. 自由時報，「偷天換日，借貸 15.5 億，債留太電」，第 18 頁，2004 年 12 月 17 日。

13. 自由時報，「偷天換日，借貸 15.5 億，債留太電」，第 18 頁，2004 年 12 月 17 日。

14. 經濟日報，「胡洪九涉掏空太電，遭羈押」，A3 版，2004 年 11 月 10 日。

15. 經濟日報，「仝清筠：全家受害最大」，A3 版，2004 年 12 月 17 日。

16. 經濟日報，「數十億元，海內外走一回」，A5 版，2004 年 12 月 18 日。

17. 聯合報，「檢調密集傳喚投資公司人員」，B2 版，2004 年 11 月 10 日。

18. 聯合報，「胡洪九紙上公司，疑掏空太電 200 億」，B1 版，2004 年 12 月 17 日。

19. 聯合報，「茂矽數十億資金，忽出忽進」，A8 版，2004 年 12 月 18 日。

## 四、網路資料

1. 台灣證券交易所網站：〈http://www.newmops.tse.com.tw〉。

# 第五章　出錯的螺絲——
## 宏達科技案

陳惠茹

陳惠茹

很容易滿足的性情，旁人看來樂天知命，其實只是腦袋太簡單，所以對法律似懂非懂。愛吃泡芙、愛玩樂，希望掙多些盤纏以供體驗人生。

現為財團法人資訊工業策進會科技法律研究所法律研究員。

## 摘要

自 2004 年度上半年半年報公告後，宏達科即開始其紛紛擾擾的日子，除公司董事長涉嫌內線交易舊案外，半年報亦爆發財報不實遭證交所變更交易方法，短短四個月宏達科更換了三家會計師事務所，爭議點包括約一千萬美金的應收帳款究係讓售與新竹商銀，或係向新竹商銀融資；之後原董事長突然請假並於假期中請辭、宏達科聲請重整又撤銷、重編財報後的新問題。

**關鍵詞：軋空、閉鎖期間、財報不實、內線交易、操縱行為**

# 壹、前言

　　我國 1998 年至 1999 年間曾爆發一連串之地雷股事件（東隆五金案、廣三集團案、國產實業案等）對台灣之政治及總體經濟造成重大之衝擊，亦造成投資人、債權人、銀行等之重大損失。而自 2004 年 6 月爆發博達案始，一連串上市上櫃公司紛紛傳出財報不實以及掏空公司之消息，不同於前一波地雷股集中於傳統產業，此波案件幾集中於科技股，過去被投資人視為明星的科技股，根據商業週刊之統計[1]，在過去十年將近一半的科技股市值攔腰減半，超過四分之一的科技股市值更跌了七成，在科技股泡沫化的風暴下，各公司的問題一一浮現，在企業以及其負責人不為正當經營，甚或無法以經營公司營業的方式獲利時，掏空公司自投資人手中撈錢，即成為最快速且容易獲得巨額利益的管道。

　　宏達科技股份公司[2]主要產品包括現代航太及高級工業用途扣件設計、製造與行銷，為亞洲地區唯一合格的航太扣件供應商。簡言之宏達科

---

[1] 參閱「商業週刊」，從 500 元到 5 元的股王啟示錄，第 868 期。

[2] 現名豐達科技股份有限公司，網站 http://www.nafco.com.tw/a_1.htm。

產品以螺絲、螺帽等微細零件為主，為當前各種高科技機械不可或缺的關鍵成份，然因 2003 年間的炒股及財報風波，導致前景看好的公司在市場上重重跌了一跤。本文是以宏達科技股份有限公司（下稱宏達科）為例，分析其 2004 年度半年報所引發之財報不實的相關問題；另外論及其過去曾發生過軋空行情，造成投資人損失的事件為探討。

# 貳、案例事實

## 一、宏達科（3004）重要大事時間序[3]

| 年月日 | 事件 | 備註 |
|---|---|---|
| 1997/10 | 美國前三大航太扣件製造商AVIBMK，結合國內企業皇旗資訊共同集資成立，原名「皇旗航空」。 | |
| 1998/08 | 第一次現金增資，資本額由二億新台幣增資至三億元，股票公開發行。 | |
| 1999/11 | 第二次現金增資，資本增加到新台幣四億二千萬，達梭與GFI投資入股10%。 | |
| 2002/12/20 | 九十一年度第一次無擔保轉換公司債（宏達一）上櫃交易 | |
| 2003/01/22 | 董事會決議提前召開股東會（股東會召開日期：92/05/09） | 停止過戶起迄日：92/03/11~92/05/09 |
| 2004/10/05 | 宏達科董事會決議解任其財務主管暨代理發言人 | |
| 2004/10/12 | 宏達科於重大訊息中公告：<br>1. 宏達科董事長蘇名宇以個人因素，於93/10/05～93/10/30請假，同時指定陳德榮代理董事長職務，並經董事會決議通過。 | 證券交易所要求宏達科須於93年11月1日前重編半年報，否則停止交易。 |

---

3 資料整理自：宏達科技股份有限公司網頁http://www.nafco.com.tw/ 歷史沿革；公開資訊觀測站http://newmopsov.twse.com.tw/ （3004）個股重大訊息，最後瀏覽日期：2010年8月31日；萬寶周刊，營收三級跳的航空扣件大廠，第541期，2004年2月。

| 年月日 | 事　件 | 備　註 |
|---|---|---|
| | 2. 宏達科與新竹商業銀行間之銀行授信契約書經雙方協商，於93年10月11日合意解除；新竹商銀並確認宏達科無積欠任何債務，宏達科已取回授信擔保，有關應轉銷或應提列足額備抵呆帳者，本公司將於爾後財務預測及第三季季報中，依一般公認會計原則作適當之調整。 | |
| 2004/10/15 | 公告第一次更新之財測不適用。 | |
| 2004/10/18 | 宏達科向桃園地方法院聲請重整。 | |
| 2004/10/28 | 公告第二次更新財務預測。 | |
| 2004/10/29 | 法商達梭投資公司辭法人董事。 | |
| 2004/10/30 | 因為10月29日宏達科董事長蘇名宇突然辭職。該公司遂依經濟部80年6月12日，商字第214490號函所定，由出席董事互推陳德榮暫行董事長職務，以利其公司召開改選董事長之會議及公司業務進行。11月5日由陳德榮正式接任董事長。 | |
| 2004/11/05 | 法人董事耀華玻璃改派代表。 | |
| 2004/11/11 | 董事會決議定93年12月31日召開股東臨時會：(1)討論私募現金增資案；(2)公司章程修定案；(3)取消92年度盈餘分配案。 | |
| 2004/11 | 傳宏達科前董事長蘇名宇於檢調發布通緝前即已拿美國護照出境[4]。 | |
| 2004/12/13 | 宏達科依照行政院金融監督管理委員會於民國93年11月30日所為金管證六字第0930153702號函示，予以重編93年上半年度財務報表（簽證會計師徐俊成、趙志浩）。 | |
| 2004/12/17 | 宏達科向法院撤銷重整及緊急保全處分案。 | |
| 2004/12/24 | 聯捷會計師事務所主動終止為宏達科簽證之委任。 | |
| 2004/12/31 | 資信聯合會計師事務所（簽證會計師張仕奇、莊俊華）接任為宏達科簽證。 | |

---

[4] 工商時報，「宏達科蘇名宇　通緝前已落跑」，3版，2004年11月16日。

| 年月日 | 事　件 | 備　註 |
|---|---|---|
| 2005/01/11 | 因宏達科聲請撤回重整及撤銷緊急處分,且經桃園地方法院民事裁定撤銷先前所爲禁止記名式股票轉讓之緊急處分。符合台灣證券交易所營業細則第五十條第二項[5],有關恢復有價證券買賣之相關規定。而宏達科因93年半年度財務報告有關讓售應收帳款之帳務處理未盡允當,經台灣證券交易所將其有價證券列爲變更交易方法,因該公司已完成重編財務報告之公告申報,則原本變更交易方法之原因業已消除。但該公司有價證券另因聲請重整而變更交易方法(證交所營業細則第四十九條第一項第六款)期間僅13日,尚未達同細則第四十九條第二項第六款「但其變更原有交易方法之執行期間仍不得短於三個月」規定,其上市有價證券仍列爲變更交易方法。 | 恢復買賣日期:民國94年1月11日。 |
| 2005/01/14 | 93年12月31日93年度股東臨時會通過第一次私募現金增資發行新股。 | 6,500萬股額度内分次發行之股數,第一次發行4180萬股。[6] |
| 2005/04/28 | 董事會決議變更90年現金增資計劃案。90年原計劃爲償還借款、充實營運資金、投資國内外公司,93年第一次變更延後國外投資計劃時程,94年變更國外投資計畫係因前任董事長事件影響避免因財務緊縮,影響正常營運,並已於九十三年第四季執行完成。 | |

---

[5] 臺灣證券交易所股份有限公司營業細則第50條第2項:「上市公司因有前項各款規定情事之一,致其上市有價證券經停止買賣者,符合下列各該款之規定,且無前項其他各款規定情事,本公司得依證券交易法第一百四十七條規定報經主管機關核准後,公告恢復其有價證券之買賣……」

[6]

| 應募人 | 增資股數 | 繳款金額 |
|---|---|---|
| 行政院開發基金 | 1200萬股 | 3000萬 |
| 耀華玻璃 | 800萬股 | 2000萬 |
| 力大螺絲 | 800萬股 | 2000萬 |
| 本公司董事長及經理人 | 1200萬股 | 3000萬 |
| 楊阿陽 | 60萬股 | 150萬 |
| 余聲均 | 100萬股 | 250萬 |
| 蔡萬興 | 20萬股 | 50萬 |

| 年月日 | 事　件 | 備　註 |
|---|---|---|
| 2005/05/05 | 1. 台北地檢署偵查終結，宏達前董事長蘇名宇、財務經理林開永、大股東歐明榮、創矩國際負責人余敏華被依違反證交法提起公訴[7]。<br>2. 蘇名宇被控公開發行期限約四個月的可轉換公司債，並蓄意提前召開董事會，利用軋空手法迫使融券戶回補，炒高宏達科股價，檢方以罪嫌不足，不予起訴。<br>3. 行政院開發基金，懷疑蘇名宇以不法方式操作宏達科財務營運，導致93年上半年發生嚴重虧損，開發基金另向檢方控告蘇明宇疑涉背信、侵占，據指出，檢方已展開偵辦。<br>4. 經查，蘇名宇於93年9月遭調查局台北市調處約談後，24日遭限制出境處分，不過，蘇名宇在同月28日搭乘立榮航空飛往金門，隨即偷渡出境。[8] | 「檢方起訴指出，蘇名宇等四人於2002年11月29日至2003年1月28日間，以個人或人頭的證券帳戶，連續以高價、相對成交的方式大舉買進宏達科技公司股票，藉以拉抬股價。四人以此方式，將宏達科股票自19.10元拉抬到49.30元，漲幅高達158.12%，與同時期電子類股5.21%跌幅、大盤指數漲幅7.93%相較，明顯有影響宏達股票成交價格，所以以違反證交法將四人起訴。」 |
| 2005/05/31 | 台灣證券交易所完成半年度定期審核上市公司財務報告每股淨值是否符合得為融資融券交易之審查。 | 1. 每股淨值未達票面以上應暫停融資融券交易者包括宏達科等在內之26種有價證券（而宏達科、陞技、訊碟及欣錩前更已因列為變更交易方法有價證券而暫停融資融券交易）。<br>2. 調整作業自六月二日起實施，應暫停融資融券交易之有價證券其原融資買進及融券賣出之餘額，得於逐筆融資融券契約期限屆滿前了結。[9] |

---

[7]　台灣日報，「宏達科內線交易案，起訴四人前董事長蘇名宇偷渡出境」，綜合新聞版，2005年05月06日。

[8]　台灣日報，「宏達科內線交易案，起訴四人前董事長蘇名宇偷渡出境」，綜合新聞版，2005年5月6日。東森新聞報，「宏達科技炒股案前董事長蘇名宇遭起訴人已跑了」http://www.ettoday.com/2005/05/06/138-1786763.htm，最後瀏覽日2010年8月31日。

[9]　台灣證券交易所公告，95年5月31日公告，http://mops.tse.com.tw/server-java/t39sb01，最後瀏覽日95年6月3日。

| 年月日 | 事件 | 備註 |
|---|---|---|
| 2005/08/02 | 行政院金融監督管理委員會函指示重編90年及91年財報。 | |
| 2006/05/19 | 財團法人證券投資人及期貨交易人保護中心提起損害賠償，以宏達科公司、董監事等侵權行為，求償金額為新台幣肆億伍仟柒佰玖拾萬貳仟零貳拾元整。 | |
| 2007/04/30 | 與部分債權銀行完成簽訂96年度債權展延增補合約。<br>已完成簽約之債權銀行為合作金庫堰新分行與大溪分行、台北富邦銀行、復華銀行平鎮分行及板信商業銀行桃園分行。 | 已簽定增補合約之債權金額佔總銀行借款金額之78.84%。 |
| 2008/11/10 | 宏達科將名稱變更為「豐達科技股份有限公司」 | |

## 二、事實分析

宏達科技股份有限公司其主要經營業務為飛機用及船舶用扣件、結構件之製造、加工、代理及買賣業務；車輛用及工業用扣件、結構件之製造、加工、代理及買賣業務產品設計業，依宏達科的發展方向來說算蠻特殊的一個產業別（航太零組件），且其為亞太地區唯一被 GEAE（奇異飛機引擎）認可的航太扣件大廠 [10]。基於寡占性質，其經營業務確有其市場存在，但因其難度較一般電子產業有更高的門檻，在國外發展航太工業的公司幾乎都是將近上百年以上的老公司，因其累積而來的 know how 技術非較一般電子產業容易得來，所以其資金、技術上門檻的難度絕對比一般電子產業為高，自蘇名宇接手宏達科以來，雖屢次傳出與國際大廠合作並獲政府專案補助，甚至曾傳聞引進其美商奇異引擎（GEAE）及新加坡某銀行法人入股及擔任董事，惟多僅聞樓梯響未見實質利多消息，其股價表現始終未如其產業前景來的令人嚮往，且其財務預測屢屢更新調降（2002

[10] 「宏達科通過 GE Aircraft Engine AS-9000 認證，成為亞太地區唯一被GEAE認可的航太扣件大廠。GEAE指的是奇兵飛機引擎，在飛機發動機市佔率高達71%，能獲得認證，意味著拿到全球航太扣件市場的「入場券」。』參閱自萬寶周刊，營收三級跳的航空扣件大廠，第541期，2004年2月。

年調降一次，2004 年甚至更新二次財務預測報告）。在 2004 年 9 月負責人遭約談以及半年報問題爆發後，遭證交所變更交易方法，股價更是跌落谷底。

## (一) 軋空事件

　　而宏達科此次重大事件引爆的最開始時點在於 2004 年 9 月 16 日，當時宏達科的董事長蘇名宇遭調查局約談，蘇名宇指稱是因 2003 年所涉及的內線交易案遭檢調約談。該案主要內容為股票上市的宏達科於 2002 年 12 月 20 日發行可轉換公司債，預計至 2003 年 3 月 20 日左右公司債持有人可轉換成約六張現股，因此該公司債持有人，為賺取利差而鎖單放空，未料宏達科突於 2003 年 1 月董事會決議於 2003 年 5 月 9 日召開 2003 年度股東常會（依往例股東常會乃於 6 月份召開），因此股票過戶閉鎖期間即為 2003 年 3 月 11 日至 2003 年 5 月 09 日。此舉造成套利投資人必須於此日期前強制回補，然令人非議之處在於宏達科技在當時每日約交易股票三千張，但在 2003 年 1 月到 2 月期間減縮到八百張左右，而其股價由 2002 年 11 月 21 日的每張十七元，到 2003 年 1 月底左右每張四十九元，期間更連續漲停板鎖住，公司債則跌停鎖住，投資人根本無法搶回，造成融券投資人嚴重損失[11]，因此有投資人不甘損失向檢調檢舉宏達科公司有內線交易等不法行為。

　　另外宏達科前財務主管林開永於 2002 年 9 月底離開宏達科公司，之後有買賣宏達科股票之事，蘇名宇稱林於 9 月即離開宏達科，而公司債於 2002 年 12 月始發行，林開永買賣宏達科股票權純係其個人行為，蘇名宇並澄清其與林無資金往來。

　　在被指控內線交易後，調查局台北市調查處蒐證多時後，認定 2003 年初，董事長蘇名宇、財務經理林開永涉嫌共同違法炒作自家股票，總計獲利近億元，故依違反證交法炒作罪嫌，將兩人函送台北地檢署偵辦。其炒股的手法，主要利用宏達科公司債持有人，為套取公司債與股價之間的

---

[11] 聯合報，「股東會提前召開投資人稱遭坑殺」，8版，2003年1月27日。

利差，而鎖單放空之際，突然宣佈提前召開股東會，迫使投資人回補空單，蘇、林兩人則被控搶在投資人放空之前，先大舉買進自家股票，等到股價因軋空行情而上漲，才陸續出脫持股，藉此坑殺散戶 [12]。

## (二)財報不實、掏空公司疑雲

### 1. 更換會計師事務所

　　宏達科自 2004 年 6 月起即變更簽證會計師，該次變更理由為原安侯會計師事務所為宏達科簽證已滿五年，在考量公司發展其他因素下，由致遠會計師事務所接任。但在 2004 年 8 月宏達科再次變更簽證會計師，由聯捷會計師事務所接下，其原因宏達科稱致遠會計師事務所對宏達科所處航太扣件產業之發展性、產銷及價格策略等，在認知上與其實際地位有相當大之歧異，實已影響該公司已規劃送件中之增資計劃及未來長期發展計劃，故董事會決議終止對致遠會計師事務所之委任關係。在更換會計師的風風雨雨中，宏達科的半年報終於出爐，宏達科提列費用損失高達六億元，上半年每股稅後虧損 4.76 元，也因此而引起證交所的注意。在 2004 年 9 月 16 日時傳出董事長蘇名宇遭檢調約談，蘇名宇原稱係為舊案故，卻於 10 月 5 日起即向公司請假，並於 10 月底突然辭職。

### 2. 應收帳款融資記載為讓售

　　證交所於 2004 年 9 月 20 日表示因宏達科疑於 2004 年上半年度將應收帳款約一千萬美元辦理融資記載為讓售。該等應收帳款因記載為讓售（其實質為融資）而全數轉銷，且因之未提列適足之備抵呆帳，影響當期財務報告之允當表達。另宏達科關於辦理應收帳款的資料與帳載不符，因此依證券交易所營業細則第 49 條第 1 項第 13 款將宏達科自 2004 年 9 月 22 日起列為全額交割股。證券交易所並於 10 月 12 日要求宏達科必須於 2004 年 11 月 1 日前重編完成半年報，否則停止有價證券交易。此處最大爭議點在於，證交所認為是融資，而宏達科堅持其上半年報中約一千萬美元的應收帳款（2001 及 2002 年銷售予客戶 Penn Engineering〈原於 NYSE

---

[12] 自由時報，「宏達科炒股案　董事長送辦」，18版，2004年11月1日。

上市，於 2005 年遭私募基金收購下市〉及 Clemmar Industry〈英國公司〉的應收帳款）已「讓售」予新竹商銀，並於半年報中轉銷，會計師並於半年報中簽註「無保留意見」。宏達科公司堅持這筆一千萬美元的應收帳款是以約 980 萬美元的價格，折價讓售予新竹國際商銀。

### 3. 原編2004年度上半年報未揭露公司為關係人為保證

在宏達科公司原編之半年報中，皆未提到任何一項公司為他人為保證之訊息。但在重編財務報表後，除前述應收帳款之爭議外，重編後之財報尚揭露宏達科技股份有限公司為 NAFCO Investment Corporation（美國公司）之借款擔保美金一百萬元，並且於 2004 年 10 月 22 日遭建華銀行香港分行扣除美金一百萬元。而其與被背書保證對象的關係：NAFCO Investment Corporation 之負責人為宏達科負責人之配偶。

### 4. 存出保證金的問題

宏達科在原本的財報中僅簡略提及其於 2001 年 8 月 29 日與奇異公司（General Electric Company）及 2003 年 5 月與 Honeywell 簽訂銷售備忘錄，為此分別於 2001 年 11 月及 2003 年 5 月支付美金一百五十萬元及美金 100 萬元為銷售履約保證金，以確保宏達科技公司能準時運交存貨。

而在重編之 2004 年上半年報中則指出支付美金 150 萬元及美金 100萬元乃為辦理產品認證之權利金，以確保該公司能順利通過產品認證，惟因重新評價未來經濟效益，基於保守穩健原則，奇異公司（General Electric Company）尚未攤銷部分，於 2004 年 6 月已全數轉列其他損失。Honeywell 部分因向 Honeywell 查證，Honeywell 表示並未收到此筆款項，宏達科公司擬全數向原承辦人員追索並將該筆款項轉列催收款項下，並提列足額之備抵呆帳。

### 5. 聲請重整又撤銷

在證交所要求宏達科重編財報後，宏達科以現金流量不足恐導致票據到期而造成拒絕往來、下市情事，同時為保全全公司資產，安定員工信心，避免債權人恣意自行搬運原料、存貨等，於 2004 年 10 月 18 日向桃園地方法院聲請重整及保全處分，以繼續維持公司正常營運，俾使該公司能重建更生，穩固其清償債能力，以保護公司債權人及大眾股東之權益。

嗣後經與銀行團達成協議，原提重整及緊急保全處分之要因已不續存在，為配合該公司爾後發展規劃，復於 2004 年 12 月 17 日向法院撤銷重整及緊急保全處分案。

### 6. 掏空公司疑雲

除約一千萬美元之應收帳款問題外，重編後的財報，另衍生出兩問題：一即公司為關係人之借款擔保，後遭債權人請求並遭扣除，則此部分宏達科公司所受一百萬美金損失如何向被保證人（NAFCO Investment Corporation）求償，又能否向當時為保證之公司負責人求償？另一問題為宏達科向 Honeywell 存出保證金 100 萬美元為辦理產品認證之權利金，Honeywell 表示並未收到此筆款項，則該筆金錢流向即應追查。

# 參、軋空的法律問題

## 一、何謂軋空

最簡單的解釋即為欲放空的投資人，原本預期股價會下跌，但實際上股價不跌反漲，在面臨追繳的情況下，投資人有被迫回補的壓力。利用公司法第 165 條 [13] 規定股票過戶之效力以及閉鎖期間，造成證券市場中軋空行情之契機。

---

[13] 公司法第165條：

「股份之轉讓，非將受讓人之姓名或名稱及住所或居所，記載於公司股東名簿，不得以其轉讓對抗公司。

前項股東名簿記載之變更，於股東常會開會前三十日內，股東臨時會開會前十五日內，或公司決定分派股息及紅利或其他利益之基準日前五日內不得為之。

公開發行股票之公司辦理第一項股東名簿記載之變更，於股東常會開會前六十日內，股東臨時會開會前三十日內，不得為之。

前二項期間，自開會日或基準日起算。」

## （一）軋空例示圖（模擬本案情形公司派如何製造軋空行情）

1. 若宏達科董事會依往例於六月份召開股東常會（假定為 2003 年 6 月 1 日），則其閉鎖期間即為 2003 年 4 月 3 日至 2003 年 6 月 1 日。宏達科於 2002 年 12 月 20 日發行期限約四個月可轉換公司債，預計至 2003 年 3 月 20 日左右公司債持有人可轉換之。在「公司債持有人」看空該公司行情下，於公司債轉換股份前先融券放空，至其可轉換公司債轉換成現股時，即可賺取其差價。

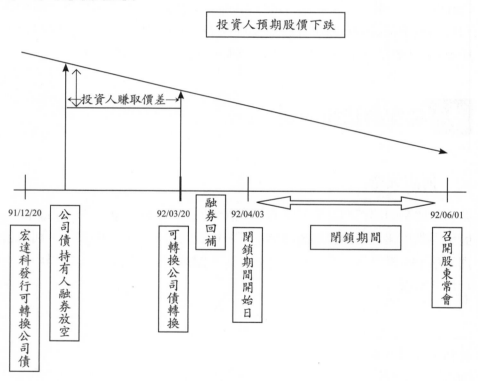

上述情形因融券戶可以選擇回補日期，所以有機會賺取差價。

2. 但因宏達科董事會於 2003 年 1 月 22 日決議提前於 2003 年 5 月 9 日召開股東常會，則其閉鎖期間為 2003 年 3 月 11 日至 5 月 9 日。故原融券投資人為能及時回補，必自市場上買進股票，股價勢必上揚，若同時股

票張數遭鎖量，股價勢必更高，此時持有股票者即可賺取大量差價。

　　以下擷取宏達科 2002 年 12 月 20 日至 2003 年 5 月 9 日股價走勢日線圖即可察知，自董事會決議提前召開股東會始，股價自 2003 年 1 月 22 日起即連漲數日至最高價 55.50 元。

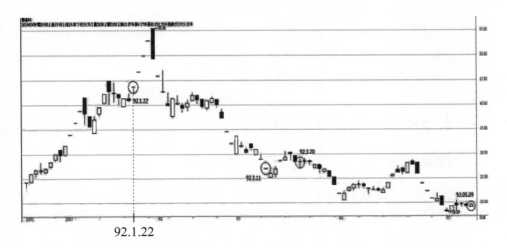

92.1.22

　　上圖第一個圓圈處為 2003.1.22 日之股價；第二圓圈處為閉鎖期間開始日 92.3.11；第三圓圈處則為可轉債轉換日。宏達科（3004）股價自 91.12.20 日發行可轉債後逐步上揚，2003.1.22 董事會決議公布後更連續鎖漲 4 日。

## （二）事實解說

　　在宏達科董事會公告股東常會提前之前，可能早已有投資人融券放空套利，加以宏達科有一批國內可轉換公司債於 3 月 20 日左右可行使轉換，則可以想見當時市場上必有為數不少之融券戶。因為宏達科提前召開股東常會，使得股票過戶閉鎖期間提前，因此造成當時融券戶（尤其是公司債持有人）須於閉鎖期間前強制回補，但當時原可以公司債轉換股份之公司債持有人來不及取得股份（因為轉換期在閉鎖期間，即強制回補日後），故投資人必須自市場上買券回補。引爆內線交易以及坑殺投資人說法的原因在於，調查局台北市調處調查發現 2002 年 12 月間，宏達科以略低於當

時股價定價公開發行期限約四個月的可轉換公司債，之後蘇名宇涉嫌透過林開永找來人頭戶分批買進自家股票，使股價逐步墊高，誘使當初購買公司債的投資人及其他散戶，因二者出現明顯利差，認為有利可圖而紛紛藉由放空企圖鎖單套利。台北市調處指出，蘇名宇涉嫌見誘空計策奏效，遂於 2003 年 1 月間召開董事會，決議將股東常會不同以往提前至 2003 年 5 月 9 日舉辦，迫使先前放空股票的投資人，必須依規定在股東會閉鎖期間之前全數回補，等到股價因軋空行情而進一步向上推升，蘇名宇再拋出先前相對低價買進的股票，從中賺取近億元不法暴利 [14]。

## 二、軋空事件可能涉及之法律問題

### (一) 操縱行為

　　證券交易法第 155 條第 1 項第 4 款：對於在證券交易所上市之有價證券，不得有「意圖抬高或壓低集中交易市場某種有價證券之交易價格，自行或以他人名義，對該有價證券，連續以高價買入或以低價賣出」。所謂「連續以高價買入」者，指於特定時間內，逐次以高於平均買價、接近最高買價之價格，或以當日最高之價格買入而言，故該條文所稱「連續」，係指多次而言，並不限於逐日；「高價」則指「在一段期間內，以高於委託當時之揭示價、接近當日漲停參考價之價格或以當日漲停參考價之價格委託買進而言。[15]

---

[14] 自由時報，「宏達科炒股案　董事長送辦」，18版，2004年11月1日。

[15] 最高法院97年台上字第2171號判決：證券交易法第一百五十五條第一項第四款規定：對於在證券交易所上市之有價證券，不得有「意圖抬高或壓低集中交易市場某種有價證券之交易價格，自行或以他人名義，對該有價證券，連續以高價買入或以低價賣出」。所謂「連續以高價買入」者，指於特定時間內，逐日以高於平均買價、接近最高買價之價格，或以當日最高之價格買入而言。且不以客觀上「因而致交易市場之該股票價格有急劇變化」為必要。故該條文所稱「連續」，係指多次而言；「高價」則指「在一段期間內，逐日以高於委託當時揭示價、接近當日漲停參考價價格或以當日漲停參考價之價格委託買進」而言。又該連續高價買入之認定，亦不因有無賣出股票而受影響。

　　此事實部分宏達科大股東歐明榮經檢察官以 2004 年度偵字第 19172 號提起公訴，歷經各級台北地方法院 94 年訴字 620 號、臺灣高等法院 95 年上訴字 957 號、最高法院 96 年台上字 3166 號撤銷發回；臺灣高等法院 96 年上更（一）字 426 號，最高法院於 99 年 3 月 4 日以 99 年台上字 1257 號判決再次撤銷發回，全案尚未確定。

　　惟依台灣高等法院認定之事實，歐明榮與林開永、余敏華等人使用人頭證券帳戶，宏達科股票於 2002 年 11 月 29 日收盤價為 19.10 元，直至 2003 年 1 月 28 日收盤價已高達 49.30 元，計上漲 30.20 元，漲幅高達 158.12%。同期間，大盤指數漲幅僅為 7.93%，與宏達科股票所屬之同一類電子股，尚呈跌幅 5.21%，足見宏達科股票之股價，實屬人為之異常波動。故該等人有於一定期間內炒作宏達科股票之交易情形，並因宏達科公司係於 2003 年 5 月 9 日召開股東常會，融券放空之投資人，必須依規定於 2003 年 3 月 3 日前，於集中市場買進該股票，回補融券，倘以融券最後回補日作為其等獲利分析截止日，再以其等於該期間賣出股票之均價，減去買進股票之均價，乘以賣出數量，作為該投資人集團之獲利情形，歐明榮與林開永、余敏華等人所使用人頭帳戶於該期間賣出股票總數量為 1 萬 2,176 千股，賣出總金額為 4 億 1,574 萬 4,500 元，賣出均價為 34.1446 元（採四捨五入）；買進股票總數量為 1 萬 6,596 千股，買進總金額為 5 億 3,729 萬 1,200 元，買進均價為 32.3747 元，是該集團獲利數額即為 2 億 1,550 萬 0302 元。台灣高等法院依據前述事實認定宏達科當時負責人與大股東有違證券交易法第 155 條第 1 項第 4 款之規定。

## （二）內線交易

　　「蘇名宇與林開永事先知宏達科會提前召開股東曾，而有軋空行情出現，在投資人放空之前，大舉買進宏達科股票，至股價因軋空行情而上漲，陸續出脫持股，藉此坑殺散戶之行為」：

## (1) 蘇名宇部分

依證券交易法第 157 條之 1[16] 的規定，禁止為內線交易之人包括「一、該公司之董事、監察人及經理人。二、持有該公司股份超過百分之十之股東。三、基於職業或控制關係獲悉消息之人。四、從前三款所列之人獲悉消息者。」當其獲悉發行股票公司有重大影響其股票價格之消息時，在該消息未公開前，不得對該公司之上市或在證券商營業處所買賣之股票或其他具有股權性質之有價證券，買入或賣出。

而同條第 4 項「第一項所稱有重大影響其股票價格之消息，指涉及公司之財務、業務或該證券之市場供求、公開收購，對其股票價格有重大影響，或對正當投資人之投資決定有重要影響之消息。」今宏達科提早開股東常會，造成軋空行情會影響該股票在證券市場之供求，屬於重大影響其股票價格之消息。又第 157 條之 1 第 5 項規定同法第 22 條之 2 第 3 項之

---

[16] 2002年2月6日修正通過版本。

第157-1 條

左列各款之人，獲悉發行股票公司有重大影響其股票價格之消息時，在該消息未公開前，不得對該公司之上市或在證券商營業處所買賣之股票或其他具有股權性質之有價證券，買入或賣出：

一　該公司之董事、監察人及經理人。

二　持有該公司股份超過百分之十之股東。

三　基於職業或控制關係獲悉消息之人。

四　從前三款所列之人獲悉消息者。

違反前項規定者，應就消息未公開前其買入或賣出該證券之價格，與消息公開後十個營業日收盤平均價格之差額限度內，對善意從事相反買賣之人負損害賠償責任；其情節重大者，法院得依善意從事相反買賣之人之請求，將責任限額提高至三倍。

第一項第四款之人，對於前項損害賠償，應與第一項第一款至第三款提供消息之人，負連帶賠償責任。但第一項第一款至第三款提供消息之人有正當理由相信消息已公開者，不負賠償責任。

第一項所稱有重大影響其股票價格之消息，指涉及公司之財務、業務或該證券之市場供求、公開收購，對其股票價格有重大影響，或對正當投資人之投資決定有重要影響之消息。

第二十二條之二第三項之規定，於第一項第一款、第二款準用之；第二十條第四項之規定，於第二項從事相反買賣之人準用之。

規定於董事準用之，故董事持有之股票，包括其配偶、未成年子女及利用他人名義持有[17]者。因此蘇名宇名義上或許未買賣該股票，但因公司法的相關規定，其持有之股票包括利用他人名義持有。故蘇名宇應違反證券交易法第 157 條之 1 的規定，應依同條第 2 項規定負民事責任。而依證交法第 171 條第 1 項第 1 款之規定或第 2 項之規定負刑事責任。

### (2) 林開永部分

因林開永於離職後，方於市場上收購該公司股票，因其已非內部人，而自蘇名宇處得內線消息，應屬於第 157 條之 1 第 1 項第 4 款之人。故其違反此規定，應依同法第 157 條之 1 第 3 項之規定，與蘇民宇負連帶賠償責任。並依證交法第 171 條第 1 項第 1 款之規定或第 2 項之規定負刑事責任。

# 肆、財報不實的法律問題

## 一、關於宏達科財報不實的爭議整理

## (一) 應收帳款的問題

一開始媒體會將此案件對比之博達案，最主要關鍵應係應收帳款融資部分，因宏達科於財務報表中一再稱其已將約一千萬美元之應收帳款「讓售」與新竹商銀，而全數轉銷於原財務報表中，未提列足額備抵呆帳。惟經證交所調查認宏達科該經濟行為實屬融資，因而有後續一連串要求宏達科重編財報之發展。在宏達科與證交所對該應收帳款之認定不同之際，當事人之一新竹商銀曾說明，這筆應收帳款為讓售性質，然而宏達科對未到

---

[17] 證券交易法施行細則第2條：「本法第二十二條之二第三項所定利用他人名義持有股票，指具備下列要件：
一、直接或間接提供股票與他人或提供資金與他人購買股票。
二、對該他人所持有之股票，具有管理、使用或處分之權益。
三、該他人所持有股票之利益或損失全部或一部歸屬於本人。」

期應收帳款融資卻沒有提足額備抵呆帳。宏達科將 2001 年、2002 年兩年度銷售給美國上市公司 Penn Engineering 以及英國公司 Clemmar Industry 貨品所得的應收帳款約計一千萬美元簽約讓售給新竹商銀，在銀行陸續收到應收帳款所兌現的現金後，扣除手續費等其他費用，再將款項匯給宏達科。但應收帳款未到期前可做融資，宏達科也申請融資，的確須要提足備抵呆帳。竹商銀主管同時澄清，這項應收帳款為「有追索權讓售交易」，所謂有追索權意指宏達科和國外這兩家公司的合約一旦出現糾紛，例如假買賣或單方違反合約規定，則銀行有權利追討這筆應收帳款的金額，並非外傳的「無追索權讓售交易」[18]。又加上宏達科與新竹商銀於 2004 年 10 月 11 日合議解除銀行授信契約，宏達科取回其擔保；以及後來宏達科重編財報之行為，種種跡象皆顯示，該應收帳款契約應屬融資無誤，故宏達科 2004 年度原編之半年報有財報不實的問題。

## (二) 為關係人保證

另一重大的問題在於宏達科重編財報後，增列了原宏達科負責人（應為蘇名宇）為 NAFCO Investment Corporation（宏達科負責人之配偶乃該公司負責人）之借款擔保美金一百萬元，並於 2004 年 10 月 22 日遭建華銀行香港分行扣除美金一百萬元。此際最大的問題在於公司當初為何為關係人之借款為保證，在宏達科公司因保證而遭美金一百萬之損失時，該如何向關係人求償？

依宏達科 2003 年 5 月 9 日股東曾決議承認修訂該公司背書保證作業辦法案，及財報內提及對單一企業背書保證限額以不逾宏達科公司背書保證時淨值之 5% 為限，其限額約為 5,020 萬 8 千元。觀之可能宏達科技公司章程就該公司為保證部分另有規定，故應不違反公司法第 16 條第 1 項之規定。反之若該公司章程無得為保證之規定，即屬公司法第 16 條第 2 項之範疇。另外問題在於，原編的半年報中，為何未揭露公司為關係人保

---

18 參閱中華日報新聞網，http://www.cdnnews.com.tw/20040922/news/cjcy/ 733370002004092121223088.htm，最後瀏覽日期：2005年1月30日。

證之事項？

## (三) 產品認證權利金不翼而飛

　　宏達科於 2003 年 5 月支付 Honeywell 公司美金 100 萬元之權利金，但向 Honeywell 查證，Honeywell 表示並未收到此筆款項，故宏達科公司於重編半年報中指出擬全數向原承辦人員追索並將該筆款項轉列催收款項下，並提列足額之備抵呆帳。此與前述（一）（二）之共同問題皆在，為何原編的半年報中皆未提出此些事項或甚至為不實資訊？另外支付權利金予 Honeywell 公司之承辦人員究為何人，是否蘇名宇又係知情或其即為該權利金最後流向之人？

# 二、法律規範

## (一) 財報不實

### 1. 公司及負責人

#### (1) 民事責任

　　證券交易法第 20 條第 3 項：「違反前二項規定者，對於該有價證券之善意取得人或出賣人因而所受之損害，應負賠償之責。」然不實之財報導致投資人因信賴而買進，因買進而受損究竟是構成 20 條第 1 項或第 2 項？其最大差別在於舉證責任部分。

　　在大中鋼鐵案中，台中地方法院 91 年度訴字第 243 號判決，法院認定被告主觀狀態為故意，法院表示「證券交易法第一百七十四條第一項第五款之罪，除在健全證券交易之管理及維護證券市場之秩序外，亦兼有保護投資大眾免於受害之目的，觀同法第二十條第二項第三項可知，而投資人在買股票時因股票交易性質，凡公司之績效、資產負債、個體經濟與總體經濟之前景，個股過去某一時之走勢表現，均會影響投資人之投資決策。所以股票之價值往往需仰賴投資人對各項消息之判斷來決定，如發行公司隱匿或製造不實之公司消息，將破壞證券交易市場透過公開資訊進行交易之機能且導致市場價格扭曲。今因大中公司之財報為揭露該公司負責

人擅自挪用款項之事實，至使投資者無法從該財務報告之內容得悉公司之財務狀況、經營結果暨現金流量已有異常，無從正確判斷風險而善意買入股票，受有損害，合於證券市場交易情況，是於此情形下，應轉由被告舉證證明證明被告之不實財務報告與投資人之損害無因果關係始可免責。」由前可知被告可能違反證券交易法第 20 條第 2 項。

　　又在順大裕案中，依台中地方法院 90 年重訴字字第 706 號判決：「2. 證券交易法第二十條第一項規定：『有價證券之募集、發行、私募或買賣，不得有虛偽、詐欺或其他足致他人誤信之行為。』，學者稱之為『一般的反詐欺條款』。公司所申報或公告之財務報告及其他業務文件內容，如有虛偽或隱匿情事，亦可能符合該項規定，惟為適用明確、並保障善意之有價證券取得人或出賣人之利益起見，證交法於 77 年修正時增訂第二項『發行人申報或公告之財務報告及其他有關業務文件，其內容不得有虛偽或隱匿之情事』規定。是以，發行人（公司）以外之人，對於公司所申報或公告之財務報告及其他業務文件內容，因故意或重大過失而有虛偽或隱匿之情事，亦應構成證券交易法第二十條第一項所定之『虛偽、詐欺或其他足致他人誤信之行為』。換言之，公司以外之行為人意圖誘使善意相對人為有價證券之交易，故意虛偽或隱匿財務報告及其他有關業務文件，致使善意相對人交易有價證券受有損害，應負損害賠償責任，已無庸贅言；倘法律或契約具有作為義務之人，因故意或重大過失而『不作為』，以致公司所申報或公告之財務報告及其他業務文件內容有虛偽或隱匿者，亦應對於善意相對人所受損害，負賠償責任。[19]」簡言之，法院認為在邏輯上倘若不實財報構成第 20 條第 2 項，則理應同時構成第 20 條第 1 項。

　　若採前述的看法，則以證交法第 20 條第 3 項之規定，在公可違反同條第 2 項之規定下，其對善意取得人或出賣人因而所受之損害，負賠償責任。但負責人是否負損害賠償責任，法無明文，在解釋上因第 20 條第 2 項之文字規定，投資人無法以負責人違反第 20 條第 2 項而依第 20 條第 3

---

19 曾宛如，論證券交易法第二十條之民事責任──以主觀要件與信賴為核心，台大法學論叢第33卷第5期，頁76-88，2004年。

項之規定向負責人求償。但可依負責人違反第 20 條第 1 項之規定而依第 20 條第 3 項之規定向公司負責人求償，惟因舉證責任的問題，依此方式向負責人求償難度頗高 [20]。

宏達科股價風波因財報不實而有不少受有損害之股東、投資人起訴請求損害賠償，在最近紛紛判決確定 [21] 民事責任案件中，法院雖認定被告宏達公司自 2003 年度 1、2、3、4 季及 2004 年度 1、2 季財報確有下述應揭露而未揭露或未及時揭露之虛偽或隱匿情事：包括新竹商業銀行與該公司之銀行授信契約書，形式上雖為應收帳款讓售且無追索權，但就其資金匯入匯出之情形觀之，該銀行疑有配合宏達公司以虛假之應收帳款交易以美化財務報表之情形；宏達科於 2004 年第 2 季財務報告中，就提供該公司於建華銀行香港分行之美金 100 萬元存款為 NAFCO Investment 之融資貸款設定質權，應揭露而未予揭露，確有財報不實之情形。

惟法院認為被害人無法舉證證明其損害與宏達科財報不實間之因果關係，與證券交易法第 20 條規定請求損害賠償之要件不合。簡言之，縱宏達科確有財報不實之情形，惟因投資人、股東無法舉證證明其所為投資決定係基於不實財報而來，故原告之訴多以無理由駁回。

### (2) 刑事責任

#### A.證券交易法第171條第1項

違反證券交易法第 20 條第 1 項、第 2 項處三年以上十年以下有期徒刑，得併科新臺幣 1 千萬元以上 2 億元以下罰金。若其犯罪所得金額達新臺幣一億元以上者，處七年以上有期徒刑，得併科新臺幣 2 千 5 百萬元以上 5 億元以下罰金。

#### B.商業會計法第71條

「商業負責人、主辦及經辦會計人員或依法受託代他人處理會計事務之人員有下列情事之一者，處五年以下有期徒刑、拘役或科或併科新台幣

[20] 廖大穎，揭露不實資訊之損害賠償請求（二），月旦法學教室第2期，2002年12月。

[21] 台灣高等法院96年度金上字第8、9號民事判決；台灣桃園地方法院94年度金字第1、2、3號民事判決。

15 萬元以下罰金：

　　一、以明知為不實之事項，而填製曾計憑證或記入帳冊者。

　　二、故意使應保存之曾計憑證、帳簿報表滅失毀損者。

　　三、意圖不法之利益而偽造、變造曾計憑證、帳簿報表內容或撕毀其頁數者。

　　四、故意遺漏會計事項不為記錄，致使財務報表發生不實之結果者。

　　五、其他利用不正當方法，致使會計事項或財務報表發生不實之結果者。」

　　本案中宏達科將「融資」記載為「讓售」於財務報告上之情形，可能違反第 1 款之規定。而在原編財報中未揭露為關係人為保證之事項；且對於 2003 年 5 月支付 Honeywell 公司美金 100 萬元之權利金不知去向，亦未於原財報中認列，導致財報結果之不正確，可能違反第四款。

## （二）會計師責任

### 1. 行政處分

　　(1)聯捷會計師事務所徐俊成、趙志浩會計師受託查核宏達科 2004 年上半年度財務報告，經金管會委員會議決議依證券交易法第 37 條第 3 項規定，處以停止二年辦理證券交易法所定簽證業務之行政處分。

　　因為徐俊成、趙志浩會計師受託查核宏達科 2004 年上半年度財務報告，對於其讓售應收帳款，會計師未執行必要之查核程序以查明其合約本質及讓售後現金匯出匯入頻繁之情形；又該公司替關係人背書保證，並提供銀行存款設質擔保，會計師未將前揭情形要求公司於財務報表作適當評價與揭露。另會計師對應收帳款函證、存出保證金等查核深度明顯不足，且該公司對重編後財務報告長期投資損失之會計處理，違反一般公認會計原則，會計師未要求公司予以更正，未盡專業注意查核，核有違反會計師查核簽證規則之情事。

　　(2)安侯建業會計師事務所劉義吉、張嘉信會計師受託查核宏達科 2003 年度財務報告，經金管會委員會議決議依證券交易法第 37 條第 3 項規定，處以停止一年辦理證券交易法所定簽證業務之行政處分。

因為劉義吉、張嘉信會計師查核宏達公司 2003 年度財務報告，未針對主要銷貨客戶重大變動之合理性進一步查核，且對鉅額現金收支及應收帳款之函證之查核程序核有疏漏，另對外幣存款是否有設質情事及存出保證金攤銷之合理性未予進一步查明。核有未蒐集足夠適切之查核證據，即針對前述事項出具修正式無保留意見之查核報告，未盡專業注意查核，核有違反會計師查核簽證規則之情事 [22]。

## 2. 民事責任

依台中地方法院 90 年重訴字第 706 號判決：「我國證交法第三十二條就公開說明書中關於簽證會計師責任之規定，僅限於會計師就其所「應負責部分」與公司負連帶賠償責任，且會計師自得舉證證明已經「合理調查，並有正當理由確信其簽證或意見為真實」免除賠償責任。惟同法第 20 條並無「部分責任」及免責事由之規定，對於僅執行核閱財務報告之會計師而言，令其負擔無法預測之民事賠償責任，顯失公平。且違反核閱及查核準則之會計師，均應負擔相同之賠償責任，法理上亦有未合。我國會計師法第 18 條關於「利害關係人」之範圍，實務上向無定論，當會計師故意有不正當行為，或故意違反、廢弛其業務上應盡之義務時，擴大會計師負賠償責任之範圍，應無疑義，立法例上亦有此趨勢；惟會計師僅具有過失時，應其對無法預測之潛在投資人所受之一切損害負賠償責任，實屬過苛，亦與民法第 184 條規定之一般侵權行為損害賠償要件容有未合。蓋利害關係人所受之損害，可能均為經濟上之損失，其權利遭受侵害，實難想像。因此當會計師故意有不正當行為，或故意違反、廢弛其業務上應盡之義務時，解釋上或可認為其「故意以背於善良風俗之方法加損害於他人」，惟會計師僅具過失情節，而有違反一般公認之審計準則之時？各該審計準則乃會計師從事審計工作之行為規範，尚難認為係「保護他人之法律」，故單純以會計師違反審計準則，而使其與實際製作不實財務報告之行為人，均對於第三人所受之經濟上之損失，同負賠償之責，理論上恐有

---

22 參閱行政院金融監督管理委員會證券期貨局，93年12月16日處分會計師新聞稿。http://www.sfb.gov.tw/secnews/news/year_93/9312/931216.htm，最後瀏覽日：2005年1月30日。

失衡之嫌。」

　　析言之，除非會計師故意有不正當行為，或故意違反、廢弛其業務上應盡之義務時，擴大會計師負賠償責任之範圍無疑義外，在會計師因過失而有違一般會計準則時，難認該準則乃為保護他人之法律，故投資人因不實之財務報表造成投資損失，除非會計師故意，否則令會計師對無法預測之潛在投資人所受之一切損害負賠償責任，實屬過苛。

## （三）本案中董事的責任

　　在前述財報不實內容中，除應收帳款外，宏達科損失兩筆為數不小金錢：1. 支付 Honeywell 之美金一百萬權利金不知去向；2. 為關係人保證，關係人為當時宏達科負責人之配偶，此保證行為使宏達科遭建華銀行香港分行扣除美金一百萬元。此部分金錢的流向，悉與蘇名宇脫不了關係。故在公司法下董事負有忠實義務、善良管理人之注意義務等，違反相關義務時，除依公司法規定求償外，尚可能依契約責任向董事求償，因公司董事與公司之間具有委任關係，如違反前述義務而使公司受有損害時，即得依契約之請求權向董事求償[23]。

# 伍、結論

　　在上市上櫃公司地雷股不斷驚爆下，受損失的不僅僅是個別投資人，亦是對於整體經濟的戕害，長久以後不僅是經濟問題亦可能衍生社會問題。在股市交戰中，股市大戶或公司眼中投資人往往是近在咫尺的肥羊，對於股票投資人而言，多年的投資努力只要碰到一支地雷就可能全部化為烏有。自 2004 年博達、訊碟等地雷股陸續引爆，造成許多投資人及股市受傷，金管會為避免其他潛藏的地雷股突然引爆，在半年報申報後，由證交所、櫃買中心等展開篩選，金管會檢查局、證交所等也展開場外監控，

---

[23] 陳春山，「董事責任及獨立董事」，台北，學林文化，頁159，2002年。

啟動股市預警系統，許多上市、上櫃公司財報上的問題由來已久，在掃雷一段時間以來確似引出許多問題公司並加以去積革弊，但成效究竟如何，實非一朝一夕可得，投資人本身應該小心以對，也期盼相關措施能發揮其機制，為整體經濟環境改善體質。

# 參考文獻（依作者姓氏筆劃遞增排序）

## 一、專書論著

1. 陳春山，「公司董事的義務與責任」，台北：學林文化，2000 年。

2. 陳春山，「董事責任及獨立董事」，台北：學林文化，2002 年。

3. 黃銘傑，「公開發行公司法制與公司監控」，元照，2001 年。

4. 劉連煜，「新證券交易法實例研習」，自版，2004 年。

## 二、期刊論文

1. 王文宇，連續交易與炒股，月旦法學教室(2)私法學篇，2001 年。

2. 曾宛如，論證券交易法第二十條之民事責任 —— 以主觀要件與信賴為核心，台大法學論叢第 33 卷第 5 期，2004 年。

3. 廖大穎，揭露不實資訊之損害賠償請求（二），月旦法學教室第 2 期，2002 年。

4. 劉連煜，連續交易與炒股，月旦法學教室(2)私法學篇，2001 年。

5. 商業周刊，第 868 期。

## 三、報紙（依刊名之筆劃遞增排序）

1. 工商時報，「宏達科蘇名宇通緝前已落跑」，3 版，2004 年 11 月 16 日。

2. 自由時報，「宏達科炒股案董事長送辦」，18 版，2004 年 11 月 01 日。

3. 聯合報，「股東會提前召開投資人稱遭坑殺」，8 版，2003 年 1 月 27 日。

## 四、網路資料

1. 公開資訊觀測站〈http://mops.twse.com.tw/mops/web/index〉。

2. 行政院金融監督管理委員會證券期貨局網站〈http://www.sfb.gov.tw/Layout/main_ch/index.aspx?frame=5〉。

3. 中華日報新聞網〈http://www.cdnnews.com.tw/〉。

# 第六章 委託書徵求之瑕疵——
## 中央產物保險案

曾智群

## 曾智群

私立中原大學財經法律系，
東吳大學法律研究所民商法碩士。
現爲創彧法律事務所主持律師。

## 摘要

　　最高法院於 2004 年 3 月 23 日就中央產物保險股份有限公司（以下簡稱中央產險）作成了國內首例判決——因為委託書徵求過程之瑕疵，導致股東會改選董事之決議遭到撤銷，其所產生的影響，並不只是單純股東會決議撤銷之法律爭論，其後續的問題；諸如：近四年董事會決議失效、現任董事長白文仁之職位取得有效與否，以及經濟部對該判決認定之問題等等。

　　本文擬先整理歷次審級法院對於雙方所提之主張及法院所持判決理由進行整理，再就委託書徵求之意義及背景方面提出介紹及說明，並嘗試於本案所有涉及到之法律、規則、實務解釋及適用上之情形討論說明。

關鍵詞：委託書、中央產物保險股份有限公司、公司法第189條、公司法
　　　　第177條、證券交易法第25條之1公開發行公司出席股東會使用委
　　　　託書規則、股東會議事規則、公開發行公司股東會議事規範、
　　　　「當場」表示異議、委託書受託欄以修正液塗改、空白委託書。

# 壹、前言

　　按，委託書之徵求，對於上市上櫃公司每年應召集之股東會而言，係屬稀鬆平常之事；也就是說，若是因為委託書徵求之過程甚或是委託書本身之瑕疵，諸如：委託人沒有親自簽名而由別人代為簽名、簽名有塗改之情形或者是將空白委託書計入表決權內計算等等，進而影響到其股東會召集之效力或是股東會所為之決議，都必然是得不償失。

　　本文擬就國內目前首例——中央產物保險股份有限公司——因為委託書瑕疵之存在，而由最高法院確定將股東會決議中有關董事改選決議部份予以撤銷之部分，進行介紹說明。

# 貳、案例事實

2000 年 5 月 25 日，當時中央產險股東之一即輝煌投資公司所屬之朱志明家族，欲於該次股東會董監事改選之中取得一席董事職位，結果卻以些許之差距落選；朱志明家族則認為委託書認定、開票計算方式、股東會決議方式具有瑕疵，導致其無法順利取得中央產險董事之職，因而爰依公司法第 189 條提起「撤銷股東會決議」之訴。該案件歷經三審、花費近四年的時間，最後由最高法院判決確定股東會決議應予以撤銷。

# 參、爭點

民法第 56 條與公司法第 189 條所謂之「當場」表示異議之關係為何？公開發行公司出席股東會使用委託書規則之運用、中央產險本身內部之股東會議事規則以及公開發行公司股東會議事規範於本案中所產生之影響，以及對於上市上櫃公司所產生之影響為何。

# 肆、歷審當事人主張暨法院所持理由整理[1]

| 審級／法院 | 原告／上訴人主張 | 被告／被上訴人主張 | 法院所持理由 | 判決時間/主文 |
|---|---|---|---|---|
| 第一審/台北地方方院89年度訴字第2583號 | 1. 原告：郭○燕、朱○明、蘇○順<br>2. 主張：<br>(1)部分股東僅是到 | 1. 被告：中央產險<br>2. 主張：<br>(1)股份有限公司之股東，依公司法 | 1. 按股東會之召集程序或其決議方法，違反法令或章程時，股東得自決議之日起一個 | 1. 判決時間：90年4月17日 |

---

[1] 資料來源為司法院法學資料檢索系統。網址為：http://nwjirs.judicial.gov.tw/FJUD/，最後瀏覽日期：2004年12月19日。

| 審級／法院 | 原告／上訴人主張 | 被告／被上訴人主張 | 法院所持理由 | 判決時間／主文 |
|---|---|---|---|---|
| | 場領取股東會紀念品，實際上並未親自或委託他人參與股東會之決議。<br>(2)股東會議事規則第九條第二項規定：「在議事（含臨時動議）未終結前，非經決議，主席不得宣布散會。」<br>(3)原告送達委託書給大華證券核印報到，其未立即簽收，致部分委託書失其效力。<br>(4)股東雖未於股東會議事進行程序中，針對召集程序或決議方法表示異議，惟即以適當之方法提出異議者，應認已符合民法第五十六條第一項但書所規定「當場」異議之要件。<br>(5)原告無法搶到發言機會，而授與其配偶、小叔、朋友代為表示異議之權利，自應有效。 | 第一百八十九條規定訴請撤銷股東會之決議，仍應受民法第五十六條第一項但書之限制。<br>(2)被告歷次召開之股東會，均以報到出席做為領取紀念品之先決要件，亦即股東會議召開當天，唯有辦理報到者，始能領取紀念品，因此並不發生僅是到場取紀念品而未親自或委託他人報到出席之情況，故無必要另行印製「贈品券」聯。<br>(3)股份有限公司之股東，依公司法第一百八十九條規定訴請撤銷股東會之決議，仍應受民法第五十六條第一項但書之限制，如已出席股東會而其對於股東會之召集程序或決議方法未當場表示異議者，不得為之。在實務上亦採不能委託其他股東表示異議。 | 月內，訴請法院撤銷其決議，公司法一百八十九條定有明文，次按總會之召集程序或決議方法，違反法令或章程時，社員得於決議後三個月內請求法院撤銷其決議。但出席之社員，對於召集程序或決議方法，未當場表示異議者，不在此限，民法第五十六條第一項定有明文。股份有限公司之股東，依公司法第一百八十九條規定訴請撤銷股東會之決議，仍應受民法第五十六條第一項但書之限制，如已出席股東會而其對於股東會之召集程序或決議方法未當場表示異議者，不得為之，最高法院著有七十五年台上字第五九四號判例。<br>2.查股東常會議事錄上記載朱○鵬出席證號碼為二五○一號，朱○鵬於股東常會發言時自報之戶號為二五○三號，而出席證二五○一號係朱○鵬本人，委託之股東為訴外人蘇○桃、林○女，而二五○三號則為訴外人湯○梅，此有兩造均不爭執之委託出席股權明細表本二份可憑，則就朱○鵬發言時之外觀觀察，並無從認定朱○鵬係代理原告郭素燕發言異議；至證人朱○鵬證稱有幫原告郭○燕發言表示異議等語，亦係事後附和原告之詞，尚無法以之為有利原告之認定。 | 2.判決主文：原告之訴駁回。訴訟費用由原告負擔。 |

| 審級／法院 | 原告／上訴人主張 | 被告／被上訴人主張 | 法院所持理由 | 判決時間／主文 |
|---|---|---|---|---|
| | | | 3. 民法第五十六條第一項但書所規定之「當場」，仍應指股東會議事進行之程序中，而不及於股東會結束之後，是縱原告郭○燕於股東會後要求被告查封選票，已非股東會議事進行之「當場」；且其於既於股東會程序進行之「當場」，未有正式且明確顯示其不承認選舉結果之紀錄，亦難以會後之舉措，推知其開會當時之心理狀態。 | |
| 第二審／台灣高等法院90年度上字515號 | 1. 上訴人：郭○燕、蘇○順<br>2. 主張：援用原審並補稱：<br>(1)上訴人郭○燕係於統計得票數資料，要求查封選票，並通知其他股東舉手發言，復要求驗票，當時仍在議事進行之程序中；且被上訴人亦曾表示請循法律處理，足見上訴人郭○燕已有「當場表示異議」之形式。<br>(2)被認為係無效委託書之部分足以影響上訴人當選。再計票結果，上訴人投給自己之股權短少一萬八千股，足以證明開票計算有誤。 | 1. 被上訴人：中央產險<br>2. 主張：援用原審並補稱：<br>(1)雖上訴人郭○燕之代理人於原審八十九年十月二十七日言詞辯論時陳稱：「原告的表達能力不是很好，所以才委託朱志鵬發言」，然朱○鵬發言時，均未明確表示係代理上訴人發言。況上訴人郭○燕於起訴狀自認僅有上訴人蘇○順異議，其代理人於原審八十九年十一月十六日言詞辯論時亦稱：「對原告當天未異議並不爭執，但原告有委託朱○鵬異議，朱○ | 1. 委託愛之味公司出席者，為五四九位，經肉眼辨識，約以三、四種筆跡填寫，委託耐斯公司出席者，為五一○位股東，約以六、七種筆跡填寫，可知各該委託書並非各股東親自委託，而是受讓取得後，由該公司職員填寫，依上開委託書使用規則規定，此部分之表決權不能計算。再者，於背面應由委託人親自填寫之受託人欄處均空白，僅於委託人欄蓋有印章，並於受託代理人處記載受託代理人姓名等資料之股數共為二四、四四二、二○六股，其中於股東戶號二六等二十張出席通知書，股數共為一○、三四五、四五三股，尚於出席通知書正面表明親自出席欄蓋章，並在背面受託代理人欄記載委託出席，依前開規定，表決權亦不能計算，然被上訴人竟予以計算，其表 | 1. 判決時間：91年7月30日<br>2. 判決主文：原判決廢棄。被上訴人於民國八十九年五月二十五日股東會所為改選董事之決議，應予撤銷。第一、二審訴訟費用由被上訴人負擔。 |

| 審級／法院 | 原告／上訴人主張 | 被告／被上訴人主張 | 法院所持理由 | 判決時間/主文 |
|---|---|---|---|---|
| | (3)上訴人經證期會同意公開徵求委託書，惟卻遭被上訴人拒絕行使股權，並以缺印鑑卡及身分證影本退件，數量高達七百筆以上，股權有五百萬股，足以影響上訴人當選董事。再依公開發行公司出席股東會使用委託書規則，並無規定須先至公司開戶，始能使用委託書，且上訴人所徵求之委託書均係公司印製，自係原股東所委託。<br>(4)勘驗程序中發現委託書有違反「公開發行公司出席股東會使用委託書規則」：徵求人愛之味股份有限公司僅填寫「愛之味」，為程序上不適格之選票。　劍湖山之委託書受託欄以修正液塗改，亦為不適格之選票。原股東表明親自出席，並於出席欄蓋章，惟受託代理人欄卻係委託出席，並有選票，同屬不適格選票。法人指派代 | 明要上台異議時，被告公司已經散會」，足見上訴人郭○燕於股東會當場並未表示異議。則上訴人郭○燕顯無訴訟實施權，屬當事人不適格。再上訴人郭○燕既自行出席股東會，亦無另行委託他人提出異議之理，且事實上朱○明不曾表示異議。<br>(2)雖上訴人主張當天因強行散會，致無法上台表示意見，然當日因有股東提出散會，經主席詢問「有無意見」後，並無股東表示反對，主席始宣佈散會，自無不合。 | 決之方法顯已違反法令。查上訴人主張被上訴人於上開時間召開股東會並改選董事，上訴人郭○燕所獲得董事之選舉權數為一六○、○五五、一一八權，距最低當選權數一六七、四一三、五八九權，僅差七、四一八、四七一權，而告落選之事實，並不爭執，且有股東會紀錄影本存卷可參（原審卷三七頁、本院卷一○七頁參照），應可信為真實。上開表決權不能計算之股數，如予剔除，顯足以改變選舉之結果。故上訴人主張本件股東會決議之表決方法已違反法令，應屬有據。<br>2.依公開發行公司股東會議事規範（本院卷三三頁），僅規定股東於發言前，應先填具發言條，同一議案，非經主席同意不得超過兩次，每次不得超過五分鐘（同規範第十點、第十一點參照），並未限制必須於主席宣布名單時，立即提出異議者始取得異議之發言權，且主席宣布董事選舉之結果，及徵詢在場股東有無異議，目的乃提供在場股東就選舉結果充分表示意見機會，因此，於異議程序未終結前，其他股東自仍可提出異議。本件既仍在上訴人蘇○順及朱○鵬異議之議程中，上訴人郭素燕自得隨時為異議。何況，股東會所排定之議程，於議事 | |

| 審級／法院 | 原告／上訴人主張 | 被告／被上訴人主張 | 法院所持理由 | 判決時間／主文 |
|---|---|---|---|---|
| | 表出席之指派書中並無指派者，何來選票？上述不適格委託書所製作之選票數，足以影響三名董事之當選。 | | （含臨時動議）未終結前，非經決議，主席不得逕行宣布散會（同規範第九點第三項）。本件既在股東發言異議中，且未經決議，主席卻僅因部分股東在場鼓噪散會，即逕行宣布散會，使上訴人郭○燕無充分機會就該選舉結果表示異議，依前開說明，上訴人郭○燕提起本件訴訟，即不應受民法第五十六條第一項但書之限制。本件股東會決議之表決方法既違反法令，且對於上訴人郭○燕能否當選董事有明顯影響，而上訴人並無充分機會於當場表示異議，則上訴人郭○燕依公司法第一百八十九條規定，請求撤銷本件股東會中有關董事選舉之決議，於法並無不合，應予准許。 | |
| 第三審／最高法院93年台上字第423號 | 1. 上訴人：中央產險<br>2. 主張：依公佈之判決無從得悉上訴人所持上訴理由為何。 | 1. 被上訴人：郭○燕、蘇○順。<br>2. 主張：依公佈之判決無從得悉被上訴人所為之答辯理由為何。 | 1. 上訴人對於第二審判決提起上訴，雖以該判決違背法令為由，惟核其上訴理由狀所載內容，係就原審取捨證據、認定事實之職權行使，指摘其為不當，並就原審所為論斷，泛言未論斷或論斷矛盾，而非表明該判決所違背之法令及其具體內容，暨依訴訟資料合於該違背法令之具體事實，難認其已合法表明上訴理由。<br>2. 依公開發行公司股東會議議事規範第九條第三項規定，議程於議事（含臨時動議）未終結前，非經決議，主席不得逕行宣布散 | 1. 判決時間：93年3月23日<br>2. 判決主文：上訴駁回。第三審訴訟費用由上訴人負擔。 |

| 審級／法院 | 原告／<br>上訴人主張 | 被告／<br>被上訴人主張 | 法院所持理由 | 判決時間/<br>主文 |
|---|---|---|---|---|
| | | | 會。故郭素燕在其他股東異議之議程中，自仍得隨時為異議。而本件仍在被上訴人蘇○順及訴外人朱○鵬發言異議中，主席僅因部分股東在場鼓噪散會，即未經決議，逕行宣布散會，使郭○燕無充分機會就該選舉結果表示異議。郭○燕自得依公司法第一百八十九條規定請求撤銷有關董事選舉之決議，而為被上訴人勝訴之判決，並無違背法令情事。 | |

# 伍、委託書

## 一、意義

　　我國公司法第 177 條第 1 項規定：「股東得於每次股東會，出具公司印發之委託書，載明授權範圍，委託代理人，出席股東會。」但因為現今公開發行股票公司，尤其上市上櫃公司之股權分散關係，一般股東大部分都不太出席股東會以行使表決權，如果有特別決議事項；如改選董監事時，若因為無法達成法定出席足數導致流會，實增加公司之困擾。

　　也因為如此，公司於寄發股東會召集通知給股東時，都會附寄空白委託書，讓股東於未能親自出席股東會時，能先在股東蓋用留存印鑑處簽名蓋章之後，寄回公司由公司指定；或者由股東於空白委託書內指定代理人，讓公司營運所需之決議事項，能夠符合法定之定足數。[2]

---

[2] 吳光明，證券交易法論，頁101，三民書局股份有限公司，2004年4月增訂六版

　　所以，委託書係指公開發行公司之股東，於委託代理人行使股東會表決權，為證明該代理權而提出於該公開發行公司之文書而言。也就是說，公司召集股東會，股東若不欲親自出席該股東會，而採用委託他人代為出席，所出具之授權文書，即是委託書（proxy）。[3]

## 二、委託書徵求之原因及功能

　　出席股東會委託書之徵求（proxy fight）於現在公司股東會之運作上，可以說是稀鬆平常，也正因為如此，在一般情形之下，亦可以是原經營者維持其職位之工具，而於某些情形之下會與股份公開收購（tender offer）同為取得公司經營權之方式[4]。

　　再者，公司監控之基本構造，即是於股東會決議之中取得多數，本來應該屬於多數人支配公司之型態；不過，經由代理行使股東權利之方式，以徵求行使股東權利的委託書來代理不親自參加股東會之股東，行使議決權限，而在此種情形之下，即便股東持有之股份極少，也可以經由委託書之徵求，而達成形式上的多數。換言之，控制委託書即實質上控制股東大會。

　　而審究使用委託書之原因及功能，從陸續將提及之公開發行公司出席股東會使用委託書規則中，主管機關所重者，其實即在於穩定公司之後續經營以及股東會之召開。前面曾經提及，公開收購（我國法規定於證券交易法第43條之1）亦同為公司經營權取得之方式，以目前西方法制，委託書尚有一積極性之功能在於——程度上可以作為監控目前經營者之行為。畢竟，以市場力量達成公司治理之目的，便以此二者之行使最具成效。

---

　一刷。

3　陳春山，證券交易法論，頁123，五南圖書出版股份有限公司，2003年9月增訂六版一刷。劉連煜，委託書戰爭與公司經營權，台灣本土法學雜誌第59期，頁1，2004年6月號。

4　余雪明，證券交易法論，頁64，財團法人中華民國證券暨期貨市場發展基金會，2003年4月4版。

　　整理學者之意見[5]大致上可得結論計有：方便大眾化上市上櫃公司股東會之召開、便利小股東參與公司經營權、促使目前經營者善盡公司治理之責、股份較少之股東有間接監督之機會等等。所以，也因為委託書之徵求有其一定之影響，規範之制定乃自屬當然，而該部分將於其後再為說明。

## 三、委託書徵求之相關規範

　　委託書之規範對於公司制度及股東權益之保障攸關重大，其規範之方式，係在實現公開原則，藉由委託書之公開，使委託他人出席股東會之股東，可藉由此種方式進而了解公司運作、股東會中討論之議案；當然，藉由資料之充分揭露，也可適度嚇阻經營者之專斷擅權行為。為發揮前述委託書之實際功能，於目前經營者及大股東顯然較具有優勢地位之情形下，委託書之法律規範自應注重小股東等之權益維護部分做考量。

　　以目前我國法令有關委託書規定者，計有公司法第177條、證券交易法第25條之1及公開發行公司出席股東會使用委託書規則（以下簡稱委託書規則）。然有部分問題，應先行說明。

## （一）而公司章程明定委託書之代理人限於股東，是否有效？

　　依公司法第177條之規定：「股東得於每次股東會，出具公司印發之委託書，載明授權範圍，委託代理人，出席股東會。」章程之如此規範，其效力如何？

　　依目前之實物見解[6]及學者之見解[7]皆以無效說為主，考其理由；主要

---

5　吳光明，證券交易法論，頁103、104，三民書局股份有限公司，2004年4月增訂六版一刷。陳春山，證券交易法論，頁123、124，五南圖書出版股份有限公司，2003年9月增訂六版一刷。

6　經濟部73年3月30日（商）字第11957號解釋。

7　公司法論，柯芳枝，三民書局股份有限公司，76年版，頁284。吳光明，證券交易法論，頁105，三民書局股份有限公司，2004年4月增訂六版一刷。陳春山，證券交易法論，頁125，五南圖書出版股份有限公司，2003年9月增訂六版

是認為在股份轉讓自由之下，以章程限制代理人資格並無意義；再者，代理人縱為股東，不一定能夠充分為代理之股東表達意見，況且，其判斷不見得比非股東者更適合公司經營上之需求；另外，距離較遠之股東，若無當地之股東可資代理，無異剝奪其表決之權利。

　　畢竟，是否具有股東身分與委託書代理人是否會不當行使表決權或對於議事有不當之影響；再者，就股東表決權之行使，似有增加法律上所沒有之限制。而公開發行公司委託書代理人於徵求委託書時，就其資格設有限制，自應依該規定為之。

## (二) 股東可否自行印製委託書委託代理人出席？

　　該部分最高法院曾經做成相關判例[8]指出：「公司法第一百七十七條第一項所定『股東得於每次股東會出具公司印發之委託書載明授權範圍，委託代理人出席股東會』，惟查該條項之規定乃為便利股東委託他人出席而設，並非強制規定，公司雖未印發，股東仍可自行書寫此項委託書，委託他人代理出席，公司未印發委託書並非股東會之召集程序有何違反法令，不得據為訴請撤銷決議之理由。」

　　但是，考量公開發行公司之情形與此不同，以及公開發行公司通常會於股東會召集時將空白之委託書一併寄送股東等情；再者，以往之證期會（現今之金管會證期局）為顧慮委託書對於社會之影響，避免公司自行制定之委託書規格形式、內容不一，不容易取得股東之信賴等原因，方以行政命令之方式規定出席股東會之用紙（如附表所示），股東不得自行印製，並於委託書規則第 2 條明文規定。

　　所以，依據證券交易法第 25 條之 1 以及委託書規則第 22 條之規定，若委託書並非公司所印製者，其所代理之表決權不予以計算，而公開發行公司甚至得拒絕發給當次股東會有關議決事項之表決票代理人。故前述判

---

　　一刷。

8　最高法院65年台上字第1410號判例；資料來源為司法院法學資料檢索系統。網址為：http://nwjirs.judicial.gov.tw/FJUD/，最後瀏覽日期：2004年12月19日。

例並不適用於公開發行公司之情形，若有自行印製之情形，亦可以依公司法第 189 條之規定，以召集程序違法而提起撤銷股東會決議之訴[9]。

## (三) 委託書若未記載之召集事由或臨時動議，代理人可否行使？

委託書依公司法第 177 條之規定，既然可以委託代理人出席，在法理上，其法律關係自應援用民法有關代理之規定。在所附之附表中，公開發行公司本來就可以針對此次股東會欲召集之事由加以載明；也就是說，若股東已經委託他人代理出席股東會之情形下，對於股東會召集之事由應該已經知悉，雖然委託書並未載明實際授權之範圍，但對於授權者及被授權者而言，若沒有特別限制，似乎不應剝奪其有權利代替授權之股東行使股東權之本質。所以，應該認為，縱使沒有載明授權範圍，如果授權人沒有特別指示或限制時，代理人有待股東為一切行為之權限，對於委託書本係為行使股東權利之立意而言，更為貼切；實務[10] 及學說[11] 上亦採取肯定之見解。

## 四、委託書徵求之方式

按，證券交易法第 25 條之 1 規定：「公開發行股票公司出席股東會使用委託書應予以限制、取締或管理；其規則由主管機關定之。使用委託書違反前項所定規則者，其代理之表決權不予計算。」[12]

---

[9] 陳春山，證券交易法論，頁125，五南圖書出版股份有限公司，2003年9月增訂六版一刷。吳光明，證券交易法論，頁102，三民書局股份有限公司，2004年4月增訂六版一刷。

[10] 法務部71年12月10日法（71）律字第14894號函覆經濟部。

[11] 吳光明，證券交易法論，頁107，三民書局股份有限公司，2004年4月增訂六版一刷。

[12] 證券交易法第25條之1業已於95年1月11日修正，其新修正條文為：「公開發行股票公司出席股東會使用委託書，應予限制、取締或管理；其徵求人、受託代理人與代為處理徵求事務者之資格條件、委託書之格式、取得、徵求與受託方式、代理之股數、統計驗證、使用委託書代理表決權不予計算之情事、應申報與備置之文件、資料提供及其他應遵行事項之規則，由主管機關定之。」就授

　　所以，委託書規則之制定係經由證券交易法之授權而來。而以目前委託書徵求之方式來說，委託書規則中對於取得委託書之方式，主要區分為徵求與非屬徵求。依委託書規則第 5 條、第 6 條 [13] 之規定徵求尚可區分為「個人徵求」及「以委託信託事業或股務代理機構擔任徵求人」二種方式。以目前規定而言其最大的差異在於：可以代理之股數是否受有限制而已。

　　所謂「非屬徵求」，依委託書規則第 13 條 [14] 之規定，即除股務機構之受託代理外，對於委託人人數及代理股數，則設有相關之規定可供參考。

---

權子法之「公開發行公司出席股東會使用委託書規則」其內容規範上即更爲明確。

[13] 委託書規則第5條第1項規定：「委託書徵求人，除第六條規定外，應爲持有公司已發行股份五萬股以上之股東；但於股東會有選舉董事或監察人議案者，徵求人應爲截至該次股東會停止過戶日，依股東名簿記載或存放於證券集中保管事業之證明文件，繼續六個月以上持有該公司已發行股份符合下列條件之一者：

一、持有該公司已發行股份總數千分之二以上且不低於十萬股者。

二、持有該公司已發行股份八十萬股以上者。第六條第一項規定：「繼續一年以上持有公司已發行股份符合下列條件之一者，得委託信託事業或股務代理機構擔任徵求人，其代理股數不受第二十條之限制：一、持有公司已發行股份總數百分之十以上者。二、持有公司已發行股份總數百分之八以上，且於股東會有選任董事或監察人議案時，其所擬支持之被選舉人之一符合獨立董事或監察人資格者。三、對股東會議案有相同意見之股東，其合併計算之股數符合前二款規定應持有之股數者，得爲共同委託。」

[14] 委託書規則第13條：「非屬徵求委託書之受託代理人除有第十四條情形外，所受委託之人數不得超過三十人。其受三人以上股東委託者，應於股東會開會五日前檢附聲明書及委託書明細表乙份，並於委託書上簽名或蓋章送達公司或其股務代理機構。前項聲明書應載明其受託代理之委託書非爲自己或他人徵求而取得。公開發行公司或其股務代理機構應於股東會開會當日，將第一項受託代理人代理之股數彙總編造統計表，以電子檔案傳送至證基會，並於股東會開會場所爲明確之揭示。」

# 陸、本案例之分析

## 一、本案第一審法院中論述重點

　　台北地方法院於審理本件案件並進行勘驗時，其對於原告主張部分委託書並未有股東親自簽名、甚至有塗改以及空白委託書計入表決權計算部分，先行加以判斷，而未就委託書徵求過程中所具有之前述瑕疵予以審酌。卻忽略掉，股東會之決議是否能夠順利完成，係取決於有效出席股東會之股份代表權數；亦即，除親自出席之股東所代表之表決權數外，對於以委託書代理出席之股東之表決數方面，似應先行判斷有效委託權數之多寡方是。

　　按，民法第 56 條規定：「總會之召集程序或決議方法，違反法令或章程時，社員得於決議後三個月內請求法院撤銷其決議。但出席社員，對召集程序或決議方法，未當場表示異議者，不在此限。」而今法院係以股東未於「當場」表示異議之爭點上，認為所謂之「當場」係指股東會決議進行程序中之異議，才符合當場之異議；進而認為，除就外觀而言，根本無從認定股東朱○鵬係代本案中其中之一個原告郭○燕為發言外；亦認為，縱使原告郭○燕係於股東會後要求查封選票，而沒有在股東會程序進行中為該等動作，即不符「當場」之意義。

　　所以，結果自然以原告未於當場表示異議為主要理由，而駁回原告之訴。

## 二、本案第二審法院中論述重點

　　台灣高等法院除援引二造於原審所提之主張外，對於委託書徵求之瑕疵以及所謂「當場」表示異議之部分，另外援用了「公開發行公司股東會議事規範」（需與各公司內部自訂之股東會議事規則相區隔）之規定作為論理基礎，加以補充說明「當場」異議之認定外，對於委託書徵求過程及認定有效票數所具有之瑕疵；亦即，先前所提及之委託書未親自簽名、委

託書有遭修正液塗改以及空白委託書計入表決權計算之部分進一步加以說明。

按，「公司各股東，除有第一百五十七條第三款情形外，每股有一表決權。」「股東會之決議，對無表決權股東之股份數，不算入已發行股份之總數。」「委託書應由委託人親自填具徵求人或受託代理人姓名。」「徵求人應編製徵得之委託書明細表乙份，於股東會開會五日前，送達公司或其股務代理機構；公司或其股務代理機構應於股東會開會當日，將徵求人徵得之股數彙總編造統計表，以電子檔案傳送至證基會，並於股東會開會場所為明確之揭示。」「公開發行股票公司出席股東會使用委託書應予限制、取締或管理；其規則由主管機關定之。使用委託書違反前項所定規則者，其代理之表決權不予計算。」公司法第 179 條第 1 項、第 180 條第 1 項、委託書規則第 10 條第 1 項、同規則第 12 條及證券交易法第 25 條之 1 分別訂有明文。

再者，二審法院認為就勘驗選票之結果後認為：代理出席股東會之委託書之中，分別所具有空白委託書計入表決權數、受託人欄以修正液塗改、背面應由委託人親自填寫之受託人欄均空白，僅於委託人欄蓋有印章以及委託出席部分之簽名筆跡多數相同等等之瑕疵（見前第二審法院所持理由表格之摘要），若將該部分之表決權數予以剔除，顯然足以改變選舉之結果，而認為股東提起之上訴主張撤銷股東會決議之表決方法已違反法令。

另外，再針對第一審判決之中所生關於──「當場」表示異議之部分[15]，提出說明認為：民法第 56 條之規定，其立法意旨無非在於避免股東任意翻覆，影響公司安定。所以，若是股東未出席會議或者雖然出席會議，但無充分機會表示異議者，當然不受該法之限制[16]。並加以援用「公

---

[15] 關於民法第56條「當場」表示異議之實務見解，尚有最高法院72年9月16日第9次民事庭會議決議、最高法院75年台上字第594號判例以及台灣高等法院80年上字第838號判決等。資料來源為司法院法學資料檢索系統。網址為：http://nwjirs.judicial.gov.tw/FJUD/，最後瀏覽日期：2004年12月19日。

[16] 此與公司法第156條第4項有關公司設立後得發行新股作為受讓他公司股份之對

開發行公司股東會議事規範」之規定認為：股東會所排定之議程，於議事（含臨時動議）未終結前，非經決議，主席不得逕行宣布散會（該規範第9點第3項）[17]。

　　所以在本案中，因為其他股東之異議程序尚未終結，並未經股東會決議散會，主席即逕行宣布散會，當然違反上述規範，使股東無法充分機會對選舉結果表示異議，自不受民法第56條第1項規定之拘束。

　　而公司法於2001年11月12日增訂了第182條之1，於第2項明文規定：「公司應訂定議事規則。股東會開會時，主席違反議事規則，宣布散會者，得以出席股東表決權過半數之同意推選一人擔任主席，繼續開會。」其實，大部分之公司都有制定相關的議事規則；不過，在公司法現今明文規定之下，公司若有上述違反議事規則逕行宣布散會時，得由出席股東表決權過半數之同意推選一位擔任主席，繼續開會。對於將來類似情形發生時，將可以提供一個救濟之方式。

## 三、本案第三審法院中論述重點

　　第三審法院於理由中採認二審法院之見解認為：主席未經股東決議逕行宣布散會，依據公開發行公司股東會議事規範之規定，表示已經剝奪其他股東表示異議之權利，而認為股東郭○燕提起之撤銷股東會決議之訴有理由，原審認定並無違誤。

---

　　價，需經董事會以3分之2董事出席、出席董事過半數之決議與企業併購法相關規定；同屬一種協商程序（negociation　process）應同屬公司治理中重要之一環。

[17] 公開發行公司股東會議事規範第九條規定：「股東會如由董事會召集者，其議程由董事會訂定之，會議應依排定之議程進行，非經股東會決議不得變更之。股東會如由董事會以外之其他有召集權人召集者，準用前項之規定。前二項排定之議程於議事（含臨時動議）未終結前，非經決議，主席不得逕行宣布散會。會議散會後，股東不得另推選主席於原址或另覓場所續行開會。」

## 四、小結

為避免中央產險因為最高法院之判決而直接使中央產險之運作產生問題（因為 2000 年股東會選任董事之決議已遭撤銷，判決時之中央產險董事會已非經合法權源而選任之董事所組成），該案最後的解決方式是：在原定 2004 年 6 月 2 日董監事改選之前，依公司法第 27 條之規定，由 2000 年仍為中央產險董事之愛之味公司（耐斯集團），指派現任之董事長白文仁先為法人之代表，擔任董事長；之後，於 2004 年 9 月 23 日舉行之董監事改選，藉此次選舉讓現任董事長白文仁再度以寶來集團名義，取得董事長合法之權利。並於是日舉行之股東會，進行追認自 2000 年 5 月以後之董事會重大決議，亦係避免該判決所生之不利結果。

## 柒、結論

國內首宗因為委託書爭議所衍生之判決，其所產生之效應並不是金錢賠償問題，而是現任董事會合法性的問題。所以，就委託書對於公司制度及治理即具有重要功能，規範上應貫徹公開原則以及委託書徵求之公平性及平等性（如個人與法人徵求之股數限制問題），強化公開內容，由一定之機構如股務代理機構辦理。畢竟，徵求資訊之不透明，容易導致後續可能爭議之產生。

## 後記

本討論案件雖歷經多年，然於最高法院有關委託書爭議之案件，於前揭 2004 年 3 月 23 日最高法院 93 年台上字第 423 號之民事判決後，就本案所衍生爭議之部分，並無任何更新之實務見解產生。或許該肯認該判決已於實務運作上發生相當之效力；惟就委託書徵求前之態樣，諸如：「徵

求方式」[18] 及以信託方式之有關「釋示委託人保留運用決定權之信託股票，受託人於公司召開股東會時徵求委託書涉及『公開發行公司出席股東會使用委託書規則』適用疑義」[19] 之部分則更行重要，爰一併於此後記中

---

[18] 缺文

[19] 發文單位：行政院金融監督管理委員會

發文字號：金管證三字第0930127131號

發文日期：民國 93 年 7 月 19 日

資料來源：證券暨期貨月刊 第 22 卷 8 期 91-92 頁

相關法條：證券交易法 第 25-1 條（2004.04.28）

公開發行公司出席股東會使用委託書規則 第 21、5、6、6-1 條（2004.01.20）

信託法 第 1、9 條（1996.01.26）

要旨：釋示委託人保留運用決定權之信託股票，受託人於公司召開股東會時徵求委託書涉及「公開發行公司出席股東會使用委託書規則」適用疑義

主旨：所詢委託人保留運用決定權之信託股票，受託人於公司召開股東會時徵求委託書涉及「公開發行公司出席股東會使用委託書規則」（簡稱委託書規則）適用疑義乙案，復如說明，請 查照。

說明：

一、復 貴銀行九十三年六月八日（九三）信企字第○五六四三號函。

二、依信託法第一條及第九條規定，受託人因委託人移轉財產取得信託財產之所有權，並取得對信託財產之管理或處分權限。股東持股信託，即便為「委託人保留運用決定權之信託股票」，於法律上仍屬受託人所有。因此信託股票之受託人若欲擔任股東會委託書之徵求人者，受託人自應符合委託書規則所定之徵求人相關規範，如持股條件、徵求股數上限等規定，與其他股東擔任徵求人之情形，並無不同。而 貴銀行前次所詢委託人擔任徵求人之情形，亦依上述原則於九十三年五月十一日以台財證三字第○九三○一一七四一一號函復在案。

三、貴銀行本次再就受託人擔任股東會徵求人之情形函詢委託書規則適用疑義乙事，本會說明如左：

（一）委託人可否指示受託人擔任股東會委託書之徵求人乙節，此屬雙方間契約問題，惟受託人若以該信託股票之股東身分欲徵求委託書者，仍須符合委託書規則所定之徵求人相關資格規定。

（二）委託書規則第廿一條第二項明定，支持他人競選董事或監察人者，其代理股數不得超過該公司已發行股份總數之百分之一，故受託人以其持有之信託股票擔任徵求人且支持委託人為董事或監察人之被選舉人者，即屬該項規定支持他人競選董事或監察人之情形，故其得徵求股數上限為百分之

提出供讀者參考。

一。

(三) 至於股東若有將持股分別信託予不同信託機構之情形時，各受託人仍得以信託股票之股東身分，分別擔任股東會委託書之徵求人，而其得徵求股數限制仍應依委託書規則第廿一條第二項規定辦理。

(四) 委託書規則第五條或第六條規定徵求委託書者之最低「持股期間」計算，於股票信託，若委託人對信託股票保留運用決定權，則受託人之「持股期間」計算得合併計算委託人原持股期間。

(五) 另信託股票係受託人所屬金控母公司股票，則受託人以持有之信託股票擔任徵求人是否有委託書規則第六條之一規定適用乙節，因委託書規則已明文規定，金控子公司於金控母公司召開股東會時，不得擔任徵求人，故即便為信託情形者，亦有該規定適用。

四、按證券交易法第二十五條之一規定，公開發行股票公司使用委託書應予限制、取締或管理，其立法意旨乃係為杜絕委託書被不當人士濫用，期以導正委託書功能，促使股東會順利召開，並達穩定公司經營及維護股東權益等目的，故為落實委託書之管理，委託書規則第五條第二項訂有徵求人消極資格限制之規定。基於上述原則，信託股票之受託人若欲擔任股東會徵求人者，委託人及受託人本身皆須符合委託書規則所定之消極資格條件。

正本：華南商業銀行

參考法條：公開發行公司出席股東會使用委託書規則 第 5、6、6-1、21 條（2004.01.20）

信託法 第 1、9 條（1996.01.26）

證券交易法 第 25-1 條（2004.04.28）

# 參考書目及資料來源

1. 公司法論，柯芳枝，三民書局股份有限公司，1987 年版。

2. 證券交易法論，余雪明，財團法人中華民國證券暨期貨市場發展基金會，2003 年 4 月 4 版。

3. 證券交易法論，吳光明，三民書局股份有限公司，2004 年 4 月增訂 6 版。

4. 證券市場與股份制度論，廖大穎，元照出版公司，1999 年 5 月初版 1 刷。

5. 證券交易法論，陳春山，五南圖書出版股份有限公司，2003 年 9 月增訂 6 版。

6. 余雪明、柯芳枝、賴源河等，出席股東會委託書管理，證券管理，2 卷 6 期，73 年 11 月 16 日【期刊】。

7. 證券暨期貨法令判解查詢系統。http://www.selaw.co.tw

8. 商業法規全文檢索系統。http://210.69.121.50/~doc/law/frame.htm

9. 法學資料檢索系統。http://nwjirs.judicial.gov.tw/FJUD/

10. 法務部全球資訊網。http://www.moj.gov.tw/chinese/index.aspx

# 第七章 從衛道聲請重整看另面
# 角力戰場——衛道科技案

黃青鋒

**黃青鋒**

十歲時　　想像汽水一樣　　繽紛美麗卻又充滿刺激
二十歲時　想像咖啡一樣　　外表質樸卻又濃香誘人
三十歲時　想像烈酒一樣　　濃烈嗆口卻又滴滴回甘
現在……
卻又想像茗茶一杯　　清新單純而又餘韻繞樑
現為執業律師。

## 摘要

2001 年前後，由於電腦科技的發展，使得傳統產業漸次轉由科技產業取代，科技類股於是水漲船高。許多光電科技公司藉著股價高漲之優勢，增資發行股票，籌措大量之資金擴廠、轉投資，整個企業集團像吹了氣的汽球般，短時間內倍數成長。然而受到產業衰退及同業競爭的雙重影響，許多科技公司獲利逐漸下降，甚至其負債已大於資產，讓原本前途一片光明的科技類產業，出現危機。更有甚者，無心經營之人士，利用其掌握公司營運方針及財務之便，在國內增資發行新股及公司債，在國外則發行海外可轉換公司債，吸收大量游資後，藉由轉投資之名義，將資金匯往國外所虛設之公司行號帳戶中，中飽私囊。類此種種公司經營所產生之問題，於 2004 年左右接連發生短期以觀，短者投資者之資金已然遭到掏空，無法挽回，長期來看，資本市場人心惶惶，企業家集資不易，亦有害國家整體經濟發展。

　　為使瀕於危亡之企業體能再次旭日東昇，不致使長期經營成果一夕成灰，公司法乃設有重整制度，然而我國重整制度在實行上仍有適用範圍過狹、制度易遭濫用等弊端存在，凡此種種，仍有賴重整制度之全面檢討與改進。

**關鍵詞：增資發行新股、公司債、海外可轉換公司債、轉投資、重整制度**

## 壹、前言

　　本文所擬討論的衛道科技股份有限公司 [1]，（3021）（Cradle Technology Corp.），即是一個活生生因過度膨脹而應聲倒地的案例。衛道科技係設立於 1993 年 5 月 25 日，其成立後業務蒸蒸日上。1998 年更榮獲 1998 年最

---

[1]　以下簡稱「衛道科技」（上市編號：3021）。

佳 3C 企業明星獎。並於 2000 年 9 月 20 日正式在櫃檯買賣中心掛牌，10
月其每股價格即創下新臺幣 307 元之高價，成為股王。惟好景不常，因受
到產業衰退及同業競爭的影響，致獲利下降，一直到 2004 年中旬，終因
其資金不足，無法贖回 2001 年 7 月 25 日所發行的國內可轉換公司債
（2004 年 8 月 22 日到期）[2]，其財務危機由是爆發，截至 2004 年 6 月 30 日，
其負債總額已達二十五億八仟多萬元。為挽救企業，衛道科技一方面漸次
出賣處分其資產（其中之一即以信託之方式使受託人處分其信託財產，並
以處分所得償還公司債款），另一方面為避免其債權人為保全額債權之得
受清償，而以法律途徑凍結其資產，使其財務更行惡化，衛道科技遂同時
向法院聲請重整及緊急處分；相對地，其債權人則積極採取行動以確保其
權利之得獲清償，而除參與由衛道科技所召開之債權人協商會議外，亦有
債權銀行（臺灣土地銀行股份有限公司）依公司法第 287 條向法院聲請為
緊急處分，禁止衛道科技為不利於清償其債權之處分行為。以下本文將先
於文「貳」部分就衛道科技案之基礎事實所涉之法律爭點作一概括描繪，
再於文「參」中就重整制度為詳細之介紹，而於文「肆」中透過衛道科技
案點出現行重整制度所可能面臨之困境，最後則就重整程序之存廢及條正
核心提出看法。

# 貳、本案基礎事實簡述

## 一、重整

　　衛道科技於 2004 年 8 月 9 日向法院為重整之聲請，同時依公司法第
287 條規定，向法院為重整裁定前之緊急處分之聲請。其聲請理由略謂：
「公司因少數債權銀行聲請法院執行查封本公司不動產，部分債權銀行已

---

[2] 2004年5月10日衛道科技董事會決議以私募的方式發行該年度第1次可轉換公司
　債，其本質上即係「以債養債」，蓋其募得價款之用途及運用計畫即在於贖回
　「2001年發行之可轉換公司債及2002年發行之海外可轉換公司債」。

凍結及扣押公司之銀行存款，甚至逕行採取帳務抵銷權，已使公司面臨現金流量不足，無法正常支付各項應付款，致公司營運陷入困境。為保障債權人權益，避免少數債權人任意查封公司資產，擬向法院聲請重整及緊急保全處分，以繼續維持公司正常營運，使公司重建更生，俾保障全體股東及債權人權益。」

　　然此項重整及緊急處分之聲請嗣後便經法院以程序不合法裁定駁回後[3]，衛道科技遂又於同年的 8 月 17 日再度向法院聲請（聲請理由相同）重整及緊急處分，終經地方法院於 2004 年 8 月 20 日裁定獲准[4]。

## 二、緊急處分

　　衛道科技於面臨財務危機後，即開始有債權人準備依法律程序對其採取強制執行程序，因此衛道科技於聲請重整之同時，亦向法院依公司法第287 條之規定聲請緊急處分，藉以停止所有行使債權之各項程序。惟債權人為恐其債權無法確保，亦依公司法第 287 條聲請緊急處分，限制衛道科技亦不得轉讓其財產及履行債務，其中，債權人之一的土地銀行即係於2004 年 11 月 4 日依上開法條向法院聲請緊急處分獲准[5]，其聲請目的即在於反制衛道科技所為之重整及緊急處分之聲請，避免衛道科技於重整期間處

---

[3] 2004年8月9日向法院所提出之重整及緊急處分之聲請因聲請重整與緊急處分之董事會決議出席董事未達三分之二，致未能符合公司法第282條第2項規定，經法院判定該聲請程序不合法，而於同年8月16日依公司法第283條之1第1款，裁定駁回。

[4] 其裁定主文：「1、衛道科技股份有限公司之債權人自本裁定黏貼本院牌示處之日起90日內，不得對衛道科技股份有限公司行使債權。2、衛道科技股份有限公司破產、和解或強制執行程序自本裁定送達之日起90日內應于停止。」

[5] 93年聲字第3555號裁定主文謂：「1、衛道科技股份有限公司記名式股票自本裁定黏貼本院牌示處之日起90日內禁止轉讓。2、衛道科技股份有限公司自本裁定黏貼本院牌示處之90日內，除繼續營業所必要之履約行為及支付繼續營業所必要之費用外，不得履行債務。3、衛道科技股份有限公司所有如附表一、二所列示之不動產及汽車，自本裁定黏貼本院牌示處之日起90日內禁止移轉所有權或設定他項權利。」

分其資產，並防止其董監事轉讓其手中持股超過半數，形成當然解任[6]，而使重整程序難以順利進行[7]。

## 參、重整

### 一、序言

　　企業如同一自然人般，亦有生老病死，因此企業之優勝劣汰乃自然之現象。蓋在自由經濟市場制度下，競爭法則原本即係「適者生存，不適者淘汰」，若一旦企業經營發生困難或有財務危機時，依據上開原則，本即應以破產、清算結束其法人格。

　　惟若企業僅係遭受到一時之市場環境因素影響，其本身仍具有長遠之願景及潛力時，使其逕行走上滅亡之途，不但耗費建立該企業時之大量努力及心血，且將導致眾多的受僱人失業，並使股東及融資債權人等產生經濟上損失，漸次影響其他經濟體之共生。公司法在上述考量下，並使有公司重整制度之設，使有財務上危機之企業組織，於一定條件之下（如具有重建更生之可能性），得向法院聲請重整，而在法院之監督之下，透過適當調整各利害關係人之權益及公司之營運，以達到清理債務、維持企業並使企業再生之目的[8]。

---

[6] 依公司法第197條第1項後段規定：「公開發行股票之公司董事在任期中轉讓超過選任當時所持有之公司股份數額二分之一時，其董事當然解任。」；公司法第227條：「第一百九十六條至第二百條、第二百零八條之一、第二百十四條及第二百十五條之規定，於監察人準用之。但第二百十四條對監察人之請求，應向董事會為之。」

[7] 緊急處分係重整程序中重要之一環，本文將一併於論述重整相關議題時加以說明。

[8] 施智謀，「公司法」，頁227，三民書局，1991年。

## 二、重整制度之立法例

　　公司重整制度係源自於美國聯邦法院衡平法上接管人制度[9]。各國立法例雖或多或少存在著差異性，惟無論如何，其宗旨均在於調整公司員工、股東、融資及其他債權人、其他利害關係人間的權利義務關係，尋求其間權義之最大公約數。

## 三、我國之重整制度

### （一）前言

　　我國現行之重整制度係規範於公司法中。我國公司法於 1966 年修正之前，並無公司重整之制度[10]。惟鑑於經濟環境之變遷，及考量給予財務困難而有重建可能之公司之一復甦之機會，始於 1966 年修正公司法時，仿效美、日重整相關立法例，增設「公司重整」一節。

### （二）重整程序簡述

　　依公司法第 282 條第 1 項規定，公開發行股票或公司債之公司，因財務困難，暫停營業或有停業之虞，而有重建更生之可能者[11]，得由公司、

---

[9] 同上註。

[10] 我國公司法中原無重整制度之相關規定，遇有公司不能清償債務或發生債務超過資產之情形，只有依破產法之規定尋求和解或宣告破產。直至1960年9月間發生唐榮鐵工廠股份有限公司因週轉失靈，金融機構又拒絕借款，政府乃引用國家總動員法第16條及第18條規定，於同年11月24日頒布「重要生產事業救濟令」，規定政府對於重要生產事業申請救助之處理辦法，並依該辦法援助唐榮公司後，始有公司重整制度之雛形（王文宇，「新金融法」，頁238，元照出版社，2004年2版）。

[11] 依2001年11月12日修正理由：「公司重整之目的，在使瀕臨困境之公司免於停業或暫停營業，使其有重建之機會，現行條文第一項序文規定『因財務困難，暫停營業或有停業之虞』即可聲請重整，極易被誤解為公司重整為一救濟措施，為期公司重整制度發揮應有之功能，自應以有重走更生之可能之公司為對象。」

繼續六個月以上持有已發行股份總數百分之十以上之股東、相當於公司已發行股份總數金額百分之十以上之公司債權人向法院提出重整之聲請。

　　法院受理重整聲請後，應檢附聲請狀之副本向主管機關[12]、目的事業中央主管機關、中央金融主管機關[13]及證券管理機關徵詢意見。此外，法院得決定是否選任檢查人調查公司之財務、業務狀況等……，而雖說法院並無義務選任檢查人調查公司是否具備重整之價值，然因主管機關等徵詢單位一般所回覆之意見均語多保留，而雖僅以之作為法院形成准駁裁定之參考依據，故法院多會選任檢查人以進行為詳細之調查，以為其作成裁定之重要參考依據[14]。

　　聲請人於提出聲請後，一般均會向法院依公司法第287條規定聲請為裁定前之處分（即所謂之緊急處分），以於主管機關回覆意見及檢查人作成報告供法院決定是否有重整價值，而為重整裁定前，先行保全公司目前現有之資產狀況。法院於接獲聲請人緊急處分之聲請後，一般均會作成緊急處分之裁定，而緊急處分則包括對債務人公司之財產為保全處分、限制債務人公司之營業、限制債務人公司履行債務及限制債權人對債務人行使債權、中止對債務人之破產、和解或強制執行等程序、禁止債務人公司記名式股票之轉讓，並於公司負責人對於公司負有損害賠償責任時，對公司

---

[12] 目前因為公司重整相關制度主要係規定於公司法中，故公司法重整制度之主管機關形式上理所當然似為經濟部，然而在實質上，於公司重整案件之處理中，受理公司重整聲請者仍為法院，而不論經濟部或行政院金融監督管理委員會證券期貨局，充其量均僅為法院受理重整聲請案後為重整准否裁定前之諮詢機關而已（其意見僅供法院為重整准否裁定之參考)，論理上應非為主管機關，因此我國公司重整制度之主管機關應為司法院。（黃虹霞，公司重整制度之檢討，萬國法律第122期，頁53，2002年。）

[13] 2001年11月12日修正公司法第284條第1項，增列應徵詢「中央金融主管機關」，俾由其彙整債權銀行對公司重整之具體意見。

[14] 重整程序要成功，主要債權人之支持是必要因素，如果發現所徵詢相關主管機關與檢查人之意見相左，法院應查明主管機關與檢查人意見歧異之原因何在，不宜遽予採信單方之報告（特別是在檢查人係由聲請重整人推荐之情形）。尤其在不當掏空公司資產之案件，證券管理機關通常已對該案件有相當深入之調查，並掌握相關資料，此種情形，法院尤不應只採取檢查人之意見。

負責人之財產進行保全處分。此外，緊急處分之期間，除法院准予重整外，其期間不得超過九十日；必要時，法院得由公司或利害關係人之聲請或依職權以裁定延長之；其延長期間不得超過九十日[15]。

　　法院審酌主管機關及檢查人之報告後，若作成駁回重整之裁定，聲請人可向高等法院提出抗告；反之，若作成准予重整之裁定，法院亦將同時選派重整人與重整監督人，並訂定包括債權及股東權申報、審查以及第一次關係人會議之期日及場所。

　　其後則由重整人負責研擬重整計畫，重整監督人則負責召開關係人會議，將重整人所擬具之重整計畫提供予股東及債權人行使表決權。若重整計畫未獲得關係人會議之可決，重整監督人應即報告法院，法院得依公正合理之原則，指示變更方針，命關係人會議在一個月內再予審查，如仍未獲可決，法院應以裁定終止重整[16]，且，公司若符合破產之要件，法院亦得依職權宣告破產。反之，若重整計畫經關係人會議可決，重整人應聲請法院就重整計畫加以裁定認可後執行，並負責於重整計畫所定期限內完成重整工作；重整完成時，應聲請法院為重整完成之裁定，並於裁定確定後，召集重整後股東會選出新任董事及監察人。

---

[15] 2001年11月12日修正理由：「爲維護利害關係人之權益，避免企業利用處分期間從事不當行爲，而對於處分期間之延長，除須經法院裁定外，亦限制其延長期限不得超過90日，爰刪除現行條文第2項之『每次』及但言規定。」

[16] 依公司法第306條第2項但言規定，若公司的確有重整之價值時，法院得就其不同意之有表決權各組，以下列方法之一，修正重整計畫裁定認可之：一、有擔保重整債權人之擔保財產，隨同債權移轉於重整後之公司，其權利仍存續不變。二、有擔保重整債權人，對於擔保之財產；無擔保重整債權人，對於可充清償其債權之財產；股東對於可充分派之賸餘財產；均得分別依公正交易價額，各按應得之份，處分清償或分派承受或提存之。三、其他有利於公司業務維持及債權人權利保障之公正合理方法。

## 四、我國重整制度之相關問題

### (一) 得聲請重整之公司不應僅限於「公開發行股票及公司債」之公司

依據公司法第 282 條之規定，重整制度似應僅限於公開發行股票或公司債之公司始得運用重整程序之規定，惟世界銀行研究報告[17]指出，原則上所有性質之公司，不論公民營或其大小，均應得進行重整，僅特定受高度行政規範或具有其他社會意義之產業或企業如金融產業、公用事業、特殊國營事業等，可由各國立法機關另設特別法規範之。而以美國立法例而言，美國公司重整之對象不限於股份有限公司，舉凡各種種類之公司、合夥、無法人格之社團，受託，營運之事業等均包括在內[18]。

至於我國實務上，得否聲請重整則係以聲請公司是否係依據證券交易法第 22 條之 1 第 2 項授權制定之「公開發行股票公司股務處理準則」所公開發行股票之上市或上櫃公司為判準[19]，基此，任何公司若希望有重整程序之適用即必須依上開準則辦理上市、上櫃。然而，事實上，公司若不擬利用資本市場而以上市、上櫃方式籌措資金，則法律上即應不得強制其辦理上市、上櫃。惟，目前實務上之上開認定判準將使卻有重整程序適用之公司不得不依據上開準則進行上市、上櫃，實為不妥。是以，公司法重整程序中所指之「公開發行公司」應解釋為公司曾依公司法第 133 條規定公開招募股份，或依同法第 248 條規定募集公司債，或依同法第 258 條規定公開發行新股者而言，而不應僅限於上市、上櫃公司應較妥當[20]。至於前揭實務上之判準則雖操作簡易，但恐亦忽視了其他為數不少之非上市、上櫃公司使用公司重整制度的實際需求[21]。

---

[17] Susan Block-Lieb, Memorandum Regarding Comparison of World Bank, IMF and Asian Development Bank Reports on Effective Insolvency Systems, 2000 at p.2.

[18] 請參考美國1978年破產革新法。

[19] 請參照經濟部91年8月19日經商字第0910217861號函及財政部證券暨期貨管理委員會91年8月14日台財證一字第091142512號函所示主旨及說明。

[20] 實務上曾見台灣台北地方法院91年整字第3號民事裁定採此見解。

[21] 謝易宏，從「倫敦模式」探討我國企業重整之法律佈局，月旦法學雜誌第106

## (二) 重整人之選任

　　2001 年修法之前，董事乃法定重整人，例外時始由法院於債權人或股東中選任之，或由關係人會議提出候選人名單，聲請法院選派之。然此一規定，於 2001 年已遭修正，蓋公司會有重整之原因，多係因董事經營能力不足、人謀不臧所導致，若仍以原董事為重整人，是否妥當而確能達到重整之目的，誠屬可疑[22]？依修正後之公司法第 290 條第 1 項規定：「公司重整人由法院就債權人、股東、董事、目的事業中央主管機關或證券管理機關推薦之專家中選派。」其修正理由即謂：「為維持重整人有客觀超然之立場處理重整事務，如重整人本身為董事，具有股東身分，其執行業務難免有偏於股東之權益，宜就公司經營具有專門知識及經驗者充任之較為妥當。同時為顧及債權人、股東或董事，對公司原有之業務或債權情形較為熟悉，似不宜將之硬性排除在外，且是否有偏頗之虞，法院亦會適當斟酌，故亦保留債權人、股東或董事亦得擔任公司重整人之規定，爰修正第一項。」

　　此一修正不僅考量債權人、股東、董事擔任重整人時所引發之風險及其等人對於企業體質、財務狀況等應較為熟稔之可能，此外，亦同時慮及由專家擔任重整人將較為客觀超然而有利於重整之情況，而於重整人之選任上賦予法院適當之裁量權，由其依個案選派適當人選擔任，可謂是極富彈性之立法模式。

## (三) 重整程序之濫用[23]

　　自公司法第 282 條規定觀之，重整聲請人之資格可分為「公司派」及

---

期，頁63，2004年。

[22] 至於債權人及股東均為利害關係人，是否有經營企業之能力及是否係以公司最大利益而非其等自身利益著想當屬可疑，故以之擔任重整人亦仍有商榷之空間。

[23] 有認為重整程序之聲請費用過低亦是其遭受濫用之原因之一，蓋重整性質在實務上認為係屬非訟事件，依非訟事件處理法中關於費用徵收之規定，其聲請費用甚低，而無法嚇阻無重整實益之企業聲請重整。

「市場派」。一般而言，若由公司向法院提出聲請，則除非公司聲請重整之主要目的係對抗破產程序或延後清償債務，或為避免有擔保債權人進行強制執行程序，否則原則上公司大多會配合重整程序中之調查。反之，若係由公司股東或債權人提出聲請，而公司經營者並無進行重整之意願時，公司即則有可能抗拒重整程序中之調查。

　　承上所述，若債務人公司單純係利用聲請重整以圖拖延償債期限或損害債權人之權利，則債務人公司一般均會以各種理由拒絕配合法院選派之檢查人行使職權，縱公司法第 285 條規定公司之董事、監察人、經理人或其他職員對於檢查人關於業務財務之詢問，有回答之義務，並規定對於無正當理由而違反回答義務之董事、監察人、經理人或其他職員將可處以新台幣二萬元以上十萬元以下罰鍰。然實務上仍常見公司之董事、監察人、經理人或其他職員對於檢查人之詢問以資料遺失為由，拒絕回答，且因檢查人對公司內部之實際運作情形並不清楚，故其實際上亦難探知資料是否確實遺失，此將導致檢查人無法獲得正確充足之資料藉以分析聲請公司究竟有無重整之價值，而使檢查人之功能無法完全發揮，法院自亦無從藉由檢查人之報告判斷債務人公司是否符合重建更生之要件。是以，為解決現行管理階層之刻意抵制檢查人之檢查此一問題，實應有另行指定公正臨時管理人負責處理債務人公司聲請重整後之公司重要營運事宜，並配合檢查人進行檢查、作成報告，以為法院作成裁定之重要依據。

## (四) 債權人以債作股實務上實踐之困難

　　重整計畫恆須刪減債權人之債權金額及重新調整股權結構，此不論對於債權人或原股東之權益均有重大之影響。對於因公司資金不足，而須遭大幅刪減債權金額之債權人而言，若不允許債權人將被刪除之債權金額全部或部分轉換成為股份，用以期待自公司將來獲利後藉由發放股息、股利之發給，而增加受償之金額，則債權人就重整計畫為可決之可能性將大為降低。為克服於重整程序中，調整債權金額股權結構之困難，2001 年修正公司法第 309 條增列第 7 款，規定公司重整時，就公司法所規定之出資種類之限制，得經重整人聲請法院，裁定另為適當之處理，即，得以債作

股[24]。

## (五) 緊急處分之困境

　　緊急處分通常係向法院為重整之聲請後至法院為重整之裁定前，由公司、利害關係人向法院聲請或法院依職權命公司不得履行債務及債權人不得對公司行使債權等之保全公司資產之法院裁定[25]。惟若嚴格解釋緊急處分之效力，則將使公司不得繼續購料、銷貨，甚且不得給付員工薪資[26]，勢將嚴重影響公司之繼續經營之能力，悖反聲請重整之目的。故對於上開保全緊急處分效力之解釋上，應適度放寬，而有一定之範圍限制。

　　然法院縱於緊急處分之裁定中，將特定之交易種類或特定之交易對象，排除於公司不得履行債務及債權人不得對公司行使債權之緊急處分限制外，亦難確保該些不受緊急處分限制之特定交易或特定交易對象之每次交易行為均係為公司利益而為，而有利於將來公司之營運[27]。此外，就緊急處分在目前實務上之運用情形而言，債務人公司時常係於第一時間以緊急處分裁定作為擋箭牌，並以之作為與債權人談判之籌碼[28]。

[24] 依修正後之公司法第309條第7款，交互參照公司法第156條第5項規定，通說認為係給予重整法院於重整個案中視重整計劃之執行情形，彈性准予重整債權人得經由「以債作股」方式獲得清償之操作依據。惟此一方式對於融資債權銀行並不可行，蓋依銀行法第74條第3項第1、3款規定，以及工業銀行設立及管理辦法第9條之規定，均限制其投資金額不得超過該金融機構實收資本額或已發行股份總額之一定比例。是以，在政策討論面上似應有進一步檢討銀行投資法規的鬆綁可行性，藉以促使我國企業重整制度能具更多操作上的實際誘因（參謝易宏，從「倫敦模式」探討我國企業重整之法律佈局，月旦法學雜誌第106期，頁71、72，2004年3月）

[25] 公司法第287條。

[26] 凡交易上涉及到債務之履行或義務之承擔者，均無法為之，而等同於凍結公司營業。

[27] 對於受緊急處分之公司應如何於緊急處分之約束下繼續營運，實有賴專業之管理人針對每筆交易逐一審核，審酌各筆交易對公司營運及對公司存續之必要性以為決定，然2001年公司法修正時仍未於重整程序中建構臨時管理人之制度。

[28] 債務人一般對於法院之緊急處分裁定，乃採選擇性遵守之方式，而非全面性之

因此有認為應於重整制度中建立臨時管理人制度，而透過臨時管理人之管理，並於法院之監督及緊急處分命令之範圍內，使債務人公司得進行特定之交易，如此方足使緊急處分名符其實，而達確實維持債務人公司之狀況，俾利法院作成決定之目標。

此外，緊急處分裁定限制公司履行債務及對公司行使債權，然是否亦限制債權人行使抵銷之權利，則仍有爭議。而公司法第 296 條第 3 項僅規定於重整裁定後，抵銷權之行使，應向重整人為之；然並未規定於緊急處分期間是否得行使抵銷權。就此爭議，目前尚無實務見解可供參酌，學說亦有正反二意見。故就緊急處分期間得否行使抵銷權及應如何行使此一問題，亦仍有待將來實際案件提出於法院時，由法院加以解釋之。

# 肆、衛道科技所涉重整相關問題評析

## 一、債務人公司與融資債權人間缺乏互信

由前述衛道科技爆發財務危機到聲請重整的一連串事實加以觀察，當其於 2004 年 8 月間為重整之聲請時，即同時為緊急處分之聲請，其聲請內容並謂：「公司因少數債權銀行聲請法院執行查封本公司不動產，部分債權銀行已凍結及扣押公司之銀行存款，甚至逕行採取帳務抵銷權，已使公司面臨現金流量不足，無法正常支付各項應付款，致公司營運陷入困境。為保障債權人權益，避免少數債權人任意查封公司資產，擬向法院聲請重整及緊急保全處分，以繼續維持公司正常營運，使公司重建更生，俾保障全體股東及債權人權益。」

惟細思法院於 2004 年 8 月 20 日所為之裁定內容[29]，其本質上應僅為

---

遵守。蓋因目前違反緊急處分並無何嚴重之法律效果，是以債務人公司可毫無顧忌地於第一時間聲請緊急處分，盡可能凍結所有執行程序，並以之作為談判籌碼，與特定債權人為私下交易，進而違反緊急處分。而對該債權人為清償。

[29] 裁定內容除不得對衛道科技股份有限公司行使債權外，對於衛道科技股份有限

單向防衛債權人行使債權,而對於衛道科技履行債務之相關行為則並無影響。如此一來,對於衛道科技擁有大量債權之融資銀行自當曾擔心衛道科技之資產以維持營運為由而以清償債務為藉將資產為藉將資產外流[30]。因此各債權銀行便紛紛採取各種保全及執行手段以求自保,如前所述之土地銀行即係於衛道科技為上述緊急處分之聲請獲准後,旋即於同年 11 月間亦依公司法第 287 條規定向法院聲請緊急處分,藉以限制衛道科技履行債務及移轉相關資產之權利,同時限制其記名式股票之轉讓,以防杜董監藉移轉持股解任卸責。而在此種債務人公司與債人間彼此對立與不信任之情況下,縱算獲准進入重整程序,惟如何達成協商減讓,仍將是一大考驗。

## 二、臨時管理人與專業法庭制度之欠缺

倘若衛道科技重整之聲請若遭駁回則緊急處分之裁定將因此失其效力,而緊急處分之保護傘一旦收起,債權人及其他利害關係人必將開始行使其權利,惟因現行法於法院為重整裁定前並無中立機構介入公司營運之監督與管理,若債務人公司於緊急處分有效期間己金蟬脫殼,則其等欲實現其債權將已幾不可能;此外,若重整之聲請獲准,則法院如何有效地主導重整程序之進行[31],此將攸關衛道科技之存廢命運亦涉及、股東、債權人及其他利害關係人之權益是否得以實現或確保,凡此均係為重整程序中的困難關卡。

---

公司之強制執行程序、破產及和解程序亦應停止。詳參註4。

[30] 如此作法不僅變相掏空公司資產之手段,同時亦可能圖利特定債權人而有害債權平等原則並損害優先債權人之權益,而前述重整程序中之臨時管理人制度於此即有防杜掏空弊端之價值及意義存在。

[31] 在我國,重整程序之進行既由法院主導,則應考慮設立專業法庭,由其專門處理重整之案件,如此當能有效地發揮重整制度之功能。

# 伍、結論

關於重整制度之存廢，有主張應廢止者[32]，亦有認為應予維持者。惟自各國企業法制看來，重整制度雖有其不足之處，然實不應因噎廢食，而全盤否定企業重整制度之存在價值[33]。

從衛道科技發生財務危機後之一連串事實來看，可知在在突顯出我國重整制度仍有許多重大缺陷仍未解決而有待修法改善[34]。惟不論重整制度於將來如何修正，其修正中心意旨亦仍係圍繞在企業、員工、股東、債權人及其他利害關係人間之利益磋商協調關係上，易言之，如何在重整程序中尋求各關係人間之最大公約數，將是重整制度面臨的最大考驗。

---

[32] 姚凌森、陳斐雲、蔡絢麗，公司重整制度之檢討與建議，中國海事商業專科學校季報，89期，頁29，2001年。

[33] 從我國公司法於2001年之修法可知，重整制度仍為大多數論者所支持。

[34] 在現行法制環境下，債權銀行與債務人間尚難形成互信，以致於雙方諮商清償過程，由於過度防禦所造成的法律成本節節高升，導致重整效率不彰，如此處理上的不良循環，顯與治療財務重症企業使能返回生產行列，不致增加社會負擔之本意相悖甚遠（謝易宏，從「倫敦模式」探討我國企業重整之法律佈局，月旦法學雜誌第106期，頁72，2004年）

# 參考文獻（依作者姓氏筆劃遞增排序）

## 一、專書論著

1. 王文宇，「新金融法」」，元照出版社，2004 年 2 版。
2. 施智謀，「公司法」，三民書局，1991 年。

## 二、期刊

1. 姚凌森、陳斐雲、蔡絢麗，公司重整制度之檢討與建議，中國海事商業專科學校學報，89 期，2001 年。
2. 黃虹霞，公司重整制度之檢討，萬國法律第 122 期，2002 年。
3. 謝易宏，從「倫敦模式」探討我國企業重整之法律佈局，月旦法學雜誌第 106 期，2004 年。

# 第八章　過水遊戲玩不得
## ——激態案

廖郁晴

廖郁晴

國立政治大學法學士，

私立東吳大學法律研究所民商法碩士，

美國西北大學法學碩士（L. L. M.）

現爲萬國法律事務所律師。

## 摘要

　　本文主要藉由喧騰一時的激態科技假交易案，探討企業以假交易衝營收可能涉及的法律責任。全文以虛灌營收、應收帳款融資變現與廠商間原貨寄倉等系爭個案可能涉及的法律問題作為分析的主軸。首先，在虛灌營收方面，著重在本案以不進行實貨交易之「買空賣空」模式，進而製作不實財報，有違商業會計法、證券交易法對於財報真實性的要求。第二個部份則針對「應收帳款融資變現」分別從其法律性質、一般民事法律關係以及相關涉案人員的民刑事責任立論。最後，就本案「買空賣空」、「原貨寄倉」之交易流程而言，可能涉及「憑證不實」、「虛增進項憑證」等稅法上限制之事項，茲以實務見解為論述的基礎，作一比較分析。

　　**關鍵詞**：假交易、虛增營收、財報不實、應收帳款融資、原貨寄倉、虛增
　　　　　　　進項稅額、跳開發票

## 壹、案例事實

　　日前生產可錄式光碟片、TFT-LCD 導光板及其他電腦周邊設備之製造銷售的「激態科技公司」（下稱激態科技），由刑事局偵七隊偵查發現，激態科技為求能營造業績良好、美化帳面，以早日達到上市、上櫃的目標，竟涉嫌進行「假交易、真作帳」，其中三商電、聯強、精業等十多家電子公司被捲入，最後造成中信等四家銀行至少近三億元融資無法催討。激態負責人吳文智、副總經理談玉新，以及被警方懷疑是幕後金主的顧問陳光隆、採購專員陳春竹、李姓女會計等五人，涉嫌詐欺、背信、商業會計法等罪嫌，警方擬於近日將其函送檢方偵辦；另三商電協理張禧平、經理張育菁等人，將以關係人身分函送檢方調查[1]。

---

[1] 自由時報，「假交易，詐銀行三億」，第18版，2004年12月7日；聯合報，

　　激態科技是以借用三商電市場信用為由，由三商電出面訂貨。一開始，有幾筆金額數千萬的交易，三商電向聯強、精業等公司下訂單買貨，並完成交易，因而取得相關公司信任。接著在十六筆的交易中，激態科技繼續向三商電下單，再由三商電向聯強、精業、精技等多家公司訂貨，並由聯強等多家公司，向諾得科技、達致等公司下單，諾得等公司再向激態事先成立的子公司魔音、魔境、魔力等公司（下稱「魔家族」）買貨；三商電有時也會直接向諾得、達致購買。

　　警方查出，交易過程中，諾得、達致等公司曾拿著與知名電子公司簽下的交易合約書，向中信等多家銀行融資借款，做為付給「魔家族」的貨款，這筆款項便可能會流回激態手中。

　　整個交易過程牽涉多家電子公司，出貨方式卻以節省運費為為由，用「原貨寄倉」處理，亦即跳過中間的電子公司，由「魔家族」直接出貨給激態科技，惟警方查出，並無實際出貨的情形[2]。

　　然而，整個案子浮現檯面係由 2004 年 4 月間，刑事局偵七隊接獲三商電主動報案指稱，激態科技自 2003 年 8 月起，以手中握有近十億電腦產品與周邊設備的訂單，盼借「三商電」的市場信用之助，並指定由下游的諾得科技公司等向激態科技的子公司魔音、魔利、魔境及魔力等下單出貨。2003 年 11 月間，激態公司突然以貨品有瑕疵為由，拒絕付貨款，並要求退貨，因這是牽涉多家公司的交易行為，位於「上游」的激態不付錢，連帶使得三商電無法付貨款給下游廠商，形成「骨牌效應」，而三商電遂成為多家電子公司與融資借款銀行催討的眾矢之的，三商電只得報警[3]。

　　不過，讓警方懷疑有假交易存在的是，這十六筆訂單交易，由三商電以經銷商身分，分別與聯強、精業、勤鑫、精技等電腦供應通路商簽訂買

---

　　「激態假交易真詐財，想印股票換鈔票」，A9版，2004年12月7日；工商時報，「真合約、假交易、真貸款　詐術現形」，3版，2004年12月7日。

2　自由時報，「假交易，詐銀行三億」，第18版，2004年12月7日。

3　自由時報，「假交易，詐銀行三億」，第18版，2004年12月7日。

　　賣合約，不料，在警方調閱相關公司財報、會計帳冊與進出貨原料卷證，發現幾乎都是「假交易」帳目，並且疑從 2002 年起，數家公司之間即存在可疑假帳交易，作帳金額更高達二十多億元[4]。

　　警方進一步指出，激態科技是以「左手轉右手」掏空套利手法，操控「魔家族」進行假交易洗錢，這些假交易透過最上游的特定人士抽佣交易帳目報價的 3% 到 5% 套利，納入私人口袋[5]。

　　弔詭的是，激態一案牽連的上市公司三商電（2427）、精業（2343）、聯強（2347）、精技（2414）及金融機構中信金（2891）、華南金（2880）、遠東銀（2845）及台新金（2887）多表示並無損失，或者損失極微，形成一起看似乎沒有受害人的詐騙案[6]。

　　其中，三商電總經理唐起戡指出「當初稽核室發現該筆訂單有『過水』之嫌（指貨未送出，錢也未交易，僅開立發票，充業績），即主動取消所有相關交易，其中一億八千萬元銷貨已在 2003 年年報中退回，另五千六百萬元交易，也在 2004 年第一季季報消除，惟因這二筆交易都僅是『過水』，公司沒有付出勞務，事後也就不必提列相關成本的攤提。」[7]

　　精業則表示其與三商電之間交易往來多年，涉案交易係三商電總金額新台幣四千零五萬元的訂單，並指定供應商。及至三商電於 2004 年 2 月間屆期未支付貨款，精業發函催告後，三商電先於 2004 年 4 月 8 日回函稱貨物有瑕疵，2004 年 4 月 26 日發函指稱此無實質之交易，並拒絕支付此筆貨款。聯強、精技則均表示與三商電之間係一般交易關係，與激態科技及其關係企業沒有直接或間接業務往來。

　　相關金融機構除遠東銀行表示其於 2004 年 1 月 15 日接受激態科技之應收帳款讓售計一千五百七十五萬元，並已於 2004 年 5 月 10 日由買方精業公司支付貨款，結清該筆交易外，其餘銀行均表示與激態科技無任何應

4　中時晚報，「激態弊案，作假帳衝業績，掏空三部曲」，2版，2004年12月6日。

5　中時晚報，「操控魔家族，錢來錢去也」，2版，2004年12月6日。

6　工商時報，「看不到受害人的詐騙案」，3版，2004年12月7日。

7　工商時報，「激態使詐，到底誰著了道」，3版，2004年12月7日。

收帳款業務往來關係[8]。

# 貳、法律爭點

本案業於 2009 年 12 月 29 日經台灣高等法院判決，以部分涉案人士製作不實會計憑證，違反商業會計法第 71 條第 1 款規定，處以有罪判決[9]。本文茲以報載內容及判決揭露之涉案事實經過作為分析研究的基礎，並以簡化之交易流程表示意。

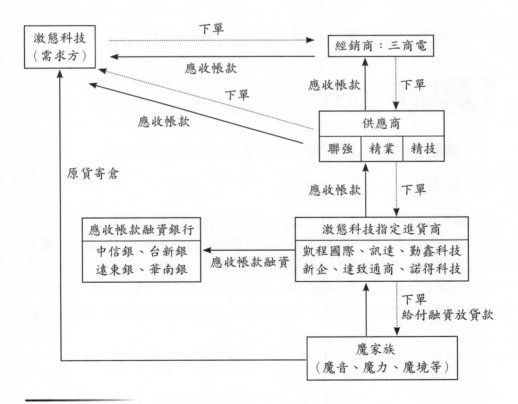

---

8　詳見公開資訊觀測站，http://newmops.tse.com.tw/。

9　詳見台灣高等法院98年度上重訴字第17號刑事判決、最高法院99年台上字第2962號刑事判決、臺灣高等法院99年金上重更(一)字第7號刑事判決。

　　激態科技係一未公開發行公司，原於 2004 年年初與華南永昌券商簽定輔導契約（券商解釋其僅為草約）後，計畫於 2005 年申請上櫃[10]，其所採之「假交易」手法，可以假業績讓公司股票上市上櫃，以達其自市場集資的目的。部分業者將它視為「正常商業活動」，甚至有業者認為是一種可美化公司帳目的「過水遊戲」，而下游的進貨商因取得上游廠商的買賣契約書，形同「大廠」背書，輕易就可取得銀行現金融資，相關人士並藉機收取佣金作為回扣，以圖私利[11]。惟融資銀行放款過程中，亦可能有控管不嚴，人為疏失等情事[12]，使有心人士有可趁之機，形成此一牽連廣大的商業糾紛。

　　由之，本案略分為下列三個方向：虛灌營收、應收帳款融資變現與廠商間原貨寄倉等系爭個案可能涉及之法律問題進行分析。

## 參、法律問題分析

### 一、虛灌營收，以假交易美化財報：過水遊戲玩不得

### (一) 激態科技及其下子公司

　　首先，在虛灌營收方面，激態科技為了美化財報以達其上市上櫃的目的，透過層層疊疊的進銷貨關係，最終並由其下魔家族子公司藉由「原貨寄倉」、未進行實貨交易之「買空賣空」模式以虛增交易營收。由於激態科技並非公開發行公司，無證券交易法的適用。然而，其於會計憑證上為不實記載，顯有違「商業會計法」規定商業行號「非根據真實事項，不得

[10] 經濟日報，「激態明年申請上櫃與華南永昌證券簽約今年獲利展望樂觀」，27 版，2004年2月21日。

[11] 聯合報，「手法很像博達掏空案　因原貨寄倉曝光無法交貨詐騙案破功」，A9 版，2004年12月7日。

[12] 台灣日報，「博達案翻版『激態』假交易銀行虧三億 激態以假買入輾轉至子公司魔音魔音以生產合約融資銀行控管不嚴疑為共犯」，2004年12月7日。

造具任何會計憑證，並不得在帳簿表冊作任何記錄。」之要求[13]，且依同法第 71 條、第 72 條之規定，商業負責人、主辦及經辦會計人員或依法受託代他人處理會計事務之人員製作、登載、登錄不實之會計憑證者，處五年以下有期徒刑、拘役或科或併科新台幣十五萬元以下罰金[14]。關此，台灣高等法院 98 年度上重訴字第 17 號刑事判決就相關涉案人員，包括該等公司之負責人、主辦人員等，經認定確有製作不實會計憑證之情事，而以上開法條論處之。

　　惟部分被告復提起上訴，經最高法院以 99 年度台上字第 2962 號刑事判決廢棄發回，嗣經臺灣高等法院以 99 年金上更（一）字第 7 號刑事判決撤銷原判決，另為有罪判決。

## （二）三商電等經銷、供應系爭交易之上市公司

　　關於三商電等數家經銷、供應系爭交易之上市公司是否涉及本件假交易形成財報不實的判斷上，固然，涉案公司均否認涉案，然而，由於整個交易流程相當制式化，不論經過幾手，最後訂單都能「巧合」地交到激態子公司的手中，起訴時部分上市公司發行人經檢方以違反證券交易法第174 條第 1 項規定予以起訴。依台灣高等法院 98 年度上重訴字第 17 號刑事判決，法院認為起訴書並未載明該等涉案事實，且亦無事證證明上市公司發行人知情共同參與，故不另論罪。惟為全面地探討企業財報不實的法律責任，本文僅假設性地以上市公司為假交易虛灌營收之法律責任作為分析基礎。

　　按上市公司為使投資者得以判斷、監督公司之營運，首重資訊之透明與客觀，強制其應為資訊揭露，並就資訊揭露的及時性[15]與真實性[16]均課

---

[13] 商業會計法第33條。

[14] 商業會計法第71條第1款規定，已於2006年5月24日修正公布，依修正後規定，違反本條規定，除處5年以下有期徒刑外、拘役外，得併科新台幣60萬元以下罰金。

[15] 參證券交易法第36條第2項。

[16] 參證券交易法第20條、第32條。

予其法律上的作為義務。

上市公司藉由假交易，得以虛增營收，透過財報的不實編製，進而誤導投資大眾。就此，除適用前開商業會計法的規定外，上市公司尚受證券交易法之規範。證券交易法第 20 條第 2 項規定：「發行人申報或公告之財務報告及其他有關業務文件，其內容不得有虛偽或隱匿之情事。」違者除依同條第三項，對於該有價證券之善意取得人或出賣人負損害賠償責任外，另依同法第 171 條、第 174 條第 1 項第 4、5、6 款及第 2 項，證券發行人及財務報告上簽章之經理人或主辦會計人員，以及出具意見書之律師、出具財務報告之會計師，均得以刑事責任繩之。

## 二、應收帳款融資變現：真詐財？

### (一) 何謂「應收帳款融資」？

#### 1. 定義

根據國際應收帳款承購公約（the Convention on International Factoring），1988 年私法統一國際協會 UNIDROIT Convention on International Factoring（Ottawa, 28 May 1988）渥太華會籌定義：「國際應收帳款承購公約」第一條第二款、第三款商品（勞務）供應商將依買賣合約所產生之應收帳款所有權轉讓予應收帳款承購商（Factor），但不包括私人與家計部門購買所產生之應收帳款債權。在賣方將債權移轉給 Factor 之事實發生，並且已通知債務人為前提下，Factor 提供至少下列兩項服務，則為 Factoring：

(1) 針對轉讓之銷貨債權提供資金。

(2) 應收帳款之帳務管理。

(3) 應收帳款之催款收帳服務。

(4) 承擔買方信用風險。

我國國內應收帳款承購業務方面因主管機關、銀行公會等相關單位尚未訂定統一操作規範，因此一般比照上述國際應收帳款承購公約之定義[17]。

---

17 王建忠，國內應收帳款承購業務（Factoring）介紹，資料來源：http://lottery.

## 2. 種類

### (1) 有追索權（With Recourse Factoring）應收帳款管理契約[18]

Factor 承購賣方之應收帳款債權後，若買方因財務因素到期無法付款時，不論任何原因，Factor 可要求賣方買回債權，並償還預支價金本息。

### (2) 無追索權（Without Recourse Factoring）應收帳款管理契約

Factor 買斷賣方應收帳款債權，於買賣雙方無商業糾紛情況下，承措買方信用風險。

## 3. 定性

對於應收帳款融資交易及簽訂之應收帳款管理契約之法律性質，可分為債權買賣契約說與有擔保消費借貸契約說。一般而言，無追索權應收帳款管理契約其性質屬於債權買賣關係；有追索權（With Recourse Factoring）應收帳款管理契約則為有擔保消費借貸契約[19]。

## (二) 假交易、真融資之法律責任

由於激態科技指定的進貨商諾得、達致等公司以其與涉案公司簽下的買賣交易合約書，向中信等四家銀行融資達三億元，其後激態科技以貨物有瑕疵為由，拒不給付貨款，造成上游廠商三商電等遭受銀行追繳融資款。就此，可能涉及之法律責任如下：

### 1. 一般商業糾紛

若係附有買回權或賣回權條款之有追索權應收帳款承購契約，應收帳

---

hncb.com.tw/monthly/mon001/00105.pdf，最後瀏覽日期：2005年1月30日。

另外，依財政部(92)台財融（五）字第0928010422號函表示銀行辦理應收帳款承購業務適用銀行法第32條、第33條、第33之1、第33條之2及第33條之3之規定。

[18] 基於應收帳款融資交易所簽訂之契約，學說上稱之為「應收帳款管理契約」，見張道周，應收帳款管理契約之研究，國立台灣大學法律學研究所論文，頁4，2001年。

[19] 林靖揚，指鹿為馬，自交易第三人之角度探討以金融資產為標的之融資契約之定性問題，國立台灣大學法律學研究所論文，頁82-87，2004年；張道周，應收帳款管理契約之研究，國立台灣大學法律學研究所論文，頁90-91，2001年。

款承購銀行固得請求應收帳款賣方買回貨款債權，縱係無追索權應收帳款承購契約，則因該筆貨款債權買賣雙方出現貨物瑕疵之商業糾紛，以致買受人拒絕給付貨款，應收帳款承購銀行自得以應收帳款賣方違反應收帳款承購契約為由解除契約，請求其返還前所給付之融資款。

惟可資疑義的是，貨物買受人若以貨物有瑕疵為抗辯拒絕給付貨款予應收帳款承購銀行，其抗辯是否有理由？

由於應收帳款融資，須將賣方對於買方之貨款給付請求權讓與（無追索權應收帳款管理契約）或設質（有追索權應收帳款管理契約）予應收帳款融資銀行，因此民法債權讓與的規定有其適用。依民法第 299 條第 1 項之規定（權利質權依同法第 902 條之規定，準用之）：「債務人於受通知時，所得對抗讓與人之事由，皆得以之對抗受讓人」。亦即賣方將讓與貨款給付請求權之情事通知買方時，買方不因債權移轉處於較不利之地位，得將原本得對賣方主張之抗辯事由，以之對抗應收帳款融資銀行。由上觀之，倘賣方未依約給付貨物或為瑕疵之給付，買方得以之作為抗辯事由對抗應收帳款融資銀行，則應收帳款融資銀行僅得依據應收帳款管理契約向賣方主張權利。

### 2. 涉及假交易、真詐財

按「意圖為自己或第三人不法之所有，以詐術使人將本人或第三人之物交付者或得財產上不法之利益或使第三人得之者」為刑法所規範之詐欺罪[20]，亦即行為人以欺罔的方法，使本人或第三人陷於錯誤而為物之交付或行為人、第三人因之獲得財產上不法之利益者該當之。

根據警方的查證，激態科技與其子公司之間，並無任何實貨的交付，僅係以假交易的方式美化財報，整個交易環節若無人支付貨款，自無所謂財產上損害。惟諾得、達致通商等公司持其與買方電子公司之交易契約向中信銀等四家銀行為應收帳款融資，隨後買方以貨物瑕疵（或未實際出貨）為由，拒絕給付銀行方貨款，造成銀行方追繳融資款無門的困境。

若本案僅為一般商業糾紛，銀行方固僅得循一般民事法律途徑救濟

---

[20] 刑法第339條。

之，然而，倘涉案人明知非實貨交易，貨款請求權根本不存在，卻仍透過一連串的交易安排，使應收貸款融資銀行誤信貨款請求權的存在並進以撥付融資款予諾得、達致通商公司，則與詐欺罪之要件相符。判斷本案是否涉及詐欺罪的難處在於犯罪故意難以證立，此處行為人是否僅限於激態科技及其子公司之相關人員，抑或擴及整個交易環節之經銷、供貨商，應從整個交易流程、進出貨文件細部求證之。至於，應收帳款融資銀行辦理本案之相關內部人員是否存在共謀故意而為詐欺罪共犯，亦甚值關注[21]。

　　倘涉案人員果有詐欺取財之情事，則應收帳款融資銀行得依據公司法第 23 條第 2 項，請求公司負責人與公司負連帶損害賠償之責；對於非公司負責人之相關涉案人員，亦得依據民法第 184 條第 1 項後段主張損害賠償。

## 三、原貨寄倉，統一發票怎麼開？有無虛增進項稅額？

　　自假交易衍生的是，進銷貨雙方並無實質交易，然而，透過偽造的交易憑證一方面影響財報編製的正確性，同時也牴觸了稅法的規定。

　　我國營業稅以加值型營業稅為主，毛額型營業稅[22]為輔；前者僅就賣價超過買價的部分課稅，後者則以銷售總額課稅。加值型營業稅的課徵方式可以分為稅基相減法，亦即以進、銷項差額[23]乘以稅率為應納之加值稅額；稅額相減法，亦即進銷項分別乘以稅率，再以銷項稅額減去進項稅額，為其應納稅額，我國係採後者。買方除支付貨價外，尚須支付賣方之

---

[21] 本案應收帳款融資銀行之內部人員倘有收取佣金回扣，與涉案融資廠商共謀，不當承作應收帳款融資業務者，則涉及銀行法第35條「收受不當利益」之禁止規定，應依同法第127條論以刑事責任；另就其違背職務，致生損害於銀行利益之行為，銀行法第125之2條亦特別設有背信罪之規範，併此說明之。

[22] 適用毛額型營業稅為金融保險業、特種飲食業以及小規模營業人。詳見：王建煊，「租稅法」，頁473-474，作者自版，25版，2003年8月。

[23] 「進項」係指所有因銷售貨物或勞務而發生之成本或費用；銷項係指所有銷售貨物或勞務的行為。進項乘以稅率即為進項稅額；銷項乘以稅率即為銷項稅額。

銷項稅額，再以之作為進項稅額，用以抵減將來之銷項稅額[24]。

　　由於進項稅額得以部分或全部扣抵銷項稅額，並以溢額留抵銷項稅額或辦理退稅，是以，營業人可能利用虛報進項稅額等方式，以規避營業稅賦。虛報進項稅額的態樣，約可分為三類，虛列不得扣抵之進項稅額、無進貨事實者以及偽造變造之進項稅額[25]。

　　在激態一案中，由於激態子公司魔家族根本未交付實貨予激態科技，倘有藉此開立統一發票，虛增進項稅額情事者，即應依稅法相關規定論處。以下，細分其可能的態樣論述之：

## (一) 無進銷貨事實，虛報進項稅額

　　若整個經銷、供貨的交易環節中從未有任何進貨事實，僅透過帳面上之交易流程計算進銷項稅額，即屬虛報進項稅額，並逃漏稅款。該虛報進項之營業人除應依刑法第216條行使偽造文書罪及稅捐稽徵法第41條「納稅義務人以詐術或其他不正當方法逃漏稅捐者，處五年以下有期徒刑、拘役或科或併科新台幣六萬元以下罰金。」之規定論處外，並應依營業稅法第19條第1項第1款[26]及第51條第5款[27]規定補稅並處罰[28]。

## (二) 無進銷貨事實，循環開立發票

　　若整個交易流程，形成激態科技與中間經銷、供應商及激態科技子公司魔家族以循環進銷貨方式開立發票製造假營收，並申報扣抵銷項稅額，

[24] 王建煊，「租稅法」，頁473-480，作者自版，25版，2003年8月。

[25] 林隆昌，「個人及企業節稅」，頁191-192，作者自版，1997年4月。

[26] 加值型及非加值型營業稅法第19條第1項第1款規定：「營業人左列進項稅額，不得扣抵銷項稅額：一、夠進之貨物或勞務未依規定取得並保存第33條所列之憑證者。」

[27] 加值型及非加值型營業稅法第51條第5款規定：「納稅義務人，有左列情形之一者，除追繳稅款外，按所漏稅額處一倍至十倍罰鍰，並得停止其營業：⋯五、虛報進項稅額者。」

[28] 惟關於行為法與漏稅罰，經司法院大法官釋字503號解釋，係採「擇一從重」的處罰原則。

是否應論處營業稅法第 51 條第 5 款規定？依據司法院大法官會議釋字 337 號之解釋，應以納稅義務人有虛報進項稅額，並因而逃漏稅款，始得據以處罰。就循環開立發票而言，倘進銷貨廠商就其循環交易之進、銷稅額總和等於零，則依上開司法院解釋意旨觀之，無漏稅即不處罰，是以，無庸論處漏稅罰[29]。另可參財政部於 2009 年 12 月 7 日作成台財稅字第 09804577370 號函表示，營業人以不實進項稅額憑證申報扣抵銷項稅額，而觸犯加值型及非加值型營業稅法第 51 條第 5 款規定之案件，參照司法院釋字第 337 號解釋意旨，應以虛報進項稅額之營業人是否逃漏稅款為處罰要件，與開立憑證者之營業稅申報繳納情形無涉[30]。

### (三) 有進貨事實者，以虛設行號發票申報扣抵

然而，若是中間的經銷或供貨商（無論是三商電或聯強等電子公司）實際供貨，然而卻由魔家族負責出具發票憑證，則：

進貨部分：進貨方因未取得實際銷貨人出具之憑證，而虛報進項稅額，應依營業稅法第 19 條第 1 項第 1 款、第 51 條第 5 款及稅捐稽徵法第 44 條補稅及擇一從重處罰。惟依 2008 年 8 月 13 日修正通過後之稅捐稽徵法第 44 條第 1 項但書規定[31]，倘進貨方得舉證說明實際銷貨之營業人，

---

[29] 林隆昌，「個人及企業節稅」，頁205-211，作者自版，1997年4月。

[30] 財政部於2009年12月7日台財稅字第09804577370號函：「

　一、營業人以不實進項稅額憑證申報扣抵銷項稅額，而觸犯加值型及非加值型營業稅法（以下簡稱營業稅法）第51條第5款規定之案件，參照司法院釋字第337號解釋意旨，應以虛報進項稅額之營業人是否逃漏稅款為處罰要件，與開立憑證者之營業稅申報繳納情形無涉。

　二、營業人以不實進項稅額憑證申報扣抵銷項稅額之案件，如經查明有進貨事實者，應依營業稅法第19條第1項第1款、第51條第5款及稅捐稽徵法第44條規定補稅及擇一從重處罰；如經查明無進貨事實者，除依營業稅法第15條第1項、第3項及第51條第5款規定補稅處罰外，倘查獲有以詐術或其他不正當方法逃漏稅捐之事證，應依本部95年2月6日台財稅字第09504508090號函發布「稅捐稽徵法第41條所定納稅義務人逃漏稅行為移送偵辦注意事項」規定移送偵辦刑責。」

[31] 稅捐稽徵法第44條第1項但書規定：「但營利事業取得非實際交易對象所開立

且該實際銷貨之營業人亦按相關稅法規定而受處罰，則進貨方將因該當稅捐稽徵法第44條規定，而予免罰。

因虛設行號係專以出售統一發票牟取不法利益為業，並無銷貨事實，故就其開立不實統一發票幫助他人逃漏稅部分，係屬違反稅捐稽徵法第41條規定，而應處以刑事責任。

### (四) 有進貨事實者，銷貨營業人之前手跳開發票

所謂「跳開發票」，是指銷售廠商向其上游供貨商進貨時，未依規定取得發票，或要求上游供貨商，直接將發票開給銷售廠商所指定的企業[32]。在此案中，若魔家族並非虛設之行號，而係實際供貨廠商之上游供貨商，並由魔家族開立發票憑證者：

於此等跳開發票情形，進貨人取得銷貨人以外之營業人所開立之發票申報扣抵，因進貨之一方，未取得直接銷貨人出具之憑證；銷貨之一方，未出具憑證予其直接進貨人，故涉案之進、銷貨方均依營業稅法第19條第1項第1款、第51條第5款及稅捐稽徵法第44條規定補稅並擇一從重處罰。然而，若符合上述稅捐稽徵法第44條第1項但書規定之情形，則實際進貨人得免以處罰。

## 肆、結論

綜合上述，雖然業界將假交易視為虛增營收、美化財報甚至便利融資、規避漏稅的一項利器，進而稱其為「過水遊戲」。然而，這樣的流程安排，過度膨脹公司營運能力，一方面誤導投資大眾，另一方面也使業者著重在財務槓桿的運作，而疏忽公司本業的經營，進而使得公司有名無

---

之憑證，如經查明確有進貨事實及該項憑證確由實際銷貨之營利事業所交付，且實際銷貨之營利事業已依法處罰者，免予處罰。」

[32] 資料來源：http://www.taxresearcb.org.tw/weeklynews/92/fax_92027.htm，最後瀏覽日期：2005年1月30日。

實，逐步衰敗。是以，上開論述之法律責任，仍將視具體事實靈活運用，期收懲戒之效，惟實質面仍有賴業者自律，專注於本業經營，始為良策！

# 參考文獻（依作者姓氏筆劃遞增排序）

## 一、專書論著

1. 王建煊，「租稅法」，作者自版，25 版，2003 年 8 月。
2. 林隆昌，「個人及企業節稅」，作者自版，1997 年 4 月，

## 二、期刊論文

1. 林靖揚，指鹿為馬，自交易第三人之角度探討以金融資產為標的之融資契約之定性問題，國立台灣大學法律學研究所論文，2004 年。
2. 張道周，應收帳款管理契約之研究，國立台灣大學法律學研究所論文，2001 年。

## 三、報紙（依刊名之筆劃遞增排序）

1. 工商時報，「真合約、假交易、真貸款　詐術現形」，3 版，2004 年 12 月 7 日。
2. 工商時報，「看不到受害人的詐騙案」，3 版，2004 年 12 月 7 日。
3. 工商時報，「激態使詐，到底誰著了道」，3 版，2004 年 12 月 7 日。
4. 中時晚報，「激態弊案，作假帳衝業績，掏空三部曲」，2 版，2004 年 12 月 6 日。
5. 中時晚報，「操控魔家族，錢來錢去也」，2 版，2004 年 12 月 6 日。
6. 台灣日報，「博達案翻版『激態』假交易銀行虧三億激態以假買入輾轉至子公司魔音魔音以生產合約融資銀行控管不嚴疑為共犯」，2004 年 12 月 7 日。
7. 自由時報，「假交易，詐銀行三億」，18 版，2004 年 12 月 7 日。
8. 自由時報，「受害公司　疑有內鬼，警方不排除內部有人與激態掛勾收取佣金回扣」，第 18 頁，2004 年 12 月 7 日。

9. 經濟日報,「激態明年申請上櫃　與華南永昌證券簽約　今年獲利展望樂觀」,27 版,2004 年 2 月 21 日。

10.聯合報,「激態假交易真詐財,想印股票換鈔票」,A9 版,2004 年 12 月 7 日。

11.聯合報,「手法很像博達掏空案　因原貨寄倉曝光無法交貨　詐騙案破功」,A9 版,2004 年 12 月 7 日。

四、網路資料

1. 公開資訊觀測站,〈http://newmops.tse.com.tw/〉。

2. 司法院法學資料檢索系統,http://jirs.judicial.gov.tw。

3. 王建忠,國內應收帳款承購業務(Factoring)介紹,〈http://lottery.hncb.com.tw/monthly/mon001/00105.pdf〉。

4. 台灣省稅務研究會,會員傳真通訊,〈http://www.taxresearchorg.tw/weeklynews/92/fax_92027.htm〉。

# 第九章　科技公司引爆地雷效應
## ——博達案

羅惠雯

羅惠雯

國立中正大學法學士，

私立東吳大學法律研究所民商法碩士。

現爲板橋地方法院法官。

# 摘要

　　財務報表是會計工作最後之成品，需經過會計師查核簽證，其目的在於適時表達企業之財務狀況、經營成果、現金流量及業主權益變動等事項，因此，許多投資大眾或主管機構皆從企業各種財務報表中，獲悉各項經營情報，作為投資、管理的依據。惟「船可以載舟，亦可覆舟」，有些企業經營者看準此點，意圖虛增營收、美化財務報表，以假銷貨方式達到高獲利的財務外觀，甚至創造巨額現金存款的假象，卻隱匿存款早已被凍結的事實，讓投資大眾從不實的財務報表上悉獲錯誤的資訊，而我國爆發的「博達案」即是其中最典型的例子。

　　本文首先說明「博達案」的發展過程，並提出事實爭點，以了解企業如何藉由虛灌應收帳款、海外人頭公司之設立、海外可轉讓公司債（ECB）之發行以及信用連結債券（CLN）之認購等等財務操作手法，達到掏空公司資產之目的。其次，分析「博達案」的法律問題，第一，由於本案引爆點在於博達科技公司提出公司重整之聲請，所以就公司聲請重整之法律關係加以探討；第二，並針對本案關係人因為從事企業舞弊等不法行為所海外可轉讓公司債（ECB）之發行以及信用連結債券（CLN）應負之法律責任，尤以違反證券交易法所規範的財報不實、內線交易、操縱股市、使公司為不利益交易等之行為最為嚴重。最後，擬提供投資人觀察財務報表的應有的認知，瞭解企業利用不實財報矇蔽社會的技倆，俾能從經驗中獲得預防企業「詐術」的正確認識。

關鍵字：博達科技、重整、財報不實、假銷貨、虛灌營收、應收帳款、海外可轉讓公司債（ECB）、信用連結債券（CLN）、債務擔保、內線交易

# 壹、前言

2004年下半年接二連三地揭露出許多駭人聽聞的金融犯罪案件，台灣股市與企業間各個瀰漫著一股緊張氣氛，「博達案」可說是這種陰霾氣候裡飄進的第一片烏雲。

2004年6月15日博達科技股份有限公司（股票編號：2398／下稱博達公司）宣布，因無法償還三年前募集而於2004年6月17日到期的海外可轉換公司債29.8億元，撤回原定發行的全球存託憑證（GDR）[1]，並且無預警地向臺灣士林地方法院聲請重整，影響層面甚廣，許多投資人與債權人根本無法接受這樣的決定。

博達公司於2004年第一季財務報表顯示，還有帳上現金63億元，即使其所發行的全球存託憑證未能募集到5千萬美元，照理也有能力償還29.8億元的債務，何以聲請公司重整，況且如果真的發生公司債即到期應贖回而無法償還情形時，普遍而言，一般公司會先與債權人進行協議而不會直接選擇向法院重整，以避免因重整而其融資銀行立即抽脫銀根之困境，因此博達公司負責人向法院聲請重整之做法引起投資人與金融機構不解，進而引發證券暨期貨市場發展基金會（下稱證期會）關注，將著手清查博達公司發生資金缺口的原因以及公司債轉投資情況有無益狀，一連串的偵調展開後，隨即爆發媒體所謂的「博達案」[2]。

---

[1] GDR 英文全名為 Global Depositary Receipts，是指國際性的存託銀行（Depository Bank）為原本已在本國發行的股票，在外國發行的交易憑證。持有存託憑證等於擁有公司的有價證券（即股票），至於所表彰的有價證券則由存託銀行委託保管銀行代為保管，至於股利則透過保管銀行交給發行 GDR 的外國存託銀行，該外國存託銀行再將這些以外幣計價的股利轉換成該國貨幣後，發給當地的 GDR 投資人。參酌王文宇，「新金融法」，頁351-357，元照出版有限公司，2003年1月。

[2] 參酌詹惠珠，博達公司聲請重整將改全額交割，經濟日報，2004年6月16日，1版；馬淑華，博達公司資金缺口多少？證期會清查，經濟日報，2004年6月16日，2版；高潔如，60億現金蒸發？博達公司神話幻滅，聯合晚報，2004年6月

# 貳、本案事實

## 一、經過

### （一）博達公司出生

博達公司（2398）成立於 1991 年 2 月 25 日，其主要營業內容為衛星通訊及無線通訊相關產品多媒體介面卡，IEEE1394、USB2.0 系列產品及電子組、掌上型電腦等，成立之出資本額僅有五百萬元，於後資本額持續增加，至 2004 年已增至 4,631,201,410 元，期間以生產砷化鎵磊晶成為當時的科技新貴，並於 1999 年 12 月以 11 億多元股本成功上市，每股股價曾高達 368 元，乃證券市場上的當紅炸子雞。但在博達公司這些光輝的一面背後，其實隱藏了不少危機，終釀博達公司早晚成為「地雷股」的足跡。

### （二）博達案概述

「博達案」重要主角之一，乃博達公司董事長葉素菲女士[3]，媒體披露葉素菲涉嫌與公司內部管理階層人員利用「虛設海外子公司為假銷貨流程」、「發行海外可轉換公司債」、「出售應收帳款」、「編編制不實財報」、「內線交易」等手方挪用公司資金，掏空公司資產。

博達公司自 1994 年開始即與部分集團企業，進行虛買虛賣的交易，使得營收在短期內大幅激增，並虛列外銷金額，除藉該買賣發票以借貸名義套取行庫資金外，同時據以編制不實公開說明書申請上市[4]，於後，葉素

---

16 日，2 版；詹惠珠，博達公司真的需要重整嗎？，經濟日報，2004 年 6 月 23 日，2 版。

3　台灣博達公司科技董事長，學歷為比利時魯汶大學經濟碩士，其夫乃國票金控董事長林德華。

4　參酌邱金蘭，金管會:博達公司上市前即違法交易，經濟日報，2004 年 10 月 25 日，A6 版。

菲等人與供應商聯手更發展出極為精緻的圈錢手法，在海外設立子公司，再將一些沒用之瑕疵品，出貨給這些虛設的子公司虛增業績，子公司再將這批貨原封不動的寄給博達公司台灣的原料供應商。最後原料供應商，再把這批貨當作買給博達公司的原料，完璧歸趙給博達公司[5]。正所謂「其來來去去都是同一批貨，連標籤都未更換過。」

　　上市以來博達公司除了重施故技，不斷作假帳進行假交易，以維持營收大幅成長的假象外，還數度辦理現金增資以及發行海外可轉換公司債（ECB）[6]。博達公司於 2003 年 10 月在資金不足陰影下，順利發行 5 千萬美元的海外可轉讓公司債（ECB），發行期間五年，轉換價格 15.9 元，皆由博達公司海外虛設子公司承購，並於 2003 年 12 月 26 日該承購人將所有海外可轉讓公司債（ECB）全部轉換成普通股份，並透過此些子公司在台證券香港分公司證券帳戶於集中市場出脫持股，期間所獲得的資金則匯到國外與與葉素菲有關的銀行帳戶，其中 1 千萬美元再利用管道匯回國內，由國內的 6 個帳戶購買博達公司股票，

　　並將股東權利委託葉素菲行使，藉以鞏固葉素菲在博達公司的經營權[7]。此外，海外可轉讓公司債（ECB）發行後到承購人出脫持股期間，博達公司董事更決議實施庫藏股，放出實施故藏股之重大訊息有利拉抬股價，讓以施行轉換股權之原公司債債權人得以高價出售股票，乃違反內線交易之禁止[8]。

　　要追查「博達案」帳上 63 億元為何憑空消失，其中主要關鍵於博達

---

[5] 2001 年以後，博達公司砷化鎵晶片實際生產和虛增比例達一比七，最後灌水太嚴重，砷化鎵晶片產量甚至超過全球需求。參酌天下雜誌，2004 年 9 月 15 日，特別企劃，頁 70-71。

[6] 我國企業發行 ECB 逐年升溫，為了促進資本市場國際化及自由化，與便利我國企業赴海外募集資金，證期會於七十八年開放上市（櫃）公司得募集發行海外公司債。而近幾年，國內企業到海外籌資已成趨勢，財政部統計顯示，去年企業到境外籌資金額，超過七千億元，比前年增加七成以上。參閱歐宏杰，集保月刊第 123 期，2004 年 2 月 15 日出版，頁 5。

[7] 參酌林長順，台灣日報，2004-10-25。

[8] 參酌陸倩瑤，博達案疑掏空葉素菲涉刑責，聯合報，2004 年 7 月 16 日，A5 版。

公司與其銀行存款之外國銀行間的資金流向，從財務報表表面上看來，博達公司於 2001 年有 16 億元帳上現金及銀行存款，2002 年有 41 億元，2003 年有 54 億元，2004 年第一季則有 63 億元，此些存款並未有任何附註表示其動用受到限制，會計師或一般大眾便以為博達公司擁有足夠之現金，但實際上，這些銀行存款之定存單早被公司用於擔保博達公司海外子公司的債務而受到限制，故帳上現金或存款根本無法如常運用，一旦所擔保之海外子公司或博達公司發生信用問題，外國銀行便可主張用該筆存款代償，並解除其與博達公司之存款合約，博達公司帳上存款一夕之間並消失無蹤[9]。此利用外國銀行配合作帳未附註存款動用限制屬報表揭露不實誤導投資人，藉以掏空公司資產。

## 二、「博達案」關係人

| 姓名 | 職稱 | 附註（時間/民國） |
|---|---|---|
| 葉素菲 | 博達公司董事長兼總經理 | |
| 林德瑞 | 國票董事長（葉素菲夫婿） | |
| 葉孟屏 | 博達公司副董事長（葉素菲胞弟） | |
| 葉孟川 | 博達公司金融資源中心協理（葉素菲胞弟） | 2003年7月~2004年3月26日 |
| 林世隆 | 博達公司金融資源中心主管（91/12任財務長） | 2002年10月~2003年7月22日 |
| 謝世芳 | 博達公司副總經理（91/02任財務長） | 1998年3月~2002年9月20日 |
| 邱文智 | 82年起負責博達公司採購；93年起博達公司進出口部經理 | 2004年3月起 |
| 石招叔 | 博達公司進出口部經理 | 1991年1月~93年3月 |
| 徐清雄 | 博達公司財務協理（90/08前任財務長） | 1997年11月~2001年8月 |
| 徐清雄/謝世芳/林世隆/賴哲賢/ | 掌管博達公司財務、會計事務 | |
| 彭進坤 | 博達公司副董事長/光電事業中心副總經理 | |

---

9　參酌陳伯松，從博達公司看整體會計環境，會計研究月刊，2004年8月，頁54-60。

| 姓名 | 職稱 | 附註（時間/民國） |
|---|---|---|
| 謝哲賢 | 博達公司副董事長/博達公司金融資源中心主管 | |

## 參、本案重點

　　近十年走上全球化競爭時代，企業市場部分移置海外，紛紛在海外籌集資金，面臨這樣新的環境，企業開始用複雜手法，大玩財務操作，而「博達案」就是 2004 年一連串金融犯罪的首爆點，其變相挪用公司資產達到掏空公司財產之新穎手法，就連會計的專業人士也無法招架，在美化後的財務報表下隱藏了不為人知的企業舞弊。為了讓投資人、社會大眾能多方獲得資訊，以彌補財務報表先天不足的闕漏，彙整士林地方法院檢察官起訴書之事實，逐步透視「博達案」之內幕，以了解企業財務手法，因此本文將於下列解說「博達案」的事實爭點及其慣用操作之金融手法，擬供社會大眾參考。

### 一、假銷貨與虛灌應收帳款

　　假銷貨流程涉及博達公司在美三家子公司，以及在香港的五家子公司，與七家原料供應商。

### （一）說明[10]

1. 葉素菲在美國加州虛設三家海外人頭公司，分別為 Dud Lab Inc.、Dynamic 公司、Landeorld 公司（下稱美國加州三家人頭公司）。
2. 葉素菲指示石招叔以個人名義在香港成立五家海外人頭公司後，公司負責人變更為邱文智，分別為 Emperor Technology Ltd.、Kingdom Award Co.、Farstream Co. Ltd、Marksman Trading Co. Ltd、Fansson Lake Ltd

---

[10] 整理自台灣士林地方法院檢察署邱智宏檢察官於民國 2004 年 10 月 22 日之起訴書。

（下稱香港五家人頭公司）。

3. 在博達公司負責人等人指示下，由美國加州三家人頭公司以及香港五家
　人頭公司分別對博達公司下訂單，博達公司相關職員開具銷貨單、製作
　不實發票，將公司瑕疵品出貨給這些海外人頭公司，以此方式製造博達
　公司會計帳冊上之營業額，創造博達公司對人頭公司之應收帳款（A.
　R.）[11]，高達 141 億元。

4. 另一方面，博達公司藉由人情、業務壓力以及支付一定利潤為條件，串
　結七家原料供應商進行假訂貨行為，七家原料供應商分別為恩雅、麟
　達、瑞成、荃營、總和、鈦和、強千公司（下稱七家供應商）。這七家
　供應商虛偽向前述香港五家、美國三家人頭公司下訂單進口貨品，而由
　此等海外人頭公司將之前博達公司出貨到香港的瑕疵品原封不動地轉運
　給上開 7 家台灣原料供應商，作為確有出貨之證明[12]。

5. 同時，上開七家台灣供應商再虛偽將原料賣給博達公司，進而把上述到
　手的瑕疵品載運回博達公司，充作博達公司之進口貨及原料，即形成一
　個完美的循環交易，而所載運交易之物品皆為同一批，原出自於博達公
　司之商品。此外，理論上博達公司應給付給供應商的貨款，則由供應商
　提供銀行帳戶及印鑑交予博達公司內部人士，讓博達公司資金匯入非自
　己名下之帳戶，再由此帳戶將該筆資金轉出至香港五家人頭公司之香港
　匯豐銀行帳戶，而博達公司對海外人頭公司即取得帳上應收帳款，而未
　實際取得資金即現金，形成博達公司資產掏空之結果。

---

[11] 廣義的應收帳款，係泛指稱對他人收取金錢、貨物、或勞務請求之權利。一般
　係指近期內可以收取之金錢債權而言，最常見的乃源於交付商品或提供勞務而
　發生者，主要有下列三種：1.應收帳款 2.應收票據 3.應收收益。而狹義的應收
　帳款，係專指與客戶交易所發生之客帳，實際上係泛指各種型態之金錢債權，
　且未必附有特定的支付承諾。係一種信用債權，其本身是無形的而存於公司與
　客戶之信用關係上。

[12] 參酌經濟日報，劉俊谷，「博達案葉素菲求刑 20 年罰金 5 億」，A2 版，2004 年 10
　月 26 日。

## (二) 圖形解說[13]

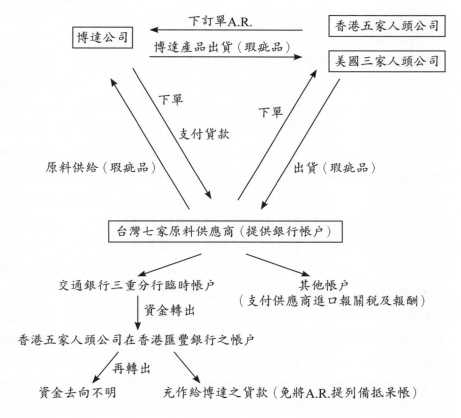

## 二、利用應收帳款融資以美化財報

### (一) 說明[14]

1. 本案涉及外國銀行澳洲共和銀行（Comnonwealth Band）及其子公司 Ctb Australia Ltd.（下稱 Ctb 公司）。
2. 葉素菲等公司負責之人指示邱文智以其個人名義在英屬維京群島（BVI）登記設立 Aim Global Finance Ltd.（下稱 Aim Global 公司）。

---

[13] 簡化「說明」敘述，彙整流程圖。

[14] 整理自台灣士林地方法院邱智宏檢察官民國93年10月22日之起訴書。

3. 博達公司利用虛增後之應收帳款作為融資的工具，以九折價格出售上開香港五家人頭公司的應收帳款，給澳洲共和銀行之子公司 Ctb 公司，款項共為 4,500 萬美金。

4. 由博達公司、澳洲共和銀行與 Ctb 公司三方成立的附有條件之買賣契約；條件為：(1) 要求博達公司在澳洲共和銀行內開戶，並將出售應收帳款的價金 4,500 萬美金存入該銀行的定期存款戶頭。約定由 Ctb 公司將先前買得之應收帳款轉售給海外空殼 Aim Global 公司之後，博達公司須以其在澳洲共和銀行的 4,500 萬美金存款認購 AimGlobal 公司以前開應收帳款所發行的應收帳款債券。一旦 AimGlobal 公司或博達公司發生信用問題，澳洲共和銀行即可以交付 AimGlobal 公司所發行的應收帳款債券予博達公司作為清償其對博達公司之存款債務。

5. 因此博達公司出售應收帳款所獲得的 4,500 萬美金，雖存入銀行中，但根本不得自由運用該款項，僅在 Aim Global 公司全數交付應收帳款價金給 Ctb 公司後，博達公司使得動用該筆存款。

6. 定性博達公司與銀行三方成立之應收帳款買賣契約，係將應收帳款之所有權移轉於客帳融資人（銀行）並為債權移轉，而屬「客帳融資人有追索權」之情形，亦即在上開香港五家人頭公司屆時不能償付帳款時，博達公司應代償還給銀行。而另一方面澳洲共和銀行為避免應收帳款收不回來，與博達公司則又成立貸款協議契約 [15]，並於貸款協議契約中明訂「債權債務抵銷合約」[16]，一旦有債務糾紛或信用不佳問題時，銀行即可行使債權債務抵銷權，以博達公司在該銀行之存款先償付博達公司對銀行之債務，此動作稱之為抵銷（offseting），如此一來，即使博達公司

---

[15] 貸款協議中的主要條款有以下幾種 1.提款；2.貸款用途；3.貸款本金的償還；4.轉讓；5.貸款利率；6.貸款費用；7.費用增加的補償條款；8.消極保證條款；9.違約條款、交叉違約條款；10.適用法律、法院管轄條款；11.放棄主權豁免條款；12.情勢變更條款；13.抵銷條款；14.稅收條款以降低貸款成本；15.其他約定事項。

[16] 抵銷條款通指借款人出現不按期還本付息的違約行為時，貸款人有權從借款人在該銀行所開立的存款帳戶中主動扣收有關款項。

股東聲請法院查封該筆銀行存款，查封通知尚未到達銀行，該筆存款即因存款銀行行使抵銷權（offseting）而消失。

## (二) 圖形解說[17]

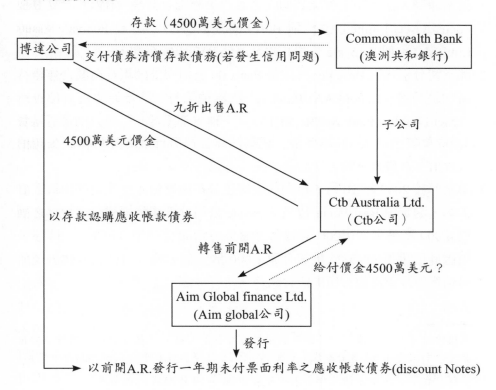

## 三、發行海外可轉讓公司債（ECB）與操縱股市

博達公司於 2003 年 10 月發行 5,000 萬美金之無擔保的海外可轉換公司債（ECB）[18] 封以募集資金，該次發行由華南永昌綜合證券公司負責承

---

[17] 簡化「說明」敘述，彙整流程圖。

[18] ECB（European Convertible Bond，海外可轉換公司債），係指附有轉換股票權利的公司債，可轉換公司債之持有人於公司債存續期間內，得選擇是否依約定條件將持有之債券轉換為標的公司之股票，故兼具債及股權之性質。為海外債券與可轉換公司債的結合，也可以說是一種可轉換為國內股票，依外幣計價在國外流通

銷。

## (一) 說明[19]

1. 葉素菲等人指示邱文智以其個人名義在英屬維京群島（BVI）設立 Best Focus Assets Limited（下稱 Best Focus 公司）以及 Femvale Assets Limited（下稱 Femvale 公司）兩家海外 BVI 人頭公司。

2. 邱文智分別代表 Best Focus 以及 Femvale 公司與外國銀行荷蘭合作銀行新加坡分行（Rabo(AAA) Band／下稱羅伯銀行）[20] 及菲律賓首都銀行（Metropolitan Bank & TRUST CO.／下稱首都銀行）[21] 一分別簽訂融資 4,000 萬美金及 1,000 萬美金，認購博達公司發行之海外可轉讓公司債（ECB）之貸款合約。

3. 葉素菲於 2003 年 10 月 6 日則代表博達公司與羅伯銀行及首都銀行簽立契約，約定由 Best Focus 以及 Femvale 公司分別認購博達公司發行之價值 4,000 萬美金與 1,000 萬美金之海外可轉讓公司債（ECB），博達公司因此所獲得的 4,000 萬美金與 1,000 萬美金，再分別存入博達公司於羅伯銀行及首都銀行所開設之帳戶。

---

或掛牌上市的公司債，而可轉換公價格（即轉換價格）轉換成發行公司股票的債券。參酌王文宇，「新金融法」，頁 357-366，元照出版有限公司，2003 年 1 月。

[19] 整理自台灣士林地方法院邱智宏檢察官 2004 年 10 月 22 日之起訴書。

[20] 羅伯銀行是荷蘭境內最大，擁有市佔率第一的銀行。其總資產超過荷幣 4800 億元，並名列世界第 40 大銀行之一，他所擁有的身價高於世界級金融機構如高盛、花旗。羅伯銀行目前國際營運點遍及 35 國，並有 236 家國外辦事處。從 2001 年起此集團連續 3 年都獲得國際知名金融雜誌（Global Finaoce），世界前五名最安全銀行的尊稱。羅伯銀行也是世界極少數，能同時擁有國際 3 大知名評等機構 AAA 級的銀行之一。參酌鄭紹辰，Raboband 到底是何方神聖，理財週刊，頁 56, 2004 年 9 月 13 日。

[21] 於西元 1962 年設立於菲律賓馬尼拉市，目前在當地擁有 800 多家分行，並在海外十二個地區中國大陸、日本、臺灣、美國、英國、韓國、義大利、新加坡、西班牙、關島、夏威夷等擁有 18 個分支機構，全部員工達一萬多人，目前為菲律賓最大的銀行。

4. 博達公司須待 Best Focus 以及 Femvale 公司將融資還款後，方可動用其於銀行存款帳戶內之資金，若博達公司或 Best Focus 以及 Femvale 公司發生信用問題時，羅伯銀行與首都銀行可選擇交付 Best Focus 以及 Femvale 公司之貸款債權予博達公司，以清償博達公司對銀行之存款債務。

5. 由於博達公司此次發行之海外可轉讓公司債（ECB）未要求閉鎖期[22]，換言之，Best Focus 以及 Femvale 公司於購得海外可轉讓公司債（ECB）時，可立即轉換為股票，故 Best Focus 以及 Femvale 公司於 2003 年 11 月間將購得之海外可轉讓公司債（ECB）已分別轉換為 2,000 萬美金及 3,000 萬美金之普通股，並委由臺證證券香港有限公司（下稱臺證公司）於國內集中交易市場出售，共取得 5,314 萬美金。

6. 該筆 5,314 萬美金則分別匯入七個不同帳戶，(1)1,580 萬美金匯給香港人頭公司 Emperor、Kingdom、Fansson 公司。(2)1,455 萬美金則匯給在新加坡虛設公司 Higrow Capital Assets Ltd.。(3)1,005 萬美金匯給 Fernvale 公司，以償還向首都銀行融資之 1,000 萬美金。(4)582 萬美金匯給虛設公司 Moorland 公司，再轉匯進尚達積體電路股份有限公司（下稱尚達公司）。(5)400 萬美金匯給香港智匯公司。(6)112 萬美金匯予法國興業銀行（Societe General, Hong Kong Branch），繳付另一海外人頭 North Asia 公司之貸款利息。(7)100 萬美金匯給英商高盛公司。

7. 發行海外可轉讓公司債（ECB）到行使轉換權轉換成普通股之期間，博達公司放出執行 3 億元庫藏股之重大訊息，一方面便利認購海外可轉讓公司債（ECB）之 Best Focus 以及 Femvale 公司倒貨，另一方面亦可藉由此舉動發佈好消息，提高博達公司股價。博達公司除了藉由自購庫藏股之方式提高股價，另一方面採取遲延公告調降財務預測的時間方式，從 2003 年 11 月 19 日決定調降財務預測，拖至 92 年 12 月 26 日才宣

---

[22] 一般ECB通常會設有6個月不得轉讓之限制，稱為閉鎖期。參酌馬秀如，物不知其數：博達與會計師，會計研究月刊，頁68，2004年9月。

布 [23]。

8. 此外，前開 BVI 人頭公司於 2003 年 10 月間以大量融券放空方式，介入博達公司股票價格，打算將來用海外可轉讓公司債（ECB）換來的股票償還所借來的股票，進行套利，賺取差價。當時，市場上融券放空博達公司的餘額激增，由平日每天一兩百張增至五千張，且集中在特定大型券商 [24]。

## （二）圖形解說[25]

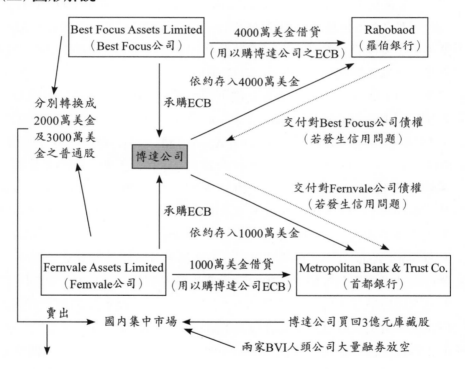

---

[23] 參酌馬秀如，物不知其數：博達與會計師，會計研究月刊，頁66-69，2004年9月。

[24] 參酌馬秀如，物不知其數：博達與會計師，會計研究月刊，頁68，2004年9月。

[25] 簡化『說明』敘述，彙整流程圖。

## 四、購買信用連結債券（CLN）變相爲海外人頭公司擔保借款

### （一）說明[26]

1. 葉素菲指示石招淑以其個人名義於 2002 年 6 月在英屬維京群島設立司 North Asia Finance Limited（下稱 North Asia 公司），並與法國興業銀行 （Societe General, Hong Kong Branch）簽訂融資借款契約。

2. 同時，博達公司與法國興業銀行及菲律賓首都銀行簽訂契約，約定博達 公司以其在首都銀行之全部存款餘額購買法國興業銀行發行之連結 North Asia 公司信用之信用連結債券（CLN）[27]時，North Asia 公司得向 法國興業銀行融資借得同額之款項，最高額度爲美金一億元。簡言之， 由博達公司在海外虛設之公司向外國銀行借錢，銀行再將債權轉換爲債 券，而銀行同時要求貸款之條件係必須有人承購這些債券，於是博達公 司付錢買債券，銀行即放貸給博達公司之海外虛設公司[28]。

3. 博達公司將公司資產 8500 萬美金匯入首都銀行後即依約陸續購買前開 信用連結債券（CLN），法國興業銀行亦依約陸續貸款 8500 萬美金給 North Asia 公司，錢則再轉到其他虛設帳戶而下落不明。

4. 博達公司存於首都銀行之存款實質上用以購買前開信用連結債券

---

[26] 整理自台灣士林地方法院邱智宏檢察官 2004 年 10 月 22 日之起訴書。

[27] CLN 英文全名爲 Credit Linked Notes，屬信用衍生性金融商品類型之一，此類投 資人於期初買入一個信用連結債券，其言明未來接近債券到期日，若原議定之 指標負債發生不履行時，本金的償還金額將降低於面額水準。參酌王文宇，「新 金融法」，頁 424-425，元照出版有限公司 2003 年 1 月。

[28] 參酌聯合報，劉俊谷，「紙上富翁假買假賣集大成」，A6 版，2004 年 10 月 26 日。

（CLN），根本無法自由動用，且若博達公司或 North Asia 公司發生信用問題，首都銀行得交付前開信用連結債券（CLN）予博達公司之方式，清償其對博達公司之存款債務。

## （二）圖形解說[29]

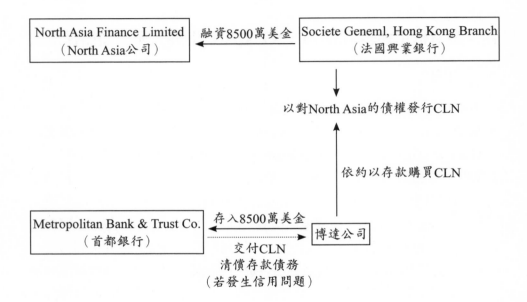

## 五、開戶存款變相為海外人頭公司擔保借款

## （一）說明[30]

1. 葉素菲指示賴俊旭以其個人名義，在英屬維京群島設立 Addie 公司，並以 Addie 公司名義，向建華租賃股份有限公司（下稱建華公司）之百分百持股海外子公司 Grand Capital International Limited（下稱 Grand Capital 公司）融資借款 1,000 萬美金。

2. 葉素菲代表博達公司簽立 1,000 萬美金之本票交 Grand Capital 公司供作

---

[29] 簡化『說明』敘述，彙整流程圖。

[30] 整理自台灣士林地方法院邱智宏檢察官 2004 年 10 月 22 日之起訴書。

Addie 公司對 Grand Capital 公司借款債務之保證。

3. 同時，葉素菲在未經董事會同意下，代表博達公司在建華銀行開設帳戶，連續四次將博達公司資金 1,000 萬美金存入此帳戶，且與建華銀行約定在 Addie 公司還借款 1,000 萬美金前，博達公司不得動用該筆存款。

4. 此外，若博達公司發生信用問題或 Addie 公司屆期不還款，建華銀行得隨時依 Grand Capital 公司指示扣取前開博達公司之存款予 Grand Capital 公司。

5. 此方式造成博達公司四次無條件擔保 Addie 公司向 Grand Capital 公司融資之 1,000 萬美金債務，使博達公司 1,000 萬美金連續四次運用遭到限制。

6. 於 2003 年 10 月 Addie 公司第四次借貸 1,000 萬美金，卻遲不償還，Grand Capital 公司隨即依約通知建華銀行扣取博達公司在建華銀行之存款 1,000 萬美金。

## (二) 圖形解說[31]

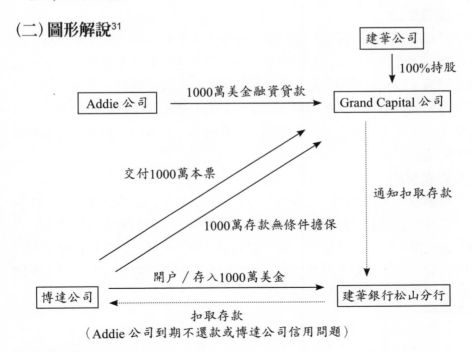

---

[31] 簡化「說明」敘述，彙整流程圖。

# 肆、法律問題

## 一、重整可能性

### (一) 重整制度概述

#### 1. 重整定義

　　公司重整在英美法制中，原係為衡平普通法中關於破產而設的救濟程序，而我國重整制度明文規定於公司法第 282 條以下，重整係指公開發行股票或公司債之公司，因財務困難，暫停營業或有停業之虞，而有重建更生之可能者，得由公司或其利害關係人[32]向法院聲請重整。公司為前項聲請，應經董事會以董事三分之二以上之出席及出席董事過半數同意之決議行之。

#### 2. 重整目的

　　公司重整之目的在於「整頓公司維持企業」，如一時遭遇財務上困難，瀕臨破產時，司法主管機關如能擇其可行者，給予重整機會，並佐以適當輔導，免使企業體依破產程序解體而得以維持。此外，重整目的亦在於「避免員工失業，維護社會安全」，上市上櫃公司之數目日益增多，公司員工、股東及債權人甚多，如遇有財務困難，任其自生自滅，對社會影響不免擴大[33]。

#### 3. 重整聲請

　　聲請重整主體須為「公開發行」之股票或公司債之公司，其立法原意，不外因公開發行股票或公司債之股份有限公司，其股東或債權人為一般社會大眾，一旦限於窘境，最需要加以扶持，使其得以汰舊換新，重展鴻圖所致；因此，雖係股份有限公司，若未公開發行股票或公司債者，即

---

[32] 利害關係人係指：一、繼續六個月以上持有已發行股份總數百分之十以上股份之股東。二、相當於公司已發行股份總數金額百分之十以上之公司債權人。

[33] 參酌郭宗雄，從博達案看公司重整制度，實用稅務，頁78，2004年8月。

不得聲請重整[34]。

　　重整聲請之必備條件有二，一為公司有重整之原因，且二為公司有重整之可能性。聲請重整原因係指，公司「因財務困難而暫停營業或有停業之虞」，實務上將此解釋為債務人有持續性停止支付，債務人得舉反證推翻而免於破產宣告。此乃因為實務欲將重整制度成為進行破產前之考量程序[35]。重整可能性係指公司有「重建更生」之可能，須由法院依據聲請公司之財務、業務等相關資料並徵詢相關機關意見後，各案予以認定其有無「重整價值」[36]。

### 4. 重整裁定前的緊急處分

　　法院為重整裁定前，倘不及時為各項處分，而任由各利害關係人自謀自保之道，恐造成公司聲請重整時或許尚有重整價值，但直至法院裁定時已因財務惡化而失其重整價值。且重整計畫係以公司全部財產統籌規劃，如未有緊急保全處分予以維護，財產將被用以還債而變少，因此公司法第287條即規定重整裁定前法院得為之緊急處分。

### 5. 重整裁定效力

　　法院作出重整裁定後，公司董事、股東會及監察人之職權依公司法第290條停止。公司業務、財務一切帳冊及財產管理處分權依同法第293條第1項前段移交重整人。公司之破產、和解、強制執行及因財產關係所生之訴訟等程序依同法第294條當然停止，此乃公司重整之保護傘規定。此外依同法第296條第1項後段規定，對公司債權之行使受有限制，且依同法第295條第2項後段股東權行使亦受限制。依同法第295條規定，法院於重整裁定前所為之部分緊急處分不因裁定重整失其效力。

---

[34] 參酌最高法院92年臺抗字第283行裁判意旨。

[35] 參酌台北地院92年破字第60號裁定。

[36] 參酌郭宗雄，從博達案看公司重整制度，實用稅務，頁78，2004年8月。

## 6. 公司重整案件流程圖[37]

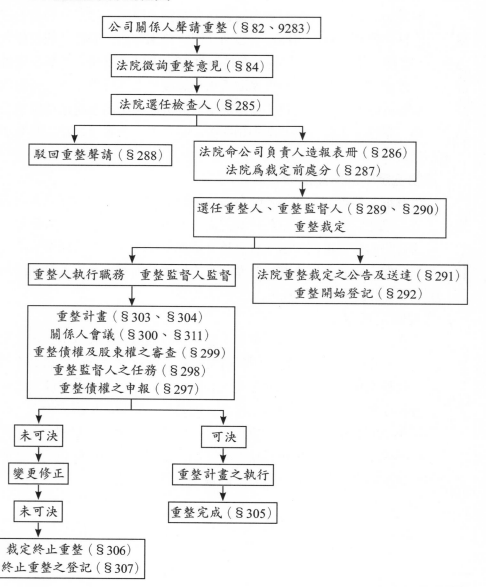

## (二) 博達公司聲請重整

### 1. 緊急處分

博達公司於 2003 年 6 月 15 日聲請重整，同時申請公司法第 287 條之緊急處分以保全博達公司財產，士林地院於同年 7 月 2 日作出回應，裁定自 7 月 1 日起 90 天內，暫時凍結博達公司和負責人葉素菲的財產，予以保全。因此在重整案裁定前，公司所有債權債務均暫遭凍結，公司債權人不得行使債權，公司亦不得履行所負債務，僅能對勞工、全民健保局、勞工保險局履行債務，以及履行因維持公司業務繼續營運所發生的債務，和因進行重整程序所發生的費用。同時，法院裁定，博達公司的破產、和解、強制執行等程序，在這段期間內，應予停止[38]。

觀其法官所為這項緊急保全裁定之性質，其僅具暫時性，為了降低博達公司的權利義務於短期間內發生重大變更的可能，以免影響到公司重整程序的進行或准駁。法官應同時考量公司財產之保全以利重整進行，與債權人權益，在二者法益平衡間，始認定是否有裁定緊急處分之必要，管見以為，為避免公司股東趁機轉讓股份，損及善意的投資大眾利益，並確保公司財產和公司負責人應對公司負賠償責任時，有保全博達公司所有財產之必要。因此，法院於 2003 年 7 月准予博達公司和葉素菲保全其財產，以避免將來無法重整，實為恰當[39]。

### 2. 重整裁定

博達公司聲請重整時乃公開發行股票及公司債之股份有限公司，符合公司法第 282 條聲請主體地位，且其因無法償還 2004 年 6 月 17 日到期之可轉換公司債 29.8 億元，而發生財務困難至暫停營業之情形，具有重整原因。

惟博達公司是否有「重建更生」之可能則有待商榷，因自兩方面來

---

[38] 參酌柯瓊鳳／陳進榮，從博達案探討重整法規與涉訟財產接管，會計研究月刊，頁 70-74, 2004 年 8 月。

[39] 參酌馬淑華，「法院載定緊急處分保全博達資產」，經濟日報，2 版 2004 年 7 月 3 日。

看，第一，從博達公司之資產與負債是否相衡為判斷依據，由於博達公司
2004 年第一季長短負債總額達 96 億元，除了 29.8 億元公司債外，還有向
銀行貸款，至 2004 年 3 月 31 日止，未償還長期貸款有 39.4 億元，以及
部分商業本票等短期債款。反之博達公司財務報表上顯示現金 63 億元目
前則下落不明，相較其資產與負債並不相衡。

　　第二，觀察博達公司重整之聲請是否有公司法第 285 條之 1 第三項兩
款情形 [40]，由於博達公司重整聲請所申報資產虛偽不實，亦無提出具體的
「債務清償計畫」，且其應被認定沒有足夠的團隊能夠挽回博達公司狀
況，故無重整價值，法院應裁定駁回。

　　於 2004 年 12 月 13 日，法院確實亦認為應駁回博達公司所提出的重
整聲請案，其主要理由有五點，臚列如次：
(1) 博達公司重整計畫聲稱尚有 60 億元資金並不存在；
(2) 博達公司的鎵晶片缺乏國際競爭力，沒有市場；
(3) 博達公司無法再引進新資金挹注營運，所有借錢給博達公司的銀
　　行都反對重整，博達公司可以抵押貸款的廠房機具都已經押光
　　了，無法再籌措營運資金；
(4) 另外，博達公司的重整計畫亦無新的經營團隊名單；
(5) 法院指定的會計師沈維揚查帳結果，博達公司迄 7 月底負債 98 億
　　餘元，博達公司重整計畫書中沒有提到償債方案 [41]。

## 二、公司負責人法律責任

　　經濟犯罪就刑法觀點而言，學者認為所謂經濟犯罪指意圖謀取不法利
益，利用法律交往與經濟交易所允許之經濟活動方式，濫用經濟秩序賴以
存在的誠實信用原則，違反所有直接或間接規範經濟活動之 [42] 有關命令，

---

[40] 參酌公司法第285條之1第3項規定，有左列情形之一者，法院應裁定駁回重整
　　之聲請：一、聲請書狀所記載事項有虛偽不實者。二、依公司業務及財務狀況無
　　重建更生之可能者。

[41] 參酌聯合報，劉俊谷，「博達聲請重整駁回」，B6版，2004年12月14日。

[42] 參酌陳春山，「證券交易法」，頁29-35，五南圖書出版股份有限公司，2003年9

而足以危害正常之經濟活動與干擾經濟生活秩序，甚至破壞經濟結構的財產犯罪或圖利犯罪[43]。「博達案」是 2004 年間我國最經典的經濟犯罪，博達公司經營者葉素菲等人所採用、規避法律之操作手法超越傳統刑法對經濟犯罪之認定，傳統刑法早以無法準確對付如此新穎、超越國界的企業掏空弊案，鑑於此點，檢視本案適用法律時，更須有賴如證券交易法、公司法、商業會計法、銀行法，以及洗錢防制法等刑法之特別法規規定。

## (一)財報不實、循環交易

　　證券交易法以「資訊揭露及公開關係」為立法原則，用以規範公開發行有價證券之股份有限公司，公開原則內涵可分為初次公開、繼續公開與臨時公開，初次公開係指有價證券之募集、發行或賣出時，對於特定多數人取得有價證券，公開發行公司必須依法提出公開說明書[44]。繼續公開係指發行公司於發行證券後，必須依證券交易法規定，定期或於適當時間，提出一定之財務報告。依 2004 年 4 月 28 日修正前之證券交易法第 36 條規定有「年度報告書」、「半年報告書」、「季報」、「月報」與「年報」幾種，此統稱為財務報表，以顯示公司負債與資產、財務業務狀況予大眾瞭解[45]。且 2000 年 6 月 2 日修正、2012 年 1 月 1 日施行之證券交易法第 36 條[46]則將原條文第 1 項序文「應於每營業年度終了後四個月內公告並向主

---

月增訂 6 版。

[43] 參酌林山田，「經濟犯罪與經濟刑法」，頁 13，國立政治大學法律學系法律叢書，1987 年 5 月 2 版。

[44] 參酌林國全，「證券交易法研究」，頁 42-53，元照出版公司，2000 年 9 月。

[45] 2004 年 4 月 28 日修正前之證券交易法第 36 條第 1 項規定：已依本法發行有價證券之公司，應於每營業年度終了後四個月內公告並向主管機關申報，經會計師查核簽證、董事會通過及監察人承認之年度財務報告。其除經主管機關核准者外，並依左列規定辦理：一、於每半營業年度終了後二個月內，公告並申報經會計師查核簽證、董事會通過及監察人承認之財務報告。二、於每營業年度第一季及第三季終了後一個月內，公告並申報經會計師核閱之財務報告。三、於每月十日以前，公告並申報上月份營運情形。

[46] 2000 年 6 月 2 日修正證券交易法第 36 條第 1 項規定：已依本法發行有價證券之公

管機關申報，經會計師查核簽證、董事會通過及監察人承認之年度財務報告。」調整至第1項第1款，並為提昇資訊公開時效，將年度財務報告之公告及申報期限縮短為會計年度終了後三個月內，另配合公司法用語，將第一項各款「營業年度」，修正為「會計年度」[47]，修正目的在提昇資訊公開時效，使投資人得以更早獲悉公司上年度之營運表現，藉此作成合理之投資判斷[48]。至於臨時公開則規定在證券交易法第36條第2項，係指於發生股東權益或證券價格有重大影響之事項，或股東常會承認之年度財務報告與公告並向主管機關申報之年度報表不一致時，公司應於事情發生之日二日內，公告並向主管機關申報。

　　博達公司如起訴書所述以假銷貨方式虛增營業收入，美化財務報表，讓社會大眾誤以為博達公司生產正常且訂單不斷。博達公司在荷蘭羅伯銀行、菲律賓首都銀行、澳洲共和銀行以及建華銀行之存款，實際上皆不得自由運用，其多與該等外國銀行或建華銀行簽有抵銷、交付他債權、貨款之條約，一旦發生信用問題，即可以行使約定條款而清償銀行對博達公司之存款債務。但自博達公司之財務報表上，卻未顯示此等公司之銀行存款係受到限制、不得動用以及定有其他條款等事項明確附註記載，亦未告知

---

司，除經主管機關核准者外，應依下列規定公告並向主管機關申報：一、於每會計年度終了後三個月內，公告並申報經會計師查核簽證、董事會通過及監察人承認之年度財務報告。二、於每半會計年度終了後二個月內，公告並申報經會計師查核簽證、董事會通過及監察人承認之財務報告。三、於每會計年度第一季及第三季終了後一個月內，公告並申報經會計師核閱之財務報告。四、於每月十日以前，公告並申報上月份營運情形。

[47] 2000年6月2日修正之證券交易法第36條第1項規定：已依本法發行有價證券之公司，除經主管機關核准者外，應依下列規定公告並向主管機關申報：一、於每會計年度終了後三個月內，公告並申報經會計師查核簽證、董事會通過及監察人承認之年度財務報告。二、於每半會計年度終了後二個月內，公告並申報經會計師查核簽證、董事會通過及監察人承認之財務報告。三、於每會計年度第一季及第三季終了後一個月內，公告並申報經會計師核閱之財務報告。四、於每月十日以前，公告並申報上月份營運情形。

[48] 參照林國全，「二〇一〇年五月證券交易法修正評析」，台灣法學雜誌第155期，2010年7月1日。

審核財務報表之會計師此等限制，單單僅列為帳上現金，此等刻意隱瞞財務操作手法，意圖使財務報表美化，將違反證券交易法之資訊公開原則，如有虛偽不實，將應負擔法律責任。

在民事責任方面，依 2004 年 4 月 28 日修正前之證券交易法暨現行證券交易法第 20 條第 2 項均規定，發行人依法申報或公告之財務報告及其他有關業務文件，其內容不得有虛偽或隱匿之情事，如有違反依同條第 3 項規定[49]，對於該有價證券之善意取得人或出賣人[50]因而所受之損害，應負賠償之責。此外，由於證券交易法第 20 條有關誠實義務之規定乃保護投資人及股東之法律[51]，如有違反而致損害於他人者，自應依民法第 184 條第 2 項規定，負賠償責任。但能證明其行為無過失者，不在此限。

另值得參考的是，為確保公開發行公司財務業務資訊之正確性，以維護證券市場之公正性並保障投資人權益，有必要強化公司財務報告、相關文件製作之管理，又鑒於現行證券交易法第 20 條第 2 項有關財務報告及財務業務文件內容虛偽、隱匿情事，相關人員所應負擔之賠償責任，有其特殊性，故立法者於 2006 年 1 月 11 日爰增定同法第 20 條之 1 規定，發行人依同法第 20 條第 2 項法規定申報或公告之財務報告及財務業務文件，或依第 36 條第 1 項公告申報之財務報告，如其內容有不得有虛偽或隱匿之情事，發行人及其負責人、發行人之職員，曾在財務報告或財務業務文件上簽名或蓋章者，對於發行人所發行有價證券之善意取得人、出賣人或持有人因而所受之損害，均應負賠償責任。除非發行人、發行人之董事長、總經理以外之上開之人，如能證明已盡相當注意，且有正當理由可合

---

[49] 2004年間證券交易法第20條第1項規定，有價證券之募集、發行、私募或買賣，不得有虛偽、詐欺或其他足致他人誤信之行為。第2項規定，發行人申報或公告之財務報告及其他有關業務文件，其內容不得有虛偽或隱匿之情事。第3項規定，違反前2項規定者，對於該有價證券之善意取得人或出賣人因而所受之損害，應負賠償之責。

[50] 委託證券經紀商以行紀名義買入或賣出之人，視為前項之取得人或出賣人。

[51] 違反保護他人之法，係指證券交易法第20條、第155條、第156六條、第171條、第174條。

理確信其內容無虛偽或隱匿之情事者，免負賠償責任，或其等係因過失致損害之發生者，應依其責任比例，負賠償責任。此等修法不僅警惕企業主及經營者必須將財務報告透明而正確地呈現於大眾面前，不得為虛偽、隱匿之情事，同時讓業務文件之範圍、賠償責任之主體、過失責任及其舉證責任之倒置均予以明定，俾資明確。

在刑事責任方面，依 2004 年 4 月 28 日修正前之證券交易法第 171 條第 1 項第 1 款規定，有左列情事之一者，處七年以下有期徒刑，得併科新臺幣三百萬元以下罰金：一、違反第 20 條第 1 項、第 155 條第 1 項、第 2 項或第 157 條之 1 第 1 項之規定者。二、已依本法發行有價證券公司之董事、監察人、經理人或受僱人，以直接或間接方式，使公司為不利益之交易，且不合營業常規，致公司遭受損害者。而依現行 101 年 1 月 4 日公布之證券交易法第 171 條規定[52]，不僅於第 1 項修法加重法定刑為「三年

---

[52] 現行2011年1月4日公布之證券交易法第171條規定：

有下列情事之一者，處3年以上10年以下有期徒刑，得併科新臺幣1,000萬元以上2億元以下罰金：一、違反第20條第1項、第二項、第155條第1項、第二項、第157條之1第1項或第2項規定。二、已依本法發行有價證券公司之董事、監察人、經理人或受僱人，以直接或間接方式，使公司爲不利益之交易，且不合營業常規，致公司遭受重大損害。三、已依本法發行有價證券公司之董事、監察人或經理人，意圖爲自己或第三人之利益，而爲違背其職務之行爲或侵占公司資產，致公司遭受損害達新臺幣500萬元。

犯前項之罪，其犯罪所得金額達新臺幣1億元以上者，處7年以上有期徒刑，得併科新臺幣2,500百萬元以上5億元以下罰金。

有第1項第3款之行爲，致公司遭受損害未達新臺幣500百萬元者，依刑法第336條及第342條規定處罰。

犯前3項之罪，於犯罪後自首，如有犯罪所得並自動繳交全部所得財物者，減輕或免除其刑；並因而查獲其他正犯或共犯者，免除其刑。

犯第1項至第3項之罪，在偵查中自白，如有犯罪所得並自動繳交全部所得財物者，減輕其刑；並因而查獲其他正犯或共犯者，減輕其刑至2分之1。

犯第1項或第2項之罪，其犯罪所得利益超過罰金最高額時，得於所得利益之範圍內加重罰金；如損及證券市場穩定者，加重其刑至2分之1。

犯第1項至第3項之罪者，其因犯罪所得財物或財產上利益，除應發還被害人、第3人或應負損害賠償金額者外，以屬於犯人者爲限，沒收之。如全部或一部不能沒收時，追徵其價額或以其財產抵償之。

以上十年以下有期徒刑，得併科新臺幣一千萬元以上二億元以下罰金」之
刑度，且構成之事由從原先 2 款增加為 3 款，為「一、違反第二十條第一
項、第二項、第一百五十五條第一項、第二項、第一百五十七條之一第一
項或第二項規定。二、已依本法發行有價證券公司之董事、監察人、經理
人或受僱人，以直接或間接方式，使公司為不利益之交易，且不合營業常
規，致公司遭受重大損害。三、已依本法發行有價證券公司之董事、監察
人或經理人，意圖為自己或第三人之利益，而為違背其職務之行為或侵占
公司資產，致公司遭受損害達新臺幣五百萬元。」。再者，如犯罪所得金
額達新臺幣一億元以上者，依據現行同條第二項規定，處七年以上有期徒
刑，得併科新臺幣二千五百萬元以上五億元以下罰金，倘若其犯罪所得利
益超過罰金最高額時，依同條第 6 項規定，得於所得利益之範圍內加重罰
金；如損及證券市場穩定者，加重其刑至二分之一。又依據現行證券交易
法第 171 條第 3 項新修訂之規定，已依本法發行有價證券公司之董事、監
察人或經理人，意圖為自己或第三人之利益，而為違背其職務之行為或侵
占公司資產，致公司遭受損害未達新臺幣五百萬元，則依刑法第 336 條及
第 342 條規定處罰。

　　就公司內部人及證券商等所為虛偽記載之則，規定在證券交易法第
174 條。按公司發行人、公開收購人或其關係人、證券商或其委託人、證
券商同業公會、證券交易所或第 18 條所定之事業，對於主管機關命令提
出之帳簿、表冊、文件或其他參考或報告資料之內容有虛偽之記載者，依
2004 年 4 月 28 日修正前之證券交易法第 174 條第 1 項第 4 款規定，處五
年以下有期徒刑、拘役或科或併科新臺幣 240 萬元以下罰金，依據現行證
券交易法同條同款之規定，法定刑增加為「一年以上七年以下有期徒刑，
得併科新臺幣二千萬元以下罰金。」；若前述相同之主體於依法或主管機

---

違反第 165 條之 1 或第 165 條之 2 準用第 20 條第 1 項、第 2 項、第 155 條第 1 項、
第 2 項、第 157 條之 1 第 1 項或第 2 項規定者，依第 1 項第 1 款及第 2 項至前項規
定處罰。
第 1 項第 2 款、第 3 款及第 2 項至第 7 項規定，於外國公司之董事、監察人、經
理人或受僱人適用之。」

關基於法律所發布之命令規定之帳簿、表冊、傳票、財務報告或其他有關業務文件之內容有虛偽之記載者，於舊法規定亦處五年以下有期徒刑、拘役或科或併科新臺幣 240 萬元以下罰金，依現行法同條第 5 款規定，則處一年以上七年以下有期徒刑，得併科新臺幣二千萬元以下罰金。

就 2006 年 5 月 24 日修正前之商業會計法第 71 條規定[53]，商業負責人、主辦及經辦會計人員或依法受託代他人處理會計事務之人員如有下列虛偽造假情事之一，處五年以下有期徒刑、拘役或科或併科新台幣十五萬元以下罰金：一、以明知為不實之事項，而填製會計憑證或記入帳冊者。二、故意使應保存之會計憑證、帳簿報表滅失毀損者。三、意圖不法之利益而偽造、變造會計憑證、帳簿報表內容或撕毀其頁數者。四、故意遺漏會計事項不為記錄，致使財務報表發生不實之結果者。五、其他利用不正當方法，致使會計事項或財務報表發生不實之結果者。此處商業負責人係指公司之行為董事、行為監察人或執行業務之股東。當然包括博達公司之負責人及財務長，亦即主辦會計之人員。修法後之第 71 條，僅是就部分條文酌作文字修正，讓語句更為統一順暢，惟為了預防金融犯罪、收嚇阻之效，有將罰金之額度提高。

最後，回歸刑法第 342 條第 1 項有關背信罪之規定，為他人處理事務，意圖為自己或第三人不法之利益，或損害本人之利益，而為違背其任務之行為，致生損害於本人之財產或其他利益者，處五年以下有期徒刑、拘役或科或併科一千元以下罰金。博達公司董事暨其他經營者，為公司各個股東處理、治理公司事務，有意隱匿正確的財務訊息，而揭露不正確、不完整之財務報表表，以掏空公司資產，達到圖謀自己或他人不法利益之目的，自難排除檢調機關對其等是否構成背信罪之檢核。

綜上，「博達案」中多筆循環交易，包括虛列進貨、虛增銷貨、虛灌應收帳款行為，亦即博達公司與香港五家人頭公司、美國三家人頭公司及台灣七家供應商間之虛偽交易，均屬非常規交易，經過檢察官偵查一審法院判決，上訴至二審法院，經歷多次開庭、辯論，有了初步的審判結果，

---

[53] 商業會計法於 2006 年 5 月 24 日全文修正。

認定被告葉素菲等博達公司之董事、經理人、受雇人之行為構成2004年4月28日修正前之證券交易法第171條第2款、刑法第342條第1項背信、刑法第216條、第215條、商業會計法第71條第1款等罪。至於其他涉案之人，就上開犯行，有犯意聯絡及行為分擔，雖非博達公司之董事、監察人、經理人或受僱人，而不具備2004年4月28日修正前之證券交易法第171條第2款之「身分關係」，然因此等人與具備董事、受雇人身分之葉素菲等人為共同實施犯罪者，故依據刑法第28條共同正犯之規定，仍論其等所為構成修正前證券交易法第171條第2款、刑法第342條第1項背信、刑法第216條、第215條、商業會計法第71條第1款等罪。

　　以下節錄臺灣高等法院95年度金上重訴字第四號判決之部分意旨：就「葉素菲等人自88年1月起至90年6月止利用上開方式須為循環交易，博達公司對泉盈公司、凌創公司、學鋒公司虛增銷貨金額新台幣（下同）4,967,661,876元，亦對科拓公司、訊泰公司虛列進貨金額4,982,015,827元（上揭公司各年度之明細資料如附表10所示），以上述不合營業常規之虛偽交易行為，使博達公司為不利益之交易，致博達公司受有開立信用狀費用、匯款手續費等損害」之犯罪事實，判決論罪為：「1、被告葉素菲與原審同案被告賈寶海分別為博達公司之董事、經理人、受雇人，竟以直接及間接方式，使博達公司於88年至90年間為不利益之國內假交易，假交易不合營業常規，並使博達公司受有有開立信用狀費用、匯款手續費等損害，其等所為係犯93年4月28日修正前之證券交易法第171條第2款、刑法第342條第1項背信、刑法第216條、第215條、商業會計法第71條第1款等罪。被告等自1999年至2001年間多次為不利益之國內假交易犯行，而犯上揭罪名，因時間緊接，罪名與犯罪構成要件相同，均顯係基於概括犯意為之，均應依修正前刑法連續犯之規定論以一罪，並依修正前刑法加重其刑。而就所犯修正前證券交易法第171條第2款及刑法第342條第1項部分，係一行為觸犯上揭2罪，為想像競合犯，依刑法第55條規定，應從一重之93年4月28日修正前證券交易法第171條第2款款之罪處斷。就所犯商業會計法第71條第1款、刑法第216條、第215條部分，因商業會計法第71條第1款之商業負責人，以明知為不實之事項而

填製會計憑證，原含有業務上登載不實之本質，與刑法第 215 條之從事業務之人明知為不實之事項而登載於業務上文書罪，皆規範處罰同一之登載不實行為，應屬法規競合，且前者為後者之特別規定，依特別法優於普通法之原則，自應優先適用商業會計法第 71 條第 1 款論處（最高法院 92 年度台上字第 6171 號判決意旨參照），是此部分應論以商業會計法第 71 條第 1 款。另就所犯之修正前證券交易法第 171 條第 2 款及商業會計法第 71 條第 1 款之罪部分，有方法目的之牽連關係，依刑法第 55 條後段，應從一重之修正前證券交易法第 171 條第 2 款之罪處斷。」

臺灣臺北地方法院刑事判決99年度金重訴緝字第1號之部分意旨：

「按公司法所稱之負責人，在股份有限公司為董事，公司法第 8 條第 1 項定有明文。而商業會計法所稱商業負責人依公司法第 8 條、商業登記法第 9 條及其他法律有關之規定，修正前商業會計法第 4 條亦有明文。共犯葉素菲為尚達公司之董事長，係商業會計法所稱之商業負責人，共犯彭進坤、謝世芳、徐清雄及被告甲○○等人，既係被告葉素菲指派協助尚達公司設立工廠暨協助採購相關機器設備等事務，故其等於此受託業務範圍內，亦均係從事業務之人。是核：（一）犯罪事實二（一）所示虛構與星厚公司的採購合約而挪用尚達公司資金部分，被告甲○○所為係犯刑法第 342 條之背信罪（挪用尚達公司資金的部分）、第 216 條、第 215 條之行使業務上登載不實文書罪（預付款的簽呈及請款單）、修正前商業會計法第 71 條第 1 款前段及後段之以明知為不實之事項而填製會計憑證（採購合約、銀行撥出撥出／入款單、轉帳傳票）或登入帳冊罪；被告甲○○就此部分犯行，與共犯葉素菲、謝世芳、徐清雄等人間，有犯意聯絡及行為分擔，為共同正犯；此部分業務上文書登載不實之低度行為，為其後的行使業務上登載不實文書之高度行為所吸收，不另論罪。又利用不知情之財會人員製作不實之會計憑證及記入帳冊，為間接正犯。（二）犯罪事實二（二）所示虛構與 EMPEROR 公司的代購機器設備合約而挪用尚達公司款項，及申請貸款部分，被告甲○○所為係犯刑法第 342 條之背信罪（挪用尚達公司資金的部分）、第 216 條、第 215 條之行使業務上登載不實文

書罪（預付款的簽呈，浮報價款的請款單）、修正前商業會計法第71條第1款前段及後段之以明知為不實之事項而填製會計憑證（代購合約、銀行撥出撥出／入款單、轉帳傳票）或登入帳冊罪、第339條第1項之詐欺取財罪（持不實憑證向貸款銀行申請撥款）；被告甲○○與共犯葉素菲、彭進坤、謝世芳、甲○○、陳悟宗、黃惠間，有直接間接之犯意聯絡及行為分擔，為共同正犯；就前揭陳悟宗、黃惠業務上分別據以製作的簽呈、請款單，被告甲○○、葉素菲、彭進坤雖非該文書製作之人，然既與有該身分之人共犯，依刑法第31條第1項之規定，亦應論以共同正犯；此部分業務上文書登載不實之低度行為，為其後的行使業務上登載不實文書之高度行為所吸收，不另論罪；此部分利用不知情之財會人員製作不實之會計憑證及記入帳冊，以及向銀行申請撥付貸款，為間接正犯。（三）被告甲○○多次背信、行使業務上登載不實文書、違反商業會計法、詐欺取財之行為，時間緊接，所犯各罪的構成要件相同，且出於沖銷博達公司應收帳款之犯意而為，顯係各基於概括之犯意為之，應依連續犯之規定，各以一罪論，並均依法加重其刑；被告甲○○此部分所犯背信、行使業務上登載不實文書、違反商業會計法、詐欺取財等犯行，既是為了挪用尚達公司的資金以沖銷博達公司假交易的應收帳款，自有方法、目的之牽連關係，應依牽連犯之規定，從一重之連續以明知為不實之事項而填載會計憑證罪處斷。（四）爰審酌被告甲○○擔任進出口部副理前往尚達公司支援，本應基於其專業立場提供協助，竟與共犯葉素菲為了沖銷博達公司假交易的應收帳款，而違背託付，擅自挪用尚達公司的鉅額資金，嚴重影響尚達公司的資本，其後為了吸引投資，竟又以虛偽交易的方式衝高尚達公司的營業額，影響尚達公司財務帳冊的正確性，惟其等當時均是受共犯葉素菲的指派從事尚達公司建廠所需的事務，對於被告葉素菲的指示雖明知不法，但仍因此職務上下的從屬關係，難以抗拒，以及業已自白犯罪等一切情狀，量處如主文所示之刑。」

## (二) 內線交易與操縱股市

　　證券交易法上另一立法原則乃「利害衝突之防免」，按證券發行或交

易時，交易主體間，彼此應負有忠實義務，所謂之忠實義務，乃受託人須以受益人之利益為處理之唯一目的，而不得考慮自己的利益或圖利他人，即須避免與其他法律關係之主體間生利害衝突之情事。利害衝突及利益輸送之行為導致公司資產掏空及投資人受損害之事件，於證券市場仍不免發生，公司法於2001年修正時，增訂第23條第1項的公司負責人之忠實義務，證券交易法規視利害關係之嚴重性，而採禁止之效果，並援引上述之立法原則分別為規定。其中有「證券商利害衝突之防免」、「公司內部人之內線交易禁止」、「證券孜頁信託事業對受益人負忠務」、「利益輸送之禁止」等等[54]。

　　在「博達案」中探討利益衝突事件，主要是關於「內線交易」以及「使公司為不利益之交易」等。本段先就「內線交易」說明，2006年1月11日修正前之證券交易法第157條之1之規定[55]，下列四種人獲悉發行股票公司有重大影響其股票價格之消息時，在該消息未公開前，不得對該公司之上市或在證券商營業處所買賣之股票或其他具有股權性質之有價證券，買入或賣出。四種主體分別為，一、公司之董事、監察人及經理人；二、持有該公司股份超過百分之十之股東；三、基於職業或控制關係獲悉消息之人；四、從前三款所列之人獲悉消息者。若違反的話，依修正前同條第二項規定，應就消息未公開前其買入或賣出該證券之價格，與消息公開後十個營業日收盤平均價格之差額限度內，對善意從事相反買賣之人負損害賠償責任；其情節重大者，法院得依善意從事相反買賣之人之請求，將責任限額提高至三倍。此賦予三倍之損害請求權，有嚇阻不法行為達到預防之機能。又2006年1月11日為加強防制內線交易不法，修法對內線交易其「內部人範圍」、「公開之方式」、「公開期限」、「重大消息」等要件之定義，及對民事賠償之計算方式予以更明確規範，故現行證券交易法第157條之1之規定。而內線交易之適用主體則擴大適用範圍，包括：「一、

---

[54] 參酌陳春山，「證券交易法」，頁35-37，五南圖書出版股份有限公司，2003年9月增訂6版。

[55] 2004年4月28日未修正證券交易法第157條之1規定。

該公司之董事、監察人、經理人及依公司法第27條第1項規定受指定代表行使職務之自然人。二、持有該公司之股份超過百分之十之股東。三、基於職業或控制關係獲悉消息之人。四、喪失前三款身分後，未滿六個月者。五、從前四款所列之人獲悉消息之人。」等五種類型，第1款至第3款為狹義之公司內部人，第4、5款亦為廣義之公司內部人。其中現行同法第22條之2第3項規定，於第1款及第2款之人，準用之，換言之，上開之人持有公司股票，包括其配偶、未成年子女及利用他人名義持有者，其於身分喪失後未滿六個月者，亦同。

就公開期限則規定，上開五種之人，實際知悉發行股票公司有重大影響其股票價格之消息時，在該消息明確後，未公開前或公開後十八小時內，不得對該公司之上市或在證券商營業處所買賣之股票或其他具有股權性質之有價證券，自行或以他人名義買入或賣出，亦不得對該公司之上市或在證券商營業處所買賣之非股權性質之公司債，自行或以他人名義賣出，如有違反其一之行為者，與舊法相同，亦需對當日善意從事相反買賣之人買入或賣出該證券之價格，與消息公開後十個營業日收盤平均價格之差額，負損害賠償責任，且情節重大者，得將賠償額提高至三倍，反之，其情節輕微者，法院得減輕賠償金額。又上開第5款之人，對於前項損害賠償，應與第1項第1款至第4款提供消息之人，負連帶賠償責任。但第1項第1款至第4款提供消息之人有正當理由相信消息已公開者，不負賠償責任。違反內線交易之人，除了有上開民事責任外，依現行同法第171條第1項第1款規定，應受刑事追訴，得處三年以上十年以下有期徒刑，得併科新臺幣一千萬元以上二億元以下罰金。倘若其犯罪所得金額達新臺幣1億元以上者，依同條第2項處七年以上有期徒刑，得併科新臺幣2,500萬元以上5億元以下罰金。

所謂重大消息係證券交易法第157條之1的「重大影響其股票價格之消息」，依舊法同條第4項規定為「涉及公司之財務、業務或該證券之市場供求、公開收購，對其股票價格有重大影響，或對正當投資人之投資決定有重要影響之消息。」，2006年修法時將重大消息限於對股票價格或投資人之投資決定有「具體影響之內容」，而其範圍及公開方式等相關事項

之辦法，由主管機關定之，主管機關依法制訂證券交易法第157條之1第5項及第6項重大消息範圍及其公開方式管理辦法，於辦法第2條[56]及第

---

[56] 2000年12月22日修正之證券交易法第157條之1第5項及第6項重大消息範圍及其公開方式管理辦法第2條之規定：本法第一百五十七條之一第五項所稱涉及公司之財務、業務，對其股票價格有重大影響，或對正當投資人之投資決定有重要影響之消息，指下列消息之一：一、本法施行細則第七條所定之事項。二、公司辦理重大之募集發行或私募具股權性質之有價證券、減資、合併、收購、分割、股份交換、轉換或受讓、直接或間接進行之投資計畫，或前開事項有重大變更者。三、公司辦理重整、破產、解散、或申請股票終止上市或在證券商營業處所終止買賣，或前開事項有重大變更者。四、公司董事受停止行使職權之假處分裁定，致董事會無法行使職權者，或公司獨立董事均解任者。五、發生災難、集體抗議、罷工、環境污染或其他重大情事，致造成公司重大損害，或經有關機關命令停工、停業、歇業、廢止或撤銷相關許可者。六、公司之關係人或主要債務人或其連帶保證人遭退票、聲請破產、重整或其他重大類似情事；公司背書或保證之主債務人無法償付到期之票據、貸款或其他債務者。七、公司發生重大之內部控制舞弊、非常規交易或資產被掏空者。八、公司與主要客戶或供應商停止部分或全部業務往來者。九、公司財務報告有下列情形之一：(一) 未依本法第三十六條規定公告申報者。(二) 編製之財務報告發生錯誤或疏漏，有本法施行細則第六條規定應更正且重編者。(三) 會計師出具無保留意見或修正式無保留意見以外之查核或核閱報告者。但依法律規定損失得分年攤銷，或第一季、第三季及半年度財務報告若因長期股權投資金額及其損益之計算係採被投資公司未經會計師查核簽證或核閱之報表計算等情事，經其簽證會計師出具保留意見之查核或核閱報告者，不在此限。(四) 會計師出具繼續經營假設存有重大疑慮之查核或核閱報告者。十、公開之財務預測與實際數有重大差異者或財務預測更新（正）與原預測數有重大差異者。十一、公司營業損益或稅前損益與去年同期相較有重大變動，或與前期相較有重大變動且非受季節性因素影響所致者。十二、公司有下列會計事項，不影響當期損益，致當期淨值產生重大變動者：(一) 辦理資產重估。(二) 金融商品期末評價。(三) 外幣換算調整。(四) 金融商品採避險會計處理。(五) 未認列為退休金成本之淨損失。十三、為償還公司債之資金籌措計畫無法達成者。十四、公司辦理買回本公司股份者。十五、進行或停止公開收購公開發行公司所發行之有價證券者。十六、公司取得或處分重大資產者。十七、公司發行海外有價證券，發生依上市地國政府法令及其證券交易市場規章之規定應即時公告或申報之重大情事者。十八、其他涉及公司之財務、業務，對公司股票價格有重大影響，或對正當投資人之投資決定有重要影響者。

3 條[57] 分別明列「涉及公司之財務、業務或該證券之市場供求、公開收購，其具體內容對其股票價格有重大影響者」及「涉及公司之財務、業務或該證券之市場供求、公開收購，其具體內容對正當投資人之投資決定有重要影響之消息」包含之項目，讓人民有所依循；另配合現行法同條第 2 項之規定，就「重大影響其支付本息能力之消息」，也授權主管機關以上開辦法第四條明定其範圍及公開方式等相關事項[58]。

查博達公司於 2004 年 6 月 15 日發布公司重整之消息，承前規範意旨，此乃涉及公司股票可否再為交易及公司債權人可否再行使債權等重要具體權利事項，必將對公司財務、業務甚或股票價格造成莫大影響，自屬證券交易法防範內線交易之「重大消息」。博達公司於 2004 年 6 月 14 日向法院聲請重整，但卻於 15 日才為發布，已違反證交所重大訊息查證規

---

[57] 2000 年 12 月 22 日修正之證券交易法第一百五十七條之一第五項及第六項重大消息範圍及其公開方式管理辦法第三條規定：本法第一百五十七條之一第五項所稱涉及該證券之市場供求，對其股票價格有重大影響，或對正當投資人之投資決定有重要影響之消息，指下列消息之一：一、證券集中交易市場或證券商營業處所買賣之有價證券有被進行或停止公開收購者。二、公司或其控制公司股權有重大異動者。三、在證券集中交易市場或證券商營業處所買賣之有價證券有標購、拍賣、重大違約交割、變更原有交易方法、停止買賣、限制買賣或終止買賣之情事或事由者。四、依法執行搜索之人員至公司、其控制公司或其符合會計師查核簽證財務報表規則第二條之一第二項所定重要子公司執行搜索者。五、其他涉及該證券之市場供求，對公司股票價格有重大影響，或對正當投資人之投資決定有重要影響者。

[58] 2000 年 12 月 22 日修正之證券交易法第一百五十七條之一第五項及第六項重大消息範圍及其公開方式管理辦法第四條規定：本法第一百五十七條之一第六項所稱公司有重大影響其支付本息能力之消息，指下列消息之一：一、本法施行細則第七條第一款至第三款所定情事者。二、第二條第五款至第八款、第九款第四目及第十三款所定情事者。三、公司辦理重整、破產或解散者。四、公司發生重大虧損，致有財務困難、暫停營業或停業之虞者。五、公司流動資產扣除存貨及預付費用後之金額加計公司債到期前之淨現金流入，不足支應最近期將到期之本金或利息及其他之流動負債者。六、已發行之公司債採非固定利率計息，因市場利率變動，致大幅增加利息支出，影響公司支付本息能力者。七、其他足以影響公司支付本息能力之情事者。前項規定，於公司發行經銀行保證之公司債者，不適用之。

定，即「重大事項須在次一營業日開盤前發布」。此外，公司重整之聲請須經公司董事會特別決議，公司各董事與經營核心團隊於決議後即得知不久將為此種聲請，然而就在重整等利空消息尚未發布市前夕，約同年 6 月初，博達公司之股票融券張數卻突然激增至 30 多萬張，並於同年月 2 日創下單日成交股數破 7 千萬張之成交量 59，此中間是否涉及有公司之內部人因已經得獲相關重大訊息，而提前在訊息公布前所為之投資行為，當應進一步調查此等股票融券交易資料，查閱利害關係人之交易明細，尤其是內線交易已經明文將公司之內部人之範疇延伸至廣義之內部人，故基於職業或控制關係而獲悉此種交易之人，以及該等人之配偶、未成年子女、被利用名義人等 60，均是必要追查之對象，以揭發內線交易之情狀。

此外，博達公司於 2003 年 12 月 30 公告原先 2003 年 4 月之財務預測不適用，本應於 12 月公告時與公司認列投資損失時即應發布正確之財務預測，但卻未發布此消息，反而以因逢聖誕節之長假，公司內部作業與審核程序來不及為由，將正確之財物預測一直拖至 2004 年 1 月 8 日才為完整之公告，而此次財務預測相較原先之財務預測明顯調降許多，按公司財務預測往往投資人決定是否投資、投資金額大小等事項之關鍵因素，投資人勢必採信原先錯誤之財務預測，而做出錯誤之投資行為。況，事後觀事件原尾，博達公司係在於 2003 年 12 月 30 日博達公司來自瑞士信貸證券賣超 3,350 張後，始發布原先財務預測不適用之消息，且未即時公布正確之財務預測，反之有預留多日空檔延緩調降財務預測，不難推敲博達公司基於職業或控制關係而獲悉此等訊息之人，是否可藉由此空檔時日先行進行出脫股票等行為，也就是從事內線交易，待其等已經安全下莊後，始公布財務預測調降之訊息？又或此等公司內部人是否利用融券、延緩公告財務預測以及發布庫藏股買回之消息等手法控制博達公司股票在特殊時點之市場價格，而構成 2006 年修法前舊法證券交易法第 155 條第 1 項第 6 款

---

59 2004 年 6 月 2 日當日成交量第三名，成交股數為 70,939,400 股，參酌證券交易所網站。

60 參酌證券交易法第 157 條之 1 第 5 項及第 22 條之 2 第 3 項規定。

及現行法同條同項第 7 款，直接或間接從事其他影響集中交易市場某種有價證券交易價格之操縱行為？均值得深思、調查，倘若經調查、起訴、審判認定，此等公司內部之人有為操縱行為，當再依同法同條第 3 項規定，對於善意買入或賣出有價證券之人所受之損害負賠償之責，且依同法第 171 條第 1 項第 1 款之規定科以刑事責任。此等操縱行為勢必影響公司股票之價格，可想而知當公司股價為特定人士所掌控，特定人士得以完成內線交易，然而剩下的，只有不知情的一般投資者，遍地哀嚎地在電視牆下請求聲張正義，但縱算檢調單位徹夜努力追緝，仍不可能回到操縱行為之當下，又能有多少真相被揭露、多少正義被聲張，必定有漏網之魚，無奈卻又真實的結果在我國經濟犯罪史上記上一筆。

## （三）使公司為不利益交易

為避免發行公司內部人即公司董事、監察人、經理人，或受僱人利用職務，以直接或間接方式，使公司為不利益之交易，且不符合營業常規之行為，致公司受有損害，因此於證券交易法於 89 年修法時在第 171 條第 1 項第 2 款明定此種「利益輸送行為」之刑罰規定，以建立有效利益衝突行為之防範機制[61]。

葉素菲等人於 2001、2002、2003 年期間，陸續以博達公司在外國銀行之高額存款，購買葉素菲等人在海外虛設之人頭公司與銀行間所發行之應受帳款債券與信用連結債券（CLN）等作為轉投資，然而，葉素菲等人皆明知此些海外虛設公司根本無力償還對博達公司之債務，將來這些投資債券定會無法回收，而博達公司在外國銀行之高額存款勢必遭外國銀行抵扣，這些轉投資實際上乃係使博達公司為不利益交易且不合乎營業常規之行為，自當成立 2004 年 4 月 28 日修正前之證券交易法第 171 條第 1 項第 2 款事由，甚者，博達公司內部經營人甚至以博達公司名義為海外虛設人頭公司（Addie 公司）對建華公司下之百分百子公司之債務提供擔保，使

---

[61] 參酌陳春山，「證券交易法」，頁 37，五南圖書出版股份有限公司，2003 年 9 月增訂 6 版。

博達公司與建華銀行與該債權子公司簽訂保證書、承諾書與扣款同意書等契約，Addie 公司實際上乃博達公司內部人用以掏空博達公司資產而設立，根本不曾償還其本身債務，因此博達公司勢必將負擔保人責任，其內部經營人違反 2004 年 4 月 28 日修正後之證券交易法第 171 條第 1 條第 2 款事由，違反者依同條規定得處三年以上十年以下有期徒刑，得併科新臺幣 1 千萬元以上 2 億元以下罰金。

再者，博達公司於 2003 年 10 月發行之海外可轉讓公司債（ECB），全數海外可轉讓公司債（ECB）皆由博達公司內部人在 BVI 所設立之人頭公司承購，而實際上此發行之目的在於掏空博達公司資產，使博達公司為不利益之交易。且所發行之海外可轉讓公司債（ECB）皆未設轉換期間之限制，不符合營業常規，以致於認購人一取得海外可轉讓公司債（ECB）之同時，即可行使轉換權出脫這些轉換後換取之股票。海外可轉讓公司債（ECB）發行不久後，博達公司內部董事會在 2003 年 11 月份更作成買回庫藏股之決議，並於 2004 年 1 月間全部執行完畢，此使公司買回自家股票之決議，目的在讓先前海外可轉讓公司債（ECB）債權人行使轉換權後，得順利出售股票賺取差價，故亦屬於不利公司之交易，而有利益輸送之行為。

相對於使公司為不利益交易而致公司受有損害外，從另一角度觀察，葉素菲等人發行海外可轉讓公司債（ECB）後所獲得之資金 5,000 萬美元，用於為兩個海外人頭公司之債務變相提供擔保，屬於公司募集公司債款後，未經申請核准變更，而用於規定事項以外者，應有公司債款變更用途處罰之適用，故葉素菲等人依公司法第 259 條規定，應處一年以下有期徒刑、拘役或科或併科新臺幣 6 萬元以下罰金，如公司因此受有損害時，對於公司應負賠償責任。

綜上，以博達公司董事長葉素菲為首之博達公司經營者包括董事、經理人、受雇人等人，共同基於製作假帳提高銷貨業績、虛增營業數額及盈餘方式之概括犯意聯絡及行為之分擔，為使前揭供假銷貨之貨品可重複使用，減少虛增業績之成本，及因應營業額虛增後，博達公司進貨量應隨之增加之需求，並使財務報表合理化，業如前述。其等又自 1999 年下半年

起至 2004 年 6 月間,陸續在海外進行虛偽交易循環,其操作模式略為,博達公司先在美國加州及香港地區虛設人頭公司作為銷貨對象及供應商,博達公司之新竹廠及三芝廠分別將生產之砷化鎵磊晶片及電腦周邊商品,虛銷予作為銷貨對象之海外人頭公司,復由上開人頭公司將自博達公司虛購之商品,虛銷予作為供應商之海外人頭公司或國內配合廠商,最後由上揭人頭公司及國內廠商將上述商品虛銷回博達公司,完成虛偽銷貨循環,因此,上開之人以直接及間接方式,使博達公司於 1999 年下半年至 2004 年 6 月間與海外人頭公司及國內之派駐人頭所任職之公司勾串,為不利益之海外假交易,海外假交易不合營業常規,並使博達公司受有有開立信用狀費用、匯款手續費、關稅、運費等損害,因葉素菲等多位核心人物所參與假交易犯罪時間跨越 2004 年 4 月 28 日證券交易法修正時點,因此認定適用 2004 年 4 月 28 日修正後之證券交易法第 171 條規定。另外,因為有部分共犯有關博達公司不利益之海外假交易,海外假交易不合營業常規之涉案時點在 2004 年 4 月 28 日修正前,故經新舊法比較後,以舊法對其較為有利,故以修正前證券交易法第 171 條第 2 款之罪處斷。至於不具有博達公司之董事、監察人、經理人或受僱人身份之其他涉犯本案之人,就上開犯行,有犯意聯絡及行為分擔,雖不具此等「身分關係」,然因與具備此等身份關係之葉素菲等人為共同實施犯罪者,故依據刑法第 28 條共同正犯之規定,仍論其等所為構成修正前、後證券交易法第 171 條第 2 款、刑法第 342 條第 1 項背信罪、刑法第 216 條、第 215 條、商業會計法第 71 條第 1 款等罪。

　　以下節錄臺灣高等法院 95 年度金上重訴字第四號判決之部分意旨:就「被告葉素菲、賴哲賢所為係犯修正後之證券交易法第 171 條第 1 項第 2 款、第 3 款、刑法第 342 條第 1 項、刑法第 216 條、第 215 條、商業會計法第 71 條第 1 款等罪。被告等多次之犯行,而觸犯上揭罪名,因時間緊接,罪名與犯罪構成要件相同,均顯係基於概括犯意為之,均應依修正前刑法連續犯之規定(以下同)論以一罪,並依法加重其刑。而就其等所犯修正後證券交易法第 171 條第 1 項第 2 款、第 3 款及刑法第 342 條第 1 項部分,係一行為觸犯上揭 3 罪,為想像競合犯,依刑法第 55 條規定,

應從一重之 93 年 4 月 28 日修正證券交易法第 171 條第 1 項第 2 款處斷。就所犯商業會計法第 71 條第 1 款、刑法第 216、第 215 條部分，為法規競合，且前者為後者之特別規定，依特別法優於普通法之原則，自應優先適用商業會計法第 71 條第 1 款論處。另就所犯之修正後證券交易法第 171 條第 1 項第 2 款及商業會計法第 71 條第 1 款之罪部分，有方法目的之牽連關係，依刑法第 55 條後段，應從一重之修正後證券交易法第 171 條第 1 項第 2 款之罪處斷。」

　　蓋因 2004 年 4 月 28 日修正後之證券交易法第 171 條規定就所犯本罪而其犯罪所得金額達新臺幣 1 億元以上者，加重法定刑為「處七年以上有期徒刑，得併科新臺幣二千五百萬元以上五億元以下罰金」，此乃基於犯罪所得金額如逾 1 億元者，認為其侵害法益及對社會經濟影響較嚴重，故立法者參考美國法例，對嚴重金融犯罪者提高刑度，故本案於此尚須討論葉素菲等人使公司為不利益交易之犯罪所得金額是否有達新台幣 1 億元之情形。又此條犯罪所得，其確定金額之認定，宜有明確之標準，俾使本條適用時不致產生疑義，故對其計算犯罪所得時點，依照刑法理論，應以犯罪行為既遂或結果發生時該股票之市場交易價格，或當時該公司資產之市值為準，至於計算方法，可依據相關交易情形或帳戶資金進出情形或其他證據資料加以計算。例如對於內線交易可以行為人買賣股票與消息公司後價格漲跌之變化幅度差額計算之，不法炒作亦可以炒作行為期間股價與同性質同類股或大盤漲跌幅度比較乘以操縱股數，計算其差額。

　　然本件被告葉素菲等人使公司為不利益交易之此部分犯罪，與內線交易或不法炒作之犯罪類型有異，故二者間計算犯罪所得之方式自有不同，而受理本案之臺灣高等法院審判庭認為使公司為不利益交易之犯罪所得計算方式應該參考洗錢防制法第 4 條有關犯罪所得財物之規定，即「因犯罪所直接取得之財物、因犯罪取得之報酬、因前二者變得之物」，因而認定葉素菲等人犯罪所得金額尚未達新台幣 1 億元，並不構成修正後證券交易法第 171 條第 2 項之罪名。此觀節錄臺灣高等法院 95 年度金上重訴字第四號判決之部分意旨：「鑑於該次證券交易法修正時，為避免犯罪者享有犯罪所得，降低從事金融犯罪之誘因，參考洗錢防制法第 12 條第 1 項，

增訂證券交易法第 171 條第 5 項之沒收及追徵規定，是本院認有關犯罪所得之認定，亦可參考洗錢防制法第 4 條有關犯罪所得財物之規定，即犯罪所得指下列情事之一：因犯罪所直接取得之財物、因犯罪取得之報酬、因前二者變得之物。被告葉素菲於犯罪事實七所業務侵占之美金 14,548,620.24 元，自屬犯罪所得，然該犯罪所得係發生於 93 年 2 月 26 至同年 4 月 14 日間，為證券交易法修正前之犯罪所得，本院認於修法後，被告葉素菲至少亦應有 1 元以上之犯罪所得，方可與前述所得合併計算累計超過 1 億元之犯罪所得。因修法後，被告葉素菲所為係假交易犯行，被告葉素菲並未因假交易而直接取得財物，被告葉素菲自博達公司領取之薪水亦為其擔任董事長之報酬，並非其因犯罪而取得之報酬，而公訴人亦未舉證本件葉素菲於修法後，有因業務侵占之犯罪所得變得之物，既無積極證據足認被告葉素菲於 93 年 4 月 30 日後仍有犯罪所得，本院認被告葉素菲等並不構成修正後證券交易法第 171 條第 2 項之罪。(3) 公訴意旨就犯罪事實三之部分，雖認被告葉素菲、賴哲賢、葉孟川、鄭美玲、鄭慧君、陳源森亦構成修正後證券交易法第 171 條第 2 項之罪，即認被告等因犯同法 171 第 1 項，而有犯罪所得金額達新台幣 1 億元之情形。然本院綜合上揭事證，認被告葉素菲等犯罪所得金額尚未達新台幣 1 億元，並不構成修正後證券交易法第 171 條第 2 項之罪名。」

## (四) 小結

公司法第 23 條第 1 項規定，公司負責人應忠實執行業務並盡善良管理人之注意義務，如有違反致公司受有損害者，負損害賠償責任。此顯示公司負責人對於公司負有注意義務與忠實義務。公司法第 192 條第 4 項規定，董事、監察人及經理人與公司之關係，除公司法另有規定外，基本上依民法關於委任規定。而董事、監察人及經理人受有報酬時，與公司間乃有償委任關係，執行公司業務應盡善良管理人之注意義務，有違時，即具有抽象輕過失，應對公司負損害賠償之責。且公司負責人，必須本於公司謀求最佳利益之信念而執行業務，不得圖謀自己或第三人之利益。「博達案」中，葉素菲等人乃博達公司之董事、監察人、經理人，均為公司負責

人，除了製造假銷貨、財報不實外，甚至以公司資產買受自行安排之人頭公司債券，明顯有將公司資產掏出之故意，豈是過失執行業務足以涵蓋，因而成立刑法背信罪，愚公司法上自應故意違反對公司之注意義務與忠實義務。因此，除了證券交易法所規範之民事賠償外，博達公司亦得以公司名義對葉素菲等人提起民事損害賠償之訴。以公司名義起訴之方式有二，其一乃公司法第 212 條規定，股東會對於董事提起訴訟時，公司應自決議之日起三十日內提起之。且公司法第 213 條規定，公司與董事間訴訟，除法律另有規定外，由監察人代表公司，股東會亦得另選代表公司為訴訟之人。以防止監察人與董事有狼狽為奸之情事而有害公司對董事之訴訟權益。其二，亦可由繼續一年以上持有已發行股份總數百分之三以上之股東，依公司法第 214 條第 1 項規定，以書面請求監察人為公司對董事提起訴訟。若監察人自有前項之請求日起，三十日內不提起訴訟時，繼續一年以上持有已發行股份總數百分之三以上之股東，得依公司法 214 條第 2 項規定，為公司提起訴訟；股東提起訴訟時，法院因被告之申請，得命起訴之股東，提供相當之擔保；如因敗訴，致公司受有損害，起訴之股東，對於公司負賠償之責。

此外，公司法除了使公司負責人對公司負有損害賠償責任外，於同法第 23 條第 2 項更規定，公司負責人對於公司業務之執行，如有違反法令致他人受有損害時，對他人應與公司負連帶賠償責任。此立法目的在於提高公司負責人執行業務的注意能力，並強化被害人求償之可能。「博達案」中，葉素菲等人虛灌營收、美化財務報表、違反內線交易、操作股市、使公司存款為不當投資，違反證券交易法、商業會計法、以及刑法等規定，致博達公司負債累累，聲請重整而使博達公司股價嚴重下跌，其投資人與債權人損失慘重，自應對博達公司投資人與債權人負損害賠償責任。再者，民法第 184 條第 2 項規定，違反保護他人之法律[62]，致生損害於他人者，負賠償責任。但能證明其行為無過失者，不在此限。故而，因

---

[62] 違反保護他人之法律，係指證券交易法第 20 條、第 155 條、第 156 條、第 171 條、第 174 條。

葉素菲等人違法行為受有損害之第三人，除援引公司法第23條第2項外，亦得引民法第184條第2項作為損害賠償之請求權基礎。

近年以來，基於訴訟經濟、避免裁判歧異、針對經濟能力有限以及不易長時間抗衡之個別受害人增加制訂獲賠管道，且鑒於集合眾力制裁加害人之不法行為觀點，於2002年制定公布「證券投資人及期貨交易人保護法」（下稱投保法），始建立團體訴訟制度，發揮一定外部監控治理之功效。投保法第28條第1項規定，即授與保護機關訴訟實施權，為投資人提起訴訟，達到一次解決紛爭之效果。同條第2項規定，保護機構依前項規定起訴或提付仲裁後，得由其他因同一證券或期貨事件受損害之證券投資人或期貨交易人授與訴訟或仲裁實施權，於第一審言詞辯論終結前或詢問終結前，擴張應受判決或仲裁事項之聲明。換言之，保護機構提起團體訴訟後，應速公告曉諭其他同一案件之被害人，得於第一審言詞辯論終結前，以書面表示其原因事實、證據及應受判決事項之聲明，並授與保護機構訴訟實施權，併案請求賠償，以達訴訟經濟 [63]。

在刑事責任方面，葉素菲等人乃從事公司業務之人，明知銷貨購原料皆為不實之事項，卻故意登載於其業務上作成之文書，即財務報表上，讓社會大眾誤信博達公司營業良好而為投資，葉素菲等人假造銷貨流程以美化財報足以生損害於公眾或他人者，成立證券交易法第171條所定之第157條之1、第155條之罪、刑法第215條業務登載不實罪與同法第216條行使業務登載不實之文書罪。此外，葉素菲等人受有博達公司給付酬金，乃公司之發行人、負責人與受僱人，自應為公司及公司股東處理事務，今意圖為自己或第三人不法之利益而違背其任務之行為，致生損害於公司與公司股東之財產或其他利益，應成立刑法第342條之背信罪。

再者，葉素菲等人雖基於博達公司董事、經理人、主管等業務上身分持有博達公司發行證券或發行海外可轉讓公司債（ECB）所獲得之資金，

---

[63] 參酌劉連煜，「新證券交易法實例研習」，頁320-325，元照出版有限公司，2004年2月2版

經多次輾轉匯入自身海外帳戶，但於刑法上之「侵占」行為不同[64]，因為此之間，這些資產有經過轉投資以及與外國銀行複雜的交易行為，葉素菲等人對於資金已非單純易持有為所有，所以不構成刑法上之「侵占」行為。縱使無法構成刑法第 336 條第 2 項的業務侵占罪，但自可援引刑法之特別法，洗錢防制法就葉素菲等人之行為再為檢討。

為防制洗錢，追查重大犯罪，1996 年 10 月即制定公布洗錢防制法。於洗錢防制法[65]第 2 條就「洗錢」明文定義，規定本法稱洗錢，係指下列行為：「一、掩飾或隱匿因自己重大犯罪所得財物或財產上利益者。二、掩飾、收受、搬運、寄藏、故買或牙保他人因重大犯罪所得財物或財產上利益者。」，而構成洗錢防制法第 2 條第 1 款之洗錢者，依同法第 11 條第 1 項規定（舊法第 9 條第 1 項），處五年以下有期徒刑，得併科新臺幣 300 萬元以下罰金。構成洗錢法制法第 2 條第 2 款之洗錢者，則依同法第 11 條第 2 項規定（舊法第 9 條第 2 項），處七年以下有期徒刑，得併科新臺幣 500 萬元以下罰金。同法第 11 條第 4 項規定（舊法第 9 條第 3 項），法人之代表人、法人或自然人之代理人、受雇人或其他從業人員，因執行業務犯前三項之罪者，除處罰行為人外，對該法人或自然人並科以各該項所定之罰金。但法人之代表人或自然人對於犯罪之發生，已盡力監督或為防止行為者，不在此限。「博達案」中，葉素菲等人該當證券交易法第 171 條所定之第 157 條之 1、第 155 條之罪，屬於洗錢防制法第 3 條第 1 項第 8 款（舊法第 3 條第 1 項第 9 款）所稱之重大犯罪[66]，又設立人頭帳

---

[64] 侵占係指行為人易持有為所有，且客觀上足以顯示行為人主觀上以所有人自居之行為。

[65] 本文爰引 2009 年 06 月 10 日修正之洗錢防制法條文。

[66] 2009 年 06 月 10 日修正之洗錢防制法第三條：本法所稱重大犯罪，指下列各款罪：一、最輕本刑為五年以上有期徒刑以上之刑之罪。二、刑法第 201 條、第 201 條之 1 之罪。三、刑法第 240 條第 3 項、第 241 條第 2 項、第 243 條第 1 項之罪。四、刑法第 296 條第 1 項、第 297 條第 1 項、第 298 條第 2 項、第 300 條第 1 項之罪。五、兒童及少年性交易防制條例第 23 條第 2 項至第 4 項、第 27 條第 2 項之罪。六、槍砲彈藥刀械管制條例第 12 條第 1 項至第 3 項、第 13 條第 1 項、第 2 項之罪。七、懲治走私條例第 2 條第 1 項、第 3 條第 1 項之罪。八、證券交

戶等等方式，藉以掩飾、隱匿、搬運、寄藏因犯罪所獲得原本屬於博達公司之財物與利益，故構成「洗錢」行為，自應受洗錢防制法第九條係規定之罰責，不待贅言。

## 三、預防觀察法

從「博達案」檢視金融犯罪，面對多變、真相不明的新投資環境，擬提供下列觀察心得，就數高明。

## （一）應收帳款、存貨與營收交叉比對

應收帳款成長率[67]大於營收成長率，表示公司可能為了美化帳面，將存貨塞給相關子公司或合作廠商，因而認列的營收，並非真正市場需求。而存貨成長率[68]大於營收成長率，表示公司的存貨成長過快，公司可能出貨不順或是產能生產過快，倘若客戶開發速度跟不上，一旦價格下滑速度過快，又會多一堆存貨損失。所以善用應收帳款週轉率與存貨週轉率一探

---

易法第171條第1項第1款所定違反同法第155條第1項、第2項或第157條之1第1項之規定、第171條第1項第2款、第3款及第174條第1項第8款之罪。九、銀行法第125條第1項、第125條之2第1項、第125條之2第4項適用同條第1項、第125條之3第1項之罪。十、破產法第154條、第155條之罪。十一、組織犯罪防制條例第3條第1項、第2項後段、第4條、第6條之罪。十二、農業金融法第29條第1項、第40條第1項之罪。十三、票券金融管理法第58條第1項、第58條之1第1項之罪。十四、保險法第168條之2第1項之罪。十五、金融控股公司法第57條第1項、第57條之1第1項之罪。十六、信託業法第48條之1第1項、第48條之2第1項之罪。十七、信用合作社法第38條之2第1項、第38條之3第1項之罪。十八、本法第11條之罪。下列各款之罪，其犯罪所得在新臺幣五百萬元以上者，亦屬重大犯罪：一、刑法第336條第2項、第339條、第344條之罪。二、政府採購法第87條第1項、第2項後段至第6項、第88條、第89條、第90條第1項、第2項後段、第3項、第91條第1項、第2項後段、第3項之罪。

[67] 應收帳款收款天數=365／應收帳款年週轉率；應收帳款收款天數=90／應收帳款季週轉率。

[68] 存貨週轉天數=365／存貨年週轉率；存貨週轉天數=90／存貨季週轉率。

公司長期趨勢，以免受假帳所誘導。

## (二) 財務實質審查

為因應現今多變而複雜的掏空公司手法，基本上除了從應收帳款、收款天數探索公司營運奧秘外，證券交易所更是提供主要財務實質審查標準供投資人參考[69]，如下：

(1) 營收及稅前盈餘比較去年同期明顯衰退。

(2) 稅前盈餘達成率偏低。

(3) 當年度曾調降財測被記缺失。

(4) 轉投資損失占當年營業利益達一定比率者。

(5) 對關係人進銷貨佔公司進銷貨率達 20% 以上。

(6) 應收關係人款項、預付關係人款項期末餘額達股東權益 10% 以上。

(7) 本季增加資金貸與他人金額達股東權益 3% 以上；或期末資金貸與他人金額達股東權益 10% 以上。

(8) 財務比率不佳者。

(9) 現金流量為淨流出且占期末總資產的 3% 以上。

(10) 投資在上市櫃股票的金額超過淨值 200 以上。

## (三) 公司作帳三個觀察指標[70]

(1) 從「關係人應收帳款佔總應收帳款比率」進行過濾，該比率數字越高，則表示公司獲利對來自於轉投資公司的貢獻越倚重，當然可解釋為主要收入來自於海外，或在海外設立不少子公司。不過「關係人應收帳款佔總應收帳款比率」數字的高低只是「訊號」並非「警訊」，該比率越高並不表示該公司是地雷股，只能認為該公司在轉投資事業獲利比較高，較可能利用轉投資公司進行美

---

[69] 參酌理財週刊，5大警訊掃雷大進擊，頁4。

[70] 參酌柴煥欣，從關係人應收帳款透視公司美化帳面之手法，理財週刊，頁84-85，2004年9月27日

化帳面的操作空間。從會計原則來看，關係人應收帳款較具有「攸關性」，值得投資人優先檢視。

(2) 從比率較高的個股進行檢視，由於應收帳款是屬於流動資產，收款期限到就以現入帳，實際上就是市場行情，除非讓帳款能夠延展，收款期限是很少超過四十五天，因此關係人應收帳款的數字如果是一季高過一季，那就是「警訊」發生的第一步，公司就有將貨物搬到子公司的「嫌疑」，再將對子公司的應收帳款予以展延或以新還舊，投資人需加以小心。

(3) 明確得知關係人應收帳款逐季走高的原因，倘若投資人只因為看到關係人應收帳款走高就將該公司排除在投資組合外，就有可能喪失投資好機會，但另一方面投資人無法找出確定原因，在投資時要特別謹慎小心，否則可能因此萬劫不復。

## (四) 投資人注意會計師保留意見

會計師查核是保障財務報表資訊重要的一環，因為會計師必須根據審計準則執行查核，確定財務報表符合財務會計準則[71]。會計師若是無法得到公司配合提供資料，或者認為財務報表上的數字無法得到足夠的證據支持，或者客戶不願更正財務報表上的數字，那會計師可以出具「非無保留的意見」，或甚至認為財務報表不足允當的表達。

如果公司不接受會計師所表示之意見，會計師可以拒絕簽發財務報表，結束委任關係，所以投資人更應該注意會計師是否有保留意見，意見內容，或者公司是否更換會計師當作「警訊」，來調整投資的作為[72]。

---

[71] 依證券交易法第14條第2項規定訂定證券發行人財務報告編製準則。

[72] 參酌柯承恩，談領導一財務報表三大先天缺陷，商業週刊，頁146-147，2004年9月13日。

# 伍、結論

　　博達公司由盛轉衰，直至 2004 年 6 月所爆發的「博達案」迄今，雖然已過了相當長的時間，事後陸續也出現很多不同的企業犯罪，但「博達案」於 2004 年 6 月爆發至今，經投資人保護中心受理投資人求償登記，目前已有數以萬計之投資人損失慘重，所為總求償金額更已超過 50 億元 [73]，可想而知「博達案」所帶給社會大眾之震撼與反省甚鉅，絕非草草數萬字可以完全述其梗概，本文充其量僅能藉由說明「博達案」中各種財務操作與資金運用手法，提出最初淺的投資角度與最基本的法律意見供社會大眾檢討，期能於活絡的經融體系中，讓有可能發生相同危機的的企業警惕再三，而讓投資大眾及政府主管機關面對經濟陷阱時，能主動有所因應。博達公司董事長葉素菲女士在經營博達公司期間，所涉犯不合營業常規的行為，包括起訴書所載之假銷貨、虛灌應收帳款、美化財報、發行海外可轉讓公司債（ECB）、承購信用連結債券（CLN）、變相為海外人頭公司之債務擔保等手法，不乏利用與海外公司接軌，讓海外人頭公司債務由國內投資人買單，進而將博達公司資金一層層轉出，最後流向不知名的虛設帳戶，或許就有一個存在於背後操空的「掏空集團」因而獲利。當初偵查單位於案件爆發後，歷經五個月辛苦調查與偵辦後，漸漸揭露這些不合營業常規的行為樣態，終在 2004 年 10 月 25 日援引公司法、證券交易法、商業會計法、洗錢防制法與刑法等重典將葉素菲等三十餘人起訴具體求刑，而讓這波「博達案」推上透明焦點，惟不論社會如何評價，基於「被告無罪推定原則」，案件仍需要經由法院審理、調查之程序，以還原真相及社會正義。

　　對犯罪行為人科以刑事責任一方面有懲罰與嚇阻的目的，另一方在精神上或許能安慰因金融犯罪而受有損害的被害人。然而面對諸多投資人一

---

[73] 從博達案資產保全程序看投資人權益保障，林俊宏，2005-03-27/ 經濟日報 /C6 版 / 會計經緯。

生的心血積蓄皆隨著博達公司聲請重整的消息為之葬送，刑事責任無法提供被害投資人實質損害之完全彌補，故藉由附帶民事訴訟之方法對博達公司掏空之「不法集團」一一請求損害賠償，並且發揮「證券投資人及期貨交易保護法」之立法功能，讓投資人保護機構代表博達公司的眾多投資人對該掏空「不法集團」提出團體訴訟，以達一次解決紛爭之目的。

　　除了回顧過去，從「博達案」中汲取經驗外，更期放眼未來，教育社會大眾如何在險惡而多變的投資環境中健康理財，鑒於此類經濟犯罪中嚴重發生假銷貨流程、誇大的財務報表不實，行政院監督金融管理委員會證券期貨局特別於 2004 年 7 月 1 日公布「財務會計準則第 35 號公報」[74]。第 35 號公報，係指「資產減損」的會計處理準則，為我國財務準則的新規定，於 2005 年 1 月 1 日開始實行，公開發行公司的財務報表須依本公報規定作必要的調整。其目的在於公開發行公司經過 35 號公報的規範，如有作假帳、虛灌的財務數字，較有可能在社會大眾面前現出原形，反映資產的真實價值。其中與舊制最主要差別，在於針對企業執行固定資產評價之評估方式、及其評價金額的依據等，均加以明確化，使企業在資產有減損之虞時，必須重估所屬設備、廠房、商譽等有形與無形資產價值，一旦資產重估後低於過去數字，即必須提列虧損，子公司資產損失也必須反映在母公司財報。此功能將使企業財務報表更為透明，逐漸跟上國際潮流之步調。

　　雖然「財務會計準則第 35 號公報」對企業財務透明度已有了改進，但仍需搭配公司法與證券交易法諸多規定，始能達到功效，惟 90 年公司法明文增定「關係企業章」[75]，以規範企業相互間轉投資之關係，並未周全，仍有諸多須檢驗的地方，與 35 號公報搭配起來，恐未必相得益彰。又以「博達案」為例說明，公司經營者指示公司內部職員以職員個人名義在海外虛設之人頭公司，實質上該等海外虛設公司之人事、財務或業務經營，均直接或間接皆為博達公司的經營團隊所掌控，但礙於公司法第 369

[74] 第 35 號公報，主要參照美國與國際會計準則所規範的資產減損規定
[75]

條之 2、第 369 條之 3 須控制公司與從屬公司董事或股東有半數以上始推定二者有關係企業關係，而這些海外公司均係博達公司內部職員個人名義所設立，非博達公司董事、大股東名義成立，故仍無法列為公司法上之「控制從屬公司」，自不屬於博達公司的子公司，無法適用公司法第 369 條之 12 的財務報表合併編製原則，更無法將這些海外虛設公司的盈虧納入博達公司盈虧之下，換言之，博達公司的財務報表雖然公開，但均無法將這些海外虛設公司的損失反映到博達公司的財務報表上之理想，再加上這些海外虛設公司皆不在國內，國內主管機關絲毫沒有置喙之餘地，亦不受我國法律之約束與制裁，又豈能奢望投資大眾可以準確掌握公司真實的財務狀況，對投資大眾之保護似乎仍欠周延，故而，公平、透明、公開之交易市場終將難實現，因此，期望政府當局能正視「博達案」所帶給大家的慘痛教訓，積極宣導並確實執法，另一方面，立法者也應積極修法或立法方式加強保護投資大眾，除了顧及交易自由與投資人保護，同時兼顧企業生存的經濟空間、發展，倘若不及修法，或由主管機關先以行政命令方式在法律授權下定有規範，彌補法條無法立即跟上經濟潮流之缺憾。

　　近年各界認知到推動健全公司治理，強化董事之獨立性與功能，並落實專業人員及經營者之責任，應有其必要性及急迫性，因此多次修正證券交易法、商業會計法、洗錢防制法、公司法等財經法令，主要分為幾個方向，第一、在健全公司治理方面，引進獨立董事制度、明確規範委託書規定保障股東權利，並增訂董事會得設置審計委員會，藉由專業分工及獨立超然立場，協助董事會決策，且強化董事會及監察人之獨立性，及加重相關人員財務報告虛偽不實之責任。第二、在增進證券商業務部分，因應證券商規模大型化及業務、投資多元化，有適度調整證券商不得投資於其他證券商、證券商應專營及相關人員不得兼任之禁止規定，同時調整證券商經營業務範圍及簡化承銷實務作業，使證券交易之發展須更趨於國際化、自由化。第三、與外國簽訂資訊合作協定部分，因目前金融犯罪均趨向跨過交易之手法，海外交易對象、標的、地點均為我國檢調單位所難以觸及，故建議資訊交換、技術合作、協助調查及執行等制度，共同遏止、打

擊跨國不法行為，以維護本國證券市場之交易秩序與安全便利。第四，修法加強防制證券市場操縱、內線交易等不法行為，讓此等不法行為之構成要件更明確規範，以維護證券市場交易安全及落實保障投資人權益。由此可知，這些近年積極且大幅度之修法，不外乎就是 2004 年間「博達案」等諸多社會矚目之經濟犯罪浪潮下，沖積而成的細緻白色沙灘，面對這一波又一波的金融犯罪來勢洶洶，法令跟著日新月異絕對值得肯定，但除了修法精益外，還需要靠著主管機關認真執法、企業嚴守紀律配合、投資者睜大眼睛面觀八方等相關搭配，這片浪潮下的沙灘才可能持久白淨下去，否則，再多再密麻的法令也只是文字框架，終極無法留住白色細沙，換來的或許只是海岸邊的各種垃圾堆積，因此，投資人本身也應該多關心所投資企業之發展，從「博達案」事件中學到經驗，並時時涉獵法律與金融知識，以捍衛自身知的權利，不讓不肖的集團或企業經營者有機可趁。

## 大事記[76]

| 時間（民國/年/月） | （日） | 事由 |
|---|---|---|
| 1991年02月 | 25日 | 成立博達科技股份有限公司，主要負責生產砷化鎵磊金片 |
| 1994年 | | 開時進行假銷貨假交易 |
| 1995年06月 | | 辦理現金增1.5億元即盈餘轉增資0.28億元，實收股本為3.68億元 |
| 1999年12月 | 18日 | 以11.16億元股本上市<br>陸續在海外虛設人頭公司 |

---

[76] 參酌詹惠珠/白富美，誰內線交易？博達公司卯上花旗環球，經濟日報，2004年6月18日，1版；博達公司63億現金去向央行清查，羅兩莎，經濟日報，2004年6月22日，2版；詹惠珠/馬淑華，檢調搜索博達公司葉素菲金接受偵訊，經濟日報，2004年6月25日，3版；劉俊谷，檢察官提訊葉素菲避重就輕要求交保，經濟日報，2004年6月30日，2版；陸倩瑤、呂東英：新的手法盜取資金，2經濟日報，2004年7月16日，A5版；許韶芹，證交所決議博達公司下市，聯合報，2004年7月21日，C2版；劉俊谷，博達公司員工自白膨脹營收，聯合報，2004年8月31日，B4版。劉俊谷，博達公司保存資產緊急處分 法院裁定再延長90天，聯合報，2004年9月24日，C2版。

| 時間（民國/年/月） | （日） | 事由 |
|---|---|---|
| 2000年 | | 陸續新增五大銷貨代理商，銷貨比重逐年提高<br>公司應收帳款暴漲一倍多，其後連續三年業績不斷下滑，應收帳款仍超過30億元 |
| 2002年 | | 博達公司陸續爲其海外人頭子公司對外國銀行之債務提供擔保 |
| 2002年底 | | 與七家金融機構成立17億元的聯貸案 |
| 2003年10月 | 22日 | 順利發行5千萬美元ECB，皆由其海外虛設子公司認購，收到現金5千萬美金，將該款存於外國銀行，作爲該認購ECB之海外子公司擔保之用。 |
| 2003年11月 | 19日 | 決議實施庫藏股，並陸續買入3億元庫藏股 |
| 2003年12月 | 26日 | 5千萬美元ECB已全數轉成股票，博達公司股本增至46億元<br>原公司債承購人出售該轉換後之股票取得現金 |
| 2004年01月 | 19日 | 庫藏股執行完畢 |
| 2004年03月 | | 以同一會計師不得連續五年爲同一家公司簽證爲由<br>更換博達公司會計、財務報表的會計師（自KPMG轉爲DT） |
| 2004年04月 | | 93年第一季季報顯示打消呆帳24億餘元，但仍有帳上現金63億元<br>股東會通過發行GDR授權，以償還6月17日到期之公司債債務 |
| 2004年04月 | 15日 | 申請發行1.17億美元GDR |
| 2004年05月 | 31日 | 證期會核准博達公司發行GDR |
| 2004年06月 | 02日 | 博達公司爆出7萬張成交的歷史天量 |
| 2004年06月 | 09日 | 博達公司發行GDR之海外法人說明會最後一日<br>由花旗銀行主導博達公司GDR之資金募集不順利<br>博達公司股票融券比高達84％ |
| 2004年06月 | 15日 | 博達公司宣稱因無法償還即將到期之29.8億元公司債<br>向士林地院聲請重整及保全公司資產之緊急處分<br>且撤回GDR之發行<br>與博達公司有簽訂保證、扣款同意書等之外國銀行陸續行使抵銷約款或以交付CLN等方式清償其對博達公司之存款債務，並解除其與博達公司之存款合約。 |
| 2004年06月 | 17日 | 90年發行之公司債29.8億元到期<br>變更交易方式爲全額交割股 |
| 2004年07年 | 02日 | 法院裁定緊急處分自07月01日起算爲期90天 |
| 2004年07月 | 16日 | 博達公司因跳票被台灣票據交易所列爲拒絕往來戶 |

| 時間（民國/年/月） | （日） | 事由 |
|---|---|---|
| 2004年07月 | 20日 | 證期會決議讓博達公司下市 |
| 2004年09月 | 08日 | 博達公司下市 |
| 2004年09月 | 23日 | 法院裁定再延長緊急處分90天 |
| 2004年10月 | 25日 | 博達公司負責人等31人被起訴 |
| 2004年12月 | 13日 | 法院裁定駁回博達公司重整之聲請 |
| 2005年1月 | 4日 | 投資人保護中心去年11月以防止中視脫產爲由，向法院聲請假扣押中視兩棟大樓獲准一案。台灣高等法院於2005年1月4日以投保中心「未釋明」的理由，廢棄一審的假扣押處分，發回士林地方法院更爲裁定[77]。 |
| 2005年1月 | 6日 | 法院駁回葉素菲之聲請交保[78]。 |
| 2005年1月 | | 1月初，士林地方法院開庭審理博達案，博達前財務長謝世芳[79]，曾與律師出庭答辯。同月20日，謝世芳即未到庭應訊，隨後律師表示，其留下一封信後音訊全無。謝世芳在信中提到受到恐嚇，壓力很大[80]。 |
| 2005年1月 | 18日 | 法院裁定葉素菲自民國94年1月25日起羈押期間延長2月[81]。 |

[77] 假扣押中視大樓發回地院，蕭白雪，2005-01-05/聯合報/A8版/社會。

[78] 參酌臺灣士林地方法院刑事94年度聲字第45號裁定。

[79] 謝世芳是博達公司前財務長，他是策畫博達透過海外子公司膨脹營業額、美化帳面，發布正成長財測報告，成功讓博達通過層層審查、掛牌上市的關鍵人物。博達案謝世芳近日發布通緝，劉峻谷，2005-03-30/聯合報/B2版/焦點。

[80] 博達案謝世芳近日發布通緝，劉峻谷，2005-03-30/聯合報/B2版/焦點。

[81] 參酌臺灣士林地方法院刑事93年度金重訴字第3號裁定。

[82] 此處承銷商係指，曾辦理在博達上市、增資、發行公司債、海外可轉換公司債（ECB）、全球存託憑證（GDR）等之承銷商。博達案承銷商責任春節後追究，邱金蘭，2005-02-07/經濟日報/A4版/金融新聞。

[83] 博達案後國票金對外說明的資料，國票證券投資博達股票130萬股，購買博達可轉換公司債284張，兩項加投資金額共有新台幣4,570萬元。博達案承銷商責任春節後追究，邱金蘭，2005-02-07/經濟日報/A4版/金融新聞。

[84] 博達案承銷商4月前懲處，林杰兒，2005-02-19/經濟日報/A6版/企業焦點。

[85] 參酌臺灣士林地方法院刑事93年度金重訴字第3號裁定。

| 時間（民國/年/月） | （日） | 事由 |
|---|---|---|
| 2005年2月 | 7日 | 金管會在調查博達案過程中，除了承銷商[82]外，也將國票金控旗下的國票證券購買博達股票等[83]，列入查核重點。 |
| 2005年2月 | 18日 | 金管會副主委呂東英明確表示，在4月底之前，「一定可以看到博達案疏失承銷商的懲處結果」[84]。 |
| 2005年3月 | 16日 | 法院裁定葉素菲自民國94年3月25日起羈押期間延長2月[85]。 |
| 2005年2月 | 18日 | 士林地方法院再次開庭審理博達掏空案，傳訊博達前財務長謝世芳，其仍未出庭。由於屢傳未到，合議庭決定簽發拘票強制拘提[86]。 |
| 2005年3月 | 18日 | 證券投資人及期貨交易人保護中心表示，在金管會介入之下，參與博達上市輔導、承銷、募資的四家證券商[87]，元大京華、富邦、華南永昌、金鼎，願意與投保中心協商，目前已達成和解協議，自原先投保中心所要求之五億元補償金中降低金額，同意提供七千八百一十萬三千元，作為「補償」八千多名受害投資人損失[88]。 |
| 2005年3月 | 30日 | 博達案關鍵人物前財務長謝世芳，法院3次拘提不到，近日將依法發布通緝[89]。 |
| 2005年4月 | 3日 | 保護中心將繼續針對該公司、董監事及會計師等應負賠償責任人積極求償[90]。 |
| 2005年12月 | 12日 | 臺灣士林地方法院93年度重金字第3號刑事判決。 |
| 2009年2月 | 25日 | 臺灣高等法院95年度金上重訴字第4號刑事判決。 |

[86] 博達案將強制拘提謝世芳，莊國辰，2005-02-19/聯合報/C4版/北市綜合。

[87] 同意補償之四家證券商，包括承辦博達公司民國88年的上市案、89年及90年現金增資案、90年發行公司債案，及92年發行海外公司債案。博達案的和解協議要公之於眾，社論，2005-03-23/經濟日報/A2版/經濟要聞。

[88] 這是投資人保護中心成立以來，首件國內券商因地雷股事件「補償」投資人案例，也創下總補償金額最高紀錄。博達案4券商補償投資7810萬，鄭秀明/孫中英，2005-03-19/聯合報/A1版/要聞。

[89] 博達案謝世芳近日發布通緝，劉峻谷，2005-03-30/聯合報/B2版/焦點。

[90] 投保中心求償案48件總額逾150億，楊雅婷，2005-04-03/聯合晚報/12版/證券（一）。

# 參考文獻（依作者姓氏筆劃遞增排序）

## 一、專書論著

1. 王文宇,「新金融法」,元照出版有限公司,2003 年 1 月。元照出版有限公司

2. 王文宇,「公司法論」,元照出版有限公司,2004 年 10 月。

3. 王文宇,「新公司與企業法」,元照出版有限公司,2003 年初版。

4. 林山田,「經濟犯罪與經濟刑法」,國立政治大學法律學系法律叢書,76 年 5 月 2 版。

5. 林國全,「證券交易法研究」,元照出版公司,2000 年 9 月。

6. 柯芳枝,「公司法論」,三民出版有限公司,2002 年 5 版。

7. 陳春山,「證券交易法論」,五南圖書出版股份有限公司,2003 年 9 月增訂 6 版。

8. 劉連煜,「新證券交易法實例研習」,元照出版有限公司,2004 年 2 月 2 版。

## 二、期刊論文

1. 柯瓊鳳／陳進榮,從博達案探討重整法規與涉訟財產接管,會計研究月刊,2004 年 8 月。

2. 柯承恩,談領導──財務報表三大先天缺陷,商業週刊,2004 年 9 月 13 日。

3. 特別企劃,博達訊碟後台灣還有多少地雷,天下雜誌,2004 年 9 月 15 日。

4. 馬秀如,物不知其數:博達與會計師,會計研究月刊,2004 年 9 月。

5. 柴煥欣,從關係人應收帳款透視公司美化帳面之手法,理財週刊,2004 年 9 月 27 日。

6. 柴煥欣,從關係人應收帳款透視公司美化帳面之手法,理財週刊,2004 年 9 月 27 日。

7. 郭宗雄,從博達案看公司重整制度,實用稅務,2004 年 8 月。

8. 陳伯松,從博達看整體會計環境,會計研究月刊,2004 年 8 月。

9. 陳彥超,塞或疑慮公司三點全露,理財週刊,2004 年 9 月 27 日。

10.陳翊中／林亞偉，股市金光黨，今週刊，2004 年 9 月 13 日。

11.葉銀華，博達現象投資八大警訊，管理雜誌，2004 年 8 月。

12.董浩雲，應收帳款收買業務法律關係之研究，賴源河教授指導，1988 年。

13.整理自台灣士林地方法院邱智宏檢察官民國 93 年 10 月 22 日之起訴書。

14.鄭紹辰，Raboband 到底是何方神聖，理財週刊，2004 年 9 月 13 日。

15.譚士屏，司法線上看博達，天下雜誌，2004 年 9 月 15 日。

16.歐宏杰，集保月刊第 123 期，2004 年 2 月 15 日出版。

三、報紙（依刊名之筆劃遞增排序）

1. 工商時報，「博達訊碟翻版！陞技涉掏空八疑點」，1 版，2004 年 12 月 15 日。

2. 台灣日報，林長順，2004 年 10 月 25 日。

3. 經濟日報，詹惠珠，「博達聲請重整將改全額交割」，1 版，2004 年 6 月 16 日。

4. 經濟日報，馬淑華，「博達資金缺口多少？證期會清查」，2 版，2004 年 6 月 16 日，

5. 經濟日報，詹惠珠／白宮美，「誰內線交易？博達卯上花旗環球」，1 版，2004 年 6 月 18 日。

6. 經濟日報，羅兩莎，「博達 63 億現金去向央行清查」，2 版，2004 年 6 月 22 日。

7. 經濟日報，詹惠珠，「博達真的需要重整嗎？」，2 版，2004 年 6 月 23 日。

8. 經濟日報，詹惠珠／馬淑華，「檢調搜索博達葉素菲金接受偵訊」，3 版，2004 年 6 月 25 日。

9. 經濟日報，劉俊谷，「檢察官提訊葉素菲避重就輕要求交保」，2 版，2004 年 6 月 30 日。

10.經濟日報，馬淑華，「法院裁定緊急處分保全博達資產」，2 版，2004 年 7 月 3 日。

11.經濟日報，陸倩瑤，呂東英，「新的手法盜取資金」，A5 版，2004 年 7 月 16 日。

12.經濟日報，邱金蘭，「金管會：博達上市前即違法交易」，A6 版，2004 年

10 月 25 日。

13.經濟日報，劉俊谷，「博達案葉素菲求刑 20 年罰金 5 億」，A2 版，2004 年 10 月 26 日。

14.聯合晚報，高潔如，「60 億現金蒸發？博達神話幻滅」，2 版，2004 年 6 月 16 日。

15.聯合報，陸倩瑤，「博達案疑掏空葉素菲涉刑貴」，A5 版，2004 年 7 月 16 日。

16.聯合報，許韶芹，「證交所決議博達下市」，C2 版，2004 年 7 月 21 日。

17.聯合報，劉俊谷，「博達員工自白膨脹營收」，B4 版，2004 年 8 月 31 日。

18.聯合報，劉俊谷，「博達保存資產緊急處分法院裁定再延長90天」，C2版，2004 年 9 月 24 日。

19.聯合報，劉俊谷，「紙上富翁假買假賣集大成」，A6版，2004年10月26日。

20.聯合報，劉俊谷，「博達聲請重整駁回」，B6 版 .2004 年 12 月 14 日。

四、網路資料

1. 公開資訊觀測站 <http://newmops.tse.com.tw>。

2. 台灣證券交易所網站 <hnp://mops.tse.com.tw>。

3. 司法院法學資料檢索系統 <hop://nwjirs.judicial.gov.tw/Index.htm>。

# 第十章　少年得志大不幸？
## ——訊碟案

鄭昱仁

鄭昱仁

原本是一位喜歡看日劇發夢的少年人，但無意
間成爲菜鳥法官的代名詞，到軍中又恰逢所謂
世紀冤案的平反工作，只好自詡以司法改革爲
己任，並決心推廣把案件辦好，而不是把自己
辦出名的理想，更幸運的是身旁有一群比我更
厲害的伙伴，相信司法的明天會更好。
現爲台北地方法院法官。

## 摘要

　　訊碟（2491）在 2004 年 8 月 31 日半年報中揭露，2004 年上半年大幅認列投資損失高達 42 億元，同時 26 億元資金流向成謎，遭證交所變更交易方法，將大筆資金匯出至台灣不易查證的海外銀行，轉投資事業及對外募資或投資，都因投資失當導致鉅額虧損，其中牽涉資產淘空、財報不實、內線交易等問題，也不禁令人反思公司治理之落實與改革。由經營者一手創立的公司，如今由昔日股王變成壁紙或雞蛋水餃股，最終面臨停止交易之命運，令人不勝欷噓。

關鍵詞：海外可轉換公司債（ECB）、資產掏空、內線交易、公司治理

# 壹、前言

　　自 2001 年底美國恩龍案財報不實弊案開始、歷經泰科、世不通訊、環球電訊、荷蘭蜆殼集團、南韓 SK 集團事件，這一波企業舞弊情形，終究於今年蔓延至我國。2003 年 6 月中博達案的發生使各界對公司背後的黑幕憂心忡忡。而後續的訊碟、皇統、太電、茂矽、宏達科等地雷股事件，令人回想起殷鑑不遠的國票百億舞弊、東隆五金 88 億元掏空案及其後國產實業、廣三集團、中央票券、國揚實業、順大裕[1] 等一連串上市上櫃公司財務、風暴，不同於前一波地雷股集中於傳統產業，此波案件多集中於科技股，過去被投資人視為明星的科技股。但此也顯示出國內的公司治理防弊制度，雖迭有改革，卻仍成效不彰。學界及實務界，面對這些弊案的產生，一方面在既有的「公司治理」議題上，掀起一陣探討如何重建公司防弊機制的熱潮；另一方面，公司弊案發生後，如何追究相關責任？

---

[1] 參閱，陳春山，「企業管控與投資人保護——金融改革之路」，頁3-22，台北，元照，2000年5月。

公司董事、主管機關與會計師三者相互間，如何劃分責任歸屬關係？均成為熱門議題。

本文擬以訊碟科技股份有限公司為例，分析其因 93 年度半年報揭露所引發之資產掏空、財報不實及內線交易等法律問題。

# 貳、案例事實

## 一、事實

### (一) 事實經過

訊碟（2491）董事長呂學仁自 2002 年起利用海外募資可轉換公司債、虛增不實營業額之手法，不法獲利至少 26 億餘元。甚至在會計師查帳發現訊碟公司轉投資 MEDIACOPY 等公司虧損有疑義，呂學仁在獲悉會計師將提列鉅額長期投資虧損後，在該重大訊息公開前，還利用人頭帳戶在集中市場賣出訊碟公司股票 404.9 萬股獲利新台幣 2013 萬餘元，造成廣大投資人之重大損失。

訊碟公司於 2002 年間以 5 萬美元透過訊碟前總經理、浩瀚公司董事長田政溫李姓友人在香港設立 CYBERLEAD 公司，由田政溫之妻子羅文蕙擔任 CYBERLEAD 在台灣富邦證券之香港子公司香港富耀證券公司下單交易及資金調度的受託人，CYBERLEAD 與荷屬 ROBOBANK[2] 新加坡分行簽訂存款帳戶，並由訊碟提供擔保，辦理鉅額美元貸款，取得定期存款確認單。

當訊碟透過他人在香港成立 CYBERLEAD 公司後，91 年間委託富耀證券為主辦承銷商，發行兩次 ECB，分別為 6000 萬美元、5000 萬美元。呂學仁還透過 CYBERLEAD 公司名義認購 7050 萬美元 ECB，但卻未按

---

[2] ROBOBANK是荷蘭境內最大，且市佔率第一的銀行，並名列世界40大銀行之一，且為世界極少數，能同時擁有國際三大知名評等機構AAA級的銀行之一。

照正常的認購程序，將認購款繳納富耀證券，而是由訊碟公司通知證券商，錢已定存在 ROBOBANK，以規避富耀證券查驗資金之機會，同時還編製不實的財務報表，隱匿公司資產不足的實情。

當 CYBERLEAD 所認購的 ECB 到期後，呂學仁等人即將其全數轉為訊碟股票，並以 CYBERLEAD 的名義，透過富耀證券，在國內股票市場出售該股票，呂學仁等人因而無償獲利 8084 萬餘美元。2004 年 6 月 30 日，由於訊碟公司存款帳戶擔保契約終止，ROBOBANK 無法再提供定期存款確認書，而當初購買 ECB 也未真正將認購的錢定存於 ROBOBANK，呂學仁等人為免東窗事發，製作不實投資文件，對外謊稱已將存放在 ROBOBANK 的定期存款，全數轉投資 GOLD TARGET FUND[3]。

## （二）圖示

### 1. 投資海外基金部分[4]

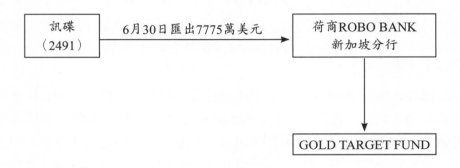

---

3　訊碟指出，GOLD TARGET FUND註冊於開曼群島，訊碟投資七千七百七十五萬美元，主要目的係在投資電影及相關事業，但是GOLD TARGET FUND在2004年7月19日才成立，未成立前依法應不可開戶，證交所曾要求訊碟於2004年9月6日提供文件說明，但訊碟未提出。

4　作者自行整理。

## 2. 海外購買MEDLACOPY集團股權部分[5]

## 3. 發行海外可轉換公司債（ECB）部分[6]

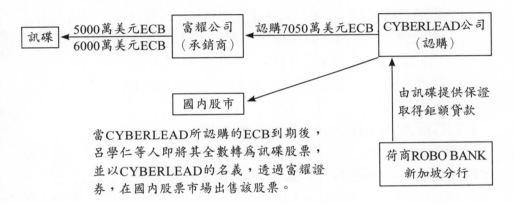

當CYBERLEAD所認購的ECB到期後，呂學仁等人即將其全數轉為訊碟股票，並以CYBERLEAD的名義，透過富耀證券，在國內股票市場出售該股票。

## 4. 涉及內線交易部分[7]

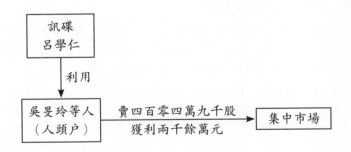

---

5　參閱，工商時報，「訊碟疑案，破綻四起」，第3版，2004年9月14日。

6　作者自行整理。

7　作者自行整理。

## (三)事實分析

### 1. 投資海外基金部分

(1) 訊碟公司 2004 年 6 月 30 日自海外銀行帳戶鉅額轉帳新台幣 26 億元投資海外基金，投資海外基金 GOLD TARGET FUND，惟於 2004 年 8 月 27 日始公開資訊。

(2) 該公司因未能提供具體資料佐證交易合理性及資金流向，經證交所予以變更交易方法，於 2004 年 9 月 8 日打為全額交割股[8]。

(3) 依該公司說明，部分投資基金來源係以海外可轉換公司債之未支用資金支應，查該公司並未申請變更計畫項目，違反公司法第 259 條[9] 之規定可處公司負責人一年以下有期徒刑、拘役或科或併科新臺幣六萬元以下罰金，如公司因此受有損害時，對於公司並負賠償責任。

### 2. 海外購買MEDIACOPY集團股權部分[10]

訊碟公司自 2001 年 1 月起開始投資海外 MEDIACOPY 集團，其中股權購買部分，事後與出賣人協議將收購款由一億美元降為八千萬美元[11]，查其中除 1 千 250 萬美元已匯入出賣人帳戶外，其餘款項之資金流向，尚待釐清。

---

[8] 依證券交易所營業細則第49條規定。

[9] 公司法第259條：「公司募集公司債款後，未經申請核准變更，而用於規定事項以外者，處公司負責人一年以下有期徒刑、拘役或科或併科新臺幣六萬元以下罰金，如公司因此受有損害時，對於公司並負賠償責任。」

[10] 訊碟買下MEDIACOPY，主要原因是北美DVD市場龐大，MEDIACOPY擁有60〜70%北美訂單，為因應米高梅北美區合約需求才買下，之後就一路走下坡。自90年到93年，MEDIACOPY營業損失共計49.98億元，加計購買MEDIACOPY商譽27億元全數提列損失，及對MEDIACOPIPY資金貸款與因預估短期回收不易提列10億元損失，訊碟四年來投資但MEDIACOPY認列的虧損近90億元。

[11] 但MEDIACOPY當時已是一家淨值為負的公司，八千萬美元的認購價並不合理，但現行國內上市櫃公司的關係人交易其交易價格都是由雙方談妥即可，故金管會將考慮將專業鑑價機構制度，引進到企業股票發行的機制中。

### 3. 發行海外可轉換公司債（ECB）[12]

訊碟公司於 91 年度發行之海外公司債，經調查發現一鉅額認購者 CYBERLEAD 公司認購 7050 萬美元 ECB，其係訊碟公司透過他人在香港成立。

### 4. 涉及內線交易部分

該公司除因 2000 年、2001 年度多次更新財務預測，內部人涉嫌內線交易已分別由司法及檢調單位辦理外，其在 2004 年 8 月 27 日公告重大訊息前，內部人之關聯戶賣出訊碟公司股票 404.9 萬股獲利新台幣 2013 萬餘元，亦涉嫌內線交易。

## 二、訊碟大事紀[13]

（一）1995年4月14日成立

（二）2000年2月21日以60元上上櫃

（三）2000年6月股價飆至512元

（四）2001年9月19日上市

（五）2002年

董事長呂學仁等人，委託香港富耀證券發行訊碟的可轉換公可債（ECB）後，再透過香港子公司 Cyberlead 取得資金，並將 ECB 轉換為訊碟股票賣給投資人，不法獲利近 27 億元。

（六）2004年8月31日

半年報揭露認列投資損失 42.76 億元，每股虧 6.93 元，且有 26 億元資金流向成謎，會計師出具非無保留意見查核意見書。董事長呂學仁辭職。

---

[12] ECB（European Convertible Bond），為海外債券與可轉換公司債的結合，可說是一種可轉換為國內股票，依外幣計價在國外流通或掛牌上市的公司債，而可轉換公司債則是規定債券持有人自債券發行日後屆滿一定期間起，可以依約定價格轉換成發行公司股票的債券。

[13] 參閱，蘋果日報，「上櫃股王2年遭挪27億元，呂學仁掏訊碟求刑15年罰5億」，A5版，2004年12月21日及公開資訊觀測站http://newmops.tse.com.tw（2491）個股重大訊息。

（七）2004年9月3日

檢方分案調查掏空疑案，並將呂等人限制出境。

（八）2004年9月6日

證交所說明資金流向，檢調同步搜索訊碟。

（九）2004年9月8日

變更交易方式為全額交割股。

（十）2004年9月22日

呂學仁到案，500萬元交保。

（十一）2004年12月20日

板橋地檢署偵查終結，將呂學仁4人起訴，呂被求刑15年、罰金5億元。

（十二）2005年1月4日停止交易

## 三、訊碟現況

### (一)訊碟公司

　　訊碟（2491）設備、訂單與產能仍在運作，資產可償還部分負債，日前召開臨時股東會董監事全面大換血，引進前立委羅福助入主，希望藉由充足的資金，助訊碟營運步上軌道。訊碟本月15日召開臨時股東會，全面改選董監事，新任董事為5席，法人代表4席、獨立董事1席；監察人為2席，皆為法人代表。訊碟科技原任7席董事及2席監察人全面解任，退出經營層面，訊碟正式引進新經管團隊，為公司注入新氣象。

　　訊碟經營組織自總經理鄭達輝以下皆無變動，以繼續穩健經營運作，新任訊碟科技董事名單中，羅福助女兒羅紹綺旗下的如意投資公司取得2席董事及1席監察人，由鍾永盛律師（曾為璩美鳳光碟案及新瑞都開發案的主要律師）及楊冠宇（曾擔任人仲公司法人代表，並在2000年擔任已下市的正道公司董事）擔任法人董事代表人。另2席董事則由楊慧雅律師及崔金茂擔任人仲公司法人董事代表人，獨立董事由會計師姚文亮擔任。兩席監察人為楊怡潔、李世明，並於2004年12月20日董事會後，確定

由鄭雅倫擔任董事長[14]，但於 2005 年 1 月 06 日，人仲投資有限公司法人代表改派立法委員關沃暖替換鄭雅倫，並經董事會決議推選關沃暖為董事長[15]。

　　這次訊碟董監事全面大換血，由與呂學仁父親關係良好的前立委羅福助正式入主，未來是否會成為訊碟新任董事長仍有待觀察，不過羅福助進駐訊碟，法人及投資人泰半給予肯定，雖然羅福助不了解預錄產業，不過訊碟目前最需要的是充足資金，對訊碟應有相當的幫助。

　　訊碟科技歷年來共發行三次海外可轉債，總金額為 1 億 7 千萬美金，其中第三次發行 6000 萬美金所剩餘未贖回的 50 萬美金部分，已於 12 月 14 日全數贖回，訊碟歷年所發行的海外可轉債已完全贖回[16]。

　　另外，訊碟日前依行政院金融監督管理委員會函示[17]，於 2004 年 11 月 30 日，重行公告申報 93 年度第 3 季財務報告[18]，證交所表示，由於訊碟已提列購買海外私募基金 GOLD TARGET FUND 的 26 億元虧損，財報揭露實際經營狀況，免予遭到停止買賣處分，但仍列為全額交割股。

　　但訊碟因於 2004 年 9 月間發生退票情事遭打入全額交割，在執行屆滿 3 個月期間內，仍無法以現金清償退票，並持續新增其他退票，主管單位要求以現金填補金額，不能以換票方式處理，依證交所營業細則第 50 條第 1 項規定，已自今年 1 月 4 日起停止買賣[19]。

---

14 參閱「專訪羅福助談入主訊碟事件，拆地雷的人」，新新聞週刊，第929期，頁78-82。

15 參閱公開資訊觀測站http://newmops.tse.com.tw （2491）個股重大訊息，2005年1月6日。

16 參閱公開資訊觀測站http://newmops.tse.com.tw（2491）個股重大訊息，最後瀏覽日期：2004年12月16日。

17 台證上字第0930103248。

18 大舉認列海外投資損失，累計今年前3季營收12.39億元，營業利益6377萬元，業外損失72.7億元，稅前虧損72.06億元，稅後淨損73.98億元每股稅後淨損11.38元。

19 訊碟公司表示，目前公司已與銀行團協商，希望不要緊縮銀根，先將跳票金額補齊，只要6個月內完成手續，便可以再度申請交易。

## (二) 負責人

　　板橋地檢署在 2004 年 12 月 20 日偵察終結，將訊碟前董事長呂學仁、前總經理田政溫、前財務經理喻征天、及田政溫之妻羅文惠等四人提起公訴，檢方認為呂學仁身為公司負責人，竟罔顧投資人權益，詐騙投資人，並具體求處呂學仁 15 年徒刑、併科罰金五億元。逃亡海外的田政溫、喻征天兩人則求求處 7 年徒刑，併科罰金五千萬元。

　　起訴罪名包括：(1) 證券交易法；(2) 商業會計法；(3) 洗錢防制法。

# 參、爭點

　　一、本案之會計師是否已盡查核、揭露義務。
　　二、內線交易之有無。
　　三、公司治理之落實。

# 肆、法律問題

## 一、資產掏空

## (一) 檢方認定

### 1. 資產掏空部分

　　訊碟自 2002 年起，委託香港富耀證券為主辦承銷商發行兩次 ECB，呂學仁等人以子公司 Cyberlead 公司名義，認購約美金 7,050 萬元（約新台幣 23 億元）可轉換公司債，將認購款繳給富耀證券，由訊碟提供擔保，把 Cyberlead 公司內款項定存在新加坡的銀行，以逃避金融單位的查核，同時還編製不實的財務報表，隱匿公司資產不足的實情，加上出售股票所得，呂學仁等人因此獲利近 27 億元。2004 年 6 月 30 日，由於訊碟公司

存款帳戶擔保契約終止，ROBOBANK 無法再提供定期存款確認書，而當初購買 ECB 也未真正將認購的錢定存於 ROBOBANK，呂學仁等人為免東窗事發，製作不實投資文件，對外謊稱已將存放在 ROBOBANK 的定期存款，全數轉投資 GOLD TARGET FUND。

### 2. 虛增營業額部分

此外呂學仁、田政溫、訊碟前財務長喻征天等人為了美化訊碟公司的營收狀況，利用歡鎂公司所虛設的六家公司，與歡鎂公司總經理李國剛、副總經理林真真、副理謝書琴[20] 合謀於 2002、2003 年間，以虛購歡鎂公司所代理的有版權遊戲軟體，向訊碟美國子公司 MEDLACOPY 購買生產線生產，再虛偽出售這些所謂的「有版權光碟軟體」共計 2 億餘元，形成虛增營業額的交易循環並將此營業額登載於會計帳冊，誤導投資人判斷。

## (二) 法律責任

### 1. 資產掏空

關於資產掏空，我國證券交法並無明文規定，故僅能援用證券交易法第 171 條第 1 項第 2 款來加以處理。

#### (1) 民事責任

民法第 184 條第 2 項規定，違反保護他人之法律[21]，致生損害於他人者，負賠償責任。但能證明其行為無過失者，不在此限。

#### (2) 刑事責任

A. 證券交易法第 171 條第 1 項第 2 款規定，有下列情事之一者，處三年以上十年以下有期徒刑，得併科新臺幣 1 千萬元以上 2 億元以下罰金：二、已依本法發行有價證券公司之董事、監察人、經理人或受僱人，以直接或間接方式，使公司為不利益之交易，且不合營業常規，致公司遭受重大損害者。

B. 刑法第 342 條第 1 項背信罪規定「為他人處理事務，意圖為自己

---

[20] 三人協助訊碟製造假交易，由檢方另案偵辦中。

[21] 此處之違反保護他人之法律，係指第171條。

或第三人不法之利益，或損害本人之利益，而為違背其任務之行為，致生損害於本人之財產或其他利益者，處五年以下有期徒刑、拘役或科或併科一千元以下罰金。」

C. 洗錢防制法第 9 條第 1 項規定，犯第 2 條第 1 款 [22] 之罪者，處五年以下有期徒刑，得併科新臺幣三百萬元以下罰金。

D. 洗錢防制法第 9 條第 2 項規定。犯第 2 條第 2 款 [23] 之罪者，處七年以下有期徒刑，得併科新臺幣五百萬元以下罰金。

## 2. 財報不實

### (1) 民事責任

A. 證券交易法（下稱證交法）第 20 條第 3 項規定，違反前二項規定者 [24]，對於該有價證券之善意取得人或出賣人因而所受之損害，應負賠償之責。

#### a. 主觀要件

證交法第 20 條主觀要件上究竟以故意為限，或者包括過失，有兩種選項可供參考：

第一種是遵循英美法在證交法及金融服務暨市場法之規定，採故意說，而後就過失部分援用民法第 184 條第 2 項補充 [25]，即證交法第 20 條僅處理詐欺之情形。若採此說，則證交法第 20 條與民法第 184 條第 2 項不

---

[22] 洗錢防制法第2條：「本法所稱洗錢，係指下列行為：
一　掩飾或隱匿因自己重大犯罪所得財物或財產上利益者。
二　掩飾、收受、搬運、寄藏、故買或牙保他人因重大犯罪所得財物或財產上利益者。」

[23] 同前揭註22。

[24] 證交法第20條第1項規定，有價證券之募集、發行、私募或買賣，不得有虛偽、詐欺或其他足致他人誤信之行為。第二項規定，發行人申報或公告之財務報告及其他有關業務文件，其內容不得有虛偽或隱匿之情。

[25] 我國實務上均認為違反第二十條而需負刑事責任之情形以行為人具有故意為限，參閱，83年度台上字第4931號判決，台北地方法院88年度訴字第292號判決。但是違反證交法第二十條之民事責任其主觀要件即似非如此明確，參閱，台中地方法院91年度訴字第243號判決。

得交互援用。簡言之，不可一方面以民法第 184 條第 2 項之規定，推定其有過失後，再以證交法第 20 條來認定責任主體或判斷因果關係存否。且對證交法第 20 條之責任主體應從寬解釋，因為其僅處罰故意行為，但在適用民法第 184 條時則應限縮責任主能體。

第二種儘量不觸及民法，而將第 20 條解釋為包括重大過失[26]，亦即，證交法在政策上選擇處罰故意與重大過失。若採此說則投資人將難以透過民法第 184 條第 2 項規定求償，除非法條之目的已非常清楚的表示保護特定的個人或同種類的一群人，否則行為人不負其責，以儘量限縮民法第 184 條第 2 項於此類案件之適用機會達到節制責任範圍之目的。

以第一種方式而言，雖然我國確有必要具備如同英美法上給予投資人於過失不實陳述之保障，然其要件應嚴格限制，此一民法條文在適用上應格外謹慎，否則證交法第 20 條規範之意旨恐怕遭受侵害。若採第二種方式，說理上必須將形成此種政策之理由予以明述，否則難逃條文本身文字解釋之攻擊[27]。

b. 信賴要件與市場詐欺理論之引進

我國證交法第 20 條對此並未規定，但第 20 條被多數學者定位為侵權行為，則與因果關係相關之信賴要件之證明自應由原告負舉證責任，但如此勢將造成請求之重大障礙。

故美國聯邦法院於 Basic Inc. V. Levinson[28] 一案中提出市場詐欺理論，而依據市場詐欺理論，只要原告證明就其所請求之標的證券對於不實陳述有所反應，則原告無庸證明自己有真正的信賴，則法院及得據此推定原告具備信賴要件。而因僅為推定，被告可舉證：(1) 市場價格並未反應此一不實陳述。(2) 真正的資訊亦已流通，且已經使不實陳述之影響消失。(3) 即使原告得知真正資訊，仍然會買賣。而舉證免責。

---

[26] 參閱，台中地方法院90年重訴字第706號判決。

[27] 參閱曾宛如，論證券交易法第二十條之民事責任——以主觀要件與信。信賴為核心，頁35-37，台大法學論叢第33卷第5期。

[28] 485U.S.224, 108S.Ct978, 99L.Ed.2d 194 (1988).

　　而我國之前實務上並未如同美國聯邦法院創造市場詐欺理論，雖近來，台中地方法院在順大裕一案中已承認市場詐欺理論，不過尚未就第20條第1項及第2項就此理論可否一體適用加以解釋，故本件投資人求償時是否可以市場詐欺理論代替真正信賴之證明便不無疑義[29]。

　　但在理論上，適用市場詐欺理論應無不可，但投資人仍須就特定證券對特定資訊之反應事實加以證明。詳言之，原告雖無庸證明其確實曾經閱讀過所指稱之不實資訊，但須證明其買賣之行為與該資訊間具有因果關係，因為原告係信賴市場價格而為買賣，認為該價格已反應所有可得之資訊，其中包括此一部分之不實資訊。而證明方法為該有價證券之價格確實受到資訊之影響，此可以該有價證券自身價格之變動與資訊出現時點加以觀察，在比較同類有價證券於該時間中之平均變動。且採用市場詐欺理論未必非得仰賴立法不可，若法院可以接受並認為在政策上應接受詐欺市場理論，則由判決、甚至選為判例，加以採用，將為較有效率之方式。

　　　c. 本案評析

　　本案中，呂學仁等人(1)把Cyberlead公司內款項定存在新加坡的銀行，以逃避金融單位的查核，同時還編製不實的財務報表，隱匿公司資產不足的實情。(2)及於2004年6月30日，由於訊碟公司存款帳戶擔保契約終止，ROBOBANK無法再提供定期存款確認書，而當初購買ECB也未真正將認購的錢定存ROBOBANK，其為免東窗事發，製作不實投資文件，對外謊稱已將存放在ROBOBANK的定期存款，全數轉投資GOLD TARGET FUND。(3)此外呂學仁、田政溫、訊碟前財務長喻征天等人為了美化訊碟公司的營收狀況，利用歡鎂公司所虛設的六家公司，形成虛增營業額的交易循環並將此營業額登載於會計帳冊，誤導投資人判斷。

　　上述三部分均涉及財報不實且應均屬故意而非為過失，故該當於證券交易法第20條之要件。

　　B. 民法第184條第2項規定，違反保護他人之法律[30]，致生損害於他

---

[29] 參閱曾宛如，「證券交易法原理」，頁206-210，自刊，2001年12月2版。

[30] 違反保護他人之法律，係指證券交易法第20條、第155條、第156條第171條、

人者，負賠償責任。但能證明其行為無過失者，不在此限。

(2) 刑事責任

A. 證交法第 171 條第 1 項第 1 款規定，有下列情事之一者，處三年以上十年以下有期徒刑，得併科新臺幣 1,000 萬元以上 2 億元以下罰金：一、違反第 20 條第 1 項、第 2 項、第 155 條第 1 項、第 2 項或第 157 條之 1 第 1 項[31] 之規定者。

B. 證交法第 171 條第 2 項規定，犯前項之罪，其犯罪所得金額達新臺幣一億元以上者，處七年以上有期徒刑，得併科新臺幣 2,500 萬元以上 5 億元以下罰金。

C. 證交法第 174 條第 1 項第 4 款規定，發行人、公開收購人或其關係人、證券商或其委託人、證券商同業公會、證券交易所或第 18 條所定之事業，對於主管機關命令提出之帳簿、表冊、文件或其他參考或報告資料之內容有虛偽之記載者。處一年以上七年以下有期徒刑，得併科新臺幣 2,000 萬元以下罰金。

D. 證交法第 174 條第 1 項第 5 款規定，發行人、公開收購人、證券商、證券商同業公會、證券交易所或第 18 條所定之事業，於依法或主管機關基於法律所發布之命令規定之帳簿、表冊、傳票、財務報告或其他有關業務文件之內容有虛偽之記載者。處一年以上七年以下有期徒刑，得併科新臺幣二千萬元以下罰金。

第174條、商業會計法第71條、第72條。

[31] 證券交易法第157條之1第1項第5款規定，對於在證券交易所上市之有價證券，不得有左列各款之行為：意圖影響集中交易市場有價證券交易價格，而散布流言或不實資料者。

E. 商業會計法第 71 條 [32]、72 條 [33] 規定：

F. 刑法第 342 條背信罪規定。

G. 洗錢防制法第 9 條第 1 項規定。

H. 洗錢防制法第 9 條第 2 項規定。

(3) 行政責任

證交法第 178 條 [34] 規定第 1 項規定，可處新臺幣 12 萬元以上 240 萬

---

[32] 商業會計法第71條：「商業負責人、主辦及經辦會計人員或依法受託代他人處理會計事務之人員有左列情事之一者，處五年以下有期徒刑、拘役或科或併科新台幣十五萬元以下罰金：

一　以明知為不實之事項，而填製會計憑證或記入帳冊者

二　故意使應保存之會計憑證、帳簿報表減失毀損者。

三　意圖不法之利益而偽造、變造會計憑證、帳簿報表內容或撕毀其頁數者。

四　故意遺漏會計事項不為記錄，致使財務報表發生不實之結果者。

五　其他利用不正當方法，致使會計事項或財務報表發生不實之結果者。」

[33] 商業會計法第72條：「使用電子計算機處理會計資料之商業，其前條所列人員或處理該電子計算機有關人員有左列情事之一者，處五年以下有期徒刑、拘役或科或併科新臺幣十五萬元以下罰金：

一　故意登錄或輸入不實資料者。

二　故意毀損、減失、塗改貯存體之會計資料，致使財務報表發生不實之結果者。

三　故意遺漏會計事項不為登錄，致使財務報表發生不實之結果者。

四　其他利用不正當方法，致使會計事項或財務報表發生不實之結果者。」

[34] 證券交易法第178條：「有下列情事之一者，處新臺幣十二萬元以上二百四十萬元以下罰鍰：

一　違反第十四條之一第一項、第三項、第二十二條之二第一項、第二項、第二十五條第一項、第二項、第四項、第二十六條之一、第三十六條第四項、第四十一條、第四十三條之一第一項、第四十三條之六第五項至第七項、第五十八條、第六十九條第一項、第七十三條、第七十七條、第七十九條、第一百四十一條、第一百四十四條、第一百四十五條第二項、第一百四十七條、第一百五十二條或第一百五十九條之規定者。

二　發行人、公開收購人或其關係人、證券商或其委託人、證券商同業公會、證券交易所或第十八條所定之事業，對於主管機關命令提出之帳簿、表冊、文件或其他參考或報告資料，屆期不提出，或對於主管機關依法所為之檢查予以拒絕或妨礙者。

元以下罰鍰。

## 3. 內控外稽疏失

### (1) 內控疏失

證券交易法第 178 條第 1 項第 1 款違反第 14 條之 1[35] 第 1 項、第 3 項，處新臺幣 12 萬元以上 240 萬元以下罰鍰。

### (2) 外稽疏失[36]

在會計師責任部分，在 2004 年半年報部分，會計師雖有揭露。但往前推，因為 Mediacopy 在民國 2001 年就已轉投資，卻在 2004 年才提列商譽損失，會計師在這個部分是否有盡專業責任則有疑問。

### A.民事責任

a. 民法第 184 條第 2 項違反保護他人之法律[37]。

---

三　發行人、公開收購人、證券商、證券商同業公會、證券交易所或第十八條所定之事業，於依法或主管機關基於法律所發布之命令規定之帳簿、表冊、傳票、財務報告或其他有關業務之文件，不依規定製作、申報、公告、備置或保存者。

四　違反主管機關依第二十六條第二項所定之公開發行公司董事、監察人股權成數及查核實施規則之規定者。

五　違反第二十八條之二第二項、第四項至第七項或主管機關依第三項所規定之事項者。

六　違反第四十三條之二第一項、第四十三條之三第一項、第四十三條之五第一項或主管機關依第四十三條之一第四項所規定之事項者。」

[35] 證券交易法第14條之1：「公開發行公司、證券交易所、證券商及第十八條所定之事案應建立財務、業務之內部控制制度。

主管機關得訂定前項公司或事業內部控制制度之準則。

第一項之公司或事業，除經主管機關核准者外，應於每會計年度終了後四個月內，向主管機關申報內部控制聲明書」。

[36] 即討論會計師責任。

[37] 一　明知委託人之財務措施有直接損害利害關係人之權益，而予以隱飾或作不實、不當之簽證。

二　明知在財務報告上應予說明，方不致令人誤解之事項，而未予說明。

三　明知財務報告內容有不實或錯誤之情事，而未予更正。

四　明知會計處理與有關法令、一般會計原則或慣例不相一致，而未予指明。

b. 上述之保護他人之法律在此係指會計師法第 24 條之規定[38]。

B. 刑事責任

a. 商業曾計法第 71 條、72 條。

b. 證券交易法第 174 條第 2 項第 2 款會計師對公司申報或公告之財務報告、文件或資料有重大虛偽不實或錯誤情事，未善盡查核責任而出具虛偽不實報告或意見；或會計師對於內容存有重大虛偽不實或錯誤情事之公司財務報告，未依有關法規規定、一般公認審計準則查核，致未予敘明者。處五年以下有期徒刑，得科或併科新臺幣一千五百萬元以下罰金。

c. 證券交易法第 174 條第 5 項主管機關對於有第 2 項第 2 款情事之會計師，應予以停止執行簽證工作之處處分。

C. 行政責任

a. 證券交易法第 37 條[39]第 3 項，會計師辦理第 1 項簽證，發生錯誤或疏漏者，主管機關得視情節之輕重，為左列處分：

一　警告。

二　停止其二年以內辦理本法所定之簽證。

三　撤銷簽證之核准。

b. 本案中負責簽證之致遠會計事務所會計師王金來、張嵐菁要求公司

---

五　其他因不當意圖或職務上之廢弛，而致所簽證之財務報告，足以損害委託人或利害關係人之權益。」

[38] 參閱，台北地方法院89年重訴字第1716號判決。

[39] 證券交易法第37條：「會計師辦理第三十六條財務報告之查核簽證，應經主管機關之核准；其準則，由主管機關定之。

會計師辦理前項查核簽證，除會計師法及其他法律另有規定者外，應依主管機關所定之查核簽證規則辦理。

會計師辦理第一項簽證，發生錯誤或疏漏者，主管機關得視情節之輕重，島左列處分：

一　警告。

二　停止其二年以內辦理本法所定之簽證。

三　撤銷簽證之核准。

第三十六條第一項之財務報告，應備置於公司及其分支機構，以供股東及公司債權人之查閱或抄錄。」

提列轉投資損失 42 億元、也親赴美國查核訊碟投資 26 億元的 GOLD TARGET FUND 的總公司，且在半年報中提醒投資人注意，但金管會仍認為兩位會計師未從基金公司組織、基金成立年限等各方面去瞭解基金有無成立可能，查核深度仍有所不足，被核定為有缺失，經金管會委員會議決議依證券交易法第 37 條第 3 項規定，處以警告的行政處分[40]。

## 二、內線交易

2003 年 4 月，呂學仁與其妻子陳慧晶及訊碟公司監察人陳政宇（呂之妻舅）曾因涉嫌趁訊碟調降財測前大賣訊碟股票，前後獲取不法利益約 15 億元，被板橋地院以涉內線交易判處呂學仁有期徒刑一年六月，併科罰金新台幣 250 萬元，呂陳慧晶處有期徒刑一年，併科罰金新台幣 100 萬元。陳政宇則處有期徒刑七月，併科罰金新台幣一佰萬元[41]。

而此次在訊碟於 2004 年 8 月 27 日公布投資基金之重大訊息前及 8 月 31 日公布財報前，市場交易出現融券暴增等異常現象，在 26 日單日融券竟暴增一萬兩千餘張，整體融券餘額增加到三萬兩千張，且融券餘額自 19 日到 26 日，短短四個交易日，暴增 1.28 倍，引發對特定融券賣盤[42]、內線交易之質疑[43]。

甚至在會計師查帳發現訊碟公司轉投資 MEDIACOPY 等公司虧損有疑義，呂學仁在獲悉會計師將提列鉅額長期投資虧損後，在該重大訊息公開前，遭利用人頭帳戶在集中市場賣出訊碟公司股票。

---

[40] 參閱，工商時報，「金管會破天荒下重手」，3版，2004年12月17日。

[41] 臺灣板橋地方法院刑事判決92年度金重訴字第2號。

[42] 吉祥證券受託大賣23000多張訊碟股票，且原持有訊碟股票9179張的吉祥證券自營商，也在8月27日、30日，連續兩個交易日，將手中股票全數拋光。因吉祥證券大股東羅福助與呂學仁家族關係密切，其是否事先得到消息而拋光持股尚待釐清。參閱「股市金光黨」，今週刊，頁61頁，2004年9月13日。

[43] 參閱，工商時報，「訊碟公佈財報前融券大增」，3版，2004年9月6日及行政院金融監督管理委員會證券期貨局，2004年12月16日新聞稿。

## (一)檢方事實認定

經檢方調查後認定，於 2004 年 7 月，訊碟公司趁致遠會計事務所稽查訊碟轉投資海外基金，以及投資虧損時，連續使用吳旻玲等人頭帳戶，在集中市場賣出 4.4 萬 9 千獲利兩千餘萬元，涉嫌內線交易。

## (二)我國法上內線交易之規範

### 1. 規範主體

(1) 公司內部人 [44]。

(2) 準內部人。

(3) 消息受領人 [45]（TIPPEE）。

其中消息受領人是否限於直接自前三款之人獲悉消息者抑或包括間接獲悉者？我國學者有認為亦包括間接知悉者 [46]。有謂應限於直接獲悉尚未公開之內部消息者 [47]。本文認為應包括間接獲悉之消息受領人，即包括一切後手，蓋凡基於特別地位、關係而取得消息，不論其係直接或間接消息受領人，皆具有同一之法律上理由，使之同為本條之規範對象。再者若不加以規範，則內部人於故意告知第一位之消息受領人有關公司之內線消息後，該消息受領人自己雖不據此消息從事該公司之股票交易，但卻將該內線交易，但卻將此內線消轉告第二位消息受領人而從事內線交易，如此將造成脫法行為。若如此則將無法達成其規範意旨，故此消息受領人應包括一切後手，不論係直接或間接獲悉者。

---

[44] 證交法第157條之1第1項之內部人，請參閱林修平，內線交易問題之研究─以股東「出售股權」規定為核心，輔仁大學法律學研究所碩士論文，頁71，2004年7月。

[45] 即指證券交易法第157條之1第1項第4款之從前三款所列之人獲悉消息者。

[46] 參閱，賴英照，證券交易法逐條釋義，自版，頁540。

[47] 參閱，林國全，證券交易法第一五七條之一內部人交易禁止規定之探討，政大法學評論第45期，頁284以下。

## 2. 重大消息[48]

(1) 必須為重大影響股票價格之消息。

(2) 必須為未公開之消息。

## 3. 內線交易規範之客體

證券交易法第157條之1已修正為「股票或其他具有股權性質之有價證券」，係為保留彈性以因應衍生性證券時代之來臨。

## 4. 交易行為之態樣

我國法構成內線交易之行為態樣，係採取形式上認定，只要進行股票交易，而不論是否有主觀故意利用未公開消息而達獲利之目的。如此可將所有凶利用資訊優勢的地位，進行交易的行為態樣皆包括在內，減輕原告舉證責任。且交易場所，僅限於上市或證券商營業處所之買賣方式。我國法上對於內線交易行為之態樣僅限於買入與賣出之行為[49]。

## (三) 法律責任

### 1. 資訊公平

美國三位經濟學家，任教於加州大學柏克萊的艾克洛夫，史丹福大學的史賓賽及哥倫比亞大學的史提格里茲教授，以「資訊不對稱市場分析」獲得2002年諾貝爾經濟學獎。針對傳統的經濟理論，假設市場資訊完全流通只要透過市場力量便可達到最佳交易。根據三位學者之分析，資訊完全流通的世界並不存在，反而到處都是資訊不對稱的情形，買賣雙方所得到的資訊並不對等，結果往往皆導致劣質交易，嚴重時可能使市場萎縮。資訊問題有幾項特點：第一、交易行為當事人手上未必握有完整無誤的資訊；第二、要取得資訊需付出時間及心力等成本；第三、在獲取資訊以得到利益和為了取得資訊所付出之成本之間，應該有某種取捨[50]。然證券交

---

[48] 參閱，林修平，內線交易問題之研究——以股東「出售股權」規定為核心。

[49] 然是否應擴及其他之交易方式，請參閱，簡志龍，從美國法制論我國內線交易之防制，台灣大學法律學研究所碩士班碩士論文，頁95-101，2004年1月。

[50] 參閱，林繼耀，資訊公平揭露與終結內線交易——試論美國證券交易法公平揭露規則新制，中原大學財經法律學系碩士論文，頁15，2002年6月，頁15。

易市場上仍須要求企業為資訊揭露，宜能儘量達到資訊公平、對等之要求。

而我國現行證交法要求企業所為之資訊揭露大別為兩類：一為定期性揭露，二為重大事項之即時揭露。定期揭露部分，係指如我國證交法第30條、第36條、第38條規定。至於重大事項之即時揭露方面，對於股東權益或證券價格有重大影響事項訊息之揭露，亦有台灣證券交易所之「對上市公司重大訊息之查證暨公開處理程序」、「上市公司重大訊息說明記者會作業程序」、「股市觀測站資訊系統作業辦法」等規範各上市公司即時發布重要訊息[51]。

## 2. 內線交易

### (1) 民事責任

A. 證券交易法第157條之1第2項規定，凡有違反證券交易法第157條之1第1項[52]規定之內線交易情形者，「應就消息未公開前其買入或賣出該證券之價格，與消息公開後十個營業日收盤平均價格之差額限度內，對善意從事相反買賣之人負損害賠償責任；其情節重大者，法院得依善意從事相反買賣之人之請求，將責任限額提高至三倍。第一項第四款之人，對於前項損害賠償，應與第一項第一款至第三款提供消息之人，負連帶賠償責任。但第一項第一款至第三款提供消息之人有正當理由相信消息已公開者，不負賠償責任。」

a. 請求權人

我國證券交易市場上股票交易方式，真正進行買賣的名義人為受委託

---

[51] 參閱，林繼耀，資訊公平揭露與終結內線交易——試論美國證券交易法公平揭露規則新制，中原大學財經法律學系碩士論文，頁80-101，2002年6月。

[52] 證券交易法第157條第1項：「左列各款之人，獲悉發行股票公司有重大影響其股票價格之消息時，在該消息未公開前，不得對該公司之上市或在證券商營業處所買賣之股票或其他具有股權性質之有價證券，買入或賣出：
一　該公司之董事、監察人及經理人。
二　持有該公司股份超過百分之十之股東。
三　基於職業或控制關係獲悉消息之人。
四　從前三款所列之人獲悉消息者。」

的證券經紀商，而非投資人，故而內部人與從相反買賣真正出資之投資人間並無契約關係，因此並無債務不履行責任。且賠償對象為善意從事相反買賣之人，可知其並非內部人對於該公司股東應負善良管理人義務之債務不履行的責任，自條文規定以觀，內部人負責之範圍以「不當得利」之範圍為限，若情節重大提高至三倍。顯然其所著眼者為內部人應將其所得之不法利益交出故此條文中「善意從事相反買賣之人」，自字面上之解釋似限於實際與內部人買賣證券之人。惟自保護投資人的觀點著眼，應指同時期從事相反買賣之全部交易相對人。且請求權人只要主張與舉證本身為善意從事相反買賣之人，及被告基於內部人地位而在消息未公開前進行交易即可 [53]。

又應如何依交易時間之範圍，以界定「從事相反買賣之人」。若將範圍界定為內部人進行內線交易時起，至消息公布為止之善意從事相反交易之人，則求償者眾多，現行制度下雖以採行集體訴訟之方式，但是若未將原告之範圍予以限制，仍可能因適格原告之人數過多，造成單一原告最終所得之賠償額過少，影響其起訴意願。因此學說上有認為，宜將善意從事相反買賣者縮小至「當日從事相反方向買賣，且其成交價格與內部人相同成交，價格相同之人」，使適格的原告範圍縮小，提高賠償額度，應可增加其行使請求權之意願 [54]。

再者，因內線交易而受損害之人，實應不限於與之善意從事相反買賣者，蓋其亦損及投資人對發行公司之信賴，影響發行公司之商譽，故應可考慮將公司亦列為適格的請求權利人，並準用證交法第 157 條之 1 第 2 項及第 3 項規定，增加對內線交易者請求民事賠償之機會 [55]。

---

[53] 參閱，簡志龍，從美國法制論我國內線交易之防制，台灣大學法律學研究所碩士班碩士論文，頁101-103，2004年1月。

[54] 參閱，林國全，證券交易法第一五七條之一內部人交易禁止規定之探討政大法學評論第43期，頁296。

[55] 參閱，簡志龍，從美國法制論我國內線交易之防制，台灣大學法律學研究所碩士班碩士論文，頁104，2004年1月。

### b.賠償額之計算

本條賠償之計算係由條文擬制，其係為免除請求權人之舉證義務，且為避免內線交易者已無獲有利益為由，規避其民事之責任，遂由法律明文採取擬制之計算基礎。而法院認為情節重大者，可依善良從事相反買賣的人之要求，將賠償額提高，即所謂懲罰性賠償金，此係仿效美國1984年內部人交易制裁法第21條規定。所不同者為，美國法上三倍金額係罰緩，其金額歸入國庫所有，屬行政罰之概念，並非依原告請求而賠償予原告[56]。我國法則賦予請求權人可另向內線交易者請求懲罰性賠償金。此或係考量倘內線交易者獲利甚多，惟因所計算出須付出的賠償金額有限下，造成請求權人所受之賠償額過少，致內線交易者獨享暴利，不符公平原則，故賦與請求權人請求懲罰性賠償金[57]。

### c.本案評析

本件經檢方調查後認定，於2004年7月，訊碟公司趁致遠會計事務所稽查訊碟轉投資海外基金，以及投資虧損時，連續使用吳昱玲等人頭帳戶，在集中市場賣出404萬9千股獲利兩千餘萬元，則依上述所論本件應構成內線交易。

至於前開所提及吉祥證券自營部出脫股票部分是否亦有內線交易，則尚待釐清事實後始能判斷。

B.證券交易法第157條之1第5項準用證券交易法第22條之2[58]第3

---

[56] 參閱，林國全，證券交易法第一五七條之一內部人交易禁止規定之探討，政大法學評論第45期，頁301。

[57] 參閱林國全，證券交易法第一五七條之一內部人交易禁止規定之探討，政大法學評論第45期，頁73。

[58] 證交法第22條之2規定董事、監察人等股票之轉讓方式，且依證交法施行細則第二條之規定，在學說上認為包括同居人。
證交法第22條之2：「已依本法發行股票公司之董事、監察人、經理人或持有公司股份超過股份總額百分之十之股東，其股票之轉讓，應依左列方式之一為之：
一　經主管機關核准或自申報主管機關生效日後，向非特定人為之。
二　依主管機關所定持有期間及每一交易日得轉讓數量比例，於向主管機關申

項。

### (2) 刑事責任

#### A. 證券交易法第171條第1項[59]

a. 違反內線交易之規定除民事責任外尚須負擔刑事責任，而證券交易法於 2000 年 7 月 19 日及民國 93 年 4 月 28 日修法提高內線交易之刑罰，期以重罰遏止內線交易。固然對於違反內線交易者有民事賠償制度之設計，然由於請求權人並無法得到百分之百的損害賠償額，致實務上對於內線交易者提起損害賠償請求權者少之又少，因而目前對內線交易者而言最大的風險應來自於刑事責任。

b. 惟內線交易犯罪其本質為經濟犯罪，犯罪目的在於追求利益，重罰固然會使人心生警惕，但若內線交易所產生的利益，超出處罰所需付出自由刑的代價時，在利益誘惑下，再重的刑罰仍會有人鋌而走險，且過重之刑度，反可能使法院於判決時趨於保守謹慎，致本條違反之有罪判決不易

---

　　報之日起三日後，在集中交易市場或證券商營業處所爲之。但每一交易日轉讓股數未超過一萬股者，免予申報。

三　於向主管機關申報之日起三日內，向符合主管機關所定條件之特定人爲之。

經由前項第三款受讓之股票，受讓人在一年內欲轉讓其股票，仍須依前項各款所列方式之一爲之。

第一項之人持有之股票，包括其配偶、未成年子女及利用他人名義持有者」。

[59] 證券交易法第171條：「有下列情事之一者，處三年以上十年以下有期徒刑，得併科新臺幣一千萬元以上二億元以下罰金：

一、違反第二十條第一項、第二項、第一百五十五條第一項、第二項或第一百五十七條之一第一項之規定者。

二、已依本法發行有價證券公司之董事、監察人、經理人或受僱人，以直接或間接方式，使公司爲不利益之交易，且不合營業常規，致公司遭受重大損害者。

三、已依本法發行有價證券公司之董事、監察人或經理人，意圖爲爲自己或第三人之利益，而爲違背其職務之行爲或侵占公司資產。

犯前項之罪，其犯罪所得金額達新臺幣一億元以上者，處七年以上有期徒刑，得併科新臺幣二千五百萬元以上五億元以下罰金。

成立之虞[60]。因此欲減少內線交易之情形發生，除於實務上致力於類型化違反內線交易，使違反內線交易認定易於作成，減低行為人僥倖逃脫法律制裁之可能外，仍應以行政監督方式，透過企業內容公開制度，使公司營運狀況透明化，並輔以民事責任制度，使內線交易者無利可圖[61]。

# 伍、結論（兼論公司治理）

　　2001年以來，美國安隆公司、世界通訊等知名企業相繼爆發會計醜聞，與公司高階主管違反商業道德都有關係。安隆事件後，隨後而來的沙氏法案[62]（The Sarbanes-Oxley Act of 2002S）強調公司治理、強化主管機關之監督與權限、強化董事及經理人之職責並杜防不法利益[63]並確保財務報告之即時性及正確性、提升審計獨立性、加重會計師、企業律師及證券分析師之責任等，甚至對於不法行為課以重刑，都是希望以外部力量使企業財務做到透明真實，保障股東權益。台灣企業近年來炒作股價、掏空資產的情況也屢見不鮮，也開始推動公司訂定道德行為準則，公司治理這幾年來頓時成為熱門議題。

　　而訊碟在其背後亦隱藏公司治裡的問題，諸如：一、董監事曾傾向家族與內部化，其唯一一席監察人陳政中竟為呂學仁之妻舅。二、董事長家族成員名下持股比率大幅下降，在2004年4月僅剩約百分之七。三、董

---

60 參閱，林國全，證券交易法第一五七條之一內部人交易禁止規定之探討。政大法學評論第45期，頁302。

61 參閱，簡志龍，從美國法制論我國內線交易之防制，台灣大學法律學研究所碩士班頊士論文，頁106-107，2004年1月。

62 關於沙氏法案請參閱，http://www.sarbanes-oxley.com，及陳德純，企業改革法治建構之比較法研究一以美國企業改革法（The Sarbanes-Oxley Act of 2002）為中心，東吳大學法律學系碩士班碩士論文，2003年1月。

63 如執行長及財務長對財務報告真實性之保證，執行長及財務長之報酬返還義務，縮短公司內部人交易行為之揭露時限。

事會、監察人質壓比率過高，至 2004 年 6 月上升至 76.6%。四、轉投資過於膨脹，損及資訊透明度，2004 年 6 月將轉投資海外曾孫公司所產生的商譽全數轉成投資損失。五、關係人資金往來與背書保證，幫海外子公司的銀行借款背書保證。六、頻繁的財務主管更替，其從 89 年到 93 年半年報共五份財務報表卻歷經四位財務主管，且喻征天辭職滯外未歸。七、員工分紅配股的問題，我國一直未將員工分紅配股以市價計算當成薪資費用 64。

　　當前的公司治理特別強調公司應設立獨立董監事，並賦予其相當大的職權，來監督公司之正常運作。然而繼博達、訊碟之後，最近陞技科技爆發掏空弊案，經查陞技公司獨立董監事，竟然還是知名的公司治理專家及學者。看來，要靠一兩位的外部學者專家強化整個公司的治理，也不免有些強人所難與不切實際。

　　恩隆案後，許多美國企業在守則中加上處理違反道德案件的處理與罰則。而我國對於會計師及董監事的刑責也在加重。然而在高風險高報酬的驅使下，貪婪依舊，法令條文規範再多，鑽法律漏洞的狀況恐也不會消失。

　　公司治理固然須在董事會制度與財務報表之編製、查核上加以檢討改進，惟此仍有需有專業法律人員在公司治理的各個流程就公司行為是否符合法令要求提供諮詢並加以查核。缺少此一監控機制，使我國的公司治理架構難以穩固。因此，不管將來在董監事制度之改革係採獨立董監事制度或朝加強監察人之實質職權之方向 65，抑或係如部分學者所倡區分一般性公司與閉鎖性公司，而分別加以規範 66，都必須思考，如何在既有公司治理架構下擬制一套完善的內部控制流程以配合外部監控流程，才能真正落實公司治理。

　　然而公司治理之落實，不只是公司負責人、員工及主管機關的課題，

---

64 參閱，葉銀華，訊碟公司治理的七大滿口題，經濟日報，A6版，2004年9月9日
65 參閱，曾宛如，我國有關公司治理之省思以獨立董監事法制之改革為例，月旦法學雜誌第103期，頁61-76，2003年。
66 參閱，王文宇，「從公司治理論董監事法制之改革」，新公司與企業法，頁60，2003年1月初版

廣大的消費者及投資人更可以透過一己的力量，慎選良好的經理人所管理之企業，以行動支持落實公司治理的優質企業，如此才能真正避免遭遇地雷股之恐懼。

## ※訊碟案後記

| | |
|---|---|
| 2005/03/24 | 最高法院在3月24日駁回訊碟科技前董事長呂學仁與妻子呂陳慧晶在98年間所犯下的內線交易，牟取十二億元不法利益案，最高法院認為呂學仁夫婦的行為「形同詐賭」。駁回兩人的上訴，維持高院判決讞。呂學仁維持二審一年六個月有期徒刑，併科罰金新台幣二百五十萬元；呂陳慧晶處刑一年，併科罰金新台幣一百萬元，夫妻倆都要入監服刑。但是，訊碟掏空案爆發之前就已經不在台灣的呂陳慧晶，未返國服刑[67]。而呂學仁也潛逃出境。有人說他持有美國護照，是大大方方的從中正機場出境，但究竟他是透過何種管道出境，迄今成迷。而在驚覺呂學仁有可能持外國護照逃亡國外一事，法務部亦緊急通函各地檢署，對於重大金融罪的涉案者，應於聲押時同時調查他有無外國護照，及所使用的外國名字[68]。 |
| 2005/03/28 | 訊碟公司前董事長呂學仁等人涉嫌於2002年至2004年間編製不實財報，並從事該公司股票內線交易而違反證券交易法之情事，投保中心為保障投資人權益，自2005年3月28日至2005年4月22日受理訊碟公司有價證券投資人團體求債事宜。而受理條件：財報不實部分須於2002年4月30日至2004年8月31日期間於市場買入訊碟公司股票，且迄今仍持有者或於2004年9月1日以後賣出而受有損失者。而內線交易部分：於2004年8月23日、2004年8月31日等二個特定交易日（其中一日即可）買進訊碟公司股票者[69]。 |

---

[67] 參閱，蔡玉真，呂學仁將入獄羅福助關沃暖坐鎮訊碟，今週刊，第435期，擠進一流企業窄門，2005年4月25日。

[68] 參閱，劉鳳琴，經濟犯持外國護照要查，中國時報，C4版，2005年5月26日。

[69] 台灣證券交易所投資人保護中心網站，http://www.tse.com.tw/ch/investor/

| 2005/04/15 | 訊碟（2491）呂學仁夫婦涉嫌在2000年間，因內線交易導致投資人損失，經證券投資人及期貨交易人保護中心，代投資人提起民事賠償訴訟，板橋地方法院判決，呂學仁、呂陳慧晶夫婦及妻舅陳政宇，必須賠償2065位投資人共計新台幣3億7,341萬6,578元[70]。 |
|---|---|
| 2005/04/22 | 投保中心於受理投資人求償事宜，估計此案最後求償人數約4000人，求償金額將超過10億元[71]。 |
| 2005/05/21 | 訊碟（2491）董事會決議減資38億元，減資比率有58.40%，減資後實收資本額為27.07億元，並將提於6月30日股東會通過。另外，訊碟新經營團隊為充實營運資金，董事會還決定要洽特定人私募8億元，每股10元共計8千萬股。在訊碟爆發前董事長呂學仁掏空38億元後，目前呂學仁也已經潛逃出境，同時訊碟股票已經暫停交易，現任訊碟董事長則是前立委關沃暖[72]。 |
| 2005/05/28 | 因前案未到案執行、潛逃國外遭通緝的訊碟科技公司前董事長呂學仁、呂陳慧晶夫婦，前案未清，又因訊碟股價崩盤前涉嫌內線交易，將手中304萬6510股股票出清，板橋地檢署依違反證券交易法罪嫌起訴。現由板橋地方法院刑事庭審理中[73]。 |

---

investor_protection/inde。

[70] 東森新聞報，2005年4月15日，網址 http://www.ettoday.com/2005/04/15/138-1778245.htm。最後瀏覽日，2005年6月6日。此部分係指呂學仁夫婦所涉及89年之前案部分，而非本篇討論之資產掏空部分。

[71] 此部分即本文討論之掏空案之民事部分，（刑事部分即經板橋地檢署93年度偵字第17465號提起公訴部分）包括財報不實、內線交易，但縱使勝訴雖然投保中心先前對呂學仁夫妻的部分資產進行假扣押，但所扣押的資產總值，是否足以支付目前已經判決的內線交易「舊案」，以及還在受理登記求償的「新案」，仍是未知數，看來投資人之求償之路仍然遙遙無期。

[72] 參閱，王宗彤，訊碟擬減資38億，私募8億，中國時報，B4版，2005年5月21日。

[73] 參閱，李文輝，涉內線交易，呂學仁夫婦被訴，中國時報，C3版，2005年5月28日。

| | |
|---|---|
| 2005/06/02 | 法務部提出「刑事訴訟法修正條文」，要求司法院採納「有罪羈押」制度，以防杜目前法院對重大經濟罪犯在有罪判決後，被告仍交保在外甚至棄保潛逃情況一再發生，造成刑事判決無法執行窘境，也嚴重損傷司法威信（例如訊碟案呂學仁）。法務部提出的草案重點在於，增訂法院宣示判決時，被告經法院判決有罪，但法院沒有准許被告易科罰金或緩刑時，被告應予羈押的規定。（新增第316條之1）。為配合這條新增條文，配套修正其他四條相關條文分別為，一，包括重大經濟犯罪案等被告，在法院宣告判決時，被告應到場聆聽判決，二，被告被判有罪就應當庭羈押，三、羈押到期延押不受次數限制，四、被告不到庭不得宣告判決結果等新規定[74]。 |

---

[74] 參閱，張國仁，工商時報，第五版，堵交保漏洞延押擬不限次數法務部建請司法院採納「有罪羈押」制度，強制要求被告到場聽候判決，以正司法威信。2005年6月2日。

# 參考文獻（依作者姓氏筆劃遞增排序）

## 一、專書論著

1. 王文宇，「從公司治理論董監事法制之改革」，新公司與企業法，2003 年 1 月初版。
2. 柯芳枝，「公司法論」，三民書局，2004 年 3 月 5 版。
3. 陳春山，「企業管控與投資人保護──金融改革之路」，2000 年 5 月，元照，初版。
4. 曾宛如，「證券交易法原理」，自刊，2001 年 12 月 2 版。
5. 賴英照，「證券交易法逐條釋義」，自版，1996 年。

## 二、期刊論文

1. 林國全，證券交易法第一五七條之一──內部人交易禁止規定之探討，政大法學評論第 45 期。
2. 林修平，內線交易問題之研究──以股東「出售股權」規定為核心，輔仁大學法律學研究所碩士論文，2004 年 7 月。
3. 林繼耀，資訊公平揭露與終結內線交易──試論美國證券交易法公平揭露規則新制，中原大學財經法律學系碩士論文，2002 年 6 月。
4. 曾宛如，論證券交易法第二十條之民事責任──以主觀要件與信賴為核心，台大法學論叢第 33 卷第 5 期。
5. 曾宛如，我國有關公司治理之省思──以獨立董監事法制之改革為例，月旦法學雜誌第 103 期。
6. 馮昌國，公開發行公司財務報表參與者民事責任之研究──以會計人員、會計師及董事為核心，台灣大學法律學研究所碩士班碩士論文，2002 年 6 月。
7. 陳德純，企業改革法治建構之比較法研究──以美國企業改革（The Sarbanes-Oxley Act of 2002）為中心，東吳大學法律學系碩士班碩士論文，2003 年 1 月。
8. 簡志龍，從美國法制論我國內線交易之防制，台灣大學法律學研究所碩士

班碩士論文，2004 年 1 月。

## 三、報紙（依刊名之筆劃遞增排序）

1. 工商時報，「訊碟疑案，破綻四起」，3 版，2004 年 9 月 14 日。

2. 工商時報，「金管會破天荒下重手」，3 版，2004 年 12 月 17 日。

3. 工商時報，「訊碟公佈財報前融券大增」，3 版，2004 年 9 月 6 日。

4. 今週刊，「股市金光黨」，頁 61，2004 年 9 月 13 日。

5. 新新聞週刊，「專訪羅福助談入主訊碟事件，拆地雷的人」，第 929 期，頁 78-82。

6. 經濟日報，「訊碟公司治理的七大問題」，A6 版，2004 年 9 月 9 日。

7. 蘋果日報，「上櫃股王 2 年遭挪 27 億元，呂學仁掏訊碟求刑 15 年罰 5 億」，A5 版，2004 年 12 月 21 日。

## 四、網路資料

1. 台灣證券交易所網站，〈http://mops.tse.com.tw〉。

# 第十一章　自爆虛灌營收——皇統科技案

高啓瑄
林慈雁

頭腦簡單，不求甚解，對各種新知識讚嘆不已，記憶力差，學過即忘，稍能領略學海無涯之美，經常天馬行空亂想，可惜點子全無用處，擅長在毫無實益的論點上鑽牛角尖，只因神經大條，對以上缺點毫無自覺，一言蔽之，是個傻瓜有傻福的傢伙。現就讀Upenn米蟲一隻。

國立臺北大學法學士，私立東吳大學法律研究所民商法組碩士。現爲臺灣板橋地方法院檢察署檢察。

## 摘要

　　皇統公司董事長李皇葵自爆虛設行號、虛增營牧，過去三年來虛增銷貨金額達 37 億元，皇統公司以美化財報俾順利上櫃，並操縱股價，洽特定人認購公司海外可轉換公司債等，本文擬就相關事實分析其相關行為人之法律責任。

　　皇統公司就申請上櫃之公開說明書為不實記載，似不成立證券交易法（以下簡稱證交法）第 32 條之責任；但其他財務報告為不實記載之行為，似應成立證交法第 20 條、155 條、156 條、174 條第 1 項第 4 款之責任；因財報之內容不實，以公司過去營收為基礎所作之財測，亦涉及內容不實的問題而須加以評價；皇統公司將發行公可債的資金為不當使用，可能遭主管機關撤銷原發行許可，並利用關係人購買海外可轉換公司債為利益輸送，可能成立證交法 171 條 1 項 2、3 款，174 條第 1 項第 8 款之規定，公司負責人可能成立侵權行為責任；皇統公司的財務長因轉讓股票時機敏感，而須討論是否違反證交法第 157 條之 1 而負內線交易之責任；最後就法院對皇統公司所提出之重整聲請為許可與否之裁定，尚須衡量公司狀況及債權人利益審慎為之。

關鍵詞：皇統科技、財報不實、財測不實、操縱股票市場價格、海外可轉換公司債（ECB）、內線交易、不當利益輸送、公司重整與假扣押

## 壹、前言

　　繼博達、訊碟後又有企業爆發作假帳的事件，上市公司皇統科技董事長李皇葵在 2004 年 9 月 15 日至調查局自首，出面承認虛設行號、財報作假，過去三年虛增銷貨金額高達 37 億元，皇統科技股份有限公司（2490）（以下簡稱皇統公司）創下我國證券史上首宗上市公司自行承認

作假帳的先例，李皇葵於台灣證券交易所召開重大訊息說明會，對於大幅虛灌營收，他公開向投資大眾道歉，表示願意接受法律的制裁，本文擬就報載所蒐集的事實為根據，分析本案中所涉及皇統公司財報不實、財測不實、操縱股票市場價格、利用海外可轉換公司債為利益輸送、內線交易、聲請重整等相關問題，分析在我國現行法制度下，相關行為人之責任、我國現行制度究竟是否完善及其缺失等問題進行討論。

# 貳、案例事實[1,2]

皇統公司於 1988 年 12 月 21 日成立，由李皇葵擔任董事長兼總經理，

---

[1] 由於本案，事實真相曖昧不清，各家報導又有若干出入，本文爰以報導所載為前提，並另假設若干情形去個別論斷皇統公司相關人士之法律上責任，合先敘明。

[2] 相關報導內容請見工商時報，「再爆皇統案七十家公司被貼標籤」，3版，2004年9月16日；工商時報，「證交所：皇統會計師責任不下博達」，1版，2004年9月17日；工商時報，「高材生聰明反被聰明誤」，「皇統關係人交易曝光」，「證交所對皇統會計師疑點」，3版，2004年9月17日；工商時報，「李皇葵敢衝敢賭　大起大落不令人意外」，8版，2004年9月19日；工商時報，「李皇葵跳票五百萬元」，13版，2004年9月21日；工商時報，「皇統期待金援　重整旗鼓」，12版，2004年10月4日；中國時報，「發行ECB小型高科技業行庫收傘」，B2版，2004年9月17日；中時晚報，「會計師為何一再重蹈覆轍？」，B2版，2004年9月17日；中時晚報，「皇統宏達科將停止交易」，B4版，2004年10月13日；中時晚報，「博達皇統求償登記開始」，B2版，2004年12月2日；中央日報，「皇統驚爆地雷　虛設行號假帳37億　明起全額交割」，5版，2004年9月16日；經濟日報，「皇統作假帳　虛灌業績37億」，A1版，2004年9月16日；經濟日報，「證期局究責要求重編財報」，A3版，2004年9月16日；經濟日報，「皇統聘洪嘉佑出任總經理」，C6版，2004年9月21日；經濟日報「皇統擬聲請重整　保全資產」，A6版，2004年9月28日；自由時報，「皇統董事長　自爆作假帳」，25版，2004年9月16日；自由時報，「皇統案　證期局坦承：監理失靈」，26版，2004年9月17日；商業週刊，第899期，頁40-42。

鄭琇馨擔任財務經理，主要經營業務為教育光碟軟體，於文教軟體界居領導的地位，1999 年 11 月以每股 77 元之價格上櫃。於上櫃前，李皇葵即將公司三個部門分割出去成立子公司允冠資訊與雙語資訊，疑似與該二家子公司進行交易美化帳面。上櫃後股價隨即飆漲，同年 12 月一度漲至最高點 168 元。2000 年 3 月時現金增資一千五百萬元，2001 年 9 月 17 日轉上市，2002 年 1 月發行海外可轉換公司債（ECB）二千萬美元，2003 年 1 月時再次發行海外可轉換公司債二千萬美元。民國 93 年向銀行聯貸九億元，包括最大債權人交通銀行一億三千萬元及合作金庫、土地銀行、安泰銀行等等。

　　2004 年 3 月，台灣證券交易所（以下簡稱證交所）接獲投資人檢舉皇統公司負責人李皇葵作假帳，開始著手調查。4 月間要求皇統公司就資產負債表中關係人交易不清之部分予以說明後，同月 30 日安侯會計師事務所方就皇統公司 2004 年年報出具保留意見書。5 月時以李皇葵涉嫌炒作股價罪名移送調查局經濟犯罪防治中心。7 月時證交所對皇統公司進行實地帳面查核，期間證交所與安侯會計師曾有多次聯繫。惟其後 8 月 31 日之半年報安侯會計師再度出具無保留意見書，2004 年 9 月 15 日，李皇葵自行前往調查局台北市調查處表明作假帳一事，引起社會震驚。證交所於 9 月 17 號立即將皇統公司股票變更交易方法為全額交割股[3]，並限期重編 2001 年至 2004 年間之財報。

　　自皇統公司之財務危機爆發後，不但股價連續滑落，期間皇統公司與李皇葵個人更是不斷跳票，皇統公司於同年 9 月 29 日時未支付之票據已累計三張，證交所故於 2004 年 10 月 19 日宣布皇統公司之下市處分[4]。證券投資人保護中心並於 2004 年 12 月 1 日至 12 月 21 日開放投資人對皇統公司之求償登記。

---

[3] 證交所為此行為之法律依據似以皇統公司具台灣證券股份有限公司營業細則第 49 條第 1 項 13 款之原因（本例應為證交所以其財報不實，認有列全額交割股之必要者），列其為變更交易之有價證券。

[4] 證交所終止皇統公司上市之法律依據為台灣證券股份有限公司營業細則第 50 條第 1 項之規定。

## 皇統公司大事紀

—— 1988 年 12 月 21 日皇統公司成立

—— 1999 年 11 月皇統公司以每股 77 元上櫃

—— 1999 年 12 月皇統公司股價漲至每股 168 元，號稱市場股王

—— 2000 年 3 月皇統公司現金增資 1500 萬元

—— 2001 年 9 月 17 日皇統公司上市

—— 2002 年 1 月皇統公司發行海外可轉換公司債 2000 萬美元

—— 2003 年 1 月皇統公司第二次發行海外可轉換公司債 2000 萬美元

—— 2004 年皇統公司向銀行團聯貸

—— 2004 年 3 月證交所著手調查

—— 2004 年 8 月 23 日鄭琇馨轉讓持股 90 萬元

—— 2004 年 8 月 31 日皇統公司出具半年報

—— 2004 年 9 月 15 日李皇葵前往調查處承認作假帳

—— 2004 年 9 月 17 日皇統公司股票變為全額交割股

—— 2004 年 10 月 19 日皇統公司下市

—— 2004 年 12 月 1 日投資人求償登記開始

## 參、法律爭點

　　涉及財報不實、財測不實、操縱股票市場價格、利用海外可轉換公司債為利益輸送、內線交易、聲請重整等問題。

# 肆、法律問題分析[5]

## 一、對市場揭露之資訊不實

　　公司對市場揭露之資訊，依據事實種類可分為對已發生之事實所為之陳述，通常表現在公司的財務報表中，以及對未來變化所為之預測，後者又稱軟性資訊（soft information），表現在公司所為之財務預測中。依據傳統民法法理，詐欺之概念指對已發生事實之隱匿或為不實陳述，至於對未來情勢之預測，涉及個人主觀評價，無虛偽不實之可言。惟隨著證券法令對軟性資訊規範政策之轉變，財務預測逐漸被納入為證券詐欺之體系內[6]，惟二者規範要件及會計核閱[7]，均有差異，以下分述之。

## （一）財務報告不實

　　皇統公司於 1999 年後以降，疑似先後於國內外分設子公司，並以轉投資名義於韓國、英屬開曼群島（BVI）及馬來西亞等地設子公司，藉與子公司為假交易虛增營收額，由原先之 23.8 億虛增成 60 億，總計虛增了

---

5　本文於此處之分段論述係為說明上便利，並非表示以下各段可明白區隔互不相涉。事實上在此種詐欺投資人之案件中，財報不實、利益輸送與關係人交易等等經常牽扯不清，互為關聯。

6　美國於1972年之前禁止公司公開之訊息中含有對未來之預測，目的為避免市場散戶受到經營者之操縱，但此種立場遭到學界的嚴厲批判。之後美國證管會（Securities and Exchange Committee, SEC）改採非強制性財測揭露之措施，被喻為軟性的資訊革命（soft information revolution）。請見劉連煜，公司財務預測法制之研究，月旦法學雜誌第59期，頁112-114，2000年。

7　財務報告之核閱為會計師表示未發現該報告有違反會計原則之情事，係提供消極擔保；財務預測則要求會計師應積極調查報表之製作符合法令且內容合理，為一積極擔保。詳見馬秀如，會計師查核與核閱財報財測意義大不同，經濟日報，第11版，2002年8月25日；林國全，財務預測制度之探討，月旦法學雜誌第97期，頁282-286，2003年。

37 億之多，將近總營收額之三分之二。其中以國內子公司之雙語資訊與允冠資訊為大宗，分佔營收總額之百分之十五與百分之十八。

關於上述虛增營收之財報，依公開之前提不同，又可分為須定期公開者與公司欲為一定行為時方須公開者，前者如證交法第 36 條之年度財務報告，後者如證交法第 30 條及第 31 條之公開說明書。以下分述之：

## 1. 資訊公開之義務（Affirmative Duty to Disclose Information）

資訊公開義務者，乃指公司、董事、監察人、經理人、大股東等人提供必要之資訊以供投資人做出投資決定之義務。由於證券之價值在於表彰公司整體資產之價值，而非票面本身，而公司資產價值之資訊並非一般外部投資人所得知悉者，因此需仰賴公司及其內部人來提供資訊。關於資訊公開制度立法上曾有強制公開與自願公開之爭，惟現今世界立法例多以強制公開為主[8]，我國亦於公司法及證交法中直接以法律課與公開義務。目前資訊公開義務可分為兩個層面，第一為公司發行證券時要求應公開相關資訊，又稱初次公開制度；第二為公司進入市場後要求其應不斷繼續公開相關資訊，又稱繼續公開制度。

## 2. 公開時點

### (1) 初次公開制度

主要為公司募集或發行有價證券時，依證交法第 31 條所應交付之公開說明書。關於公開說明書之內容不實，主要依證交法第三十二條論斷其責任，下述之。

A.證交法第32條之責任要件

a. 公開說明書：依第 32 條之文義「前條之公開說明書」，僅限於依第 31 條募集時所編製之公開說明書。至於有價證券持有人依證交法第 32 條所為之再次發行之公開說明書則不包括在內。

b. 主要內容：目前公開說明書之內容主要按「公司募集發行有價證券公開說明書應行記載事項準則」之規定為編製，惟依實務及學說見解，證交法第 32 條第 1 項所稱之主要內容並不以前述準則所規定之事項為限，

---

8　曾宛如，「證券交易法原理」，頁39-41，自版，2001年12月2版。

其概念近似美國法上之重大性（materiality），意指一理性之投資人在購買有價證券時所應獲悉之事實，或預期對購買決定可能有影響之事實為判斷基準，為一不確定之法律概念。

c. **主觀歸責**：本條之責任要件限於故意。一從條文文字「虛偽或隱匿」之本質可知，再來本條原先規定為「虛偽或欠缺」，而於民國 77 年時修正為現行「虛偽或隱匿」，故學者認為此乃立法明示僅處罰故意行為之意[9]。然而除了發行人負絕對責任之外，其他如負責人或其職員、承銷商、專門職業或技術人員則依是否經簽證異其注意義務並直接推定違反，須依第 32 條第 2 項舉證推翻之。

d. **請求權人**：關於本條所指「善意之相對人」是否限於直接受交付之認股人或應募人，抑或包括市場上因信賴公開說明書而為交易之人，學說上有爭議。目前實務上最高法院 88 年台上字 858 號判決認為依照嚴格的文義解釋，第 32 條係銜接第 31 條而來，應僅限於直接受交付之人方得主張之。

B. **內容不實之責任**

違反證交法第 32 條時，可能同時構成證交法第 20 條第 1 項之違反，惟本文認為第 32 條之詐欺相較於第 20 條為特殊規定，應認第 32 條第 1 項吸收第 20 條第 3 項，第 174 條第 1 項第 3 款吸收了第 171 條，以免身為概括規定之一般反詐欺條款反而變相架空了其他特殊規定。因此就公開說明書內容不實之責任有下：

a. **刑事責任**：證交法第 174 條第 1 項第 3 款。

b. **民事責任**：證交法第 32 條第 1 項之連帶賠償責任。如牽涉公司債之發行，則可能另外有公司法第 251 條、第 271 條或第 276 條之賠償責任。

c. **行政責任**：主管機關得依證交法第 39 條以命令糾正，或以證交法第 178 條處以罰緩。

---

[9] 王志誠，公開說明書不實記載之民事責任，政大法學評論第 82 期，頁 37，1996 年。

(2) 繼續公開制度

A.公開內容

主要依據為證交法第 36 條，就公開之事項而言，又分為

a. 年報：依同條第 3 項之規定應於股東常會時分送給股東。

b. 年度及半年度財務報告：依同條第 1 項第 1 款，年報應於營業年度終了後四個月內；半年報依每半營業年度終了後兩個月內，經會計師查核簽證、董事會通過及監察人承認，對外公告並向主管機關申報之。

c. 第一季及第三季季報：依同條第 1 項第 2 款，於該季終了後一個月內經會計師查閱，對外公告並向主管機關申報之。

d. 每月營運情形：依同條第 1 項第 3 款，於每月十日之前將上月份營業情形對外公告並向主管機關申報之。

e. 例外：於同條第二項之兩款情形時，於事實發生之日起二日內申報並公告之。

B.內容不實之責任

a. 故意責任

首先，公司負責人觸犯證交法第 174 條第 1 項第 4 款、商業會計法第 71 條以及證交法第 171 條，由於前 3 條保護之法益不同，如為同一行為，應論以想像競合犯，從一重處斷之。另外參與編造表冊之人員亦觸犯證交法第 174 條第 1 項第 6 款及商業會計法第 71 條與證交法第 171 條之規定，處理同前。至於簽證會計師如故意為不實之簽證，觸犯證交法第 174 條第 2 項第 2 款及商業會計法第 71 條，處理亦同前述。

b. 民事責任

公司負責人除違反證交法第 20 條第 1 項及第 2 項之規定，依同條第 3 項負賠償責任外，亦依公司法第 23 條第 2 項負責。至於簽證會計師，由於證交法第 20 條第 1 項本未限制責任主體，而第 2 項雖謂「發行人申報或公告之財務報告及其他有關業務文件」，自文義而言責任主體似乎限於發行人，惟學說上有認為不應以發行人為限，凡實質上參與不實文件之

製作申報之關係人均可依該條負責[10]。因此會計師如明知而仍為不實之簽證，亦違反證交法第20條第1項及第2項，依同條第3項負民事賠償責任[11]。

### c. 行政責任

主管機關得依證交法第39條以命令糾正，或以證交法第178條處以罰緩。至於簽證會計師則依會計師法第39條第3款處以懲戒，或依證交法第174條第5項命以停止工作之處分。

### b. 過失責任

前述刑事責任之成立，依刑法第12條，解釋上以故意為限。至於證交法第20條之民事責任，目前通說及實務依該條文義所指虛偽、詐欺或隱匿，認為主觀上亦以故意為限[12]。因此當負責人及會計師就財務報告之內容不實僅有過失時，除主管機關發動之行政處分外，僅負民事賠償責任，合先敘明。至於請求權基礎，對會計師之部分可以違反會計師法第24條第5款，依民法第184條第2項請求損害賠償，或併依會計師法第18條請求[13]。至於公司負責人則依公司法第23條第2項負損害賠償責任。

---

[10] 曾宛如，論證券交易法第二十條之民事責任，台大法學論叢第33卷5期，頁54-58，2004年；反對意見有認僅能依公司法第23條第2項，無法依證交法第20條第3項請求賠償，請見王文宇，從公司不法行為之追訴論民、刑、商法之分際，月旦法學雜誌第103期，頁57-59，2003年。

[11] 此賠償責任於司法實務上並不容易成立，究其原因在於民事訴訟法第277條本文規定：「當事人就有利於己之事實負舉證責任」，因而，賠償請求權人須舉證公司公告之記載不實之財務報告與其所受之損失有因果關係，否則公司之賠償責任即無法成立，然於台灣高雄地方法院所為之91年重訴字第447號判決卻做出令人耳目一新之裁判，而認「投資人只要能舉證財報不實，即可進而推定投資人權益受損，不須再做多餘之舉證」，此乃十分有利於投資人求償，惟對一般審判實務上尚未具拘束力。

[12] 賴英照，「證券交易法逐條釋義第一冊」，頁328，實用稅務，1988年9月3版；賴源河，「證券管理法規」，糠素儀出版，1997年9月，頁397-398。

[13] 黃銘傑，從安隆案看我國會計師民事責任之現狀，月旦法學雜誌第85期，頁111-11，2002年。最高法院78年台上字第2374號丸億案判決即肯認民法第184條第2項及會計師法第18條得作為請求權基礎。

## 3. 本案解析

本案作假帳之時間長久，且由李皇葵自白一事觀之，似難謂負責人就財報不實主觀上無故意，至於會計師之部分，依主管機關嗣後對會計師所作之處分，似僅有過失責任 [14]。

### (1) 公開說明書虛偽不實

本案皇統公司上櫃時期為 1999 年，上市時期為 2001 年，其為申請上櫃上市所編製之公開說明書，係依自律組織「台灣證券交易所股份有限公司營業細則」或「財團法人中華民國證券櫃檯買賣中心證券商營業處所買賣有價證券審查規則」而編製，並非依證交法第 31 條。現行證交法第 30條第 3 項雖有準用規定，然該項係在 2002 年 6 月修正時方增加之規定，基於法律不溯及既往之原則，無法將該公開說明書視為證交法第 32 條所稱之公開說明書，從而並無證交法第 32 條或第 174 條之責任適用。

至於皇統公司於 2002 年及 2003 年發行之海外可轉換公司債（ECB），依「發行人發行與募集海外有價證券處理準則」雖應檢具發行計畫與依當地國證券法令規定所編製之公開說明書向我國證券主管機關提出申請或申報，然此說明書亦非依證交法第 30 條第 1 項及第 2 項所編製者，從而亦無證交法第 32 條或第 174 條之責任適用。

關於上述公開說明書之內容不實，因無證交法第 32 條特別規定之適用，處理上和其他一同提出給主管機關之文件有虛偽不實之情形同。刑事部分似應依證交法第 174 條第一項第四款論斷，至於民事部分則回歸證交法第 20 條第 3 項、公司法第 23 條第 2 項論斷之。因此僅主觀上有故意之

---

[14] 依據行政院金融監督管理委員會之公佈，安侯建業會計師事務所會計師于紀隆、柳金堂依據證交法第37條第3項遭處以警告的行政處分，至於所定簽證事務之行政處分。處分理由為「⋯未執行適當審核程序以分析重大銷貨客戶之變動並交叉比對查核資料、未直接取具函證回函及回函用印前後不一而未要求重新回函等疏失，核未蒐纂足夠適切之查核證據，且未盡專業注意查核⋯」故本文假設會計師僅有過失。公告內容請見行政院金融管理監督委員會證券期貨局每日訊息，網站：http://www.sfb.gov.tw/secnews/news/year_93/9312/931216.htm，最後瀏覽日期：2004年01月19日；工商時報，「金管會破天荒下重手12位會計師遭重懲」，3版，2004年12月17日。

公司負責人應負前述民刑事責任，對於僅有過失之會計師只能依會計師法第18條、民法184條第2項請求民事賠償。

### (2) 財務報告虛偽不實

關於本案負責人之故意責任及會計師之過失責任，原則上同前2.(2) B. 之處理，本文在此不再覆述。

## (二) 財務預測不實

皇統公司自1999年起曾做過四次財務預測，其中有三次財務預測後來又再度調降。誤差最大的一次在2000年，當年皇統公司原先預測稅前盈利目標為新台幣3.5億元，後來調高至3.93億元。然而調高後不到半年又宣布調降財測，而且調降後的稅前盈利目標為2.06億元，遠低於第一次財測之數字。此舉是否有藉玩弄財務預測詐欺投資人之虞，下分析之：

### 1. 我國財務預測之法律體系

財務預測原先在我國法上並無規定，主要由證券暨期貨管理委員會（以下簡稱證期會）頒布之命令「公開發行公司財務預測資訊公開體系實施要點」（以下簡稱實施要點）作為實施依據，直到2002年證交法修正後方於第36條之1明定其法源，證期會同時廢止先前之要點並頒布「公開發行公司公開財務預測資訊處理準則」（以下簡稱財測準則）作為主要實施依據。依財測準則第2條[15]，關於財務預測之編製，優先適用本財務準則，如未規定，再依金管會之規定，如仍無規定，最後始適用財務會計公報第十六號。

### 2. 財測不實之法律責任[16]

原先的實施要點中就財測不實有規定行政裁罰與民刑事責任，然新頒

---

[15] 公開發行公司公開財務預測資訊處理準則第2條：「公開發行公司編製財務預測，應依本準則規定辦理。本準則未規定者，除行政院金融監督管理委員會（以下簡稱本會）另有規定者外，應依財團法人中華民國會計研究發展基金會發布之財務會計準則公報（以下簡稱財務會計準則公報）第十六號辦理。」

[16] 無論依已被廢止之實施要點或修正前後之財測準則，公佈財測之公司均有事後追蹤財測並及時更正之義務，因此此處財測不實包括一開始編造不實及嗣後未

布之財測準則卻無單獨的責任規定，此乃因證交法第36條之1已將財務預測制度明文化，故可直接適用證交法相關之責任規定。因此，就現行法下財測不實之責任可分為：

(1) 刑事責任：過去將財務預測分為強制公開與自願公開二者，惟2004年12月9日新修正之財測準則已刪除強制公開之部分，故目前財務預測原則上由公司自由決定公開與否[17]。因此現行法下之財務預測，並非證交法第174條第1項第4款及第178條第1項第2款「主管機關命令提出之帳簿、表冊、文件或其他參考或報告資料」，而係證交法第174條第1項第5款及第178條第1項第3款所指「依法或主管機關基於法律所發布之命令規定之帳簿、表冊、傳票、財務報告或其他有關業務之文件」。至於會計師則依證交法第174條第2項第2款前段負刑事責任。

(2) 民事責任：主要為證交法第20條第2項、第3項。

(3) 行政責任：主管機關可依證交法第39條以命令糾正，再處以同法第178條之罰緩。至於會計師則依證交法第174條第5項處以停止執行簽證工作之處分。

### 3. 本案之解析

本案李皇葵於皇統公司上櫃初，似即以虛增營收之方式連續編造虛偽財務報表，而財務預測又以公司過去之營收作為基礎之一去預測未來之營收，似可推測財務報表若有虛偽情事，其後之財務預測亦難謂真實。因此本文假設皇統公司1999年後公佈的四次財務預測均有虛偽不實情事。而2002年11月14日時證期會廢止實施要點同時公佈財測準則，因此本案

---

及時更正致誤導投資人之情形。至於詐欺責任之認定，學者有引美國法之合理基礎（reasonable basis）、誠信善意（in good faith）及安全港條款（safe harbor provisions）作為解釋補充。請見劉連煜，公司財務預測法制之研究，月旦法學雜誌第59期，頁114-117，2000年。

[17] 至於公開發行公司公開財務預測資訊處理準則第6條依金管會命令提出之財務預測，由於並非依證期會之命令所提，自同屬證交法第174條第1項第4款及178條第1項第3款。

將涉及二種行政命令交替之問題。另外本案皇統公司為上市上櫃公司，而財務準則中強制公開制度2004年12月9日時方廢除之，從而本案皇統公司所提出之四次財測均受實施要點及修正前財測準則之強制公開規定所拘束，自不待言。

### (1) 自1999年至2002年11月14日間

依當時的實施要點第25條規定：「公司管理當局應本誠信原則，基於合理之基本假設，允當編製並及時更新財務預測。如基於故意或重大過失，致財務預測內容有虛偽或隱匿之情事者，依證券交易法第174條規定處理，對於該有價證券之善意取得人或出賣人因而所受之損害，並依證交法第20條負賠償之責。」本條之規定甚有問題。首先，證交法第174條及第20條依通說見解主觀歸責要件均限於故意，本條竟以命令將責任擴張到重大過失，顯然違背刑法第1條之罪刑法定原則，並有命令牴觸上位法律無效之虞。再者得否以命令位階創設私法請求權亦頗有疑問。本文認為實施要點第35條應解為解釋性規定，僅在表示財測不實可能觸犯證交法第174條及第20條，而責任是否成立仍須視該二條之要件是否符合，而非另外創設一新的責任。從而此處之財測不實直接適用證交法財報不實之規定論處即可，縱使本條嗣後被廢止，亦無刑法第2條從新從輕之問題。

### (2) 自2002年11月14日至2004年9月15日間：

依修正前之財測準則第五條規定：「公開發行公司有下列情形者，應公告申報財務預測（以下簡稱公開財務預測）：

## 一、股票已於證券交易所上市或於證券商營業處所買賣之公開發行公司，除本會另有規定者外，有下列情形之一者

（一）公司依發行人募集與發行有價證券處理準則規定申報（請）募集與發行有價證券，而有對外公開發行者；並應於案件申報生效或申請核准後次一年度繼續公開財務預測。

（二）董事任期屆滿之改選或同一任期內，董事發生變動累計達三分之一以上者；並應於次一年度繼續公開財務預測。計算董事變動達三分之

一時，法人董事經營權發生變動者，視為董事變動，應合併計算。但公司法人董事經營權如未發生重大變動而改派代表人擔任董事者，免列入董事變動之計算。

（三）有公司法第 185 條第 1 項所定各款情事之一者；並應於次一年度繼續公開財務預測。

（四）依公司法、企業併購法或其他法律規定合併其他公司者；並應於次一年度繼續公開財務預測。但依企業併購法第 18 條第 6 項、第 19 條、或公司法第 316 條之 2 規定辦理之合併者，不在此限。

（五）依企業併購法或其他法律規定收購其他公司者；並應於次一年度繼續公開財務預測。但收購公司為收購擬發行之新股，未超過收購公司已發行有表決權股份總數之百分之二十，且擬交付被收購公司或股東之現金或財產價值總額未超過收購公司淨值之百分之二者，不在此限。

從上可推知，於發生第 5 條第 5 款之特殊情事時，即強制上市上櫃公司應主動提出財務預測，而非依證期會之命令被動提出，故提出之財測仍不合於證交法第 174 條第 1 項第 4 款及第 178 條第 1 項第 2 款所定義之資料，且從次年應連續提出之點觀之，可解為證交法第 14 條之定期揭露，從而符合證交法上財務報告之定義[18]，而直接適用該法財報不實之相關規定[19]。

## 二、就操縱股票市場價格

皇統公司編造不實財報除了詐欺投資人以取得資金外，於現行商業實

[18] 關於財務預測是否涵蓋在證交法所指「財務報告」之範圍內，學說上容有爭議。有認為財務報告不包含財務預測者，請見陳櫻琴，從法律觀點論證管會財務預測實施要點，月旦法學雜誌第28期，頁53，1997年；有認為應就是否定期揭露而作區分者，請見林國全，財務預測制度之探討，月旦法學雜誌第97期，頁279，2003年。惟就現行法來說，我國現既已廢止強制公開財測之制度，本文認為自願提出之財測並不合於證交法第14條財務報告須定期編送主管機關之要件，從而財測不實之責任應與證交法財報不實作一區別。

[19] 至於已廢止之實施要點，除就該五款之情事與財測準則有若干出入外，其主動且持續提出之特點均與後者同，同屬證交法第14條所指「財務報告」。

務上還有防止銀行先行處分擔保品之目的，即俗稱之「抽銀根」，此現象與公司經營權爭奪有關。因為過去公司法要求董事必須要持股，公司之董事往往身兼大股東，欲取得公司經營權者除公開徵求委託書之外，就是大量收購公司之股票。然而當董事選舉結束後，已經取得經營權之董事欲收回原先購買公司股份之資金加以運用時，如採用賣出自己持股之方式，則至下一次之董監選舉中又要再買回，不僅有股價上漲致買回股數不足而落選之風險，且賣出的股份有可能被對手買去，因此較保險之方法就是以股份設質。然將股份設質換取資金時，銀行會將股價打折計算借貸金額，且附加擔保維持率與追繳之條款。當即當公司股價跌至一定價格以下時，董事須向銀行追繳更多的擔保品，否則銀行可先行處分設質股票之約定。故以股票設質時，出質人必須確保公司股價穩定，避免股價跌落致銀行追繳甚或拍賣股票，此亦為商場實務上公司不當操縱股價「護盤」的動機之一。

## (一) 禁止操縱市場之理由

　　證券交易較諸其他商品交易具有特殊性，蓋有價證券之價值係表現於發行公司之整體資產狀況，而無法從票面上得知，而公司之整體資產情形又多非一般外部投資人所能知悉，加上證券交易多透過證券商為之，非一般交易上之面對面交易，無法事先就交易內容達成協議，前述種種特性使證券市場本身成為一高風險之投資市場，其投機性遠高於一般商品市場。因此更須以法令確保一公平健全之交易市場機制，方能使投資人信任市場之公平性而願意進入市場為交易。假如放任人為力量介入控制市場價格形成，則投資人對證券交易市場失去信心導致市場無法發展，企業無法藉此管道籌措資金，將影響國家整體經濟發展。此乃為證交法第 155 條不但規定民事損害賠償責任，尚於第 171 條祭以刑事處罰之因，足見此種行為之惡性重大。

## (二) 我國法上反操縱條款

　　目前關於證券市場股價之操縱行為，主要由證交法第 155 條規範之，

該條立法係參照美國 1934 年證券交易法（Securities Exchange Act of 1934）第 9 條 (a) 項及 1948 年日本證券交易法第 125 條而來。由條文所列之五款情形分別為：違約不交割、沖洗買賣（wash sales）、相對委託（matched orders）、不法炒作、散佈流言及最後的概括條款。其中皇統公司可能涉及之條款為證交法第 155 條第 1 項第 3 款至第 6 款，下分項述之[20]：

## 1. 相對委託

第 3 款「意圖抬高或壓低集中交易市場某種有價證券之交易價格，與他人通謀，以約定價格於自己出售，或購買有價證券時，使約定人同時為購買或出售之相對行為者。」本款所規範之行為，與 2000 年修正時刪除之沖洗買賣相同，即利用虛假交易行為創造某種有價證券交易熱絡之表象，差別僅在本款之操縱行為人須二人通謀所為，而已刪除之沖洗買賣則係由同一人所為。至於所稱「約定價格」、「同時」之要件，並不以「同一」為必要，僅需有成交之可能性即已足[21]。

## 2. 不法炒作

第 4 款「意圖抬高或壓低集中交易市場某種有價證券之交易價格，自行或以他人名義，對該有價證券，連續以高價買入或以低價賣出者。」本款之客觀行為要件所稱「連續以高價買入或以低價賣出」依最高法院 74 年台上字第 5861 號判決，前者係指「於特定期間內，逐日以高於平均買價，接近最高買價之價格或以最高之價格買入而言」。意即以漲停價或跌停價作為本款高低價之認定基礎。目前實務上以證交所訂定之「有價證券

---

[20] 原先第2款之沖洗買賣已於2000年6月修正時刪除，故本文省略敘述。惟該款行為惡性仍重，學界均認刪除極為不當，況美日立法例均有處罰明文。相關批評請見李開遠，從證券交易法之修正論刪除第一五五條第一項第二款有關處罰股價操縱行為——「沖洗買賣」刑事責任之探討，銘傳大學法學論叢——創刊號，頁197-201，2003年；曾宛如，「證券交易法原理」，頁146，自版，2001年12月2版。

[21] 林國全，從日本法之規定檢視我國證交法第155條反操縱條款，政大法學評論第49期，頁130，1993年。

監視報告函送偵辦案件作業要點」作為移送偵查之標準之一。至於主觀要件上，條文雖以有抬高或壓低市場價格之意圖即已足，然學者認為合理限縮處罰範圍，應參照美日法例增加意圖引誘他人為交易之要件[22]。

### 3. 散布流言

第 5 款「意圖影響集中交易市場有價證券交易價格，而散布流言或不實資料者。」本款原先尚有「足以影響市場行情」之要件，惟於 1988 年修正時刪除，其修法理由為「又市場交易價格變動既速且鉅，因素眾多，是否足以影響有價證券之交易價格，蒐證不無困難，如有主觀影響集中交易市場有價證券價格之意圖即客觀行為，應已足以構成不法之行為」，如此觀之，修正後的條文不再要求散布之流言或資料需具有重要性，似將原先的具體危險犯修正為抽象危險犯，只要主觀意圖影響價格，客觀上散布不實資料立即觸犯證交法第 171 條之刑責。惟第 151 條目的既在保護市場交易秩序，如行為人散布之資料顯無重要性而對市場無影響，僅依主觀意圖即課其如此重責誠屬嚴苛。因而學者多主張本款仍以散布之資料具有重要性者為前提[23]，或退一步以重要性作為不法意圖之主要間接證明。

### 4. 概括條款

第 6 款「直接或間接從事其他影響集中交易市場某種有價證券交易價格之操縱行為者。」當條文中列舉與概括條款並列時，概括條款應參照列舉條款作解釋。惟觀第 155 條第 1 項第 1 至 5 款，有以主觀意圖為要件者（如第 3 至 5 款），有單純規範客觀行為者（如第 1 款），甚難歸納出一共同原則以供本款參照，因此本款適用目前仍仰賴實務之發展。然有學者認為，基於罪刑法定主義，「操縱行為」應限於本質上具有詐欺要素者[24]，

---

[22] 李開遠，證券交易法第155條第1項第4款處罰股價操縱行為一「不法炒作」刑事責任之探討，銘傳大學法學論叢第2期，頁177，2004年。

[23] 林國全，從日本法之規定檢視我國證交法155條反操縱條款，政大法學評論第49期，頁136，1993年；證券市場操縱行為之法律問題研討座談會中吳崇權代主任之發言，月旦法學雜誌第26期，頁118，1997年。

[24] 證券市場操縱行為之法律問題研討座談會中劉連煜教授之發言，月旦法學雜誌第26期，頁119，1997年。

則此時將產生與證交法第 20 條之責任競合之問題。本文認為證交法第 20 條為廣義之反詐欺條款，其目的在防止掛一漏萬，相較於市場操縱行為應以第 155 條為特別規定。從而刑責方面直接以違反第 151 條而依第 171 條課與刑責，而非論以同時違反第 20 條與第 151 條，一行為觸犯二個第 171 條刑責之想像競合，蓋此時保護法益重疊。至於民事責任方面則是第 155 條第 3 項吸收第 20 條第 3 項，而非構成請求權競合之關係。

## (三) 本案之解析

### 1. 刑事責任

首先，由證交法第 155 條第 1 項觀之：「對於在證券交易所上市之有價證券，不得有左列各款之行為」。又見第 2 項：「前項之規定，於證券商營業處所買賣有價證券準用之。」其規範範圍含蓋店頭市場及集中交易市場，而再依同法第 151 條：「於有價證券集中交易市場為買賣者，在會員制證券交易所限於會員；在公司制證券交易所限於訂有使用有價證券集中交易市場契約之證券自營商或證券經紀商。」可見就第 155 條第 3 及第 4 款而言，本案皇統公司在 1999 年上櫃至 2001 年轉上市之前，雖為該條之規範主體，但在 2001 年上市後，由於該條規範主體轉成證券自營商或經紀商，因此皇統公司僅負間接正犯之責任[25]。另外同條之第 5 款及第 6 款，由於文字本身並未就責任主體作限制，因此皇統公司就該二款係負正犯責任。

另就第 4 款而言，「連續」本身為構成要件之一，與「連續犯」之概念不同，最高法院 75 年度台上字第 6315 號刑事判決已為闡明。假設本案連續操縱市場之行為自 1999 年 11 月起橫跨 2004 年 9 月止，則行為數之認定將涉及刑法第 2 條從新從輕之問題。蓋第 171 條之刑責最早為「七年以下有期徒刑、拘役或科或併科新台幣一萬元以下罰金」，於 2000 年 7 月 19U 修正為「7 年以下有期徒刑，得併科新台幣三百萬元以下罰金」，

---

[25] 請見證券市場操縱行為之法律問題研討座談會中林國全教授之發言，月旦法學雜誌第26期，頁117-118，1997年。

再於 2004 年 4 月 28 日修正為現行條文「處三年以上十年以下有期徒刑，得併科新臺幣一千萬元以上二億元以下罰金」。如將 1999 年起共六年之期間認定為一連續行為，則因刑法第 2 條之：行為後法律有變更者」係自行為終了時起算，因此本案直接適用現行條文即可；到將此六年之期間一行為人犯意分別認定為數個反覆之連續行為，則將涉及從新從輕之問題，分別依各個行為當時所應適用之法律斷其刑責。

### 2. 民事責任

本條第 3 項規定：「違反前二項規定者，對於善意買入或賣出有價證券之人所受之損害，應負賠償之責。」第 4 項規定：「第 20 條第 4 項之規定，於前項準用之。」由於第 20 條第 2 項僅於民事責任上方有準用，可見違反第 155 條時民事責任主體範圍大於刑事責任。至於違反本條時是否當然同時構成證交法第 20 條之責任，則視本條責任性質是否屬於詐欺責任之一而定。此乃因一方面操縱市場價格之行為本身近於對市場詐欺，另一方面美國立法例亦將操縱市場之行為視為證券詐欺體系之一部。惟我國學者多以證交法第 155 條為獨立責任，而非詐欺責任之特別規定。理由為該條規定之責任類型並不以本質上具有詐欺性質者為限，如第 1 項第 1 款之違約不交割即是。再者據該條第 3 項之立法理由說明，無法推論出條文草擬時有與證交法第20條作一聯想之意[26]。因此除非同時符合證交法第20條之要件，本條之違反不當然構成第 20 條之責任而認得依第 20 條第 3 項請求損害賠償。

### 3. 行政責任

主要為證交法第 156 條第 1 項第 3 款「發行該有價證券公司之行為，有虛偽不實或違法情事，足以影響其證券價格，而及於市場秩序或損害公益之虞者。」及第 4 款「該有價證券之市場價格，發生連續暴漲或暴跌情事，並使他種有價證券隨同為非正常之漲跌，而有影響市場秩序或損害公益之虞者。」時，主管機關得依第 1 項「主管機關對於已在證券交易所上市之有價證券，發生左列各款情事之一時，得命令停止其一部或全部之買

---

[26] 蔡德揚，證券交易法上之民事責任，萬國法律第92期，頁56，1997年。

賣，或對證券自營商、證券經紀商之買賣數量加以限制」之規定發布停止或限制買賣之處分。

## 三、資金使用違反發行公司債之目的

皇統公司於 2002 年至 2003 年間鉅資花費 5 億 7 千萬元分別買下英國廣播公司（BBC）與探索頻道（Discovery）之版權，惟皇統公司實收資本額僅有 18 億 7,500 萬，無法支付版權費用，李皇葵便以先前以開發 E 化平台為目的募集之海外可轉換公司債資金來先行支付，然嗣後投資失敗無法回收，於 2003 年年報認列損失，造成當年度每股稅前虧損達 7.2 元。

### (一) 海外可轉讓公司債成為企業新興的籌資工具

#### 1. 海外可轉換公司債的意義與特性

可轉換公司債係特定公司所發行之有價證券屬於債券性質，性質上為一直接向投資人籌措長期資金的金融工具，然其不同於一般債券而予投資人附有將債券轉換為發行公司普通股之權利，為兼具債券與股票雙重性質的有價證券，其票面利率通常較一般公司債為低[27]。海外可轉換公司債（Euro Convertible Bond，以下簡稱 ECB）係指企業在海外以外幣發行的可轉換公司債，近年來成為企業新興的海外籌資工具，蓋其可藉此將投資人的投資組合由國內擴及全球，使資金來源有更多的彈性且可藉以提升其國際知名度，其尚具有令發行公司滿意的財務槓桿效果，相較於其他財務工具往往受有重重發行限制條款與較高的籌資成本，ECB 因而廣受國內發行企業的青睞[28]。

#### 2. 海外可轉換公司債之發行條件

ECB 為歐洲債券之一種，基本上其發行條件相當寬鬆，通常沒有擔保，我國企業發行 ECB 之條件依發行人募集與發行海外有價證券處理準

---

[27] 歐宏杰，海外可轉換公司債（ECB）之面面觀，集保月刊第123期，頁7-10，2004年。

[28] 薛富井、陳頓如，企業海外籌資相關議題之探討——綜論海外可轉換公司債與存託憑證之比較，會計研究月刊第196期，頁61、69，2002年。

則，適用申報生效或申請核准制[29]，發行公司於所發行之公司債附認股權者其發行辦法應載明一定事項[30]，並於發行 ECB 經申報生效或申請核准後，應於發行訂價日起二日內，於本會指定之資訊申報網站公告特定事項[31]。

## (二) 本案之解析

　　國內之證券主管機關對企業以 ECB 做海外籌資方式，其所為之控管方式依前所述係為事前之把關，發行人募集與發行海外有價證券處理準則第 23 條第 1 項規定，若發行人募集與發行 ECB 時，於申報生效或申請核准後，經發現有下列情形之一者，行政院金融監督管理委員會（以下簡稱金管會）得撤銷或廢止其申報生效或核准：第 3 款、募集與發行海外公司債，附轉換條件或認股權者，未依申報（請）事項及所附書件記載之發行方式及轉換或認股條件發行且未於發行訂價日前向本會申請變更者。第四款、其他有違反本準則規定或本會於通知申報生效或申請核准時之限制或禁止規定者。本案中皇統公司以先前以開發 E 化平台為目的募集之海外可轉換公司債資金，來先行支付其於 2002 年至 2003 年間用以買下英國廣播公司（BBC）與探索頻道（Discovery）之版權，此行為即可能由金管會依前述規定撤銷或廢止其申報生效或核准。且因發行者為公司債依公司法第 259 條規定：「公司募集公司債款後，未經申請核准變更，而用於規定事項以外者，處公司負責人一年以下有期徒刑、拘役或科或併科新臺幣六萬元以下罰金，如公司因此受有損害時，對於公司並負賠償責任。」則該皇統公司的負責人李皇葵即需負擔前述之刑事及民事責任。

　　ECB 之發行條件寬鬆雖有利企業籌資，惟主管機關管控寬鬆同時即

---

[29] 發行人募集與發行海外有價證券處理準則第22條第1項：「發行人募集與發行海外公司債，依其性質應分別檢具募集海外公司債申報（請）書（附表十二至附表十七）載明其應記載事項，連同應檢附書件，向本會申報生效或申請核准後，始得為之。」

[30] 發行人募集與發行海外有價證券處理準則第23條第1項。

[31] 發行人募集與發行海外有價證券處理準則第26條第1項。

存在不夠周全的機制保障投資 ECB 之投資人及該發行企業之股東，反而
為企圖掏空公司的野心家開一方便之門[32]，然因 ECB 發行地常為盧森堡丶
倫敦、紐約或那斯達克等[33]地，要求政府嚴加控管無異緣木求魚，因而投
資人審慎評估投資風險、報酬仍為最有效的方法。

## 四、內線交易

　　皇統公司之財務經理鄭琇馨於 2004 年 8 月 23 日時曾轉讓 90 萬元持
股，高達其總持股數 134 萬股之三分之二[34]，不到一個月後即爆發李皇統
之假帳事件，轉讓時點相當湊巧。其中是否涉及內線交易，以下試述之。

### (一) 禁止內線交易之理由

　　禁止內線交易，最主要的理由在於買賣雙方資訊上之不平等地位。證
券市場由於其本身特性使然，較其他商品市場更需注重交易人之資訊平
等。其制度性之前提要件即是關於判斷有價證券價值所需之情報應公開於
世，使所有市場上之交易人均能利用這些情報做出個人之投資判斷，而只

---

[32] 例如本段事實中即使依現行規定使皇統公司負前述責任以為制裁，然與該行為
所造成的損失相較未必相當；此外下述五、不當利益輸送的部分亦提及 ECB 由
關係人認購，間接做操縱股價工具，因而主管機關實不宜輕忽相關弊病。

[33] 薛富井、陳韻如，企業海外籌資相關議題之探討——綜論海外可轉換公司債與
存託憑證之比較，會計研究月刊第196期，頁61，2002年。

[34] 參見自由時報，26版，2004年9月17日。皇統公司對此表示：「財務長申報轉
讓持股係因個人贈與稅乙案，預定轉讓900,000股股票給國產局。依照法令規定
內部人應做事前申報，但現有內部人格式未有適用的格式可供申報，故以拍賣
或標購之委託競賣內容先為申報，在申報同時亦同步向證期局申請解釋令，俾
利後續事宜辦理。現在股票尚未轉讓，非如報載所寫因為事先知情而轉讓持股
900,000股。」請見證券交易所公開資訊觀測站中的重大消息揭露，網址：
http://mops.tse.com.tw/server-java/t05st01?step=A1&colorchg=l&off=1&TYPEK=p
ub&year=93&month=9&b_date=1&e_date=31&co_id=2490&，最後瀏覽日期：
2004年1月19日。如前所述，本案真相仍不清楚，鑒於公司內部人藉內部消息
獲利或避免損失為實務上常有情形，本文在此仍假設財務長鄭秀馨確有轉讓持
股之行為，並進以論斷此種情形下之法律責任。

有當投資人對市場制度之公正性具有信賴時，方能安心進入此種非面對面方式之交易市場。當特定人因自身之特殊地位而知悉未公開之重大消息時，如放任其在市場上與一般投資人為交易，則將形成本質上之不公平，損及投資人對市場公正性之信賴。此即為證交法第 157 條及第 157 條之一禁止內線交易之旨 [35]。由於本案並無證交法第 157 條歸入權之問題，因此以下集中在證交法第 157 條之 1 為討論。

## (二) 證交法第157條之1之結構

1. 責任主體：依該條第 1 項第 3 款，可分為 (1) 對公司有控制權之人，偏重行為人在公司中之身分，包括董事、監察人、經理人及持股超過百分之十之大股東。因此如獲悉消息時具有身分，但從事買賣時已喪失身分者，將無法成為本條之責任主體；(2) 基於職業或控制關係之人，偏重行為人獲得內部消息之基礎；(3) 由前述之人獲悉消息之人，即所謂消息受領者之責任（tippee liability）。

2. 行為客體：須為上市上櫃之股票或具有股權性質之有價證券。

3. 主觀要件：須認識該消息為「重大影響股票價格」及「消息尚未公開」即已足 [36]。至於是否有藉消息牟利或是否因此得到利益或避免損失在所不論。此外，消息受領人則尚須對消息告知人違反義務而洩密一事有所認識 [37]。

4. 客觀要件：行為人在上市上櫃市場有買入或賣出之積極行為，如為消極取消預定之買入或賣出計劃者不包含在內。

---

[35] 關於內線交易是否應禁止之理由及學說發展，請見郭土木，內線交易之民、刑事責任（一）（二），司法周刊第423期第2版、424期第2版，1989年。

[36] 關於重大性之判斷基準，除證交法第157條之1第4項所定者外，有學者認宜參照美國法之發展具體化其概念，詳細請見劉連煜，內部人交易規範中內部消息「重大性」之認定基準，收錄於氏著「公司法理論與判決研究（二）」，頁170-179，元照出版公司，2000年9月。

[37] 劉連煜，內部交易中消息受領人之責任，收錄於氏著「公司法理論與判決研究（二）」，頁294，三民書局、瑞興圖書出版公司，1997年11月再版。

5. 請求權人：依第 157 條之 1 第 2 項規定，為「善意從事相反買賣之人」。
惟如何定其範圍涉及對本條責任之定性。有主張侵權行為說者，認為本
條係對可能成為內線交易相對人之人為損害賠償，故應以「內線交易發
生當日，所有從事相反買賣且成交價格與內線交易成交價格相同之
人」[38]；主張本條為不當得利責任者，則認為凡當日善意從事相反買賣者
即可請求，毋庸加上成交價格相同之限制 [39]。

## （三）本案之解析

　　首先，本案鄭琇馨為皇統公司之財務經理，為公司法第 31 條所稱之
經理人，自為證交法第 157 條之 1 第 1 項第 1 款之主體。鄭琇馨雖於
2004 年 9 月 20 日辭去經理人職位，然其轉讓股份之時點 2004 年 8 月 23
日，故對先前轉讓行為之合法性判斷並無影響。而依該法第一款之文字僅
列舉身分，相較於第 3、4 款列明獲悉消息之基礎或來源，可見傳統內部
人只要在消息公開前有買賣股票之行為即違反本條規定，不問其是否基於
在公司之地位而獲悉消息。但是，本案鄭琇馨如將持股轉讓給國稅局抵繳
贈與稅，而非在集中交易市場為買賣，依文義將無法適用證交法第 157 條
之規定。有學者認為不經由證券市場之市場外交易，不具備證券市場之特
殊性，依一般買賣規定處理即可 [40]。惟本文認為，如將證交法第157條之 1
之責任定義為不當得利類型，則行為人於市場外為轉讓時亦有可能獲取不
當利益。如本案以持股抵繳贈與稅，股價之漲幅必定影響能抵繳之稅額，
行為人獲悉重大消息後，藉股價下跌前趕緊將持股抵繳稅款，與行為人趕
在股價下跌前將持股賣出避免損失之情形相同，一樣受有不當之利益。再
者依效率市場假說，投資人可以信賴市場股價反映了市場內所有公開之資
訊，縱使退一步認為證交法第 157 條之 1 僅消極禁止交易，不等同美國法

---

[38] 林國全，證券交易法第一五七條之一內部人員交易禁止規定之探討，政大法學評論第45期，頁296，1992年。

[39] 曾宛如，「證券交易法原理」，頁234，自版，2001年12月2版。

[40] 林國全，證券交易法第157條之1內部人員交易禁止規定之探討，政大法學評論第45期，頁268，1992年。

「公開或放棄原則」（disclosure or abstain rule）要求積極公開義務，於重大消息公佈前於市場外交易受有利益，投資人對市場價格形成之公正性亦難謂無損傷。因此本文認為應將適用範圍擴及市場外之交易[41]。

　　至於轉讓對象如非國稅局而是集中交易市場之投資人，則除依證交法第 171 條第 1 項第 1 款負刑事責任外，尚依證交法第 157 條之 1 第 2 項對善意為相反買賣之投資人為賠償，如因此對公司造有損害，須依公司法第 34 條對皇統公司負損害賠償責任。另外經理人依公司法第 8 條第 2 項雖在執行職務範圍內為公司負責人，惟此處轉讓個人持股並非執行公司之職務，故無公司法第 23 條第 2 項之責任問題。

## 五、不當利益輸送

### （一）案例事實

#### 1. 發行海外可轉換公司債

　　皇統公司於2002年、2003年先後發行二次海外可轉換公司債[42]，由於當時發行海外公司債之法令不要求承銷商需對海外投資人之身分作過濾，故公司可藉由人頭戶或關係人冒充海外投資人去認購海外可轉換公司債，再由國內發行公司哄抬股價，待股價上漲後由該認購之人頭戶或關係人將手頭上公司債轉換為股票賣出，價差利益即流入該關係人或幕後人手中。此亦為某些上市公司負責人「護盤」之動機之一。縱使公司股價跌破公司債轉換價格，公司可藉行使特別重設條款降低轉換價格便利認購人脫困，使得海外公司債成為目前最盛行之套利手段[43]。皇統公司於發布新消息之

---

[41] 有學者參照日本法亦同此見解，請見吳崇權，我國有關內部人交易之禁止規定（下），證券管理第8卷第10期，頁23，1993年

[42] 皇統公司發行的二次海外可轉換公司債，第一次發行者已全數轉換為股份，第二次發行者於李皇葵投案前僅剩七十萬美元未轉換，到期日為1997年1月22日。請見證券交易所公開資訊觀測站中的重大消息揭露，網址：http://mops.tse.com.tw/server-java/t05st0l，最後瀏覽日期：2004年1月19日。

[43] 關於類似以外資名義為變相利益輸送之手法，詳細請見財訊，頁347-361，

前，股價常有不正常之漲幅，甚至於李皇葵投案前幾天，皇統公司之股價還拉出了三次漲停板。是否有不當輸送利益之空間，頗值玩味。

## 2. 以轉投資名義

在母子關係企業中，實務上之弊端除塞貨給子公司虛增營收外，最常見者即是當母公司無法經營下去時，便以轉投資名義將資金流給子公司（通常由母公司負責人之親友擔任子公司之負責人），再由母公司將該筆投資認列虧損，形成「錢進子公司，債留母公司」之現象，俗稱「金蟬脫殼」。母公司負責人再待母公司爆發財務危機，結束營業後，藉先前積蓄在子公司之資金重回市場東山再起。關於皇統公司歷年來所設立之子公司，以轉投資名義流去的資金有不少後來轉由皇統公司認列虧損，其中是否有部分資金係採前述金蟬脫殼之手法，頗值探究。

## (二) 本案之解析

此處法律責任主要針對公司負責人，至於其他不具公司負責人身分者，刑事責任上可依共同正犯或教唆幫助犯之法理一同論斷，民事責任上則可依民法第 185 條成立共同侵權行為[44]。

## 1. 刑事責任

(1) 刑法：刑法第 335 條、第 336 條第 2 項侵占罪，似未能成立，主因公司負責人之行為不該當將自己持有中之錢易為所有之侵占行為；刑法 342 條背信罪即可能成立。至於刑法第 356 條之侵害債權，依通說與實務見解僅自然人方能成為該罪主體，故皇統公司

---

2004年7月；王志誠，不合營業常規交易之判定與類型，政大法學評論第66期，頁194-204，1994年。該文雖主要針對稅法上之認定，但其列舉之行為態樣亦為現行實務上常見之掏空公司手法。

[44] 民法第185條文字雖為「侵害他人權利」，然一來權利與利益究竟有無區分必要備受挑戰，再者就本條之性質有獨立請求權基礎說與連帶責任規定說。如採後者，當數人分別依民法第184條第2項就純粹經濟上損失負責時，即有可能依民法第185成立共同侵權行為。故本文認為不宜僅因所受損害為純粹經濟上損失，即一概否定民法第185條之適用可能性。

之債權人無法依該罪對李皇葵為訴追。

(2) 證券交易法：證交法第 171 條第 1 項第 2 款及第 3 款；證交法第 174 條第 1 項第 8 款。另就發行海外可轉換公司債，負責人與海外認購人串通之部分，由於該發行市場並非證交法所規定之我國上市上櫃市場，從而亦無證交法第 155 條操縱市場或第 157 條之 1 內線交易之適用，自無論斷第 171 條第 1 項第 1 款刑責之餘地。

## 2. 民事責任

(1) 對皇統公司之損害賠償：董監與經理人與公司間之關係為委任契約，故董事依民法第 544 條、民法第 184 條第 1 項後段 [45] 與第 2 項、公司法第 23 條第 1 項、公司法第 193 條第 2 項；監察人依民法第 544 條、民法第 184 條第 1 項後段與第 2 項、公司法第 224 條及同法第 23 條第 1 項；經理人依民法第 544 條、民法第 184 條第 1 項後段與第 2 項、公司法第 34 條及同法第 23 條第 1 項對公司負損害賠償責任。

(2) 對外部人之損害賠償：公司法第 23 條第 2 項、民法第 184 條第 1 項後段與第 2 項。

(3) 母子公司間之求償：公司法第 369 條之 4 規定控制公司如使從屬公司為不利益經營，使從屬公司受有損害時，從屬公司之債權人或股東得直接對控制公司訴請損害賠償。此條源自於美國法之揭開公司面紗原則，當控制公司將應歸於從屬公司之利益不當歸於自身時，從屬公司之債權人或股東得跳過從屬公司直接對控制公司為訴追。然在本案之情形，如母公司將應歸於母公司之利益輸送與子公司，而使母公司之債權人或股東受損害時，依現行法無救濟管道，僅能依公司法第 194 條事先請求母公司董事會停止其行為 [46]。

上述問題為我國法第 369 條之 4 之漏洞，蓋揭穿公司面紗之法理既著

---

[45] 王文宇，董事、關係人交易與地雷股，月旦法學雜誌第58期，頁29，2000年。

[46] 洪貴參，「關係企業法理論與實務」，頁233，元照出版公司，1999年3月。

眼於防堵藉法人空殼規避責任，則無論是從屬公司對控制公司或控制公司對從屬公司均有相同問題發生之可能。美國法上，自 Rivera v. Sealand 案中建立之 Von Dom Test[47] 後，已經肯認一定條件下，控制公司之債權人得對從屬公司直接請求損害賠償。我國公司法第 369 條之 4 實宜儘早修法納入此原則以彌補漏洞。於修法前，本案皇統公司之股東及債權人無法就流入子公司之資金為請求。

## 六、重整公司與債權人關係

　　皇統公司被打入全額交割股後，即向主管機關提出重整計畫，其重整計畫分為三方面，第一是進行組織瘦身、精簡人力；第二是進行減資，目前皇統公司的實收資本額為 18 億 7,500 萬元，減資以五成為目標；第三是將即將完成的產品完成，皇統公司手中擁有知名頻道 Discovery 及英國 BBC 電視台的內容授權皇統公司計畫將其做技術加工、製作整合，惟皇統公司能否順利重整或是落入清算的下場，最重要的關鍵取決於銀行團的態度 [48]，因繼續加工需要經費，法院所為重整與否之裁定亦會徵詢皇統公司債權人之意見，故本文以下即試就公司聲請重整與其債權人間之關係為討論，合先敘明。

### (一) 重整程序與債權確保之關係

#### 1. 公司重整概念

　　公開發行股票或公司債的公司因財務困難，暫停營業或有停業之虞，而有重建更生之可能者，在法院之監督下調整其債權人股東及其他利害關係人之利益而圖該公司企業之維持與更生為目的之制度 [49]。依公司法第 282

---

[47] 相關資料可至 lexis 網站查詢，網址：http://web.lexis-nexis.com/universe/document?_m=297da281600b26d3dca4e17265d3cebl&_docnum=1&wchp=dGLbVzzzSkVA&_md5=6f77681f12efe20c85719c6f326f35f9，最後瀏覽日期：2005年1月19日。

[48] 資料來源：工商時報，12版，2004年10月12日；工商時報，13版，2004年9月21日。

[49] 柯芳枝，「公司法論（下）」，頁458，三民書局，2004年5月5版。

條所定，公司於發生前述情形即可由公司或繼續六個月以上持有已發行股份總數百分之十以上股份之股東、相當於公司已發行股份總數金額百分之十以上之公司債權人，向法院依非訟事件處理法第81條第1項聲請重整。

## 2. 聲請重整公司與其債權人間之關係

### (1) 法院為許可重整裁定須衡量各方利益

公司一旦聲請重整繫屬，期間須歷經約長達半年之重整准駁之審查期間，若法院裁准重整後，從債權及股東權的申報、審查，債權人、股東清冊之製作程序約需耗費半年的時間，俟重整人提出重整計畫、關係人會議之審議及表決重整計畫並經法院認可重整計畫及抗告程序，司法實務上此一裁定，須歷經兩年以上的時間，爰公司重整成功前之程序期間需耗時數年[50]，債權人對公司之債權，自公司聲請重整繫屬至重整成功前，因受制於公司法第287條、第294條之規定，行使對公司之債權受限，此外即使公司重整成功，依公司法第311條第1項第1款所定債權人之債權仍可能無法獲得清償，重整之制度係一以清理公司債務、維持企業為目的之制度[51]，使有更生重建希望之企業得以重生，惟其對公司債權人之不利，似也顯而易見，某種程度上是犧牲公司債權人之利益，以維持企業之存續，因而為是否允許公司進行重整裁定之法院，須衡量各種情形，並徵詢主管機關之意見[52]審慎評估之，更須防堵的是公司利用向法院聲請重整，法院為裁定前期間進行公司財產脫產。

### (2) 重整程序中債權確保措施、與公司之保全處分

債權人於法院為公司重整之裁定前得依公司法第287條第1項第1款、第5項之規定，聲請法院為對公司財產為保全處分，或禁止公司記名式股票轉讓，以保全其債權；公司本身為避免被強制執行財產減少，能以現有財產繼續經營並保全俟後重整進行之可行性，亦可依公司法第287條第1項第3款、第4款之規定，聲請法院為公司履行債務及對公司行使債

---

[50] 公司法第285條、第285-1條；非訟事件法第91條第2項參照。

[51] 柯芳枝，「公司法論（下）」，頁459，三民書局，2004年5月5版。

[52] 公司法第284條參照。

權之限制、公司破產、和解或強制執行等程序之停止之處分，惟學說上對公司法第 287 條第 1 項第 4 款所指之「強制執行程序」究何所指有所爭議，是否泛指所有之強制執行程序或須排除假扣押之執行程序？學說上有肯定說與否定說之不同立場，本文以為排除假扣押程序之立論值得贊成，其[53]認因假扣押程序之目的僅為保全債權人將來之強制執行所為之處分，其目的與公司法第 287 條緊急處分之立法目的，保全公司財產現狀並不相悖，且現行公司法有關重整程序之立法，係仿日本會社更生法為立法，日本會社更生法第 67 條第 1 項規定係明列須停止終局執行與保全執行程序進行，我國法未明白排除，自不宜擴張範圍，使公司法第 287 條第 1 項第 1 款規定：「公司財產之保全處分」形同具文。此外，若使保全處分亦停止進行，則嗣後若公司重整聲請被駁回，重整前之緊急處分將失所附麗，造成公司利用聲請重整審查期間輕易脫產，實非上開緊急處分之立法意旨；惟實務上最高法院 91 年度台抗字第 216 號裁定認該強制執行程序係泛指一切強制執行程序，包括滿足執行、保全執行之假扣押、假處分強制執行程序。

## (二) 本案案之解析

本案中皇統公司擬法院聲請重整，由法院裁量其是否有更生重建可能，法院除須衡量皇統公司的現狀外，債權銀行之態度亦須一併考量，除其債權之保障須加斟酌外，銀行是否願意再提供金援與皇統公司，亦為判斷其是否有更生重建可能之關鍵。

# 伍、結論

在地雷股不斷引爆的情勢下，上市公司財報不實、虛增營收，經營者

---

[53] 吳光陸，假扣押執行與公司重整前之緊急處分，月旦法學雜誌第86期，頁114，2002年；盧江陽，論假扣押執行在股份有限公司重整程序之適用（上）（下），司法周刊第1039期、第3版，第1040期、第3版，2001年。

掏空公司，已成為台灣證券市場中投資人揮之不去的夢魘，無辜又弱勢的投資人往往是損失最慘重，資訊最落後的一群人，這樣的情境只是一再暴露我國現行制度所面臨的問題：投資人保護不足，會計簽證制度未能及時揭弊，證券主管機關、檢調單位反應尚有待加強，現有刑責威嚇效果有限，只要制度不能除弊，本案中所上演的戲碼不是第一件也不會是最後一件，是否讓歷史一再重演？論者或請三思！

# 參考文獻（依作者姓氏筆劃遞增排序）

## 一、專書論著

1. 洪貴參，「關係企業法理論與實務」，元照出版公司，1999 年 3 月

2. 柯芳枝，「公司法論（下）」，三民書局，2004 年 5 月 5 版。

3. 曾宛如，「證券交易法原理」，作者自版，2001 年 12 月 2 版。

4. 劉連煜，「公司法理論與判決研究 (4)」，元照出版公司，2000 年 9 月。

5. 賴英照，「證券交易法逐條釋義第一冊」，實用稅務，1988 年 9 月 3 版。

6. 賴源河，「證券管理法規」，糠素儀出版，1997 年 9 月。

## 二、期刊論文

1. 王志誠，公開說明書不實記載之民事責任，政大法學評論第 82 期，1996 年。

2. 王志誠，不合營業常規交易之判定與類型，政大法學評論第 66 期，1994 年。

3. 王文宇，董事、關係人交易與地雷股，月旦法學雜誌第 58 期，2000 年。

4. 王文宇，從公司不法行為之追訴論民、刑、商法之分際，月旦法學雜誌第 103 期，2003 年。

5. 吳崇權，我國有關內部人交易之禁止規定（下），證券管理第 8 卷第 10 期，1993 年。

6. 李開遠，從證券交易法之修正論刪除第一五五條第一項第二款有關處罰股

價操縱行為——「沖洗買賣」刑事責任之探討，銘傳大學法學論叢，創刊號，2003 年。

7. 吳光陸，假扣押執行與公司重整前之緊急處分，月旦法學雜誌第 86 期，2002 年。

8. 林國全，從日本法之規定檢視我國證交法第 155 條反操縱條款，政大法學評論第 49 期，1993 年。

9. 林國全，財務預測制度之探討，月旦法學雜誌第 97 期，2003 年。

10.林國全，證券交易法第一五七條之一內部人員交易禁止規定之探討，政大法學評論第 45 期，1992 年。

11.陳櫻琴，從法律觀點論證管會財務預測實施要點，月旦法學雜誌第 28 期，1997 年。

12.郭土木，內線交易之民、刑事責任（一）（二），司法周刊第 423 期第 2 版 424 期第 2 版，1989 年。

13.曾宛如，論證券交易法第二十條之民事責任，台大法學論叢第 33 卷第 5 期，2004 年。

14.黃銘傑，從安隆案看我國會計師民事責任之現狀，月旦法學雜誌第 85 期，2002 年。

15.蔡德揚，證券交易法上之民事責任，萬國法律第 92 期，1997 年。

16.劉連煜，公司財務預測法制之研究，月旦法學雜誌第 59 期，2000 年。

17.歐宏杰，海外可轉換公司債（ECB）之面面觀，集保月刊第 123 期，2004 年。

18.薛富井、陳韻如，企業海外籌資相關議題之探討——綜論海外可轉換公司債與存託憑證之比較，會計研究月刊第 196 期，2002 年。

19.盧江陽，論假扣押執行在股份有限公司重整程序之適用（上），司法周刊第 1039 期、第 3 版，2001 年。

20.盧江陽，論假扣押執行在股份有限公司重整程序之適用（下），第 1040 期、第 3 版，2001 年。

21.證券市場操縱行為之法律問題研討座談會，月旦法學雜誌第 26 期，1997 年。

## 三、報紙（依刊名之筆劃遞增排序）

1. 工商時報，「再爆皇統案　七十家公司被貼標籤」，3 版，2004 年 9 月 16 日。
2. 工商時報，「證交所：皇統會計師責任不下博達」，1 版，2004 年 9 月 17 日。
3. 工商時報，「高材生聰明反被聰明誤」，「皇統關係人交易曝光」「證交所對皇統會計師疑點」，3 版，2004 年 9 月 17 日。
4. 工商時報，「李皇葵敢衝敢賭大起大落不令人意外」，8 版，2004 年。
5. 工商時報，「李皇葵跳票五百萬元」，13 版，2004 年 9 月 21 日。
6. 工商時報，「皇統期待金援　重整旗鼓」，12 版，2004 年 10 月 4 日。
7. 工商時報，「金管會破天荒下重手 12 位會計師遭重懲」，3 版，2004。
8. 中國時報，「發行 ECB 小型高科技業　行庫收傘」，B2 版.2004 年 9 月 17 日。
9. 中時晚報，「會計師為何一再重蹈覆轍？」，B2 版，2004 年 9 月 17 日。
10. 中時晚報，「皇統宏達科將停止交易」，B4 版，2004 年 10 月 13 日。
11. 中時晚報，「博達皇統求償登記開始」，B2 版，2004 年 12 月 2 日。
12. 中央日報，「皇統驚爆地雷虛設行號假帳 37 億明起全額交割」，5 版，2004 年 9 月 16 日。
13. 自由時報，「皇統董事長　自爆作假帳」，25 版，2004 年 9 月 16 日。
14. 自由時報，「皇統案證期局坦承：監理失靈」，26 版，2004 年 9 月。
15. 經濟日報，「皇統作假帳　虛灌業績 37 億」，A1 版，2004 年 9 月 16 日。
16. 經濟日報，「證期局究責要求重編財報」，A3 版，2004 年 9 月 16 日。
17. 經濟日報，「皇統聘洪嘉佑出任總經理」，C6 版，2004 年 9 月 21 日。
18. 經濟日報，「皇統擬聲請重整保全資產」，A6 版，2004 年 9 月 28 日。

## 四、網路資料

1. 台灣證券交易所網站〈http://mops.tse.com.tw〉。
2. lexis 網站查詢，網址〈http://web.lexis-nexis.com〉。
3. 行政院金融管理監督委員會證券期貨局網站〈http://www.sfb.gov.tw〉。

# 第十二章 「華」而不實，
## 「彩」色變黑白——
### 華彩軟體案

許慧珍
謝秉奇

**許慧珍**

私立文化大學法學士、
私立東吳大學法律研究所民商法組碩士。
現爲台東地方法院檢察署檢察官。

**謝秉奇**

私立東吳大學法學士、
私立東吳大學法律研究所民商法組碩士。

## 摘要

　　還記得那間二十四小時的綠色小屋嗎？當然，我不是指 7-11 便利商店，而是本案的主角華彩軟體公司所經營的華彩軟體屋。當時，華彩軟體創業界之先，將軟體及相關電腦書籍販賣採取二十四小時經營的模式，此舉無異是帶給廣大消費者——尤其是在深夜突然有急需的人一莫大的方便。無奈好景不常，這間全盛時期有 14 家軟體門市，並且有二十九家轉投資事業，版圖擴及遊戲軟體研發、軟體平台、創投、網咖連鎖的華彩軟體，竟然一夕之間關門大吉，這個消息一出不但令許多人均感錯愕，也使得許多投資人血本無歸。然而，公司財務危機的真相，似乎並非只是投資失利如此的簡單，在大股東台灣工銀、東元電機介入經營之後，派員接管華彩公司之會計及內控等工作時，才發現華彩軟體的帳目不清，疑似有財報不實，資產掏空等不法情形，而本文擬就以華彩軟體個案所產生之有關法律爭點，討論其民、刑法律責任等相關問題。

關鍵詞：華彩、華彩軟體、已公開發行公司、未上市上櫃公司、賴毓敏、
　　　　財報不實、資產掏空、證交法第20條、商業會計法第71條、證交
　　　　法第171條

# 壹、案例事實

## 一、華彩軟體簡介

### (一) 公司基本資料[1]

　　華彩軟體股份有限公司

---

[1] 參閱公開資訊觀測站，http://mops.tse.com.tw/server-java/t51sbl0?step=0，最後瀏覽日期：2005年1月18日。

市場類別： 　　　　　未上市公司

產業類別： 　　　　　電子工業

公司成立日期： 　　　1992年2月1日

公開發行： 　　　　　1999年7月15日

異動紀錄： 　　　　　2003年1月20日股票不繼續公開發行

實收資本額： 　　　　919,408,000元

簽證會計師事務所： 　安侯建業會計師事務所（簽證會計師：林琉碗、林賢郎）

## （二）華彩網路軟體集團版圖

　　四大事業群：連鎖事業群（華彩軟體屋、華彩 e-Mall）、教育訓練中心、軟體發行、大型客戶事業群。

1. 網路投資：成立華彩網路管理顧問公司；投資牛頓多媒體有限公司、藝奇網、聲 E 網、華文網、便購網、華頌網路公司。
2. 出版、物流：旗下之雜誌媒體，統合改組並正式獨立，成立酷奇創意媒體有限公司；儲運物流中心正式獨立，成立鑫盃物流公司。
3. 其他轉投資[2]：台灣戰略高手、國際戰略高手（香港）、華彩北京、雷爵科技、華彩創投、華彩壹創投。

## （三）華彩大事紀[3]：

| 一、萌芽期 | 1992年，2月華彩軟體正式成立，資本額新台幣500萬元，首家直營門市——華彩軟體屋於重慶南路開幕。<br>1993年，成立研發部，與微軟合作開發產品中文化計畫，並開發主從運算架構之專案軟體。<br>1994年，2月現金增資500萬，股本1000萬。加入微軟視窗軟體中心，取得WSC（Windows Software Center）、WSP、AER等經銷商認證資格。 |
| --- | --- |

---

2　轉投資公司曾多達29家，至今年中只把重點6家，分別持股10-30%不等。華彩2002年9月底財務危機爆發時，相關轉投資公司狀況不明。轉引鄭芳芳，商業週刊，頁108，2002年10月14日。

3　參閱薛雅菁，華彩全省門市無限期暫停營業——臺最大軟體通路應聲倒地，商業時代第101期，頁24-25，2002年10月。

| | |
|---|---|
| 一、萌芽期 | 1995年，成立研發部網路實驗室，並於85年改組爲網路部。台北光華門市開幕，正式進軍集中商圈。<br>1996年，「主從運算實驗室」改組爲「軟體工廠」，展開系列產品開發計畫。12月，現金增資1000萬，股本2000萬。<br>1997年，成立華彩台中分公司。10月，現金增資3000萬，股本達到5000萬。成立華彩軟體教育訓練中心，開始電腦教學事業。成立郵購部（Softbuy），以郵購爲起點，朝電子商務發展。 |
| 二、發展期 | 1998年，2月成立遊戲工廠，率先投入線上遊戲「萬王之王」的製作。<br>3月及10月各增資7000萬與7900萬，股本達1億9900萬。於大亞百貨25樓，成立華彩軟體營業總部。取得美國IMSI、趨勢科技等國內外知名企業台灣及香港地區軟體代理。成立圖書出版部，並正式取得微軟圖書（Microsoft Press）在台獨家代理及國際中文版獨家發行。<br>1999年，投入遊戲產業，成立雷爵資訊股份有限公司。<br>9月，轉投資成立華彩網路管理顧問公司。<br>10月現金增資1億3980萬，股本達3億3880萬並完成公開發行。購併軟體潮流與遊戲空間，投資成立「牛頓多媒體有限公司」。 |
| 三、鼎盛期 | 2000年，1月投資成立戰略網路科技公司，開創網路咖啡店之經營模式。<br>1月，東元電機投資華彩軟體，取得12.7%股權。<br>2月，台灣工銀投資華彩軟體，取得10.53%股權。<br>4月，與中視宣佈合作，成立網路媒體邦聯，正式邁入集團化。<br>積極轉投資藝奇網、聲E網、華文網、便購網、華頌等網路公司。取得微軟全系列技術書籍線上媒體亞太地區獨家授權，並成立微軟電子書苑（e-msbooks），成立台中及高雄教育訓練中心。 |
| 四、衰退期 | 2001年，2月增資3.4億，股本達6億8100萬。與趨勢科技合作線上掃毒中心。華彩旗下之雜誌媒體，統合改組並正式獨立成「酷奇創意媒體有限公司」。<br>2002年，1月賴毓敏向東元與工銀表示，公司資金週轉不靈，二家股東派員協助。並撤中港門市。<br>2月撤重慶門市。<br>3月撤八德門市。<br>4月結束大型事業群台南、花蓮辦事處業務。結束圖書出版部門業務。華彩董事會任命林資山爲新任總經理（原總經理歐文傑）。<br>5月東元與工銀挹注5000萬元，華彩順利完成6000萬元現金增資，股本達9億1200萬。<br>6月教育訓練中心併入大型客戶事業群。華彩董事會改組，東元、工銀分別取得兩席董事。<br>7月31日華彩董事會任命彭羨麟爲新任董事長。（原董事長爲賴毓敏）。<br>9月18日子公司戰略高手出現財務危機，跳票12萬。<br>9月20日董事長彭羨麟請辭（台傑投資股份有限公司代表人）。<br>10月1日華彩軟體因存款不足退票，付聯強國際貨款退票2000萬（慶豐銀行）。<br>10月2日華彩軟體提1億6700萬現金增資自動申報案，以每股5元折價發行。<br>10月4日因華彩軟體跳票，證期會撤銷其1億6700萬現金增資案；同日董事兼總經理林資山請辭。東元與工銀暫不考慮以現金增資方式解決華彩經營不善、資金週轉困難問題。 |

| 四、衰退期 | 10月17日將該集團前總裁賴毓敏、前財務長王緒偉、前總經理歐文傑等三人限制出境。<br>2003年，1月20日華彩股票不繼續公開發行。<br>10月2日全台11家以「盤點庫存」為由暫停營業，門市員工同時收到「無限期休假」通知。<br>2004年，2月3日華彩軟體聲請破產被裁定駁回（台北地方法院92年度破字77號裁定）。 |
| --- | --- |

## (四)華彩軟體財務狀況

2001年：虧損21.3億元，主因來自於轉投資子公司的經營不善拖累。股票每股淨值7.5元。

2002年：現有貸款17億元，股票每股轉為負數。東元電機，投資3億5千萬元。台灣工銀，投資2億9千萬元。中視，投資2億6千萬元。

## 二、本案關係人簡介

賴毓敏：學歷：中央大學物理系畢；經歷：電腦門市老闆；華彩軟體創辦人；華彩網路集團總裁；戰略高手董事長。

彭羨麟：學歷：台大政治系畢；經歷：美商宏道資訊大中華區總經理。IBM大中國區醫療事業群總經理。1998年，成立台遠科技。2002年7月台灣工銀派IBM出身，前美商宏道資訊大中華區總經理彭羨麟接手華彩軟體董事長。同年9月20日董事長彭羨麟請辭。

歐文傑：學歷：中央大學畢。經歷：華彩軟體總經理。2002年4月改由林資山接任華彩軟體總經理。

吳文中：經歷：太陽系MW、漫畫王總經理。曾任戰略高手之總經理。

東元電機、台灣工業銀行：於1999年底投資華彩軟體，分別陸續取得12.7%及10.53%股權，投資期間，雖取得董事席位，惟前任董事長賴毓敏未能尊重董事會運作機制，在未徵求法人董事同意下，即擅自進行重大投資、資金借貸等交易，致華彩公司資金周轉發生問題。

## 三、華彩案之始末[4]

　　2002 年 10 月 2 號，曾經是全台最大軟體通路門市，曾經是微軟在台灣最大的經銷商，有「軟體通路之王」美譽的華彩軟體，突然在毫無預警的情形下，在全台十一家門市分店前貼出公告，以「盤點庫存」為理由而暫停營業，並在此同時門市員工也收到了「無限期休假」通知。當時，這一個舉動無異替正值當紅炸子雞的軟體產業投下的一顆震撼彈，曾經是軟體業股王的華彩軟體，曾經是眾多大老闆捧著熱錢投資的明星產業，如今卻面臨著公司生死存亡的關頭。

　　其實，華彩軟體的財務問題也並非一朝一夕所造成的，25 億元的資金也非無端能在短短的十八個月裡揮霍一空[5]。早在 2002 年 1 月，華彩的財務惡化便已浮現，從當時華彩向其法人股東台灣工銀以及東元電機發出求救訊號時，便已有些蛛絲馬跡可循。當時，仍是身居華彩軟體董事長的賴毓敏即向東元電機黃茂雄董事長及台灣工業銀行駱錦明董事長表示，華彩軟體公司因擴張過速經營不善，已面臨資金週轉不靈必須宣告破產之命運，並請求東元電機、台灣工業銀行伸出援手，協助華彩能夠再繼續營運。

　　因為當時華彩即將面臨跳票的危機，若華彩一但跳票，隔日在股票市場必將導致股價下挫的連鎖反應，台灣工銀及東元電機可能考慮到若不即時挽救華彩軟體，其先前的投資可能亦會隨著華彩的破產而提列損失，對其本身之公司股東亦難以交代，所以在此燃眉之急，東元電機及台灣工業銀行又共同挹注 5,000 萬元之投資，使華彩公司得以順利完成其 6,000 萬元之現金增資，並且免於跳票的命運。但是，此時華彩軟體的經營權實際上還是由賴毓敏所掌握，因此對於財務黑洞的惡化情形，外界仍無法充分的知悉。

---

[4]　參考李盈穎，敗戰將軍興亡錄，商業周刊777期，頁104-112，2002年10月14日。

[5]　從2000年7月開始，該公司以十八個月的時間，花光現金25億元。

　　一直到 2002 年 6 月 25 日當天，華彩公司的內部整合方塵埃落定，從這天起，華彩軟體公司的董監事結構大幅改組，新的董事會裡以東元電機、台灣工銀、中國電視為主要法人股東，取代過去賴毓敏個人色彩濃厚的時代，並且在其他法人董事仁寶公司及中視公司之支持下，東元電機、台灣工銀正式派員接管華彩公司之曾計及內控等工作，也正因為此次的大幅改組，使得賴毓敏卸下了公司經營權，對於公司內部事務已無插手干預之餘地，這才讓公司帳務混亂不清的事實得以揭露。

　　在 2002 年 7 月，東元和台灣工銀兩大股東開始一連串的查帳動作，這麼一查才發現事情並非想像中的簡單，華彩軟體的資金缺口遠比想像中來得嚴重，而且有疑似出現人謀不臧的狀況。

　　因為若根據華彩由安侯會計師事務所出具的 2001 年度無保留意見財報顯示，華彩至 2001 年止每股淨值仍尚有 7.5 元，股東權益共計 8 億元，但是從查帳中所得到的數據資料，卻與當時 2001 年度的財報相去甚遠，而這兩者中間的差異，若不是發生於賴毓敏仍任董事長的 2002 年度上半年，就是 2001 年度的財報有問題。其實，在民國 2002 年 7 月份新任董事會接掌會計及內控等作業後，已經發現華彩軟體公司之帳務作業混亂、傳票憑證不齊全、資產如存貨、轉投資、無形資產等，似未以公平合理價值表達，甚至發現諸多頗有疑義之資金交易。而且即使新任之會計人員從 7 月起至事件發生歷經三個月之整帳，還是無法有效掌握華彩軟體公司財務狀況的全貌，且懷疑部分資產係屬虛列，根本無回收的希望。

　　因此，為了要能把華彩帳目給搞清楚的情形下，便決定華彩軟體旗下所有的門市暫時停業，以利進行盤點庫存，因為在盤點進行中，公司已無對外營業，公司帳目上沒有再有資金上的進出，如此一來便能有利於公司原先帳目的釐清。而正是因為這個「盤點庫存」暫停營業的大動作，才使本案爆發開來。

# 貳、法律爭點

　　仔細探究華彩案的始末後，我們可以發現華彩的傾覆，並非一朝一夕所致，華彩發生財務問題的原因並不只出現在經營階層的管理不當，其他例如盲目擴充、轉投資，員工的浪費成性亦是造成華彩褪色的因素。然而，華彩軟體會發生財務危機的原因除了領導者用人不當、管理能力出了問題之外，從某些事實報導來看，華彩軟體董事長賴毓敏的誠信似乎也受到極大的挑戰。

　　從 1999 年開始，華彩便沒有月結帳，每到年底便請一堆工讀生來蓋章、蓋傳票沖帳。甚至，有耳聞，賴毓敏岳母所開的矽麗科技的款項是用預付股款的名目來付錢，並且從調查局的資料亦發現該集團涉嫌以下列方式為資產掏空：

### 1. 人頭公司買賣股票

　　2001 年底與矽麗科技交易達 4500 萬，該董事長林鳳悌是賴毓敏的岳母，此交易是用「預付股款」名目支付。

### 2. 轉投資帳務不清

　　先在兩岸三地或開曼群島等地設立公司，由華彩以轉投資名義高價購入這些公司的股票，變相利益輸送。而華彩軟體在中國的投資僅北京華彩，北京華彩資本額為 340 萬美元，係華彩海外 BVI 控股公司轉投資成立。

　　台北華彩的發行事業部門替兩岸三地三個公司拿下代理軟體權，但權利金卻是只由台北公司支付，沒有向北京、香港方面來拿錢。

　　或是台北華彩擅自借錢給戰略高手，都不曾經過董事會同意，甚至在賴毓敏財產權數被質押期間，還替戰略高手背書。

### 3. 偽造廠房租約

　　另以親人名義承租大樓辦公室，虛報坪數、拉高租金再轉租華彩軟體，裝潢費也灌水，從中套取不法利益。

## 4. 虛購套裝軟體

明明是公司內部自行開發的軟體，卻有向無人上市公司買這套軟體的帳目。

# 參、法律問題分析

## 一、民事上之法律責任

### （一）民法

#### 1.民法之侵權行為第184條第1項前段？或後段？或第2項？

在本案的事實裡，就華彩董事長賴毓敏之行為而言，可能已經違反了許多法律上的規定，例如在明明是就公司內部開發的軟體，卻有向「無人紙上公司」買這套軟體的帳目，便有可能違反刑法上業務登載不實罪，亦會有違反商曾法第 71 條及證交法第 20 條之可能，假使這些條文皆能成立的前提下，因為該法律皆是保護他人之法律[6]，只要賴毓敏無法證明其行為無過失，便可依第 184 條第 2 項向其請求損害賠償。另外，就此亦可以依第 184 條第 1 項後段認為此種虛偽不實的帳目記載，是故意背於善良風俗的行為，而加損害於他人之情形，而來請求侵權行為之損害賠償。

但若單以第 184 條第 1 項前段來看是否有成立之可能？依照一般通說之見解，債權並非是屬於權利之範圍，因此縱使有侵害債權之行為亦不能依第 184 條第 1 項前段課與行為人侵權行為責任，因此，若華彩軟體公司的債權人因賴毓敏的行為而造成債權無法滿足的情形，是無法以第 184 條第 1 項前段為請求權基礎的，但是仍不妨礙其依第 184 條第 1 項後段及第 184 條第 2 項向其請求基於侵權行為之損害賠償。

---

6 所謂保護他人之法律，指一般防止危害權益，或禁止侵害他人權益之法律。而無論是以直接或間接手段以保護第三人為目的者，均屬之。

## 2. 詐害債權之規定

依民法第 244 條規定，若債務人有詐害債權之情事時，債權人在符合法律的規定下可以向法院聲請撤銷該債務人詐害債權之行為，今華彩軟體公司在賴毓敏可能涉及掏空資產而造成其剩餘資產無法清償全部債權人之債權時，此時，債權人便有可能主張該條之撤銷權，無論是華彩軟體公司的有償或無償行為，只要符合法律要件，債權人均得向法院聲請撤銷，以求其債權獲得滿足的可能性。但是該條的規定僅適用於華彩公司之債權人，而不適用於華彩之股東，因為若就華彩的股東而言，股份的持有並不代表對於公司存有債權，股東的盈餘分配請求權僅僅是一期待權而已，因為公司是有否盈餘可以分派仍是屬未定之天，不宜遽認公司股東對於華彩軟體存有債權，因此股東無法向法院聲請該條之撤銷權。

## 3. 民法第28條

「法人對於其董事或其他有代表權之人因執行職務所加於他人之損害，與該行為人連帶負賠償之責任。」

民法總則第 28 條之規定是適用於所有法人情形，無論係社團法人或財團法人皆受該項規定之規範，而欲以該條為請求權基礎，其須具備下列要件：(1) 行為人為其董事或其他有代表權之人，(2) 行為人係因執行職務所為 [7]，(3) 行為人具備一般侵權行為之要件。因此，就華彩董事長賴毓敏而言，其不但是該公司之董事，亦是有權代表公司之人，並且若就虛列帳目而言亦是因執行職務所為，所以在賴毓敏具備一般侵權行為之要件下，華彩公司有可能須與賴毓敏連帶負賠償之責任。

## 4. 民法委任契約下之法律關係

就公司負責人與公司之間的法律關係而言，通常係屬委任契約。而若依委任契約在民法上之規定，民法第 542 條：「受任人若為自己之利益，使用應交付於委任人之金錢，或使用應為委任人利益而使用之金錢者，應自使用之日起，支付利息。如有損害，並應賠償。」民法第 544 條：「受

---

[7] 一般對於執行職務取廣義的解釋，除了在外觀上明顯為執行職務之行為外，在與業務有密切往來關係之行為亦屬於該解釋的範疇內。

任人因處理委任事務有過失，或因逾越權限之行為所生之損害，對於委任人須負損害賠償責任。」因此，基於委任契約下，董事長賴毓敏若挪用應屬公司之資金而為自己之利益使用，不但應從使用之日起支付利息，假使華彩軟體公司因此尚受有損害時，董事長賴毓敏亦須賠償。例如，賴毓敏將公司資金在未經董事會之決議下，擅自借予戰略高手之情形。此外，若賴毓敏處理委任事務有過失，或因逾越權限之行為所生之損害，華彩軟體公司對其亦得請求損害賠償。

## (二) 公司法

### 1. 公司法第15條

「公司之資金，除有左列各款情形外，不得貸與股東或任何他人：

一　公司間或與行號間有業務往來者。

二　公司間或與行號間有短期融通資金之必要者。融資金額不得超過貸與企業淨值的百分之四十。

公司負責人違反前項規定時，應與借用人連帶負返還責任；如公司受有損害者，亦應由其負損害賠償責任。」

在公司借貸資金給他人的情形裡，原則上須受到公司法第十五條之限制。因為公司之資金乃是公司的命脈，如可以隨意動用來借貸他人使用，無異使公司原本得以用來週轉的資金轉變成一張借據，並且借貸資金予他人亦存有一定之風險，借出去的帳款有可能會發生收不回來的情形，此時資金的短缺將會對於原本財務不健全公司產生十分嚴重的影響，很有可能一發生狀況便使公司的存續遭受到考驗，所以為了健全公司資本的結構，以及避免公司負責人有意藉此手法掏空公司之資產，而造成股東及債權人之損失，在公司法第 15 條便對於公司的貸放款受有限制[8]。

---

8　其實在民國90年修正公司法後，公司借貸款之限制幾乎已形同虛設，因為雙方間僅要有業務往來的關係，便沒有借貸金額的限制；並且即使雙方間沒有業務往來的情形，只要有短期融資資金之必要，亦可為借貸資金之行為，僅僅是在於數額上有所限制而已。因此，便有批評認為該條規定根本無法達到避免資產掏空的弊端，反而是給有心人一條合法途徑來掏空公司的資產。

因此，在本案裡假如事實的陳述為真，華彩軟體擅自借錢給戰略高手，而不曾經過董事會同意，此時該如何處理？在本案，這裡並無關借貸數額限制的問題，不管戰略高手是否與華彩公司有業務往來，所相差者只是一者無借貸數額的限制；另一則須受到不得超過貸與企業淨值的百分之四十的限制。況且，實際上華彩軟體與戰略高手亦有一定之業務往來，根本不需要具備有短期融通資金之必要，亦不需要考慮到資金借貸數額限制的問題，而是要注意華彩董事長賴毓敏在未經董事會同意的情形下，將公司資金借給戰略高手其在法律上之效果為何？若依照公司法第 202 條之規定：「公司業務之執行，除本法或章程規定應由股東會決議之事項外，均應由董事曾決議行之。」因此，就此華彩軟體放貸給戰略高手之資金亦應經由董事會的決議始可為之，然而，華彩的董事會卻曾未通過此一項決議，該借貸案的執行完全是由當時的董事長賴毓敏所主導，而在公司法上對於此種借貸行為未經董事會決議通過之效果付之闕如，因此，就此等行為之法律效果為何，我們似乎可以先從違反公司法第 15 條規定之效果來思考。

若依照學說之見解若公司違反第 15 條之規定，其效果分別有無效說與有效說兩種看法，持無效說的學者認為，本條係屬於效力規定，因此違反本條而放貸資金給無業務往來之公司、行號而欠缺有短期融通資金之必要者，或釋放貸予無業務往來之公司之資金超出貸與企業淨值的百分之四十的限制時，其違法放貸之行為應為無效。此說認為為確保公司維持一定的資本，保障公司的股東及債權人應較交易之相對人優先，亦即此時交易安全將在公司權益優先保障下遭到退讓。至於有效說的看法，則是把交易安全擺在優先保護的地位，因此在顧及交易安全的前提下，此借貸行為仍為有效。

從上述違反第 15 條之效果來看，大致可分無效說與有效說兩種不同的看法，採取何種解釋為妥，端視將何人利益擺於優先考量的地位。但是，在本案的這種情形裡，華彩的董事會根本沒有通過決議，其情形遠比違反第 15 條嚴重，因為至少在第 15 條的情形裡，董事會至少先前已經通過一借貸的決議，今賴毓敏以一人決定借貸資金於戰略高手，對於華彩公

司的股東及債權人而言其可能受到的損害將會遠比戰略高手還高，因此應該優先保護華彩公司的股東及債權人，使該借貸行為處於無效，並且，就該項借款的返還責任亦宜類推第15條之規定，使公司負責人與該借用人負連帶的返還責任，讓公司有更高的可能取回此筆資金。

## 2. 公司法第23條

「公司負責人應忠實執行業務並盡善良管理人之注意義務，如有違反致公司受有損害者，負損害賠償責任。公司負責人對於公司業務之執行，如有違反法令致他人受有損害時，對他人應與公司負連帶賠償之責。」

在新法修正後，本條增訂公司負責人[9]之忠實義務。而所謂的忠實義務，應指該公司負責人於處理公司事務時，必須出自於為公司之最佳利益之目的為之，不得以自己或第三人之利益為前提，亦即該人在執行公司業務時，應作公正誠實之判斷，以防止負責人追求公司外之利益[10]。此項規定，可以彌補適用民法規定之不足，若在於公司利益與公司負責人利益相衝突時，公司負責人仍應本於忠實義務而下對於公司最有利之判斷，否則便須對公司因此所受之損害負損害賠償責任。因此，本案中華彩軟體董事長賴毓敏不但浪費公司資金，並藉公司資金圖利自己親友，其對公司之利益並無做適當之判斷，有違本條之忠實義務，並且亦欠缺善良管理人之注意義務，所以，華彩公司若因此不當行為受有損害時，可對董事長賴毓敏請求損害賠償。

另外，本條第2項之規定，為民法第28條之特別規定，因此，在於公司侵權行為的情形下，當以公司法之規定優先適用。

## (三) 證交法

證交法所規定的民事責任具有三種功能。即一、預防被害人損害之功

---

9 所謂公司負責人，依公司法第8條之規定：「本法所稱公司負責人：在無限公司、兩合公司為執行業務或代表公司之股東；在有限公司、股份有限公司為董事。公司之經理人或清算人，股份有限公司之發起人、監察人、檢查人、重整人或重整監督人，在執行職務範圍內，亦為公司負責人。」

10 劉連煜，公司負責人之忠實及注意義務，月旦法學教室，第7期，頁25。

能；二、填補被害人損害之證交法所規範的對象最主要有兩個，一為公開發行公司，另一為公開發行的相關行為；三、協助管理市場之功能[11]。

在本案裡，雖然華彩軟體公司並非上市上櫃公司，但是卻為一已公開發行公司，因此自然曾有證交法的適用，華彩軟體公司必須受到證交法之規範，所以若有違反證交法之相關規定時，自當依照證交法的相關規定處理，若是在證交法並無相關規定時，則回到公司法中看有無相關規定之適用。

依證交法第 20 條之規定：「有價證券之募集、發行、私募或買賣，不得有虛偽、詐欺或其他足致他人誤信之行為。發行人申報或公告之財務報告及其他有關業務文件，其內容不得有虛偽或隱匿之情事。違反前二項規定者，對於該有價證券之善意取得人或出賣人因而所受之損害，應負賠償之責。委託證券經紀商以行紀名義買入或賣出之人，視為前項之取得人或出賣人」。

本條之規定乃是為了保護投資人之權益而設，意旨在於防方範詐欺的行為。另外，就本條之構成要件分析[12]可知：

## 1. 請求主體

若依照該條之規定，可以行使該損害賠償請求權之主體有二：一為有價證券之募集、發行、私募或買賣為之善意取得人或出賣人；另一則為委託證券經紀商以行紀名義買入或賣出之人。

## 2. 請求之對象

應該負損害賠償責任者為有價證券之募集、發行、私募或申報、公告之財務報告及其他有關業務文件之發行人，或買賣有價證券之買受人或出賣人。

## 3. 違法行為

該條之詐欺型態，必須有虛偽、詐欺，隱匿或其他足致他人誤信之行

---

[11] 陳春生，「證券交易法論」，頁329-330，五南圖書出版公司，2001年2月5版2刷。

[12] 陳春生，「證券交易法論」，頁338-340，五南圖書出版公司，2001年2月5版2刷。

為，而上述這些行為係針對有價證券之募集、發行、私募、買賣或者是申報、公告之財務報告及其他有關業務文件。並且請求權人必須證明行為人之違法行為係基於故意，並不包括過失致他人誤信的情形，此外，行為人故意的行為尚須與請求權人之損害具有因果關係。

證交法第 20 條在本案的適用上，從事實裡可以得知華彩軟體 90 年度的財報每股淨值仍尚有 7.5 元，但是在 2002 年查帳後發現實際情形卻是兩者之間相去甚遠，因此就 90 年度的財務報告而言，很可能有虛偽不實的情形，而受到該虛偽財報所影響而受有損害之人，如果能證明行為人主觀上是故意為此行為時，便可其請求損害賠償。所以，假使當華彩董事長賴毓敏是故意將財報為虛偽之記載時，此時，如受到該虛偽財報之影響而取得股票之股東，例如台灣工銀、東元等便可能依該條之規定，向賴毓敏主張損害賠償。

關於上述損害賠償請求權之消滅時效，依照證交法第 21 條之規定：「本法規定之損害賠償請求權，自有請求權人知有得受賠償之原因時起二年間不行使而消滅；自募集、發行或買賣之日起逾五年者亦同。」

## 二、刑事上之法律責任

華彩因過度投資、管理不善，演變為財務危機

據報載華彩軟體二大股東東元電機與工銀指出，91 年 7 月新任董事會始接觸華彩財務報表，發現華彩帳務作業混亂，傳票憑證不齊全，存貨、資產、轉投資價格似乎未能公允表達，也有若干可疑的資金交易，部分資產係屬虛列，根本無回收的希望。基於認為華彩軟體許多海外資產不明、資金流向可疑，遂報請調查局偵辦。

調查局查出該集團涉嫌以：

### （一）人頭公司買賣股票

90 年底與矽麗科技交易達 4500 萬，該董事長林鳳悌是賴毓敏的岳

母，此交易是用「預付股款」名目支付[13]。

### 1. 可能構成刑法第342條之背信罪

賴毓敏為華彩軟體之董事，依公司法第 23 條規定於執行業務有忠實義務，然其卻與矽麗科技交易，似有自肥之疑，有意圖為自己或第三人不法之利益，違背其任務之行為，使華彩軟體產生不利益，則其構成刑法第342 條之背信罪。

### 2. 證券交易法第22條之1

證券交易法第 22 條之 2 規定：「已依本法發行股票公司之董事、監察人、經理人或持有公司股份超過股份總額百分之十之股東，其股票之轉讓，應依左列方式之一為之：一，經主管機關核准或自申報主管機關生效日後，向非特定人為之。二，依主管機關所定持有期間及每一交易日得轉讓數量比例，於向主管機關申報之日起三日後，在集中交易市場或證券商營業處所為之。但每一交易日轉讓股數未超過一萬股者，免予申報。三，於向主管機關申報之日起三日內，向符合主管機關所定條件之特定人為之。經由前項第三款受讓之股票，受讓人在一年內欲轉讓其股票，仍須依前項各款所列方式之一為之。第一項之人持有之股票，包括其配偶、未成年子女及利用他人名義持有者。」

證券交易法施行細則第 2 條規定：「本法第二十二條之二第三項所定利用他人名義持有股票，指具備下列要件：一　直接或間接提供股票與他人或提供資金與他人購買股票。二　對該他人所持有之股票，具有管理、使用或處分之權益。三　該他人所持有股票之利益或損失全部或一部歸屬於本人。」

## (二) 轉投資帳務不清

先在兩岸三地或開曼群島等地設立公司，由華彩以轉投資名義高價購入這些公司的股票，變相利益輸送。而華彩軟體在中國的投資僅北京華彩，北京華彩資本額為 340 萬美元，係華彩海外 BVI 控股公司轉投資成

---

13 參閱宋靜怡，賴毓敏成了華彩軟體的罪人？，突破雜誌，頁104，2002年11月。

立。華彩軟體替轉投資公司拿下代理權，權利金卻由台灣華彩軟體支付，或華彩軟體未經董事會同意擅自借錢給戰略高手。

關於未經董事會同意擅自借錢給戰略高手部份，依證券交易法第 174 條第 1 項第 8 款規定：「發行人之董事、經理人或受僱人違反法令、章程或逾越董事會授權之範圍，將公司資金貸與他人、或為他人以公司資產提供擔保、保證或為票據之背書，致公司遭受重大損害者，處一年以上七年以下有期徒刑，得併科新臺幣二千萬元以下罰金。」

依公司法第 202 條規定，公司業務之執行，應由董事會決議行之；又依同法第 193 條第 1 項董事會執行業務，應依照法令章程及股東會之決議。關於公司貸與資金限制係規定公司法第 15 條，雖戰略高手與華彩軟體有業務之往來，惟公司之貸與資金，依前述規定仍須經董事會決議。本案賴毓敏未經董事會同意擅自貸款於戰略高手，違反董事會授權之範圍，是故，依證券交易法第 174 條第 1 項第 8 款規定賴毓敏負有刑事責任。

## (三)偽造廠房租約

另以親人名義承租大樓辦公室，虛報坪數、拉高租金再轉租華彩軟體，裝潢費也灌水，從中套取不法利益。

### 1. 可能構成刑法第210條之偽造私文書罪

租約係由當事人合意簽署之契約，為一私文書，故偽造廠房租約係涉及偽造私文書，足以生損害於華彩軟體，則成立刑法第 210 條之偽造文書，可處五年以下有期徒刑。

### 2. 可能構成刑法第339條之普通詐欺罪

虛報坪數、拉高租金再轉租華彩軟體，裝潢費也灌水，從中套取不法利益，係以詐術使華彩軟體與之交易，而意圖為自己或第三人得財產上之不法利益。故成立刑法第 339 條之普通詐欺罪。

### 3. 可能構成刑法第342條之背信罪

公司法第 23 條規定公司負責人應忠實執行業務並盡善良管理人之注意義務他人處理事務。本案卻偽造廠房租約，虛報坪數，係有意圖為自己或第三人不法之利益，而違背其任務之行為，致華彩軟體產生不利益，則

構成刑法第 342 條之背信罪，可處五年以下有期徒刑、拘役或科或併科 1
千元以下罰金。

## (四) 虛購套裝軟體

　　公司內部開發的軟體，卻有向「無人紙上公司」買這套軟體的帳
目 [14]。

### 1. 可能構成刑法第215條之業務上登載不實罪

　　從事業務之人賴毓敏若明知，此為公司內部軟體無市場銷售，卻在帳
目登載購買該軟體之事項，而登載於業務上作成之文書，即虛購套裝軟體
帳目，此足以生損害於公眾或他人，則可成立刑法第 215 條業務上登載不
實罪。

### 2. 可能構成刑法第342條之背信罪

　　公司董事依公司法第 193 條係公司委任，且公司法第 23 條規定公司
負責人應忠實執行業務並盡善良管理人之注意義務他人處理事務。因此本
案中，如經查華彩軟體前負責人賴毓敏明知，公司內部軟體無市場銷售，
卻在帳目登載購買該軟體之事項，其無忠實執行業務，係有意圖為自己或
第三人不法之利益，而為違背其任務之行為，致生損害於華彩軟體利益
者，則其構成刑法第 342 條之背信罪，可處五年以下有期徒刑、拘役或科
或併科一千元以下罰金。

### 3. 商業會計法第71條

　　商業會計法第 71 條規定：「商業負責人、主辦及經辦會計人員或依法
受託代他人處理會計事務之人員有左列情事之一者，處五年以下有期徒
刑、拘役或科或併科新台幣十五萬元以下罰金：一　以明知為不實之事
項，而填製會計憑證或記入帳冊者。二　故意使應保存之會計憑證、帳簿
報表滅失毀損者。三　意圖不法之利益而偽造、變造會計憑證、帳簿報表
內容或撕毀其頁數者。四　故意遺漏會計事項不為記錄，致使財務報表發

---

14 參閱李盈穎，我是戰敗將軍，賴毓敏拱手讓賢──大股東力挺，華彩整頓半年
　浴火重生，商業週刊第764期，頁112，2002年7月。

生不實之結果者。五 其他利用不正當方法,致使會計事項或財務報表發生不實之結果者。」

虛購套裝軟體作假帳目,係以明知為不實交易之事項,而記入帳冊。依商業會計法第 70 條第 1 款,可能受有處五年以下有期徒刑、拘役或科或併科新台幣 15 萬元以下罰金之刑事責任。

### 4. 證券交易法第20條

證券交易法第 20 條規定,「有價證券之募集、發行、私募或買賣,不得有虛偽、詐欺或其他足致他人誤信之行為。發行人申報或公告之財務報告及其他有關業務文件,其內容不得有虛偽或隱匿之情事。違反前二項規定者,對於該有價證券之善意取得人或出賣人因而所受之損害,應負賠償之責。委託證券經紀商以行紀名義買入或賣出之人,視為前項之取得人或出賣人。」又依同法第 171 條第 1 項第 1 款,違反第 20 條規定者,受有刑事責任。根據立法理由,已發行有價證券公司之董事、監察人、經理人及受僱人等相關人員,使公司為不合營業常規或不利益交易行為,嚴重影響公司及投資人權益,有詐欺及背信之嫌,因受害對象包括廣大之社會投資大眾,犯罪惡性重大,實有必要嚴以懲處,爰增列處罰。

虛購套裝軟體作假帳目,涉及業務文件其內容有虛偽之情事,導致華彩軟體公司為不合營業常規或不利益交易行為,嚴重影響公司及投資人權益,然第 20 條第 2 項之規定係針對發行人即本案前發行人賴毓敏,若經查維發行人賴毓敏所為,方可依違反證券交易法第 20 條第 2 項規定,再依同法第 171 條第 1 款第 1 項使其受刑事責任處罰。

## 肆、結論

華彩案的發生,並非只是單純的網路產業的泡沫化而已,其所代表之意義在於使得投資人在選擇投資標的的同時,不能只是光注意產業未來的前景,更應該注重公司經營階層的誠信,畢竟產業未來的前景是無法可以清楚預知的,公司為投資人所畫的美夢,能不能實現還得靠公司經營者的

戮力為之才行，否則當投資人夢醒後才知到頭來只是一場空，甚至可能淪為一場惡夢時，再多的事後法律規定也難以還給投資人一個完美的賠償，假如無法在事前有效遏止公司經營者掏空公司資產、作虛偽不實財務報表之情事發生，投資人將會是永遠的輸家[15]。

---

[15] 在此，附上未上市股的四大投資陷阱：

陷阱一、找行銷部隊包裝，印DM、刊登廣告、搭上知名路線，卻沒有公開財務報表，或高獲利浮誇不實。

陷阱二、買廠房設備，或以出技術權利移轉來作為號召，其實廠房辦公室可能只是租來，而所謂技術只是欺騙投資大眾的幌子。

陷阱三、找知名會計師簽證、找大型綜合證券商輔導，其實這並不能保證公司一定會賺錢、公司財務一定會健全，公司的股票不一定就能上市上櫃。

陷阱四、現金增資頻繁，而原股東則趁此機會將股票大量流出套現，並把股票市價越墊越高，使投資價位嚴重的失真。

傅瑋瓊，未上市股的四大投資陷阱，商業週刊第775期，頁42，2002年9月30日。

# 參考文獻（依作者姓氏筆劃遞增排序）

## 一、專書論著

1. 王澤鑑，「民法總則」，三民書局，2002 年 7 月

2. 柯芳枝，「公司法論」，三民書局，2004 年 3 月 5 版。

3. 陳春生，「證券交易法論」，五南圖書出版公司，2001 年 2 月 5 版 2 刷。

4. 曾宛如，「證券交易法原理」，自版，2002 年 12 月 3 版。

## 二、期刊論文

1. 王志誠，公司負責人之概念與地位，月旦法學教室第24期，2004年10月。

2. 李盈穎，「我是戰敗將軍」，賴毓敏拱手讓賢──大股東力挺，華彩整頓半年浴火重生，商業週刊第 764 期，2002 年 7 月 15 日。

3. 李盈穎，敗戰將軍興亡錄，商業周刊第 777 期，2002 年 10 月 14 日。

4. 宋靜怡，賴毓敏成了華彩軟體的罪人？突破雜誌，2002 年 11 月。

5. 傅瑋瓊，未上市股的四大投資陷阱，商業週刊第 775 期，2002 年 9 月 30 日。

6. 劉連煜，公司負責人之忠實及注意義務，月旦法學教室第 7 期，2003 年 5 月。

7. 劉連煜，財報不實與會計師之民事責任，月旦法學教室第 28 期，2005 年 2 月。

8. 薛雅菁，華彩全省門市無限期暫停營業──臺最大軟體通路應聲倒地，商業時代第 101 期，2002 年 10 月。

9. 蕭高志，戰略高手不行了？──華彩集團不能沒有這一張王牌，財訊第 239 期，2002 年 2 月。

## 三、網路資料

1. 公開資訊觀測站，〈http://mops.tse.com.tw/server-java/t51b10?step=0〉。

2. 自由電子新聞網，〈http://www.libertytimes.com.tw/2002/new/jan/19/today-e6.htm〉。

3. 自由電子新聞網，〈http://www.libertytimes.com.tw/2002/new/oct/4/today-e6.

　　htm〉。

4. 東森新聞報,〈http://www.ettoday.com/2002/10/03/320-1358924.htm〉。

5. 東森新聞報,〈http://www.ettoday.com/2002/10/03/185-1359068.htm〉。

6. 商業時代,〈http://magazines.sina.com.tw/businesstimes/contents/074/074-008_1.html〉。

7. 聯合理財網,〈http://doc.money.udn.com/udndoc/main/test/m10025/m29333.html〉。

8. 〈http://www10.masterlink.com.tw/z/zf/zfz_2002-10-3e12d39d18pm.asp.htm〉。

9. 〈http://www.chfund.com/z/zf/zfz/zfz_C45A64B4-5910-4C19-A5D8-5E8CDFEB817E.asp.htm〉。

# 第十三章 黃色向日葵——
## 台灣燦坤案

陳佩吟
王品惠

### 陳佩吟

國立政治大學法學士、
私立東吳大學法律研究所民商法組碩士。
現為陳佩吟律師事務所律師。

### 王品惠

國立台灣大學法學士、
私立東吳大學法律研究所民商法組碩士。
現為台中地方法院法官。

## 摘要

　　吳燦坤於 1978 年成立燦坤實業公司，2000 年 9 月台灣燦坤上市，並陸續開了一百多家分店，終於在兩年後獲利，同時躍居成為國內第一大 3C 通路業。然而，2003 年有投資人指稱燦坤對外發放不實消息，因而誤導投資人以高價購入燦坤美國公司 Eupa International 之股票，造成投資人荷包損失慘重。2004 年，台北地檢署指揮北機組前往燦坤內湖總公司搜索。

　　本文依序編排台灣燦坤之案例事實、提出法律爭點以及法律問題分析等，其中更針對台灣燦坤在台銷售美國 EUPA 股票之行為、台灣燦坤的股東應如何尋求法律途徑來自保與證券商之責任一一作研析。

關鍵詞：燦坤、EUPA、ANC、那斯達克、OTCBB

# 壹、前言

　　2004 年 9 月 30 日，台北地檢署指揮北機組前往燦坤內湖總公司搜索。然而燦坤公司 10 月 1 日上午舉行記者會卻否認遭到檢調單位搜索。於 2003 年，檢方接獲投資人的檢舉，曾傳喚吳燦坤三次，但只出庭過一次，而這次搜索不僅帶回相關資料，調查局北機組也再度傳喚相關人員。自博達案後，近期市場聞雷色變，搜索後隔日燦坤股價即下跌。

　　有投資人指燦坤對外發放不實消息，因而誤導投資人以高價購入燦坤美國公司 Eupa International 股票，每股價格 9.5 美元，惟近百名投資人投入約新台幣數億元認購股票後，自 2001 年底至 2002 年初，該子公司 EUPA 現今股價僅剩 0.1 美元，投資人荷包損失慘重。

# 貳、案例事實

## 一、小家電王國——燦坤集團

　　吳燦坤於 1978 年 11 月 2 日成立燦坤實業公司，起家於代工生產咖啡壺等家電，現今資本額約為 22 億元，經營方式由當初 OEM（貼牌生產）為主轉變為 ODM（自行研發貼牌生產）、OBM（自創品牌「EUPA」、「Swift」）為主導，獲利來源為台灣通路以及大陸製造兩部分。製造業在 1988 年轉進中國大陸，到廈門設廠，當年員工只有數名，營收數十萬美元，但 16 年後，廈門、漳州和上海燦坤營收均達數億美元，員工人數超過萬名，並在 1993 年成為第一家在中國大陸深圳 B 股掛牌的台商，目前正積極打造「世界工廠」。至於燦坤的 3C 通路王國則是從 1990 年開始，與日本股東合作，在高雄光華路開出第一家店——燦寶英弘生活館（燦坤 3C 前身）後，由於日方作風保守，六年內只開了 11 家店，其後因不堪虧損退出，吳燦坤接手後決定在 1998 年北上於台北新莊設立總部，認為唯有大舉開店達到規模經濟後才會獲利，2000 年 9 月台灣燦坤上市，並陸續開了一百多家分店，終於在兩年後獲利，躍居成為國內第一大 3C 通路業[1]。台灣燦坤 3C 通路業站穩腳步後，開始布局大陸 3C 通路，2003 年下半年大舉開店，半年內開了 40 家店[2]，但大肆擴點的結果，也造成大陸燦坤虧損高達數億元，其原本想仿照台灣燦坤 3C 通路的成功模式，但大陸的環境及資金狀況顯不同於台灣，目前經營策略為放緩大陸開店計畫、重

---

[1] 台灣燦坤旗下投資擁有優柏企業（燦坤持股99.976%）、福馳發辰（燦坤持股85.05%）、僑民投資（燦坤持股99.96%）、英屬維京群島中國全球發展有限公司（燦坤持股100%）、廈門燦坤實業（燦坤持股62.29%)、燦寶（燦坤持股100%）、日本燦坤（燦坤持股100%）、燦坤科技（燦坤持股46.72%）、上海燦坤（燦坤持股38.93%）、美國燦坤（燦坤持股60%）。

[2] 本部分撰寫參考燦坤網頁，http://www.tsannkuen.com/tknews/ct/about/about_4.asp；最後瀏覽日期：2004年12月30日。

金挖角大陸同業主管、學習大陸3C同業的經營模式[3]，已將原定「八大戰區」調整為「兩區兩中心」，目前燦坤在中國大陸的通路虧損金額超乎預期，業界都在看吳燦坤如何再度逆境突圍，愈挫愈勇，能再像向日葵般開得燦爛。

## 二、本案事實整理

### (一) 大事記

| | |
|---|---|
| 2001/09/04 | 燦坤為規劃美國子公司美國燦坤公司ＥＵＰＡ於那斯達克（NASDAQ）掛牌上市，與美國NASDAQ店頭（OTCBB）上市公司Access Network Corporation（ANC）的股東簽訂股權交換合約（中國時報「證交所：燦坤案不會很快落幕」，B1版，2004年10月2日）。 |
| 2001/10/15 | 召開記者會對外公告，並將ANC公司更名為Eupa International（中時晚報「3度傳訊　吳燦坤僅出庭一次」，4版，2004年10月1日）。 |
| 2001/12/17 | Eupa International曾與燦寶簽訂股份選擇權契約，依約定，燦寶有權向Eupa購買100萬股股票。 |
| 2002/02/12 | 燦寶執行部分選擇權，取得20萬股的Eupa股票，並將其中的9萬2200股，以每股4美元的價格（總價金約新台幣1200萬元）出售給仲介，再由仲介轉售給特定投資人。 |
| 2003年7月後 | 陸續與仲介解除買賣合約取消交易，並一一清點核對且收回Eupa股票，也將原本的總價金1200萬元還給仲介。 |
| 2003年中旬 | 章姓等十餘名投資人向檢調單位提出告訴（中時晚報「燦坤　下午釋疑」，1版，2004年10月1日）。 |
| 2004/09/30 | 台北地檢署指揮北機組前往燦坤內湖總公司搜索，帶走美國燦坤公司合併ANC公司相關資料，並約談董事之一的莊興及資源規劃處處 |

---

[3] 參企業人生，經濟日報，DI版，2004年8月3日。

| | |
|---|---|
| 2004/10/01 | 長張震極（中時晚報「燦坤下午釋疑」，1版，2004年10月1日）。燦坤公司財務長陳彥君矢口否認檢調單位大舉搜索該公司，並強調該公司財務、業務一切正常，「帳面上現金超過五億元」，陳彥君表示，燦坤最初持有美國子公司EUPA股票60%，目前持股66.99%，不但沒有減少，還在持續增加（中國時報「證交所：燦坤案不會很快落幕」，B1版，2004年10月2日）。 |
| 2004/10/02 | 燦坤再度召開記者會澄清說，燦坤及燦寶目前持有美國子公司Eupa International將近七成股權，Eupa沒有違法將持股出售給特定人士；遭檢調質疑的目前投資人持有的Eupa股票，絕非由燦坤或域燦寶所出售（中國時報「檢方：不會隨著燦坤起舞」，C2版，2004年10月3日）。 |

## （二）那斯達克交易市場

### 1. 那斯達克（National Association of Securities Dealer Automated Quotation）

在證券市場上，已經正式上市的股票，通常已擁有穩定獲利與可靠企業形象，可以在開放、人潮洶湧的集中市場（Floor-based Market）直接買到；但是沒有正式掛牌上市交易的股票，可能沒沒無名、獲利不穩定或甚至仍未獲利，就必須透過坐在櫃檯後面的營業員詢問價格來購買，稱為櫃檯交易市場（店頭市場）（Over-the-counter Market）。通常交易場上主流往往是集中市場，以美國為例，紐約證券交易所、美國證券交易所和西岸的太平洋證券交易所，都是集中市場，其他國際知名的倫敦、東京的交易所，也都是集中市場，且美國股票市場一向被視為全球最穩定的市場，漲跌較不顯著。但從1990年起，全世界股市中「漲」聲最驚人的，即是誕生於1971年2月7日的那斯達克櫃臺買賣中心。

那斯達克因成為微軟、英特爾的資金搖籃而聲名大噪。當公司有大規模的資金需求時，往往第一個就想到那斯達克，因對於創業家而言，公司從草創到茁壯過程中，除了創業家辛勤奮鬥之外，外來資金的挹注也很重要，『還在賠錢，沒關係！公司成立不久，沒關係！只要創業者能夠編織

一個美麗的未來，那斯達克就歡迎你』。憑著寬鬆的上市條件，那斯達克在提供資金的歷程上，可以說是囊括了從創投到上市各階段的籌資功能，成為創業者的天堂。

那斯達克是全美證券商協會（National Association of Security Dealers, Inc.，NASD）轄下的一個子公司，由協會百分之百持股。那斯達克的總部在美國華盛頓，但在英國倫敦特別設了一個國際部，其中有二十幾位員工專責非美國本地公司的輔導掛牌工作。概略依地域區分為歐洲、太平洋區及亞洲區。他們一年中有五個月左右的時間，在其所負責的區域中，拜訪有意到那斯達克掛牌的公司，一反傳統交易市場等待生意上門的消極心態，改採積極作為，期望藉著面對面的接觸，使那斯達克逐步邁向全球化的目標[4]。

讓那斯達克如此與眾不同的原因[5]，首先為發達的計算機和通訊網絡系統，形成一個龐大的電子交易網路，使投資者能緊密聯繫來投入資金，它沒有一個集中交易大廳，相關交易訊息都是透過電腦系統同步傳送到全世

---

[4] 目前在那斯達克掛牌的股票有5,500支以上，大致可分為工業股〈3100家〉、其他金融股〈620家〉、電腦股〈560家〉、銀行股〈350家〉、通訊股〈150家〉、生化股〈100家〉、保險股〈100家〉運輸股〈90家〉等八大類。這八大類中有80%的公司是與高科技產業有相關，也就為甚麼說NASDAQ指數代表了高科技的領先指標。參考Nasdaq名揚全球之秘，http://chat-finance.sina.com.tw/archive_event/backgrouod.new/nasdaqipo/0000000677_1.html；最後瀏覽日期：2000年11月4日。

[5] 紐約股票交易所New York Stock Exchange（NYSE）為靠人工跑單的傳統交易所，是美國最大、最老、最有人氣的市場，至今已有208年的歷史，上市股票超過3,600種，大部份歷史悠久的財星五百大企業都會在此掛牌，約有3,000家總市值高達1,700萬億美元的大企業掛牌進行買賣，轄下共有400家左右的會員企業，每天約有3,000人在交易場地工作、20個交易地點合共400多個交易位。紐約証交所的交易方式也跟傳統市場一樣，採取議價方式，股票經紀會依客戶所開出的買賣條件，在交易大堂內公開尋找買主賣主，然後討價還價後完成交易。此交易所上市條件較為嚴格，還沒賺錢就想上市集資的公司無法進入紐約征交所。參考新浪金融理財，http://trading.sina.com/investmentFocus/articles/usintro1.b5.shtml，最後瀏覽日期：2005年3月4日。

界上萬台的電腦終端機上。另外它的櫃台交易板，由多位市場造市人（market maker）操作，使市場為買賣隨時做好準備，即便在市場上無人提出買價時也是如此。

那斯達克主要由四個層次組成[6]。其中最活躍、資本也最盛厚的要屬那斯達克全國市場（Nasdaq National Market，簡稱 NASDAQ NMS），在這裏掛牌交易的要求高，包括公司淨資產需達 600 萬美元，毛利達 100 萬美元以上，且有一個獨立的董事會，要按時召開股東會，增發新股需要股東認可，並不能剝奪股東的選舉權。

第二個層次是那斯達克小型股市場（The NASDAQ Small Cap Marlcet），這些公司的資本沒有上一層次公司那麼雄厚，且資產和收益水平相對較低，股票發行量較小，股價也比較低，這個市場層次上的投機性特別大，企業需要符合下列要件：(1) 企業淨資產達 500 萬美元或全年稅後利潤超過 75 萬美元或市值達 5,000 萬美元，(2) 流通股達 100 萬股，(3) 最低股價為 4 美元，(4) 股東超過 300 人，(5) 有 3 個以上的市場莊家等。

再其次是那些列在櫃檯交易板（OTC Bulletin Board，簡稱 OTCBB）的股票。櫃檯交易板主要為中小型企業提供有價證券交易服務，除股票外，這裡還有認購權證、美國存託憑證（American Depositary Receipt）的交易服務。在櫃檯交易牌市場中是現股交易，並無融資，且股價跳動的最小單位為 1/32。基本上，在櫃檯交易板掛牌沒有特殊限定，掛牌公司只需在每年提出財報即可，美國聯邦法規並無任何特別規範。

粉紙交易市場（Pink Sheet），是那斯達克最底層的報價系統，市場每週對交易公司一為被 OTCBB 市場淘汰出局的公司，此類公司都有一定的債務和訴訟一進行紙上報價。粉單交易系統是由美國全國報價局（National Quotation Bureau）所管理，其流動性比櫃檯交易板更差。原因是，粉單交易系統不是一個自動報價系統，而是經紀商透過電話詢問至少三個市場造市人的報價之後，然後再與最佳報價的市場造市人成交。不

---

6　參考美國國際商務會員指南，http://www.americamember.org/guide/nasdaq.htm；最後瀏覽日期：2004年12月30日。

過，粉單交易系統正準備發展一套自動股票交易系統，來接收因為無法達到美國證券交易委員會要求，而從櫃檯交易板下市的股票。

如今，那斯達克不止吸引美國的公司在此上市，也吸引各國的公司到此籌募資金，以台灣公司名義登記在此上市的，包括從事 IC 封裝測試的福雷電子，以及先在台灣上市，再到美國發行美國存託憑證（ADR）的旺宏電子；趨勢科技（以日本公司名義上市）。那斯達克的野心顯然不止於此，繼和美國第二大的集中市場─美國證券交易所（American Stock Exchange, AMEX）合併後，除了繼續張開雙臂，歡迎非美國的公司到那斯達克上市之外，更和日本的軟體銀行共同成立了「日本的那斯達克」（Japan-Nasdaq），故以台灣創業風氣蓬勃發展的景象看來，短期內「台灣的那斯達克」有可能會誕生。

## 2. OTCBB（Over The Counter Bulletin Board）

基於國人不了解海外資本市場，加上急於上市，很多仲介機構都藉此混淆那斯達克和 OTCBB 的概念，將 OTCBB 上市等同於那斯達克上市。故本文在此一併介紹。

因那斯達克、紐約證券交易所等主板市場對掛牌有嚴格要求，一旦企業不能滿足相關條件，就會面臨除牌和退市處罰，場外交易（OTC）市場由此而生，那些從那斯達克等主板市場退市，或達不到在主板市場掛牌條件的證券即在此交易。因此可以說 OTCBB 其出身卑微，難免給人「貧民收容所」的印象。

OTCBB 始於 1990 年，成立係依據「1990 年潘尼股票改革法」（Penny Stock Reform Act of 1990），該法授權美國「證券交易委員會」（Securities and Exchange Commission，簡稱 SEC），建立一個符合 1934 年證券交易法第 17 B 條規定之電子系統，以協助公開報價及顯示最近成交價資訊。是一套實時報價的場外電子交易系統，電子傳送美國本土證券及外國證券與美國存託憑證（ADR）實時報價及成交量，是個報價公司，它對企業幾乎沒有任何規模或盈利要求，管理鬆散，只要有三名以上券商願為該證券做市場莊家，企業股票就可到 OTCBB 市場流通。另在 1999 年 1 月規定該市場的上市公司，必須定期向証交委員會或相關的銀行機構公布其財

務季報或年報。故很少有大機構投資者，多以小型基金與個人投資者為主，其股票流通性較差，大約一半的股票處於停止交易狀態，主要是幾個市場莊家在相互交易[7]。因此，對打算或已經在OTCBB上市的公司來說，機遇、風險併存，事實上，確曾有業績好的企業從OTCBB升至那斯達克或者美國證券交易所，實現從醜小鴨到白天鵝的蛻變，譬如大名鼎鼎的微軟，就是從OTC市場升至那斯達克的，故只要有良好的經營管理與發展潛力，難保不會被「孵化」成科技巨頭。

OTCBB與NASDAQ的區別在於以下幾個方面：

(1) 沒有上市標準；

(2) 沒有自動執行交易的功能；

(3) 與證券發行公司不保持任何聯繫；

(4) 不承擔對市場莊家的任何責任。

## (三) 借殼上市

燦坤集團用美國燦坤名義，以換股方式與美國WFG投資銀行集團所屬ANC公司合併，新公司名為EUPA USA，由於ANC已是OTCBB上櫃公司，因此燦坤同樣達到在美國掛牌上市目的。然因燦坤換股的美國公司規模極小，引發有「借殼」上市之嫌。

到底什麼是借殼上市？「殼」是指有股票上市但沒有業務的公司。美國有很多上市公司可能因種種原因失去業務。諸如：高科技公司因技術跟不上潮流而停業；開礦公司因儲備不足或產品價格低而放棄；製造業因工資太高、競爭無力而停工等。但這些公司仍保有上市資格。故借殼是指收購這類公司，與之合併，美國1934年以來開始實行此種簡捷合法上市方法。所謂「借殼上市」為上市公司的母公司（集團公司）透過將主要資產注入到上市的子公司中，來實現母公司的上市。另有「買殼上市」，為一些非上市公司透過收購一些業績較差、籌資能力弱的上市公司，注入自己

---

7　參美國未上市（櫃）股票交易制度之簡析，林江峰、陳怡如，http://www. tse. com.tw/plan/essay/469/Lin.htm；最後瀏覽日期：2004年12月30日。

資產，間接實現上市目的[8]。他們的共同之處在於都是對上市公司的殼資源進行重新配置之活動，不同之處在於，借殼上市的企業已對上市公司擁有控制權，而買殼上市的企業首先要獲得上市公司的控制權。

　　上述作法的優點在於以很低成本在很短時間內百分之百保證上市，避免直接上市的高昂費用與不確定的風險；從時間上看，甚至不到兩星期就完成，在不到三十天內已可交易；從成本上講，一家空殼公司的價格可低至5、6萬美元，高至幾十萬美元，加上律師費及審計費等，總費用介乎50萬至90萬美元不等。但由此過程來看，買、借殼不等於融資，不曾帶來任何新資金，除非殼公司本身有大量現金，並同意以股份置換方式完成交易。新企業進行後續的融資策略，譬如定向私募或者二次發行等，例如本文的燦坤。且需注意的是，往往大部分的殼公司，都只在 OTCBB 市場交易，真的能如想像中般順利的營運升到那斯達克嗎？本文中的燦坤即是遭投資人檢舉該販售的美國股票並無在那斯達克上市，且價格不斷下降。

# 參、法律爭點

　　台灣燦坤被投資人檢舉，未經主管機關核准，便公開在國內違法募股，銷售在美國 OTCBB 掛牌的美國燦坤國際（EUPA International Inc.）股票，吸金達四十餘萬美元。其爭點主要為證券交易法第 6 條第 1 項的有價證券包括美國股票嗎？到底燦坤在台販售美國股票的行為，牴觸了國內哪些法規？而燦坤主張當其發現投資人數超過三十五人時，已全數買回股票，取消與仲介商的交易，可以因買回股票就不算違法嗎？縱使如燦坤所說已全數買回，則若因此事件而導致台灣燦坤股價不斷下跌，股東應如何依法律自力救濟？

---

8　參美國國際商務指南，http://www.americamember.org/usavip/service/stock..htm；最後瀏覽日期：2004年12月30日。

# 肆、法律問題分析

本文區分為三面向探討本案，其一為台灣燦坤銷售美國 EUPA 股票之行為？投資人如何請求賠償？二為台灣燦坤的股東面對不斷下跌的股價，應如何尋求法律途徑來自保？三為證券商責任為何？

## 一、台灣燦坤在台銷售美國EUPA股票之行為，違反證券交易法相關規定

### (一) 美國EUPA股票

證券交易法所定義之證券與一般傳統民商法有價證券觀念不同，前者只限於資本證券，規定範圍為證券交易法第 6 條「有價證券，稱政府債券、公司股票、公司債券及經財政部核定之其他有價證券…（節錄）」，其中公司股票為表彰股東權之證券，不以依本法規定之發行程序發行者為限；而經財政部核定者包括 (1) 證券投資信託事業為募集證券投資信託基金，所發行之受益憑證。(2)81 年台財證（二）250778 號函：外國之股票、公司債、政府債券、受益憑證及其他有投資性質之有價證券，凡在我國境內募集、發行、買賣或從事投資服務者。(3)76 年台財證（二）934 號函：外人在台募集資金赴外投資所訂立投資契約亦屬有價證券。

美國 EUPA 股票雖為外國之股票，但依函示可知，其為財財政部所核定，故為我國證券交易法上所適用的有價證券。

### (二) 未向主管機關申報，即銷售美國EUPA股票

台灣燦坤在 2001 年 10 月 15 日以發布重大訊息為由，在世貿中心聯誼社召開「EUPA USA 美國園掛牌上市記者會」，以每股九點五美元，向一般投資人募股，此舉違反證券交易法第 17、22、150 條，未向主管機關申報，在證券交易市場以外場所私自買賣交易股票。

在企業發達之當代，發行人為向大眾籌措資金，必需經募集、發行程

序，此涉及到投資者之權益，故我國有相關法令加以規範，成立一套完整程序。依本法第 7 條，所謂「募集」指發行人於公司成立前或發行公司於發行前，對非特定人公開招募有價證券之行為，發起人泛指參與公司設立並從事有關招募之人，依 78 台財證（二）第 12850 號函，不以在章程上簽名者為限。「發行」依本法第 8 條指發行人於募集後製作並交付，或以劃撥方式交付有價證券之行為，以帳簿劃撥方式交付有價證券之發行得不印製實體之有價證券。

發行人於募集、發行證券前，需依法向主管機關申報一定資料，或待其核准。詳言之，證券交易法第 17 條、22 條兼採註冊制、核准制，所稱之申報生效，謂發行人為募集與發行有價證券，依規定備其相關文件向主管機關提出申報，除因申報文件應行記載事項不充分、為保護公益有必要補正說明或經證期局退回者外，主管機關只要求資料需符適當性、正確性，因若徹底實質審理，將曠日廢時，且有礙發行者籌資的適當時機，而案件自申報日起屆滿一定期間即可生效；所稱申請核准，謂主管機關以發行人所提出相關文件予以審查，如未發現異常情事即予以核准[9]。惟不論採取何制度，依第 13 條，發行人於發行時均需編製公開說明書，申報一定事項，以符保障投資人之公開原則[10]，使投資人在認購時能有判斷之依據。

從目前新聞報導可知，台灣燦坤在台向投資人銷售美國 EUPA 股票，並無向證期局等主管機關申報，故違反證券交易法第 17 條、22 條，依第 175 條規定，台灣燦坤公司負責人應負刑事責任為二年以下有期徒刑、拘役，或科或併科新台幣 180 萬元以下罰金。

證券交易法法第 150 條沿襲舊證券商管理辦法第九條而來，限制上市有價證券之買賣，只能於證券交易所開設之有價證券集中交易市場使得為之，除非 (1) 政府所發行債券之買賣。(2) 基於法律規定所生之效力，不能

---

[9] 參發行人募集與發行有價證券處理準則第5、7、8、11、12條等。

[10] 公開原則，係指發行公司於證券募集、發行或出賣時，應提供其公開說明書，或發行公司應定期提出其營業及財務報告，或於公開收購股權、委託書時，提出參考書類或說明書等，以供投資人作有價證券投資判斷參考之制度。引自陳春山，「證券交易法論」，頁29，五南出版，2001年5版。

經由有價證券集中交易市場之買賣而取得或喪失證券所有權者。如有價證券繼承人之繼承。(3) 私人間之直接讓售,其數量不超過該證券一個成交單位,所稱一個成交單位,每股面額十元之一千股,或受益憑證每受益權單位十元之一千單位。前後兩次受讓行為,相隔不少於三個月者[11]。(4) 其他主管機關所定事項。

故台灣燦坤違反證券交易法第 150 條,非於集中交易市場買賣,依證券交易法第 177 條第 1 款,其刑事責任為一年以下有期徒刑、拘役或科或並科新台幣 120 萬元以下罰金。但假設它沒有取消此次買賣交易行為(依新聞稿指出,台灣燦坤事後退還價金,取消所有美國股票交易行為),則違反本條規定所為之買賣,效力如何?學說上有爭論。有認為無效,認為場外交易之禁止,是強制禁止規定,依民法第 71 條規定,違反者其行為當屬無效。有主張有效,認為規定雖屬強制禁止規定,但為命令規定之性質,非效力規定,故其行為不因此而無效。本文以為基於證券交易市場上安全考量,應採有效說為妥,實務見解亦同此看法[12]。

惟本文以為以美國而論,美國之第三市場[13]等,均得於集中交易市場外買賣上市有價證券,它的證券市場之地域性限制已漸無必要,是故,本文以為本法與外國法潮流不合,有礙證券市場國際化之趨勢,應修正本條,則未來若有修正,或許台灣燦坤此舉行為,將不會被認為於集中市場外交易了。

## (三) 燦坤於會上不當宣稱可在美國那斯達克掛牌上市行為

台灣燦坤在該次募股會上,對投資人宣稱由 OTCBB 市場轉申請那斯

---

[11] 證券交易法施行細則第10條規定,所謂讓受行為不少於三個月,是指(1)私人間之直接出讓與讓受行為,應各算一次。(2)讓受行為之起算以讓受行為之日為準,無法證明時,以受讓人向公司申請變更股東名簿記載之日為準。

[12] 66年台上字第1726號判決、68年台上字第879號判決。

[13] 第三市場:上市有價證券在店頭市場從事買賣,以美國而言,皆以證券商從事該等買賣,以機構投資人為服務對象。參陳春山,「證券交易法論」,頁234,五南出版,2001年5版。

達克掛牌交易的門檻不高，EUPA 股票未來定可順利在那斯達克上市，屆時股價將翻漲數倍，以此吸引投資人投資，但事後證明該股價不漲反跌，致投資人虧損，且該股也未在那斯達克上市，燦坤此不當宣稱行為，違反證券交易法第 20 條、第 155 條第 5 款規定。

　　證券交易法第 20 條：「有價證券之募集、發行、私募或買賣，不得有虛偽、詐欺或其他足致他人誤信之行為。發行人申報或公告之財務報告及其他有關業務文件，其內容不得有虛偽或隱匿之情事。

　　違反前二項規定者，對於該有價證券之善意取得人或出賣人因而所受之損害，應負賠償之責。委託證券經紀商以行紀名義買入或賣出之人，視為前項之取得人或出賣人。」

　　證券交易法之立法目的之一，係為保障投資人，而證券交易中最易發生侵害投資人權益者，即詐欺行為，是以證券交易法第 20 條即在防範詐欺行為。其規定有認為是契約責任、侵權責任或獨立類型等 [14]。該條文之構成要件有，第一：請求權人為有價證券之善意取得人或出賣人，第二，請求對象係發行、私募之人或買賣有價證券之買受人或出賣人，第三，違法行為，包括不得有虛偽、詐欺或其他足致他人誤信之行為，以及發行人申報或公告之財務報告及其他有關業務文件，其內容有虛偽或隱匿者，第四，損害賠償，所受損害及所失利益。

　　本案之投資人若主張燦坤於 2001 年 10 月中旬在台公開舉行募股說明會，表示燦坤子公司 Eupa International 已在美國那斯達克掛牌上市，每股價格九點五美元，前景看好等等，而主張證券交易法第 20 條，本文以為該說明會是否有涉及不實引誘投資人入股，亦即是否屬虛偽、詐欺或其他足致他人誤信之行為，由於燦坤方面說明係公開說明會而非募股說明會，因此，是否成立證券交易法第 20 條，則仍有賴於進一步的證據調查。

　　另外，若成立證券交易法第 20 條，則尚有證券交易法第 171 條第 1 項第 2 款：「違反第二十條第一項、第二項者，處三年以上十年以下有期徒刑，得併科新臺幣一千萬元以上二億元以下罰金。」。

---

[14] 陳春山，「證券交易法論」，頁337，五南圖書出版公司，2001年2月5版2刷。

又是否亦有可能構成刑法第 339 條詐欺罪：「意圖為自己或第三人不法之所有，以詐術使人將本人或第三人之物交付者。」其討論亦與前述證券交易法第 20 條相同。

證券交易法法第 155 條禁止操縱市場立法理由為，因市場之交易，貴在公平，如容許以操縱市場方式而為交易，勢必影響市場秩序、投資人權益，故該等行為應加禁止。且本條在 2000 年修正，其構成要件更加明確，有利於檢察官、法院定奪，並加入使善意買入或賣出有價證券之人引用到第 20 條 4 項規定之民事賠償責任，使規範更完備，蓋因經紀商與投資人間之關係，依民法適用行紀規定，則能依本法第 155 條第 3 項求償之人只有經紀商，故為使受害之投資人能直接向操縱市場者加以求償，規定準用第 20 條第 4 項。

證券交易法法第 155 條第 5 款為「意圖影響集中交易市場有價證券交易價格，而散佈流言或不實資料」，如有主觀影響集中交易市場有價證券價格之意圖，及客觀散佈流言或不實資料之行為，對特定人、不特定人或多數人為之，則足以構成，且所散佈者需足以影響有價證券之價格，即對投資人判斷有所左右。其實有關本條文之案例很多，但適用上發生之疑難為舉證問題，如何舉證主觀犯意，彼此的因果關係如何認定，以台灣燦坤而言，投資人如何證明台灣燦坤不當宣稱行為，是意圖影響該有價證券之價格呢？是故雖可依本條規定，但客觀上如何證明呢？若嫻熟操作股價漲跌者，必然不會使股價一路上揚，而係以有漲有跌、漲多跌少等方式為之，縱使以類似情況下（例如過去之相當時期、相當投資等）作為對照，觀察股價是否因燦坤散佈消息與股價上漲之成比率，然而，亦將受到法院心證度之考驗。

其次，又損害依民法相關條文規定，賠償所受損害和所失利益，但投資此種行為，並無保證獲利，有可能血本無歸，是否投資人可以單純地信任台灣燦坤誇大美國 EUPA 股票一定會漲，而事後卻下跌，即可請求損害賠償？

目前本案已經台北地檢署起訴，屆時將看檢察官如何舉證證明是否符合證券交易法第 155 條 5 款規定，若該當本條，則台灣燦坤之刑事責任依

證券交易法第 171 條規定為，三年以上，十年以下有期徒刑、得併科新台幣 1,000 萬元以上 2 億元以下罰金。

## 二、台灣燦坤的股東面對不斷下跌的股價，應如何尋求法律途徑來自保

以下擬就本案所涉，討論證券交易法第 171 條第 1 項第 2 款、公司法第 23 條及公司法第 369 條之 4 等法規之適用。

證券交易法第 171 條第 1 項第 2 款：「已依本法發行有價證券公司之董事、監察人、經理人或受僱人，以直接或間接方式，使公司為不利益之交易，且不合營業常規，致公司遭受重大損害者。」處三年以上十年以下有期徒刑，得併科新臺幣一千萬元以上二億元以下罰金。

證券交易法第 171 條第 1 項第 2 款之罰則包括處徒刑與罰金，性質係屬行政刑罰。

本案燦坤股東，倘若因燦坤公司投資 Eupa International 失利，致後來燦坤股價下跌，而主張有證券交易法第 171 條第 1 項第 2 款之情事，惟本文以為，燦坤公司負責人違反法令與股東有損害之間，其因果關係證明不易，蓋投資行為與損害之間，其衡量標準並不明確。

假設證券交易法第 171 條第 1 項第 2 款成立，則可依民法第 184 條第 2 項：「違反保護他人之法律，致生損害於他人者，負賠償責任。但能證明其行為無過失者，不在此限。」蓋民法此條文之規定係一推定過失責任，對於請求權人舉證方面較為有利。

公司法第 23 條：「公司負責人應忠實執行業務並盡善良管理人之注意義務，如有違反致公司受有損害者，負損害賠償責任。公司負責人對於公司業務之執行，如有違反法令致他人受有損害時，對他人應與公司負連帶賠償之責。」

公司法第 23 條第 2 項之侵權行為構成要件有，第一，公司之負責人：依據公司法第 8 條第 1 項之當然負責人，與同條第 2 項之職務負責人均

是。第二，關於公司業務之執行：公司即使進行清算，亦屬公司負責人執行業務之範圍[15]。第三，負責人之故意過失：實務見解有認為不以該董事有故意或過失為成立之條件[16]，為學者[17]有認為係屬特別侵權行為，故仍以有故意過失為要件。第四，須侵害權利：以私權受有損害為要件。

本案燦坤股東因燦坤公司負責人投資錯誤，以致燦坤股價下跌，倘若主張公司法第23條第2項，向燦坤公司負責人請求損害賠償，本文以為，其因果關係證明相當困難，如同前述證券交易法第171條第1項第2款。

公司法第369條之4規定：「控制公司直接或間接使從屬公司為不合營業常規或其他不利益之經營，而未於會計年度終了時為適當補償，致從屬公司受有損害者，應負賠償責任。

控制公司負責人使從屬公司為前項之經營者，應與控制公司就前項損害負連帶賠償責任。

控制公司未為第1項之賠償，從屬公司之債權人或繼續一年以上持有從屬公司已發行有表決權股份總數或資本總額百分之一以上之股東，得以自己名義行使前二項從屬公司之權利，請求對從屬公司為給付。

前項權利之行使，不因從屬公司就該請求賠償權利所為之和解或拋棄而受影響。」

公司法第369條之4之規定，與美國法上判例之揭穿公司面紗原則相似，然而並未完全相同。揭穿公司面紗原則之目的在於保護子公司債權人，申言之，法院在某些情況下，揭穿子公司的面紗，亦即否定子公司的法人人格，將子公司及母公司視為同一法律主體，因此使母公司對子公司的債權人負責[18]。

本案股東因燦坤投資錯誤，以致燦坤股價下跌，而主張公司法第369條之4第3項，然則，該條文之適用主體係「從屬公司之債權人或繼續一

[15] 最高法院65年臺上字第3031號判例。
[16] 最高法院73年臺上字第4345號判決。
[17] 王泰銓，「公司法斷論」，頁126-128，三民書局，1998年1月。
[18] 王泰銓，「公司法新論」，頁401，三民書局，1998年1月。

年以上持有從屬公司已發行有表決權股份總數或資本總額百分之一以上之
股東」，燦坤之股東實為「控制公司之股東」，因此，此條文亦無法適用
之。

## 三、證券商之責任

　　證券交易法第 44 條第 1 項：「證券商須經主管機關之許可及發給許可
證照，方得營業；非證券商不得經營證券業務。

　　證券商分支機構之設立，應經主管機關許可。

　　外國證券商在中華民國境內設立分支機構，應經主管機關許可及發給
許可證照。」

　　證券交易法第 175 條：「違反第四十四條第一項至第三項，處二年以
下有期徒刑、拘役或科或併科新臺幣一百八十萬元以下罰金。」

　　本案證券商若有違反證券交易法第 44 條規定，則依證券交易法第
175 條受行政刑罰制裁。再者，對於前述之情事，即仲介轉售給特定投資
人，倘其主觀上有幫助意思，亦為幫助犯。

## 伍、結論

　　台灣燦坤在台銷售美國 EUPA 股票之行為，似有違反證券交易法第
17 條、32 條、150 條、第 150 條、第 177 條第 1 款、第 20 條、第 155 條
第 5 款、第 171 條第 1 項第 2 款規定。

　　至於台灣燦坤的股東面對不斷下跌的股價，其法律途徑之自保可能得
主張證券交易法第 171 條第 1 項第 2 款、民法第 184 條第 2 項及公司法第
23 條作為請求權基礎，惟恐有舉證方面之困難有待一一突破。

　　證券商之責任部分，則似有涉及證券交易法第 44 條第 1 項、第 175
條以及幫助犯等問題，亦值進一步探討。

# 參考文獻（依作者姓氏筆劃遞增排序）

## 一、專書論著

1. 王泰銓，「公司法新論」，三民書局，1998 年 1 月。
2. 陳春山，「證券交易法論」，五南出版，2001 年 5 版。

## 二、報紙（依刊名之筆劃遞增排序）

1. 中時晚報，「3 度傳訊　吳燦坤僅出庭一次」，4 版，2004 年 10 月 1 日。
2. 中時晚報，「燦坤　下午釋疑」，1 版，2004 年 10 月 1 日。
3. 中國時報，「證交所：燦坤案不會很快落幕」，B1 版，2004 年 10 月 2 日。
4. 中國時報，「檢方：不會隨著燦坤起舞」，C2 版，2004 年 10 月 3 日。
5. 經濟日報，「企業人生」，D1 版，2004 年 8 月 3 日。

## 三、網路資料

1. 燦坤網頁，〈http://www.tsannkuen.com/tknews/ct/about/about_4.asp〉。
2. Nasdaq 名揚全球之秘，〈http://chat-finance.sina.com.tw/archive_event/background.new/nasdaqipo/0000000677_1.html〉。
3. 美國國際商務會員指南，〈http://www.americamember.org/guide/nasdaq.htm〉。
4. 美國未上市（櫃）股票交易制度之簡析，林江峰、陳怡如，〈http://www.tse.com.tw/plan/essay/469/Lin.htm〉。

# 第十四章 博達、訊碟的翻版——
## 陞技電腦案

陳 瑜
林慈雁

陳 瑜

　　國立臺灣大學法學士、
　　私立東吳大學法律研究所民商法組碩士。
　　現爲高雄地方法院檢察署檢察官。

林慈雁

　　國立臺北大學法學士，
　　私立東吳大學法律研究所民商法組碩士。
　　現爲臺灣板橋地方法院檢察署檢察。

## 摘要

　　陞技電腦號稱有專研公司治理的學者任獨立董監，仍淪為檢調偵查不法的對象，根據報載其舞弊的手法，例如虛灌營收與博達科技雷同：利用高額轉投資以掩護掏空公司的資產，又是訊碟的翻版，此案例中本文主為討論獨立董監制度於我國現行制度下之執行成效及制度存續之必要性，並就其更具「創意」之掏空手法，例如應收帳款出資、商譽費用灌水之問題為討論，

　　獨立董監制度在我國的引進面臨水土不服的困境，尚仰賴相關配套，已廣為學者所討論。本文認為制度之存廢已非重點，問題應在於如何設計一套控管人心的制度，它要駕馭的不僅是經營者的利己心，更是監督者的利己心，要使監控制度發揮效用，必然是制衡機制的兩端，彼此的利害相衝突；許以應收帳款做出資標的之前提，限於出資人出具條款保證其逾期未收回，出資人仍須以等值現金挹注且由出資人為連帶保證；無形資產鑑價缺乏具公信力的制度，商譽價值的確定無一明確標準，使得逐年攤銷的商譽費用，成為有心人士掏空資金的媒介，惟此問題尚仰賴制度健全始能達防弊之目的。

關鍵詞：陞技電腦、獨立董監、忠實義務、掏空公司手法、應收帳款出　　　　資、無形資產鑑價

## 壹、前言

　　生產主機板的陞技電腦股份有限公司（2407）（以下簡稱陞技電腦），在地雷尚未引爆之前，一直是投資人、股市專家與證期會心目中「品學兼優」的模範生。陞技電腦不但延攬專研公司治理的台大教授柯承恩擔任獨立董事，還聘任台大教授李存修擔任監察人。不料，竟成為近日繼博達案之後，台灣股市最大假交易與掏空資產弊案；其海外轉投資金額高達

九十一億元，檢調單位甚至懷疑陞技電腦以轉投資名義掏空公司資產超過百億元，而終被證交所打為全額交割股，股價市值損失近新台幣二十億元。

根據統計，陞技電腦四萬多股民中約有三萬多人是散戶，散戶比例高達投資人之 88%，陞技一案爆發後，全台灣有三萬多戶家庭可能面臨嚴重財務危機而「生計」不保。

今天，法制除了要幫因陞技電腦事件而血本無歸的投資人，找到一條釐清責任轉嫁損失的正途外，尚須努力者，是預防另一個企業舞弊，使台灣的股市投資人能在健全的法制環境下安心投資。

從而，本文擬就陞技電腦負責人之責任歸屬與從公司治理的制度面分析獨立董事、外部監察人在公司監控機能上之實效，並就公司經營階層掏空公司資金的手法為分析，同時對身處到處地雷股環境中的投資人如何自保提供建議。

# 貳、案例事實

陞技電腦於 1989 年 9 月 25 日成立，於 1989 年 6 月 22 日上市，其資本額為新台幣七十三億元，主要經營的業務為微電腦主機板、介面卡之設計製造加工買賣的業務[1]。陞技電腦於 2004 年 11 月 30 日為臺灣證券交易所（以下簡稱證交所）列為注意股票，證交所於同年 12 月 14 日針對陞技電腦之財務業務提出八大疑點（參附表三），主要為陞技電腦涉及虛增營收、虛列應收帳款、利用高額轉投資以掩護掏空公司資產，關係人交易、

---

[1] 以下資料來源係參照工商時報，「股本二元港幣公司　主宰陞技七成業務」，3版，2004年12月15日；工商時報，「博達訊碟翻版！陞技涉掏空八疑點」，1版，2004年12月15日；經濟日報，「陞技明起列全額交割股」，A6版，2004年12月15日；經濟日報，「股市再掃地雷！陞技打入全額交割股」，A1版，2004年12月16日；經濟日報，「盧翊存：陞技沒犯法　印商可作證」，A6版，2004年12月17日。

投資圖利特定人。

　　證交所要求陞技電腦召開重大訊息記者會說明，並宣布自同年 12 月 16 日起變更為全額交割股，陞技電腦雖於 12 月 16 日向證交所申請恢復上市有價證券交易，仍於 12 月 23 日遭證交所以該公司仍未能釐清 2003 年度及 2004 年上半年度之銷貨真實性及長期股權投資評價等相關疑慮駁回申請。

　　陞技電腦自爆財報疑雲以來，股價由去年中旬的高點 16.4 元一路崩跌至今，僅剩 2.11 元，四萬七千多位股民至今每天求售無門，廣大的受害投資人組成陞技股東自救會，成為國內史上第一個股東自行發起之自救會，於 2005 年 1 月赴陞技電腦向盧翊存提出四大訴求，包括迅速召開股東臨時會、2004 年度至少配發一元現金股利、公司派實施庫藏股護盤及檢調儘快調查真相，但盧翊存對自救會訴求無法做出具體承諾 [2]。

## 一、公司董監方面

　　曾由盧翊存擔任董事長 [3]，專研公司治理之國立台灣大學會計學系教授柯承恩曾任陞技電腦之獨立董事 [4]，國立台灣大學財金所教授李存修曾仍任陞技電腦之獨立監察人。

## 二、虛增營收、虛列應收帳款方面（參附表二）

　　其七成進貨集中在凱能、TopRise、ProfitIn 等三家公司，七成銷貨集中在同一集團下的 Sunfine、SkyGlory、NewGreat 及 Highpoint 等四家公司，銷貨金額達六十一億餘元，占買賣部分營業額之九成、全部營業額七成一，且陞技電腦近年來零件買賣業務比重逐年上升，這與陞技電腦主要

---

2　資料來源：工商時報，「陞技散戶　搶救股價大作戰」，2版，2005年1月12日。

3　資料來源：台灣證券交易所股市觀測站網站網址為http://mops.tse.com.tw/server-java/t05st03?TYPEK=sii&colorchg=1&co_id=2407&off=1&，最後瀏覽日期：2005年1月22日。

4　柯承恩係在十月廿八日辭職。陞技董事長盧翊存是柯承恩在台大EMBA的學生。

業務為主機板的製造與銷售性質有所出入，且對 Sunfine 等四家銷貨對象上半年六十一億元營業額中，有四十一億元沒有銷貨紀錄[5]，其中二十餘億元所載標準分類號別（C.C.C.Code）皆相同，貨物進出口日期僅隔兩天，此七家公司皆屬新加坡 [6]Kobian 集團，其股本均為港幣二元，資力應不足以從事金額巨大買賣，且七家進、銷貨公司登記地址、實際營運地址、徵信報告所載地址、匯款單所載地址或函覆會計師函證之寄件人地址，竟多所雷同，依據陞技電腦所提出 Kobian 的去年度合併財務報表，Kobian 去年度的銷貨收入約四十三億元，但陞技電腦的去年財報當中，卻顯示陞技電腦向凱能、Top Rise、ProfitIn 三家公司（Kobian 信函中所稱 Kobian 的子公司）進貨金額約六十三億元，進貨金額明顯大於銷貨金額。

## 三、利用高額轉投資掏空公司資產方面（參附表一）

陞技電腦今年第三季為止，股本 73 億元，長期投資高達 91 億元，轉投資家數達四十家，層級繁複，財報長期投資似有表達不實之嫌，海外孫公司 Timerwell Technology Holding Ltd. 於 2003 年 12 月新增 Apex Venture 及 2004 年 6 月 Top Beyond 為長期投資，其係以 27 億應收帳款投資方式為之，半年內該兩家曾孫公司即出現高達 32 億元之商譽費用，何以短時間內可產生巨額商譽，而使公司現金或存貨大幅減少且兩家公司今年度自結報表都出現虧損，與認列商譽要件不符，陞技電腦也未能證明商譽存在的合理性。

## 四、關係人交易方面

陞技電腦在 2003 年 11 月發行之第二次海外可轉換公司債（ECB）認購客戶之一理強投資負責人李中琳以海外 Darling Win 公司名義買入公司

---

5　即無國際通關文件，此究為「假交易」或為「無單放貨」之交易方式以達避稅之目的，尚待釐清。

6　陞技電腦所提的主要銷售客戶徵信資料與證交所查核結果有重大出入，例如盧翊存針對Kobian之背景回應謂此公開合作集團係印度通路商Kobian，然經記者會記者查證其係新加坡公司。

債，當時其亦擔任陞技電腦之監察人，設有違反陞技電腦當初向主管機關所為「內部人不得參與 ECB 認購」之承諾，購買陞技電腦 ECB 的 Darling Win 的地址與曾孫公司 Effective Score Ltd.、Top Beyond 的另一股東 Charming Time、Apex Venture 之另一股東 Mission Goal 之地址皆都是在 BVIP.O.Box 957，同時也都登記在英屬維京群島。

## 五、投資圖利特定人方面

陞技電腦之海外孫公司 Timerwell Technology Holding Ltd. 於 2002 年 10 月，以美金 4,000 萬元向監察人購入面額僅美金 330 萬元之公司 Effective Score Ltd.，似有圖利特定人而減損公司資產之嫌。

# 參、法律爭點

一、公司治理之執行成效與獨立董監制度於我國之執行成效及必要性。
二、掏空公司資金手法之短評。
三、海外可轉換公司債是籌資方式？還是洗錢管道？

# 肆、法律問題分析

## 一、公司治理之執行成效──獨立董監的成效

面對國內上市櫃公司的各種疑難雜症，政府及學者熱烈引進獨立董監制度，惟就陞技電腦而言，儘管多位台大名師出馬仍無法防止陞技電腦沉淪，因此以下試就公司治理層面，探討獨立董監制度執行之成效及制度是否具存在之必要性。

## (一) 董事法律上之責任

### 1. 董事

　　董事為圖利自己而從事不利公司經營之行為，係違背受任人所應盡之忠實義務，應依民法第 544 條、公司法第 23 條第 1 項、193 條，對公司負損害賠償責任。又，學者以董事對於業務執行之專門性且應主動配合各種商業狀況、公司情形為經營策略之調整，故就董事之注意義務不應僅就善良管理人之角度出發，而應賦予董事經營行為更大的空間，就此點英美法業有所謂「商業判斷原則」可資參考[7]。

　　而董事對第三人之責任，即董事不利經營之行為致股東、公司債權人、其他利害關係人受有損害時，則可依民法上侵權行為之規定與公司法第 23 條第 2 項，將損害轉嫁於行為之董事負擔。

### 2. 獨立董事

　　現行法上，獨立董事與其他董事之角色與職權並無區別，亦即，獨立董事之責任與執行業務董事之責任，於法律上並無差異，皆依民法第 544 條及公司法第 23 條、193 條對公司負責，依民法上侵權行為之規定與公司法第 23 條第 2 項，對第三人負責。

　　又有學者認為，日後如有法規賦予獨立董事特定權利及義務，則獨立董事就行使該項職責所生之損害，即應負其特定之責任[8]。

## (二) 獨立董監制度存續必要性之探討

### 1. 獨立董監制度之法制介紹

　　茲就美國獨立董事制度、日本之外部監察人制度，為基礎之介紹：

### (1) 美國之獨立董事制度

　　美國在公司內部結構與設計上，採行單軌制，僅設置董事會，董事擔

---

[7]　王文宇，從公司治理論董監事法制之改革，台灣本土法學雜誌第34期，頁113，2002年。

[8]　賀立行、林少斌，論引進獨立董監事強化董監事會職權之研究，建華金融季刊第26期，頁154，2004年。

任實際業務經營者為內部董事，不屬於內部董事者，即為外部董事。且在董事會下設置若干功能委員會。此外，有鑑於 1970 年代賓州中央鐵路公司案件之影響，致使美國法系對於公司治理中董事之獨立性，要求甚為嚴格[9]。針對董事會下設立之各項功能性委員會成員，相當比例應由獨立董事擔任。

　　準此以言，獨立董事制度之於美國，乃屬因應其原有制度環境下而生之產物。就整體觀察與整體運作模式而言，當無窒礙難行之處，僅或有細部問題，如因於安隆案[10]後，所突顯之會計問題，而有配合環境改善之處。

### (2) 日本外部監察人制度

　　日本採雙軌制度，由股東會選出負責執行業務之董事會與負責監督業務之監察人。透過其間互動，盼能收相互制衡之效能，以維持公司股東權益等目的。換言之，於公司內部制度之創立構想上，為避免董事會有所謂「球員兼裁判」之情事發生，故將制度仿權力分立之形式設立。亦即，日本之監察人制度之設計結構，實具有避免經營者介入干涉監督進行之本旨。

　　1993 年日本「監察特立法」修法時，明文規定「大規模公司於複數監察人中，至少須有一人，應在其就任前五年內，非屬公司或其子公司之

---

9　因美國70年代幾家公司之醜聞事件，法院要求公司改變董事會結構，由大部分外部董事組成。美國聽證會為阻止大公司權力濫用，積極推動公司治理結構的改革。逐步推出要求上市公司設立並維持一個全部由獨立董事組成之審計委員會，這些董事不得與管理階層有任何會影響其作出獨立判斷之關係。上市公司的董事會應主要由不在公司內享有管理職權之獨立董事組成，此外董事會的一些重要組成部分，例如：審計、薪酬、提名委員會，都應由外部董事擔任委員，且這些外部董事應在董事會佔多數。參見傅豐誠，從公司治理之微觀基礎探討我國強制設置獨立董監之必要性，經社法制叢論第34期，頁53，2004年。

10　2001年12月2日，名列美國第七大企業的能源公司安隆（Enron）甫因弊案向聯邦破產法院申請重整（破產保護），隨後，世界通訊公司也因在短短十五個月之內，將費用虛列為資本支出、虛增獲利之弊案，聲請重整。參見陳美娥、羅吉台，評析我國獨立董監制度，今日會計第91期，頁7，2003年。

董事、負責人或其使用之人」。準此以言，日本法上所謂之外部監察人，並非就其固有之監察人制度外，另賦予新職權，而使其成為「外部監察人」。而是著重其出身背景之「獨立性」，所生之稱呼。

## 2. 獨立董監制度之發展

90 年代中期以後，世界各國也經獨立董監制度引入公司治理結構之中。目前趨勢顯示，獨立董事在董事會中的比例和職權越來越得到強調，人們甚至用獨立董事的比例粗略判斷董事會之獨立性。根據 OECD1999 年之調查顯示，獨立董事占董事會的比例，美國為 62%，英國為 34%，法國為 29%[11]。

從 2000 年初開始，部分 OECD 會員國便從事有關公司內部監控制度方面之改革，其內容整理如下：

### (1) 美國

2002 年 7 月 30 日，依據美國總統所新簽署之「公司改革法案」，特課公司之執行長（CEO）與財務長（CFO）等等人，必須在依法申報之年度報告或季報等財務報表上，簽署保證一定事項，以增進投資大眾對於公司財務報表之信賴度。

### (2) 日本

2002 年，日本亦仿美國法之獨立董事制度，大公司得選採美國法模式，於董事會下設功能性委員會（包括審計委員會、稽核委員會、報酬委員會與提名委員會）。然若採行此制，原本公司體制內之監察人制度應予取消。蓋為避免設有稽核委員會後，如仍設有監察人，恐事權不分，導致無人負起監察人之責任。從而，日本商法特例法 2005 年 5 月時修正第 21 條之 5 第 2 項之規定：「已設置委員會之公司，不得設置監察人。」[12]。

---

[11] 傅豐誠，從公司治理之微觀基礎探討我國強制設立獨立董事之必要性，經社法制論叢第34期，頁54，2004年。

[12] 轉引自劉連煜，健全獨立董監事與公司治理之法制研究，月旦法學雜誌第94期，頁135註釋14，2003年，林國全譯，設委員會公司──日本商法特立法（2002年修正）。

### 3. 獨立董監制度於我國之適用

#### (1) 我國有關獨立董監制度之規定

#### A.獨立董事制

##### a.公司法

###### I. 公司法第 192 條第 1 項？

①肯定說

將「就有行為能力之股東選任之」修正為「就有行為能力之人選任之」，使得非股東可為公司之董事，似可解為具備選任獨立董事之精神[13]。

②否定說

第 192 條原規定董事必須具有股東身分，係假設以股東充任董事，在休戚與共之關係下，董事執行業務時，較能期望其善盡忠實義務，以謀公司之最大利益。為此一假設並未得到實證研究之支持，亦與「企業所有與企業分離」之世界潮流不符。因之，2002 年 11 月公司法修正，遂將此規定刪除。由此可見：公司法第 192 條之修正與引進獨立董事制度並無直接關聯。[14] 而經濟部 91 年經商字 09102039620 號函亦作出相關闡示：「公司法刪除擔任董事、監察人須無股東資格之規定之本意，並非要求每一家公司都設立獨立董事、監察人。」

###### II. 公司法第 198 條之規定

公司法第 198 條增訂：「除公司章程另有規定外」之部分，形成公司得就董事選任方式為特別規定，即排除累積投票制之適用，為選任獨立董事埋下伏筆[15]。

---

[13] 賀立行、林少斌，論引進獨立董監事強化董監事會職權之研究，建華金融季刊第26期，頁149，2004年；陳美娥、羅吉台，評析我國獨立董監事制度，今日會計第91期，頁2，2003年。

[14] 劉連煜，健全獨立董監事與公司治理之法制研究，月旦法學雜誌第94期，頁132，2003年。

[15] 2005年公司法修正草案（本規定已於民國94年5月27日經立法院第6屆第1會期第14次會議通過，於本文撰寫時尚未經總統公布）就董事選任程序之部分，增訂第192條之1之規定，對於採取「候選人提名制度」者，設有如下相關程序規

b. 其他法令規範

I. 上市上櫃公司治理實務守則 [16]

II. 有價證券上市審查準則第 17 條之規定 [17]

---

定，補充敘明。公司法第192條之1條規定：「公開發行股票之公司董事選舉，採候選人提名制度者，應載明於章程，股東應就董事候選人名單中選任之。公司應於股東會召開前之停止股票過戶日前，公告受理董事候選人提名之期間、董事應選名額、其受理處所及其他必要事項，受理期間不得少於十日。持有已發行股份總數百分之一以上股份之股東，得以書面向公司提出董事候選人名單，提名人數不得超過董事應選名額；董事會提名董事候選人之人數，亦同。前項提名股東應檢附被提名人姓名、學歷、經歷、當選後擔任董事之承諾書、無第三十條規定情事之聲明及其他相關證明文件；被提名人為法人股東或其代表人者，並應檢附該法人股東登記基本資料及持有之股份數額證明文件。董事會或其他召集權人召集股東會者，對董事被提名人應予審查，除有左列情事之一者外，應將其列入董事候選人名單：一、提名股東於公告受理期間外提出。二、提名股東於公司依第一百六十五條第二項或第三項停止股票過戶時，持股未達百分之一。三、提名人數超過董事應選名額。四、未檢附第四項規定之相關證明文件。前項審查董事被提名人之作業過程應作成紀錄，其保存期限至少為一年。但經股東對董事選舉提起訴訟者，應保存至訴訟終結為止。公司應於股東常會開會四十日前或股東臨時會開會二十五日前，將董事候選人名單及其學歷、經歷、持有股份數額與所代表之政府、法人名稱及其他相關資料公告，並將審查結果通知提名股東，對於提名人選未列入董事候選人名單者，並應敘明未列入之理由。公司負責人違反第二項或前二項規定者，處新臺幣一萬元以上五萬元以下罰鍰。」又於公司法第216條之1增訂有關於監察人選任，準用本法第192條之1之規定。公司法第216條之1規定：「公開發行股東之公司監察人選舉，依章程規定採候選人提名制度者，準用第一百九十二條之一規定。」

[16] 2002年10月8日，台灣證券交易所與財團法人證券櫃檯買賣中心為健全市場發展之目標，並協助上市上櫃公司建立良好公司治理制度所共同制定者。

[17] 「本準則第九條第一項第十二款所規定「董事會、監察人有無法獨立執行其職務』，係指有下列情事之一者：1.擔任申請公司獨立董事或獨立監察人者最近一年內有下列各目違反獨立性之情形之一：(1)申請公司之受僱人或其關係企業之董事、監察人或受僱人。但申請公司之獨立董事、獨立監察人為其母公司或子公司之獨立董事、獨立監察人兼任者，不在此限。(2)直接或間接持有申請公司已發行股份總額百分之一以上或持有前十名之自然人股東。(3)前兩目所列人員之配偶及二等親以內直系親屬。(4)直接持有申請公司已發行股份總額百分之五以上法人股東之董事、監察人、受僱人或持股前五名法人股東之董事、監察

### III.財團法人中華民國證券櫃檯買賣中心證券商營業處所買賣有價證券審查準則第 10 條規定 [18]

(2) 獨立監察人制 [19]

A. 公司法：第 227 條準用第 198 條之規定

B. 其他法令規範：同上述規範獨立董事制之相關法規

## 2. 獨立董監制度於我國適用上之疑慮

### (1) 學說爭議

獨立董事、外部監察人之法制，隨著世界先進國家之公司治理潮流，引渡至國內後，尚須跋涉一段制度落實之艱苦路程。蓋獨立董事制確實是英美國家一元制（單軌制）公司治理構造下的產物，而我國的公司治理結構係屬二元制（雙軌制），因此，如何調和獨立董事與監察人間之功能，本是我國實施獨立董事制度所面臨不可迴避之問題 [20]。

---

人、受僱人。(5)與申請公司有財務業務往來之特定公司或機構之董事、監察人、經理人或持股百分之五以上之股東。(6)為申請公司或其關係企業提供財務、商務、法律等服務、諮詢之專業人士、獨資、合夥、公司或機關團體之企業主、合夥人、董事（理事）、經理人及其配偶。(7)兼任其他公司之獨立董事或獨立監察人過五家以上。2.擔任申請公司獨立董事或監察人者，未具有五年上之商務、財務、法律或公司業務所需之工作經驗。3.擔任申請公司獨立董事或監察人者，於該公司輔導期間進修法律、財務或會計專業知識每年達三小時以上且取得相關證明文件。4.申請公司有超過董事總數三分之二之董事，其彼此間具有下列各目關係之一；或其全數監察人彼此間具有下列各目關係者：(1)配偶；(2)二等親以內之直系親屬；(3)三親等以內之旁系親屬；(4)同一法人之代表人；(5)關係人。

[18] 申請公司之董事會或監察人，有無法獨立執行其職務者，櫃檯買賣中心應不同意其股票為櫃檯買賣。

[19] 此段所稱之「獨立監察人」，係為配合我國相關法令之用語，而其他部分之論述，本文則改以「外部監察人」之稱代替。蓋監察人本應具備獨立性，為避免以辭害義並為維持與日本立法例一貫之用語，本文除此部分外皆使用「外部監察人」之用語。

[20] 劉連煜，健全獨立董監事與公司治理之法制研究，月旦法學雜誌第94期，頁139，2003年。

　　從而，我國學者，在如何改進我國董監制度之議題上，產生關於制度引進與否、引進後在制度調整與操作層面上之探討，本文擬整理相關論點，臚列如次：

## A.獨立董事制度之引進

贊成論者：

主張引進獨立董事制度之論者[21]，其支持該制之理由如下：

　　a. 公司董事會，為公司股東與經理之中介，負責確保經理人的確為股東之利益而經營，故身兼公司經營與公司監督之權限，在公司治理擁有關鍵地位，而「獨立董事」制度則是為使董事會能發揮其監督功能的一種制度[22]。

　　b. 公司法第206條第2項準用同法第178條之結果，董事對於會議之事項有自身利害關係，致有害於公司利益之虞時，不得加入表決，並不得代理其他董事行使表決權。此即董事利益衝突迴避之原則。在我國一般公司董事會之董事，多由大股東擔任或由其派任，且公司許多業務之執行，皆與各該董事有直接或間接之利害關係。從而，落實利益衝突迴避之原則，將導致無任何董事可參與董事會決議之窘境。因而，有必要積極引進「獨立董事」制度，以兼顧利益迴避原則之落實與董事會之效能運作，並有效保護公司之利益[23]。

　　c. 監察人與董事之功能、任務實有不同。擔任獨立董事有兩個最重要

---

[21] 贊成此說之學者，尤認股權分散之公開發行公司，有強制適用獨立董事制度之必要。蓋其基於獨立董監制度對於擬擔任者設有多項積極資格與消極資格之限制，因此事涉憲法所保障之基本權中之生存權、工作權、營業自由與結社權，又學者恐由公司自行決定設置獨立董監，實施成效不彰，且為公益之目的，投資人之權益應加以維護。從而，自應以法律加以規定，否則實施上恐有違憲之虞。王文宇，從公司治理論董監事法制之改革，台灣本土法學雜誌第34期，頁110，2002年；劉連煜，健全獨立董監事與公司治理之法制研究，月旦法學雜誌第94期，頁140、141，2003年。

[22] 余雪明，台灣新公司法與獨立董事，萬國法律第123期，頁64，2002年。

[23] 胡浩叡，股份有限公司內部機關之研究，國立台灣大學法律學研究所論文，頁292，2004年。

之任務，一為評估公司經營者之效能，若其表現不好則董事會決議加以撤換。二為公司基本策略、作法加以決策而非實際去作。然而監察人指負責監督公司經營者，無法對公司經營之重大決策予以介入。其次，我國雖號稱法制上屬大陸法系國家，但真正大陸法系國家（如德國）其監察人係在董事會之上，故可對公司決策或董事會之表現有最後決定權，對此種監察人之制下無須有獨立董事；但於我國此制下之監察人監督範圍有限，故須有獨立董事制度[24]。

　　d. 建立獨立董事制度有利於彌補我國社會經營者缺乏流動性之缺陷，有利於增加企業經營管理人才數目及提高經營者之流動性，進而促進我國經濟發展[25]。

　　反對論者：

　　反對引進獨立董事制度之論者，或謂改革現行積弱不振、權責不明之監察人制，恢復其獨立性[26]；或謂引進日本之「外部監察人」制度，以為革新公司內部監控制度之手段，本文試分述於如下：

　　a. 我國公司制度上，已有監察人代替股東，經常性監督董事等業務執行，我國目前之問題，只要恢復監察人之獨立性，即可實踐制度原有之理念，取代獨立董事之功能[27]。

　　b. 日本於 1993 年修法時，仿獨立董事之精神，創設「外部監察人」制度，是以我國在改革監控制度時，應參考日本之經驗：較不會發生排斥

---

[24] 余雪明教授之發言，投資人保護法研討會——公益（或獨立）董事制度之探討，月旦法學雜誌第42期，頁94以下，1998年。

[25] 王文宇，從公司治理論董監事法制之改革，台灣本土法學雜誌第34期，頁109，2002年。

[26] 此問題尚牽涉監察人之存廢。有謂在董事會設置獨立董事並要求設立各監督性委員會後，應考慮廢除向來功能不彰之監察人制度；但也有認為監察人之存廢，應由企業自行決定；或謂在獨立董監制度確見其成效前，不宜遽然廢除施行已久之監察人制度。參閱劉連煜，健全獨立董監事與公司治理之法制研究，月旦法學雜誌第94期，頁139，2003年。

[27] 黃銘傑，「公開發行公司法制與公司監控——法律與經濟之交錯」，頁38以下，自版，2001年初版。

現象，並可避免破壞現行監察人制度所可能衍生之風險[28]。

　　c. 則引進獨立董事制度於我國，以致於使得董事會同時兼具有業務執行與監督之功能，可能有球員兼裁判、角色衝突之嫌疑。[29] 且董事會採多數決之方式下，獨立董事制所發揮之功能有限，而我國之監察人採獨任制，執行監察權時，與個別董事相比，所受之羈絆較少[30]。

　　d. 在我國原有之監察人制度外，引進功能相似之獨立董事制度，有可能造成公司內部監控機制疊床架屋之結果[31]。

　B. 獨立董事制度之操作

　　a. 閉鎖性（家族型）股份有限公司：

　　我國係以中小企業為主之經濟體系，大多為所有權與經管權不分、股權集中的家族公司。其無論有否上市上櫃，大多有一個或少數大股東掌控多數股權，小股東基本上是投資型的散戶，不太容易能集合眾力取得董監事席位。因此，設立獨立董事，以保障小股東與利害關係人之權益，尤有必要。

　　惟是否應強制設置獨立董事，學者間有不同見解。肯定說者[32]，認唯有藉用法規之強制外力，公司大股東才願讓外人參與董事會；否定說者[33]，謂閉鎖性公司內，關於公司決策機關、公司內部事項悉依股東協議書為之，而股東協議書之成立生效則以全體股東同意為要件，是以關於公

---

[28] 林國全，監察人修正方向之檢討——以日本法修法經驗為借鏡，月旦法學雜誌第73期，頁48，2002年。

[29] 黃銘傑，「公開發行公司法制與公司監控——法律與經濟之交錯」，頁44，自版，2001年初版。

[30] 劉連煜，健全獨立董監事與公司治理之法制研究，月旦法學雜誌第94期，頁144，2003年。

[31] 劉連煜，健全獨立董監事與公司治理之法制研究，月旦法學雜誌第94期，頁144，2003年。

[32] 陳美娥、羅吉台，評析我國獨立董監事制度，今日會計第91期，頁10，2003年。

[33] 王文宇，從公司治理論董監事法制之改革，台灣本土法學雜誌第34期，頁113，2002年。

司治理是否要採獨立董事制度，亦宜由全體股東決之，公司法似不應強行介入而代其決定。

**b. 一般性（大眾型）股份有限公司**

現行法令規範將獨立董事制度引進，係就初次申請股票上市（櫃）公司之部分，訂立於證交所、櫃檯買賣中心之有價證券上市（櫃）審查準則及補充規定，要求申請上市（櫃）公司應設置獨立董事。

證交所、櫃檯買賣中心訂立之有價證券上市（櫃）買賣契約，係屬一私法性質之契約，學者有以上開規範對於獨立董監資格之限制，存有違反法律保留原則之疑慮[34]，而主張應以一般性立法，強制採行該制之必要。

**c. 尚待解決之問題**

我國學者，對於獨立董監制度，適用於我國，可能產生之問題與缺點探討如下：

I. 依「上市上櫃公司治理守則」規定，上市上櫃應規劃適當獨立董事席次，由股東推薦符合資格之自然人，經董事會評估後，由股東會選舉產生。由是可知，於閉鎖型公司下，大股東的影響力可能主宰選任獨立董事之結果；又縱獨立董事能擺脫大股東之掌控，因大股東實質掌控董事會之控制權，其在董事會能發生之影響力亦屬有限[35]。

II. 目前規劃與執行的獨立董事，都屬兼職，其未必能掌握公司之營運運作、組織文化，且一名獨立董事最多可兼任五家之多，其對於單一公司之專業注意力亦遭削弱[36]。

III. 獨立董事與監察人兩者有功能重疊之處，彼此的關係定位尚待釐清，此可能會擾亂公司治理系統，造成多人監督或無人監督的混亂現象[37]。

---

[34] 王文宇，從公司治理論董監事法制之改革，台灣本土法學雜誌第34期，頁112，2002年；劉連煜，健全獨立董監事與公司治理之法制研究，月旦法學雜誌第94期，頁140、141，2003年。

[35] 傅豐誠，從公司治理之微觀基礎探討我國強制設立獨立董事之必要性，經社法制論叢第34期，頁62，2004年。

[36] 陳美娥、羅吉台，評析我國獨立董監事制度，今日會計第91期，頁11，2003年。

[37] 陳美娥、羅吉台，評析我國獨立董監事制度，今日會計第91期，頁11，2003年。

IV. 從交易成本之觀點，我國獨立董事面臨法制仍須配套、人才供應不足、市場行為及習慣尚待改變等限制[38]。

## (2) 本文見解

獨立董監制度之引進，目的是在匡正我國法制上之監察人，蓋其欠缺獨立性、職權行使成效不彰，又依現行之公司法難以釐清其權責，造成內部稽核對於公司最高當局者帶動舞弊之情事無法加以節制，內部監控制度形同虛設。

惟遽然以外國立法，作為本國法制漏洞缺失之補救，可能會造成新制無法解決舊疾，終致「變法失敗」，陞技電腦事件，就是一個值得借鏡的例子。

不論獨立董監制度，在實證數字上告訴我們，它所產生效能與制衡的作用多大，都無法代表人性的醜陋面已經受到節制。法令縱列出數十行規範要件，限制獨立董監的資格，可是陞技電腦的獨立董事，是研究公司治理赫赫有名的專家柯承恩、李存修教授，他與陞技電腦董事長盧翔存曾經是師生關係，可是師生關係非排除獨立董監的消極要件，試問師生情誼，是否會影響獨立董監的獨立性，沒人說的準，那是不是表示說這也是投資人所應當承擔的典型風險，這樣的問題不免讓人覺得沮喪。

其實，我們所要尋找的答案，並非是在獨立董監的存廢爭議中。我們需要只是一個控管人心的制度，它要駕馭的不僅是經營者的利己心，更是監督者的利己心。要使監控制度發揮效用，必然是制衡機制的兩端，彼此的利害相衝突。

若使公司價值的極大化，經營者與監控者可獲得對等比例的利益；而經營者的自我圖利，會造成監控者直接的不利益，那公司治理的步伐就會走的相當穩當。

當然，最困難的部分，是制度的實際設計，在經營者、監督者方面之選任與報酬方式；以及如何使監督者與經營者站在天秤的兩端，亦為制度

---

[38] 傅豐誠，從公司治理之微觀基礎探討我國強制設立獨立董事之必要性，經社法制論叢第34期，頁65，2004年。

設計的重點，諸如以監督者為公司債務之連帶保證人等。

　　公司治理的內部監控制度，不論我們選擇的是監察人制、獨立董事制、外部監察人制，都是為了治癒現制的傷口所作的補救，只是考量的角度不同而已，但都難免有其不盡理想之處。

　　獨立董監制度，在美國、澳洲的全面實施，亦有成效不彰、漏洞百出的問題，將之引進國內，本有與現制衝突而發生水土不服的現象，再加上制度本身先天不足，曾發生問題，不難預見。本文以為，獨立董監制度，除學者一針見血指出其在功能定位上，模糊不清、配套措施略顯不足等缺失外，因太仰賴外觀的學歷、品德而無董事與獨立董事間利害相反的制衡機制，最後終讓人性的無常奪得勝利。

## (三) 監察人與公司間忠實義務原則之適用

　　陞技電腦之海外孫公司 Timerwell Technology Holding Ltd. 於 2002 年 10 月，以美金 4,000 萬元同監察人購入面額僅美金 330 萬之公司 Effective Score Ltd.，公司資產因而有減少之虞。

　　監察人為公司法第 8 條 2 項所謂之公司負責人，其與公司間乃委任關係，自應有同法第 23 條之適用，而對公司負違背忠實義務、善良管理人注意義務之損害賠償責任，以及依民法第 544 條之規定負契約之債務不履行責任；對第三人負因其執行公司職務違反法令致該他人受有損害時之賠償責任。

　　應無疑義者，為不利益公司經營之董事，公司可透過公司法第 23 條或民法 544 條，甚或依民法一般侵權行為之規定，來將損害轉嫁於其負擔。公司之債權人、股東或其他利害關係人，亦可透過公司法第 23 條第 2 項或民法一般侵權責任之規定，向行為之董事請求損害賠償。

　　惟與公司進行交易之監察人，對於因該交易而受有損害之人（公司、股東、債權人或其他利害關係人），要否負損害賠償責任，非無疑問，擬分述如下：

　　監察人之職責在於調查公司之業務及財務狀況、查核簿冊文件、制止董事會之違法行為等，其與公司為買賣等交易行為，似乎與不忠實執行業

務、怠忽監察職務扯不上邊，縱因該買賣而使公司受有損害，公司亦不得直接依公司法第23條第1項、第224條之規定向其請求損害賠償。

惟監察人掌有公司內部監控之重責大任，不得與經營階層掛勾，以確保其超然獨立性，本為公司法上之誡命，更係其與公司間之委任契約義務之一環。從而，若監察人與公司進行買賣，居於利害衝突之兩方，雖無董事與公司進行交易產生雙方代理、自己代理之問題，卻仍有增加公司董事與監察人合謀營私之風險之可能，破壞健全公司治理之機制之平衡。

準此以言，本文以為，監察人與公司從事買賣等交易行為，亦應解釋納入監察人忠實義務之一環，並應進一步認為監察人對公司負有一「不與公司分別居於利害衝突之兩端」之不作為義務，或可認為雷同於董事之競業禁止義務。蓋公司之內部監控制度之平衡點，建立在經營者與監督者之互相制衡上，制衡之貫徹亦須建構在雙方的自我利益之衝突中。從而，監察人與公司為交易，產生了與「公司」利害衝突之狀態，卻增加了與經營者掛勾以圖雙方私利的誘因。我們難以期待監督者會罔顧己利，制止經營者締結不利公司卻有利自己的契約，公司之內部人大有機會聯手出賣公司，損害股東、公司債權人及其他利害關係人之利益，這而不就是投資大眾、學者專家最害怕的結果嗎？

因此，在內部監控制度之設計上，監察人不得與公司處於利害衝突之兩端，若監察人違背斯義務，即可認其該當公司法第23條第1項之「公司負責人違反應盡之忠實執行業務、善良管理人之注意義務致公司受有損害」，應而對公司負有此一損害賠償責任。又，經濟部曾做出解釋，禁止監察人與公司為交易，與本文所採之結論雷同，併與敘明。

## 2. 對第三人之責任

監察人與公司為交易致第三人（股東、債權人以及其他利害關係人）受有損害，基於上述理由，第三人可依公司法第23條第2項向其請求損害賠償。又，監察人為圖己利與公司進行交易，致公司資產減損，股東或公司債權人因而間接受有損害，其亦可依民法上侵權行為之一般規定向行為之監察人請求損害賠償。

## 二、掏空公司的手法——博連、訊碟的翻版

依前述之事實可知陞技電腦之公司經營階層針對證交所對其所提出虛增營收、虛列應收帳款、藉巨額轉投資掏空公司之質疑並未能提出清楚之說明，若證交所之查核皆為屬實時，則陞技電腦公司之經營階層，負責監督管理之監察人，查核財報之會計師應負如何之刑事、民事及行政責任，為本文以下所欲探討者，此外，陞技電腦為層級繁複之轉投資掏空公司，因而有喻為訊碟的翻版外，其以應收帳款做為海外子公司投資孫公司之出資方式，在受我國公司法之規範之前提下，是否可行？該兩家孫公司於短時間內即於帳上列巨額之商譽費用，是否適法？此是否亦暴露無形資產對公司資本結構之影響力？

### (一) 公司經營階層及監督查核階層之責任

#### 1. 財務報表上為不實記載行為之評價

證券交易法（以下簡稱證交法）之立法目的為保障投資已於證交法第一條明文，投資人買賣有價證券，需於資訊充分揭露之前提下，自負盈虧，自行承擔買賣股票之高風險與高報酬，因而證交法課與公司、董事、監察人、經理人、大股東等人提供必要資訊，以供投資人做出投資決定之義務，即資訊公開義務（Affirmative Duty to Disclose Information）資訊公開可分為初次公開及繼續公開[39]，就本案而言，陞技電腦為上市公司於公司進入市場後，負有繼續公開之義務，此於證交法第 36 條為規範，即公司需定期公開其月報、季報、半年報及年報，該財務報告須依「證券發行人財務報告編製準則」之規定為編製，其未規定者依一般公認會計原則辦理[40]，陞技電腦於民國 92 年及 93 年上半年之財報上所揭露陞技電腦近七成業務由股本兩元港幣之公司主宰，該資訊依證交所之查核結果可能為假交易，即為財報內容不實之情形，則公司及相關人員之責任分述如下：

---

[39] 曾宛如，「證券交易法原理」，頁39-41，自版，2002年12月3版。
[40] 證券發行人財務報告編製準則第3條參照。

## (1) 公司之責任[41]

### A.行政責任

上市公司所公告之財務報告有不實之記載者，證交所得依台灣證券交易所股份有限公司營業細則第49條第1項之規定[42]，於證交所認有必要時，為變更交易之處分，本案之情形，證交所即以此為依據列陞技電腦為全額交割股，並令其重編財務報告，逾期未重編即依同細則第50條第1項第5款之事由為根據，終止該股票之上市。此外，主管機關亦可依證交法第39條[43]以命令糾正財報不實之行為。

### B.民事責任

公司因違反證交法第20條[44]第1項、第2項之規定，而須依同條第3項對該證券之善意取得人或出賣人因而所受之損害負賠償責任，然此賠償責任於司法實務上並不容易成立，究其原因在於民事訴訟法第277條本文規定：「當事人就有利於己之事實負舉證責任」，因而，賠償請求權人需舉證公司公告之記載不實之財務報告與其所受之損失有因果關係，否則公司之賠償責任即無法成立，然於台灣高雄地方法院所為之91年重訴字第447號判決[45]卻做出令人耳目一新之裁判，而認「投資人只要能舉證財報

---

41 陞技電腦公司為法人，依我國現行刑法之規定原則上不認法人有犯罪能力，僅於特別刑法始例外認其具犯罪能力，故本文於此不討論公司本身之刑事責任。

42 參照台灣證券交易所股份有限公司營業細則第49條第1項之規定；台灣證券交易所股份有限公司營業細則第50條第1項之規定。

43 證交法第39條規定：「主管機關於審查發行人所申報之財務報告、其他參考或報告資料時，或於檢查其財務、業務狀況時，發現發行人有不符合法令規定之事項，除得以命令糾正外，並得依本法處罰。」

44 證文法第20條規定：「有價證券之募集、賣行、私募或買賣，不得有虛偽、詐欺或其他足致他人誤信之行為。發行人申報或公告之財務報告及其他有關業務文件，其內容不得有虛偽或隱匿之情事。違反前二項規定者，對於該有價證券之善意取得人或出賣人因而所受之損害，應負賠償之責。」

45 台灣高雄地方法院91年重訴字第447號判決要旨：「…任何以不實資訊公開於股票交易市場之行為，均可視為對參與股票交易之不特定對象為詐欺，並進而推定任何參與股票交易之善意取得人或出賣人，均有信賴該資訊之真實性，而

不實，即可進而推定投資人權益受損，不須再做多餘之舉證」，此乃十分有利於投資人求償，惟對一般審判實務上未具拘束力。

(2) 公司負責人[46]之責任

A.刑事責任

公司負責人於公司為內容不實記載之財務報告上簽名行為，違反證交法第 171 條第 1 項第 3 款、商業會計法第 71 條第 5 款，證交法第 174 條 1 項 6 款[47]，刑法第 342 條背信罪之規定[48]，行為人之同一行為若皆成立前述罪名，則各罪間之競合關係為刑法第 55 條所指之想像競合犯，須從一重罪處斷。

---

不須舉證證明其有如何信賴財務報告之事證，亦即因果關係係被推定，此亦為美國就有關股票交易訴訟時所發展出之「詐欺市場理論」所採用；況如將舉證責任責由原告為之，勢將產生舉證其信賴財務報告而交易上之重大困難，且亦違反公開資訊者應確保其資訊真實性之原則，故本院認依民事訴訟法第二百七十七條但書規定，上開因果關係推定之見解，應可適用於本件爭議…」

[46] 公司法第8條規定：「本法所稱公司負責人：在無限公司、兩合公司為執行業務或代表公司之股東；在有限公司、股份有限公司為董事。公司之經理人或清算人，股份有限公司之發起人、監察人、檢查人、重整人或重整監督人，在執行職務範圍內，亦為公司負責人。」；商業會計法第4條規定：「本法所稱商業負責人依公司法第八條、商業登記法第九條及其他法律有關之規定。」

[47] 證交法第171條第1項第7款規定：「三、已依本法發行有價證券公司之董事、監察人或經理人，意圖為自己或第三人之利益，而為違背其職務之行為或侵占公司資產。」；證交法第174條第1項6款規定：「於前款之財務報告上簽章之經理人或主辦會計人員，為財務報告內容虛偽之記載者。」；商業會計法第71條第1項第5款規定：「商業負責人、主辦及經辦會計人員或依法受託代他人處理會計事務之人員有左列情事之一者，處五年以下有期徒刑、拘役或科或併科新台幣十五萬元以下罰金；五、其他利用不正當方法，致使會計事項或財務報表發生不實之結果者。」；刑法第342條第1項規定：「為他人處理事務，意圖為自己或第三人不法之利益，或損害本人之利益，而為違背其任務之行為，致生損害於本人之財產或其他利益者，處五年以下有期徒刑、拘役或科或併科一千元以下罰金。」

[48] 證交法第174條第1項第6款之規範主體不包括董事、監察人等公司之負責人，且同條第5款規範之主體又僅限發行人，即公司本身，故董事、監察人之行為不違反此條之規定。

### B.民事責任

公司負責人與公司間之關係適用民法上委任[49]之規定，則其於為不實記載之財務報告上為簽名之行為，對公司須負債務不履行責任，此行為亦違反其對公司之忠實義務[50]，須賠償公司因此所受之損害；對第三人而言，其關於公司業務之執行，係有違反法令，自須對他人與公司負連帶賠償責任，亦有可能成立民法上之侵權行為，關於證交法第20條第3項之賠償責任，學者有謂不以發行人為限，凡實質上參與不實文件之製作者皆須負責[51]。

### (3) 公司簽證會計師之責任

### A.刑事責任

陞技電腦之簽證會計師為安侯建業會計師事務所之會計師吳昭德、李佩息，針對證交所提出之疑義，其回應認：「不是交易所誤會，就是當初委託之國際徵信公司出了問題」[52]，則該會計師似非故意而於記載不實之財務報告上簽證，則證交法、商業會計法、刑法責任之成立以故意為要件，其即無刑事責任。

### B.民事責任

民事責任成立不以故意為要件，蓋其制度目的與刑事責任並不相同，因而該簽證會計師對公司仍可能成立債務不履行責任；對第三人可能成立侵權行為責任。

---

[49] 董事、監察人、經理人與公司之關係，分別規定於公司法第192條第4項、第216條第3項、第29條第1項。

[50] 公司法第23條規定：「公司負責人應忠實執行業務並盡善良管理人之注意義務，如有違反致公司受有損害者，負損害賠償責任。公司負責人對於公司業務之執行，如有違反法令致他人受有損害時，對他人應與公司負連帶賠償之責。」

[51] 曾宛如，論證券交易法第二十條之民事責任，台灣大學法學論叢第33卷第5期，頁54-58，2004年。

[52] 經濟日報，「安侯：香港資本結構不同」，A3版，2004年12月16日。

## 2. 掏空公司資金行為之評價

　　公司經營階層利用職務之便，行五鬼搬運掏空公司資金，讓廣大投資人手中股票成為壁紙，該行為亦有證交法第 171 條第 1 項第 3 款、刑法第 342 條背信罪之刑責，但並不成立業務侵占罪，主要原因在於公司負責人並未為易持有為所有之侵占行為，亦對公司負民事賠償責任，同前所述。

## 3. 小結

　　公司經營者是否善盡職務，需仰賴公司之內部監督機關監察人及外部查核機關會計師為把關，然我國監察人制度功能不彰，由來已久，會計師雖肩負為公益為查核之責，惟公司當局者有委任、選擇會計師之權亦是事實，因而公司經營者與簽證會計師間是處於一互信之前提下為查核，此互信關係隨者地雷股之一再引爆，投資動搖對會計師之信賴，傷害了會計師的專業形象，以往會計師信賴客戶所提供之資訊，採用正常的財務報表之善意查核的方式為之，然而會計師與企業進入信心危機的時代，以不信任角度為查核，雖能有效揭發舞弊真相，卻也面臨高成本、資料證據取得困難的缺失，因而現行會計師所能做的也僅有慎選客戶、投入更多查核人力、更機警的執行查核程序以面對變化中的環境。

## (二) 以應收帳款做出資方式之適法性

　　本案之事實中陞技電腦之海外子公司係以 27 億應收帳款做出資方式投資海外孫公司，該子公司、孫公司未必依我國公司法組織、登記、成立，而受我國公司法規範，因而本文以下將此問題之討論前提設定為該海外孫公司為股份有限公司，其在我國公司法法制下，討論以應收帳款出資的適法性，合先敘明。

## 1. 股份有限公司股東之出資方式

　　公司發起人之股款，可以公司事業所需之財產抵繳之，為公司法第 130 條第 4 項所明文；股東之出資依 2001 年新修正公司法第 156 條第 4 項規定：「股東之出資除現金外，得以對公司所有之貨幣債權，或公司所需之技術、商譽抵充之，惟抵充之數額需經董事會通過，不受第 272 條之限制。」，此外，於公司公開發行新股時，原則上應以現金作股款為原則

例外由原有股東或洽特定人認購時，始得以公司事業所需之財產為出資 [53]。

## 2. 應收帳款之概念

應收帳款（Accounts Receivable）為會計學上資產負債表（Balance Sheet）上資產項目之會計科目，係指企業因出售商品或勞務，顧客所欠的款項，此項帳款主要是由營業活動產生，若非由主要營業活動而發生者，應另設科目表達 [54]，性質上為流動性與風險性高的資產，稍有不慎即有可能讓資產變損失，雖其能代表一家企業經營能力高低，卻也是財報上容易作假的科目，主要原因在於他們不透明而易操縱的投機身分，例如銷貨集中在大量關係人或截止日前的大量塞貨，且應收天數甚長者，最易發生經營者掏空資產之地雷股事件，任何資產皆存有經濟效益與風險損失，而應收帳款的投資風險應在於經營者的背信行為掏空資產 [55]。

## 3. 應收帳款可否為出資標的？

應收帳款是否能做出資標的，端視其是否為公司事業所需之財產，或為對公司之貨幣債權，應收帳款包括出資人「對公司」之貨幣債權或出資人「對公司以外第三人」之貨幣債權，就其可因債權人債權實現而轉換為現金之角度觀察，其為公司事業所需之財產，然當其未能實現時許為出資標的有害資本維持原則；公司法第 156 條第 4 項文義上僅限「對公司」之貨幣債權，其立法目的在於許公司以債做股，以改善公司之財務狀況，降低負債比例，則出資人對公司以外第三人之貨幣債權，即不在本條之許可範圍內，且依前所述應收帳款性質上為風險性高之資產，也極易為企業所操縱，若肯認其可為出資標的，則因假交易之情形下產生之應收帳款即成為公司資本之一部，當其無法變現時，即危及公司債權人之權益，蓋公司

---

[53] 公司法第272條參照。

[54] 李建華、陳富強，「會計學原理上冊」，頁53，超越企管顧問股份有限公司，1991年。

[55] 張漢傑，洞悉會計戲法系列（一）應收帳款與存貨對股價的透明化管理，會計師研究月刊第203期，頁63-69，2002年。

之資本為公司債權人之最低保障，亦不符合資本充實原則[56]。

因此，在鼓勵投資公司之同時，仍須兼顧公司資本結構穩固，債權人權益保障，故若以出資人對公司以外第三人之應收帳款做出資標的，需成立一前提下始可為之，即須與出資人約定於一百八十天內未收回應收帳款者，出資人仍須以等值現金挹注且須由出資人為連帶保證，以兼顧各方利益。

該應收帳款出資價值之評定及應核給之股權，公司法於發起人出資與創立會裁減之權[57]；於公開發行新股時，於公司法第274條後段要求監察人查核加具意見；於一般股東出資者，其抵充之數額須經董事會通過，其董事會決定抵充額數，缺乏公開、明確的標準，因此是否有類推適用公司法第145條第1項第4款與第147條後段之規定，而由股東會查核或依第274條後段要求監察人查核加具意見，以求公允[58]。

## (三) 商譽費用攤銷成為掏空資金手法

本案中陞技電腦海外曾孫公司於短期內於帳上認列合計達30億元之商譽費用，使現金或存貨大幅減少，因而質疑此亦為掏空公司手段之一，盧翊存針對此質疑曾回應說：「國外商譽費用是分二十年攤提，國內則係五年，因該轉投資主體是海外公司Timerwell，因此也就比照國外模式。」隨知識經濟時代的來臨，無形的知識、技術、商譽等不易量化的資產其價值有時較有形的商品更高，會計上亦有其處理方式，然因其缺乏公正的鑑價機制，其日後發展亦具高度不確定性，在財務報表上之表現如何兼顧允

56 大陸法系中有資本三原則之法制設計，使公司資本成為公司債權人之最低保障，其中資本維持原則係指公司存續中，至少須經常維持相當於抽象資本之具體財產，我國公司法第15條、第16條等即為此原則之落實規定。柯芳枝，「公司法論」（上），頁132，三民書局，2004年3月5版。

57 公司法第147條規定：「發起人所得受之報酬或特別利益及公司所負擔之設立費用有冒濫者，創立會均得裁減之，用以抵作股款之財產，如估價過高者，創立會得減少其所給股數或責令補足。」

58 陳連順，「公司法精義」，頁360，元照出版有限公司，2002年9月修訂3版。

當表達而不低估無形資產之價值，同時也避免作為有心人士操縱財務報表的會計科目，實為一困難的問題，此外，許其作為對公司之出資標的[59]，亦將對資本充實原則產生一定的衝擊，本文以下擬就與本案較相關之無形資產中的商譽於會計上處理方式作介紹，並就現行鑑價機制下，此會計科目可能為企業當權者所操縱問題作一討論，合先敘明

### 1. 商譽於會計上之處理[60]

#### (1) 商譽的意義及特性

商譽（goodwill）係在有形資產及無形資產之外，能夠為企業賺取利益之無形資產，一般認為商譽存在之證明是企業賺的超額盈餘之能力，因其構成因素複雜，故無法與企業之其他資產分離辨識，亦不能單獨出售，商譽之特性為不易認定、不可分離及不確定性極大，不確定性極大的原因在於其存續期間、價值高低波動情形皆難以預測估計。

#### (2) 商譽在會計上的處理

商譽的產生可分為向外購買及內部自行發展兩種情形，前者因有客觀交易可驗證其價值，因此可據以認定成本以入帳，後者因與商譽之建立相關之支出難以辨認，且此等支出之未來效益亦難以衡量，因此會計上對企業自行發展之商譽價值不予認定；商譽購入後，依成本列為資產並於合理的年限內攤銷[61]。

### 2. 無形資產鑑價缺乏公信的機制

無形資產因其未來效益不確定，價值難以評估，[62] 我國目前就無形資產之鑑價機制，尚無法令具體規範，導致坊間鑑價機構良莠不齊，現行法

---

[59] 公司法第156條第4項參照，

[60] 林蕙真，「中級會計學新論」（中冊），頁72-77，証業出版股份有限公司，2001年第2版。

[61] 我國財務會計準則公報第一號（及美國APB第17號意見書）規定商譽之成本必須於二十年（四十年）內加以攤銷，且除非證明其他方法更適當否則攤銷方法以直線法為原則。

[62] 陳峰富，公司無形資產與鑑價機制之研究（上）（下），司法周刊第1134、1135期，第2版，2003年。

令提及公司無形資產之鑑價僅於專利法第 89 條第 1 項第 3 款為規範，然鑑價的品質建立於人力、資源與資訊透明化之基礎上，無形資產鑑價本為高難度的專業，如因市場競爭導致品質不良，亦值得商榷，實際上無形資產適用鑑價機制者，除公司技術入股或智慧財產權之拍賣外，其餘甚至未行此程序，則無形資產價值公信力之低落可想而知，因而有倡議我國應成立公司無形資產之公信鑑價機構，設立財團法人或開放民間機構承辦並建立配套措施。

### 3. 落實鑑價機制防堵商譽的認列成為掏空資金的媒介

商譽於資產負債表上承認其價值，實有其必要性，惟其具高度不確定性，價值原本即估計困難，復加上我國尚未建立具公信力之無形資產鑑價機制甚或無強制要求鑑價制度，則如何定其價值將商譽之成本逐年攤銷即為一困難之問題，因為其價值確定無明確標準，而使定商譽價值成為有心人士掏空公司之媒介，就本案例而言陞技電腦之海外曾孫公司於短時間內即認列鉅額之商譽費用，事實真相無人知悉，是否該商譽之價值果真如此，抑或係有心人士藉攤銷巨額商譽費用使公司現金減少？實值得令人玩味，雖然盧翊存針對此質疑做出的回應是外國商譽費用攤銷年限不同於我國，惟問題之核心仍存在於費用額度之合理性，非規定之不同。

## 三、內部人認購海外可轉換公司債

陞技電腦在 2003 年發行之海外可轉換公司債（ECB）認購客戶為陞技電腦之監察人，涉及違反陞技電腦當初向主管機關所為「內部人不得參與 ECB 認購」之承諾，此外，購買陞技電腦 ECB 的 Darling Win 的地址與曾孫公司 Effective Score Ltd.、Top Beyond 的另一股東 Charming Time、Apex Venture 之另一股東 Mission Goal 之地址皆都是在 BVIP. O. Box 957，同時也都登記在英屬維京群島。

### (一) 海外可轉讓公司債成為企業新興的籌資工具

#### 1. 海外可轉換公司債的意義與特性

可轉換公司債係特定公司所發行之有價證券屬於債券性質，性質上為

一直接向投資人籌措長期資金的金融工具，然其不同於一般債券而予投資人附有將債券轉換為發行公司普通股之權利，為兼具債券與股票雙重性質的有價證券，其票面利率通常較一般公司債為低[63]。海外可轉換公司債（Euro Convertible Bond，以下簡稱 ECB）係指企業在海外以外幣發行的可轉換公司債，近年來成為企業新興的海外籌資工具，蓋其可藉此將投資人的投資組合由國內擴及全球，使資金來源有更多的彈性且可藉以提升其國際知名度，其尚具有令發行公司滿意的財務槓桿效果，相較於其他財務工具往往受有重重發行限制條款與較高的籌資成本，ECB 因而廣受國內發行企業的青睞[64]。

### 2. 海外可轉換公司債之發行條件

ECB 為歐洲債券之一種，基本上其發行條件相當寬鬆，通常沒有擔保，我國企業發行 ECB 之條件依發行人募集與發行海外有價證券處理準則，適用申報生效或申請核准制[65]，發行公司於所發行之公司債附認股權者其發行辦法應載明一定事項[66]，並於發行 ECB 經申報生效或申請核准後，應於發行訂價日起二日內，於本會指定之資訊申報網站公告特定事項[67]。

## (二) 籌資還是利益輸送

國內之證券主管機關對企業以 ECB 做海外籌資方式，其所為之控管方式依前所述係為事前之把關，而依發行人募集與發行海外有價證券處理

---

[63] 歐宏杰，海外可轉換公司債（ECB）之面面觀，集保月刊第123期，頁7-10，2004年。

[64] 薛富井、陳韻如，企業海外籌資相關議題之探討——綜論海外可轉換公司債與存託憑證之比較，會計研究月刊第196期，頁61、69，2002年。

[65] 發行人募集與發行海外有價證券處理準則第22條第1項：「發行人募集與發行海外公司債，依其性質應分別檢具募集海外公司債申報（請）言（附表十二至附表十七）載明其應記載事項，連同應檢附書件，向本會申報生效或申請核准後，始得為之。」

[66] 發行人募集與發行海外有價證券處理準則第23條第1項。

[67] 發行人募集與發行海外有價證券處理準則第26條第1項。

準則第 23 條第 1 項規定，若發行人募集與發行 ECB 時，於申報生效或申請核准後，經發現有下列情形之一者，行政院金融監督管理委員會（以下簡稱金管會）得撤銷或廢止其申報生效或核准：「第三款、募集與發行海外公司債，附轉換條件或認股權者，未依申報（請）事項及所附書件記載之發行行方式及轉換或認股條件發行且未於發行訂價日前向本會申請變更者。第四款、其他有違反本準則規定或本會於通知申報生效或申請核准時之限制或禁止規定者。」因而本案中陞技電腦所為違反發行 ECB 承諾之行為，可能由金管會依前述規定撤銷或廢止其申報生效或核准。其所發行之 ECB 依本案事實觀之，似由陞技電腦洽特定人認購，然主管機關實際上並無有效管控方式。

## 伍、結論

在一連串地雷的震撼教育下，投資人更要步步為營，公司亮麗的營收只是參考，不妨將企業的獲利與股價做比較，當企業管運狀況與股價出現重大乖離時，通常股價已提前告知一個事實：錢才是最聰明的，財務報表只是參考。我國資證券市場投資人仍以散戶為主，挹注的資金常為畢生心血，在地雷股引爆時往往最沒能力挽救自己的權益，本案中陞技電腦投資人組成自救會自力救濟，並提出四項訴求[68]，惟其訴求正如預期無正面的回應，這樣的結果原因只在於該自救會所能反制陞技電腦的手段有限，即使依現行公司法對公司經營階層提起股東代表之訴，成效亦十分有限，其在蒐證上有其困難，若敗訴尚須賠償公司、被告損失，因而與其投資不當血本無歸，投資人最佳的自保之道仍在於審慎評估投資對象，以免誤觸地雷。

---

[68] 資料來源：工商時報，「自助會訴求 盧翊存無法承諾」，2版，2005年1月12日。

## ※陞技電腦案後記

| | |
|---|---|
| 2005/01/21 | 由於陞技電腦（2407）於該日下午公告「債權銀行團依協商機制，同意回復陞技電腦的授信額度」的重大訊息，證交所唯恐股市投資人被蓄意誤導，已要求該公司於晚間8時前補行公告銀行團的但書部分，提醒投資人注意，僅有部分銀行同意回復陞技的授信額度。<br><br>陞技電腦昨日表示，14家債權銀行與金融行庫，在對該公司財務與業務進行了解，並查核完畢後，依協商機制會議討論，決議對該公司借款額度與銀行存款解凍，因此從即日起，該公司即可正常使用銀行借款額度47億元。<br><br>證交所昨日下午即接獲股市投資人抱怨電話，認為是證交所有意打擊陞技電腦的空頭，證交所相關主管看到陞技的公告後，直說想昏倒；主管呈當下即向證交所董事長吳乃仁報告，指出陞技在股市公開觀測站中的公告，有蓄意誤導投資大眾之嫌，吳乃仁裁示要求陞技電腦儘速補行公告，否則將要重罰。<br><br>證交所表示，依據債權銀行協商的機制，部分銀行希望等到3月10日後，也就是看到銀行團認可的財報及償債計畫後，再決定是否回復陞技的借款額度，並非如陞技電腦所言，銀行團已經回復借款額度為新台幣47億元[69]。 |
| 2005/04/22 | 陞技電腦（2407）爆發財務疑慮後股價一路重挫，為充實營運資金，改善財務結構，以每股1.5元，辦理6.61億元私募完成[70]。 |
| 2005/05/03 | 陞技電腦（2407）該日晚間公告，去年財報提前適用財務會計準則第35號公報，共減列固定資產、長期股權投資，並增列投資損失及資產減損金額高達新台幣44.5億元，去年稅前虧損達43.52億元，以去年期末股本約85億元計算，每股稅前虧損5.1元。<br><br>根據陞技電腦公告，陞技電腦的簽證會計師對於陞技電腦去年度財報出具保留意見的查核意見，主要原因包括：陞技電腦在去年與 |

---

[69] 資料來源：http://www.libertytimes.com.tw/2005/new/jan/21/today-stock10.htm，最後瀏覽日期：2005年6月6日。

[70] 資料來源：http://www.ettoday.com/2005/04/22/320-1780775.htm，最後瀏覽日期：2005年6月6日。

| | |
|---|---|
| | KOBIAN集團交易金額高達新台幣140.8億元，占其全年銷貨淨額72%，其中貨物經台灣海關出口的金額52億元，其餘在海外直接交運部份的金額88.8億元，但因其供應商及客戶皆是KOBIAN集團下公司，無法採用其他查核程序獲得足夠及適切的證據，以證實KOBIAN集團與陞技電腦間的交易是否充當表達。 |
| | 此外，陞技電腦透過持股100%的控股公司TREASUREWORLD HOLDINGS INC.轉投資AVIXE TECHNOLOGYHOLDINGS LIMITED，並持股98.5%，但該孫公司在92年12月以應收帳款3000萬美元及預付貨款2000萬美元，轉投資APEX VENTURE ASSETS LIMITED，同時在93年6月，以應收帳款3500萬美元轉投資TOP BEYOND TECHNOLOGYLIMITED，分別佔該轉投資公司持股比例40%及45%。 |
| | 會計師查核報告表示，AIXE TECHNOLOGYHO LDINGS LIMITED的查核會計師，未取得APEX VENTUREASSETS LIMITED及TOP BEYOND TECHNOLOGY LIMITED等兩家被投資公司的會計師查核報告，而是依估值師的估值報告，分別認列該長期投資的資產減損4500萬美元及2500萬美元，使資產減損金額佔93年度稅前損失的52.7%[71]。 |
| 2005/05/25 | 陞技電腦（2407）昨公告表示，金管會已核准該公司申請延編財報，將延至94年6月30日前重行公告申報93年及94年第一季財務報告。而陞技電腦的股東會也將在6月30日舉行，預料在當天開股東會前未公佈重編的財報，則陞技電腦應會面對小股東更多壓力。 |
| | 陞技電腦去年年報和今年首季季報，應主管機關要求重編，原本要在5月27日前繳交，但該公司申請延報。由於陞技原先的財報顯示，去年財報提前適用第35號公報。共提列固定資產、長期股權投資減損金額高達44.5億元，去年稅前虧損達43.52億元，與原先公司自行結算數字差距達56.95億元，稅後淨 |

---

[71] 資料來源：http://tw..stock.yahoo.com/xp/20050503/49/82326521693.html，最後瀏覽日期：2005年6月6日。

損44.80億元，每股稅後淨損達6.19元。

在陞技電腦原本公佈的第1季財報中，由於營收較去年同期大幅衰退8成，營業虧損新台幣5174萬元，加上提列7.66億元投資損失，稅前虧損及稅後虧損均為8.78億元，每股稅後淨損1.11元[72]。

## ※附表一：高額轉投資疑義圖（參閱工商時報，「陞技再投資疑點」，第3版，2004年12月15日）

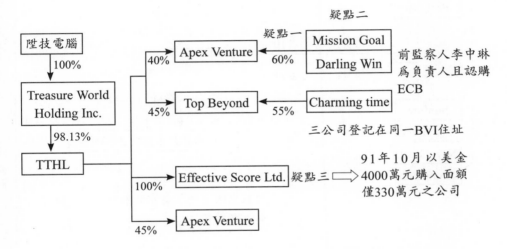

疑點一：Apex Venture、Top Beyond兩家公司陞技電腦以二十七億元之應收帳款投資，兩家公司分別有5600萬及4200萬美元之商譽。

疑點二：Mission Goal、Darling Win、Charming Time之地址皆都是在BVIP. O. Box 957，同時也都登記在英屬維京群島。

疑點三：Timerwell Technology Holding Ltd.以高價購入監察人所有之Effective Score Ltd

72 資料來源：中時電子報http://news.chinatimes.com/Chinatimes/newslist/newslist-content/0,3546,110508+112005052500357,00.html，最後瀏灠日期：2005年6月6日。

## 附表二：陞技電腦上半年進貨、銷貨概況圖（參閱工商時報，「陞技上半年進貨銷貨概況圖」，第1版，2004年12月15日）

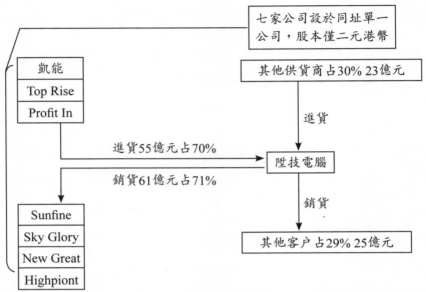

```
                              ┌─────────────────────┐
                              │ 七家公司設於同址單一 │
                              │ 公司，股本僅二元港幣 │
                              └─────────────────────┘

┌──────────┐                  ┌─────────────────────┐
│   凱能   │                  │ 其他供貨商占30% 23億元│
├──────────┤                  └─────────────────────┘
│ Top Rise │                           │
├──────────┤                           │ 進貨
│ Profit In│                           ▼
└──────────┘        進貨55億元占70%   ┌──────────┐
                  ──────────────────► │ 陞技電腦 │
                                      └──────────┘
                    銷貨61億元占71%         │
                                           │ 銷貨
┌──────────┐                               ▼
│ Sunfine  │                  ┌─────────────────────┐
├──────────┤                  │ 其他客戶占29% 25億元 │
│ Sky Glory│                  └─────────────────────┘
├──────────┤
│ New Great│
├──────────┤
│ Highpiont│
└──────────┘
```

註：陞技電腦上半年進貨成本78億元，銷貨收入86億元

## ※附表三：（參閱經濟日報，「申請恢復普通交割陞技被駁回」，A2版，2004年12月24日）

| 陞技電腦申復財報疑點及證交所質疑簡表 | |
|---|---|
| **陞技電腦說明** | **證交所質疑點** |
| 已提供主要銷售客戶徵信資料 | 陞技所提的主要銷售客戶徵信資料與證交所查核結果有重大出入，同時無法證明主要進、銷貨客戶是否足以承擔鉅額買賣能力。 |
| 已提供Kobian集團與陞技電腦之間往來信函 | 僅說明Kobian與陞技有往來，但並無具體佐證雙方進、銷貨的真實性。 |
| 已提供Kobian集團92年度財報銷貨收入約43億元 | 依據陞技所提出Kobian的去年度合併財務報表，Kobian去年度的銷貨收入約43億元，但陞技電腦去年財報當中，卻顯示進貨金額約60億元，進貨金額明顯大於銷貨金額。 |
| 已提供Kobian集團92年度財報銷貨收入約43億元 | 根據Kobian公司網站所示全年銷售額約63億元，明顯有所出入。 |
| 提供Kobian主機板設計諮詢服務、資金融通、代付權利金等服務 | 陞技聲稱與Kobian集團的交易當中，主要是提供Kobian主機板設計諮詢服務、資金融通及代付權利金等服務，與帳載零組件買賣交易明顯有異。 |
| Apex Venture、Top Beyond兩家公司陞技電腦以27億元之應收帳款投資，兩家公司分別有5600萬及4200萬美元之商譽，係因所適用外國會計上之攤銷費用年限不同 | 證交所查核陞技孫公司Apex Venture及Top Beyond帳上認列將近1億美元商譽，但兩家公司今年度自結報表都出現虧損，與認列商譽要件不符，陞技也未能證明商譽存在的合理性。 |
| 四家公司欲在香港登記法人組織 | Daring Win、Effective Score、Charming Time及Mission Goal四家公司都登記在英屬維京群島，與陞技在12月14日至證交所召開重大訊息說明記者會所稱，「其欲在香港登記法人組織，遂委請本公司給予地址上之協助」不符。 |
| 李中琳擔任負責人的Daring Win公司是再次級市場購買陞技電腦之ECB | 經查核發現，由陞技前監察人李中琳擔任負責人的Daring Win公司，當初是在初級市場購買陞技的海外可轉換公司債（ECB），違反陞技向主管機關申請發行ECB時的承諾，也與陞技在2月14日記者會及16日書面說明不符。 |

# 參考文獻（依作者姓氏筆劃遞增排序）

## 一、專書論著

1. 李建華、陳富強，「會計學原理上冊」，超越企管顧問股份有限公司，1991年。
2. 林蕙真，「中級會計學新論」（中冊），証業出版股份有限公司，2001年第2版。
3. 柯芳枝，「公司法論」（上）（下），三民書局，2004年3月5版。
5. 曾宛如，「證券交易法原理」，自版，2002年12月3版。
6. 黃銘傑，「公開發行公司法制與公司監控——法律與經濟之交錯」，自版，2001年。

## 二、期刊論文

1. 王文宇，從公司治理論董監事法制之改革，台灣本土法學雜誌第34期，2002年。
2. 余雪明，台灣新公司法與獨立董事，萬國法律第123期，2002年。
3. 林國全，監察人修正方向之檢討——以日本法修法經驗為借鏡，月旦法學雜誌。
4. 陳美娥、羅吉台，評析我國獨立董監制度，今日會計第91期，2003年。
5. 張漢傑，洞悉會計戲法系列（一）應收帳款與存貨對股價的透明化管理，會計師研究月刊第203期，2002年。
6. 陳峰富，公司無形資產與鑑價機制之研究（上）（下），司法周刊第1134、1135期，第2版，2003年。
7. 賀立行、林少斌，論引進獨立董監事強化董監事會職權之研究，建華金融季刊第26期，2004年。
8. 曾宛如，論證券交易法第二十條之民事責任，台灣大學法學論叢第33卷第5期，2004年。
9. 傅豐誠，從公司治理之微觀基礎探討我國強制設置獨立董監之必要性，經社法制叢論第34期，2004年。

10. 劉連煜，健全獨立董監事與公司治理之法制研究，月旦法學雜誌第94期，2003年。

11. 歐宏杰，海外可轉換公司債（ECB）之面面觀，集保月刊第123期，2004年。

12. 薛富井、陳韻如，企業海外籌資相關議題之探討——綜論海外可轉換公司債與存託憑證之比較，會計研究月刊第196期，2002年。

13. 胡浩叡，股份有限公司內部機關之研究，國立台灣大學法律學研究所論文，2004年。

14. 投資人保護法研討會——月旦法學雜誌第42期，1998年。

三、報紙（依刊名之筆劃遞增排序）

1. 工商時報，「股本二元港幣公司主宰陞技七成業務」，3版，2004年12月15日。

2. 工商時報，「博達訊碟翻版！陞技涉掏空八疑點」，1版，2004年12月15日。

3. 工商時報，「自助會訴求　盧翊存無法承諾」，2版，2005年1月12日。

4. 工商時報，「陞技散戶　搶救股價大作戰」，2版，2005年1月12日。

5. 經濟日報，「陞技明起列全額交割股」，A6版，2004年12月15日。

6. 經濟日報，「安侯：香港資本結構不同」，A3版，2004年12月16日。

7. 經濟日報，「股市再掃地雷！陞技打入全額交割股」，AI版，2004年12月16日。

8. 經濟日報，「盧翊存：陞技沒犯法　印商可作證」，A6版，2004年12月17日。

四、網路資料

．台灣證券交易所網站，〈http://mops.tse.com.tw 〉。

國家圖書館出版品預行編目資料

秋去春來：經典財經案例選粹 / 謝易宏等合著.
-- 初版. -- 臺北市：五南, 2012.06
　　面；　公分

ISBN 978-957-11-6646-9(平裝)

1.經濟法規　2.論述分析　3.個案研究
553.4　　　　　　　　　　　　　101006697

1UC1
# 秋去春來—經典財經案例選粹

主　　　編 — 謝易宏（400.3）
作　　者 — 謝易宏　李國榮　李敬之　林依蓉　陳惠茹
　　　　　　曾智群　黃青鋒　廖郁晴　羅惠雯　鄭昱仁
　　　　　　高啟瑄　林慈雁　許慧珍　謝秉奇　陳佩吟
　　　　　　王品惠　陳　瑜
發 行 人 — 楊榮川
總 編 輯 — 王翠華
主　　　編 — 劉靜芬
責任編輯 — 李奇蓁
封面設計 — 斐類設計工作室
出 版 者 — 五南圖書出版股份有限公司
地　　址：106 台北市大安區和平東路二段 339 號 4 樓
電　　話：（02）2705-5066　傳　　真：（02）2706-6100
網　　址：http://www.wunan.com.tw
電子郵件：wunan@wunan.com.tw
劃撥帳號：01068953
戶　　名：五南圖書出版股份有限公司
台中市駐區辦公室 / 台中市中區中山路 6 號
電　　話：（04）2223-0891　傳　　真：（04）2223-3549
高雄市駐區辦公室 / 高雄市新興區中山一路 290 號
電　　話：（07）2358-702　傳　　真：（07）2350-236
法律顧問　元貞聯合法律事務所 張澤平律師
出版日期　2012 年 6 月初版一刷
定　　價　新臺幣 480 元